太岳革命根据地研究

TAIYUE GEMING GENJUDI YANJIU

宋荐戈　卢海明　主编

中国文史出版社

图书在版编目（CIP）数据

太岳革命根据地研究 / 宋荐戈，卢海明主编 . -- 北京 : 中国文史出版社，2021.3
ISBN 978-7-5205-2386-8

Ⅰ . ①太… Ⅱ . ①宋… ②卢… Ⅲ . ①晋冀鲁豫抗日根据地—历史—研究 Ⅳ . ① K269.5

中国版本图书馆 CIP 数据核字 (2020) 第 197686 号

责任编辑：王文运　赵姣娇
装帧设计：蒲　钧　欧阳春晓

出版发行：**中国文史出版社**
社　　址：北京市海淀区西八里庄 69 号院　邮编：100142
电　　话：010-81136606　81136602　81136603（发行部）
传　　真：010-81136655
印　　装：北京温林源印刷有限公司
经　　销：全国新华书店
开　　本：787 × 1092　1/16
印　　张：32.5　字　数：466 千字
版　　次：2021 年 4 月北京第 1 版
印　　次：2021 年 4 月第 1 次印刷
定　　价：98.00 元

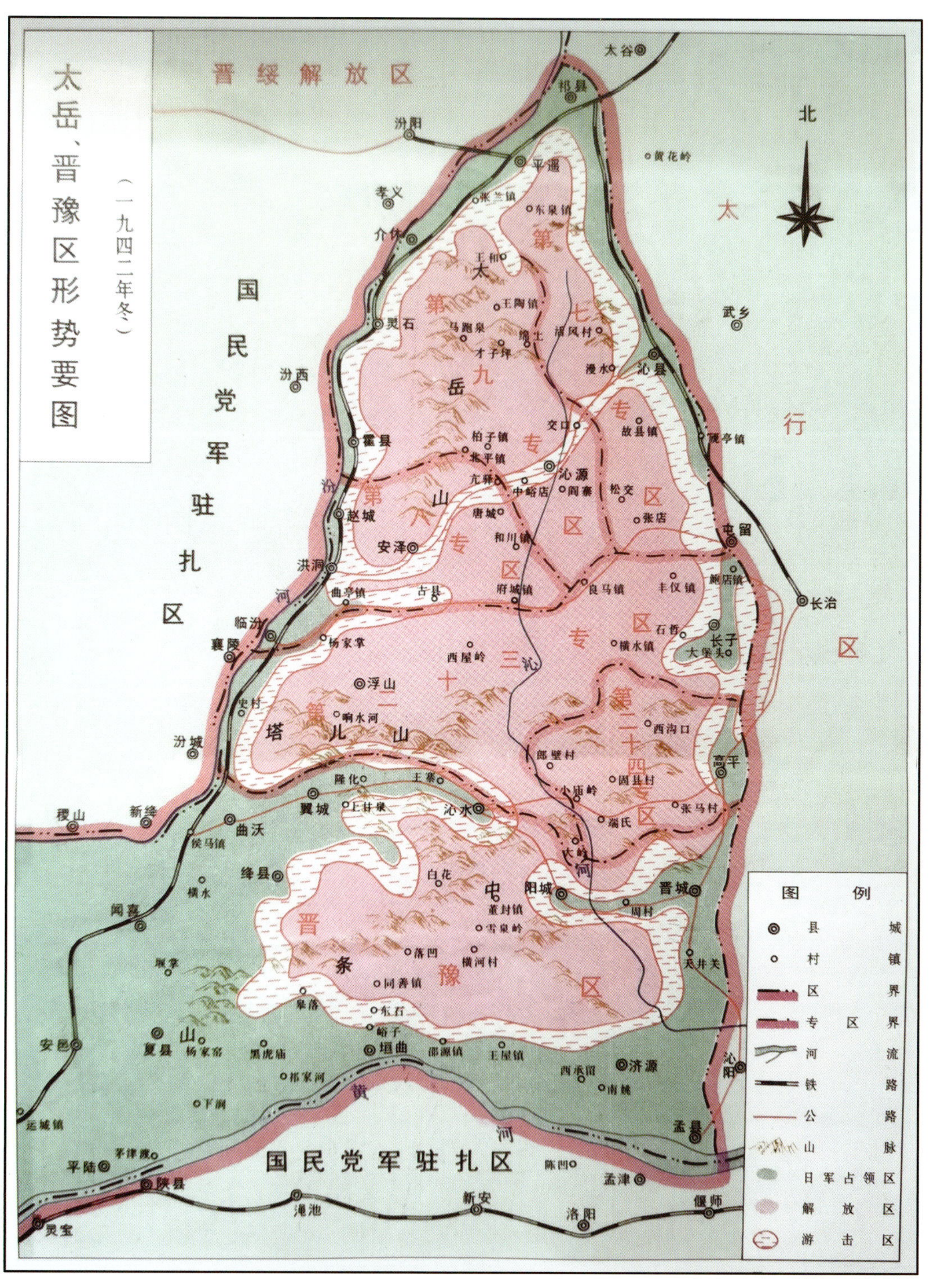

太岳、晋豫区形势要图（1942 年冬）　　师文华、卢海明编绘

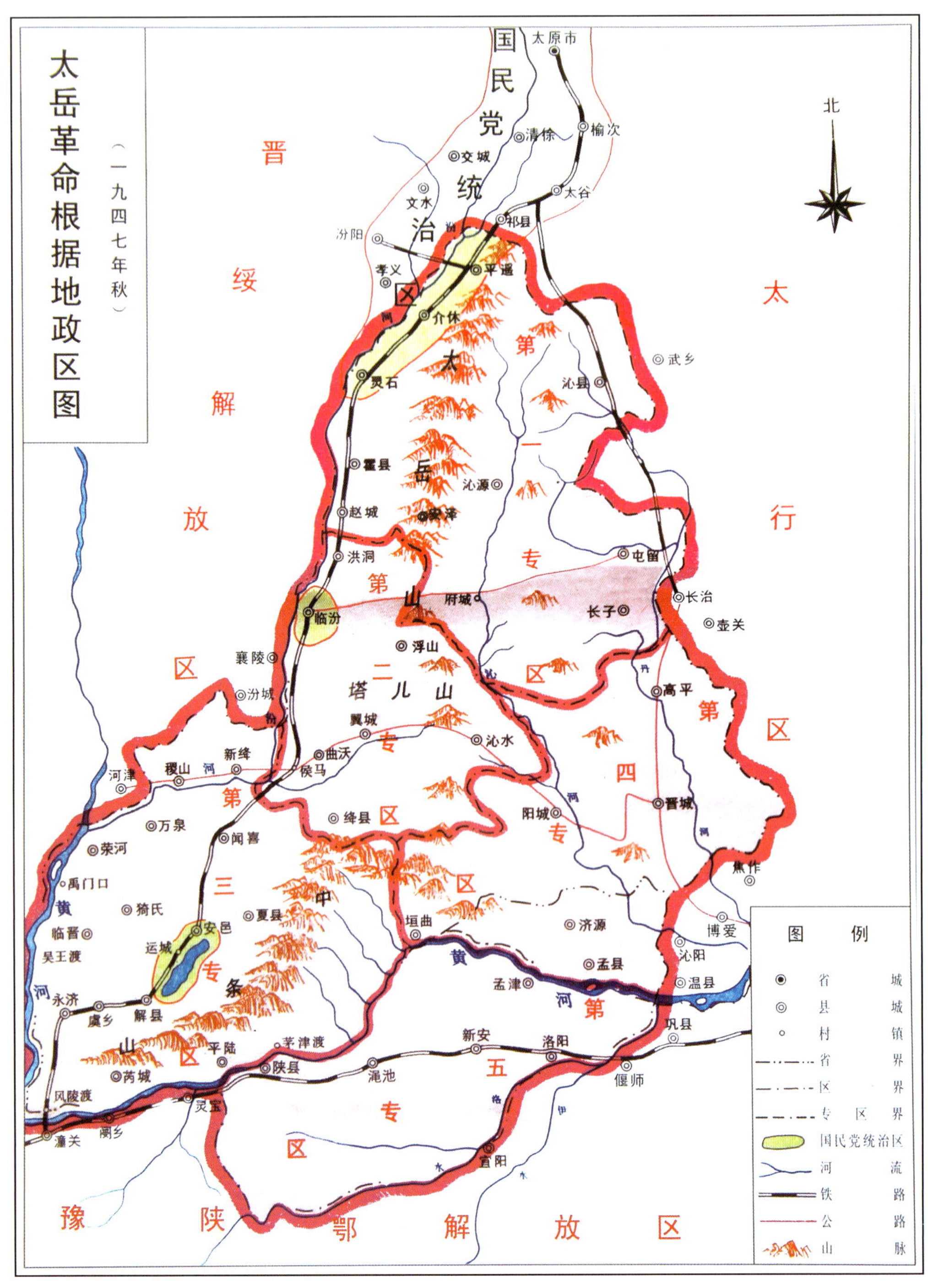

太岳革命根据地政区图（1947年秋）　师文华、卢海明编绘

前　言

早在20世纪80年代，宋荐戈同志和我以及其他一些同志在山西师范学院（现山西师范大学）担任教学工作的时候，学校就将太岳革命根据地史的编研工作列为重点科研项目。1982年，在北方八省市地方志工作会议上，又把太岳革命根据地史的编研工作交给山西师范学院。于是我们在学校领导和有关部门的支持下，着手收集太岳革命根据地的史料（包括文献资料和口述资料），整理和推出了一批有关太岳革命根据地史的科研成果，为太岳革命根据地史的编研工作奠定了最初的基础。

近年来，宋荐戈同志提议，将过去发表过的太岳革命根据地史成果整理后结集出版，我完全赞同。于是我们就把过去发表过的文稿拿出来，对照后来征集到的史料和编研成果，重新审校订正，补充了许多新的内容，完成了本书的编撰工作。因为书中还收录了其他几位同志的文章，而且就是我们撰写的文稿中也有其他同志参与，所以我们只能说是这本书的主要撰稿人，就算是个主撰或者主编吧。

在这本书中，包括了太岳革命根据地的简史、年表、人物传略、史实简述以及太岳革命根据地史编研述略，还附录了几篇有关山西省其他革命根据地史的文稿和研究太岳革命根据地史的部分参考书目。我们的目的，是想用上述不同的写作形式，多角度反映当年太岳军民为民族解放和人民解放事业而英勇奋斗的壮丽场景。

现在，当年那些开创太岳革命根据地的先辈们绝大多数已经离我们而去。但他们创造的业绩会永远被后人铭记，他们的英名将会与世永存。

习近平总书记指出："一切向前走，都不能忘记走过的路；走得再远、走到再光辉的未来，也不能忘记走过的过去，不能忘记为什么出发。""要加强对革命根据地历史的研究，总结历史经验，更好发扬革命精神和优良作风。"

不忘初心，牢记使命。我们很高兴这部书能够在迎接建党100周年这一重要时刻出版，希望它能为推动太岳革命根据地的研究和弘扬太岳革命精神、传承红色基因发挥一定的作用。这是我们的心愿所在，也是献给党的生日的一份真挚礼物。

卢海明

2020年8月于太原

目录

前　言　卢海明　/1

太岳革命根据地发展简史　宋荐戈　李莲英　卢海明　逯国英　/1

太岳革命根据地大事年表　宋荐戈　卢海明　/64

太岳革命根据地领导机构的沿革　阎文彬　宋荐戈　卢海明　/128

太岳革命根据地管辖范围的沿革　宋荐戈　李莲英　逯国英　/166

晋豫边抗日根据地的创建和区划沿革　宋荐戈　卢海明　/174

牺盟会、决死队在太岳革命根据地创建初期发挥的重要作用　宋荐戈　/179

薄一波同志与太岳革命根据地的创建　卢海明　/188

陈赓将军为巩固和发展太岳革命根据地而斗争　宋荐戈　宋元明　/201

安子文同志永远活在太岳人民的心里　宋荐戈　李茂盛　赵　晶　/223

王新亭将军在太岳区的战斗岁月　宋荐戈　霍临春　/236

聂真同志谈在晋豫区和太岳区的战斗历程　卢海明　整理　/263

牛佩琮同志和太岳革命根据地的开创与建设　宋荐戈　/291

追怀史健同志　高扬文　焦善民　宋洁涵　李石生　李　纯　/307

中条山十一年革命斗争的回顾　柴泽民　口述　赵　晋　整理　/ 312
孙定国——从将军到学者　宋荐戈　/ 332
卫恒同志在太岳区农救会　郭学旺　/ 336
被记错籍贯的烈士——武健事略　宋荐戈　张荣珍　/ 342
在太岳师范中二班的日子里　宋荐戈　/ 344

临汾——风云一时的华北抗战中心　赵　晶　/ 350
上党银号始末　宋荐戈　卢海明　孔淑红　/ 355
关于町店战斗几个问题的考证　卢剑锋　/ 358
太岳抗日根据地的减租减息运动　宋荐戈　卢海明　/ 362
太岳抗日根据地的整风运动　卢海明　/ 376
八路军抢运《赵城金藏》纪实　李万里　/ 388
纪念“沁源围困战”　李万里　/ 397
韩略村歼灭日军观战团　宋荐戈　/ 407
蒋介石“天下第一旅”的覆灭　宋荐戈　/ 413
解放临汾的攻坚战　宋荐戈　卢海明　/ 419
八纵队在曹村地区歼灭阎锡山亲训师和亲训炮兵团　宋荐戈　段滋明　/ 426

忆薄一波同志对太岳区历史编写工作的亲切指导　卢海明　/ 434
王鹤峰同志在太岳革命根据地史座谈会上的讲话
卢海明　刘文沛　整理　/ 456
裴丽生同志在太岳革命根据地史座谈会上的讲话
卢海明　刘文沛　整理　/ 460
董谦同志对编写太岳区史的建议　卢海明　整理　/ 464

附录一：

毛泽东同志在蔡家崖 宋荐戈 卢海明 / 469

我在榆次县开展牺盟会工作的前前后后

阎定础 口述 宋荐戈 整理 / 478

刘亚雄同志在山西 宋荐戈 / 485

桂绍彬将军传略 桂林瑞 / 495

抗日根据地的军政委员会是个什么机构？ 卢海明 / 497

附录二：

研究太岳革命根据地史的部分参考书目 / 500

后 记 宋荐戈 / 505

太岳革命根据地发展简史*

宋荐戈　李莲英　卢海明　逯国英

在全民族抗日战争和解放战争时期，中国共产党领导的人民军队依托纵贯山西中、南部的太岳山脉，创建和发展了太岳革命根据地。它从 1937 年冬季开创，到 1949 年 8 月撤销，延续存在了将近 12 个年头。

太岳革命根据地开创初期，管辖范围主要在太岳山北部地区。1941 年 5 月中条山战役后，太岳部队奉命南下，重新开辟了岳南区，恢复了晋豫区。晋豫区原是一个和太岳区平列的战略区，1942 年 10 月，中共中央决定晋豫区与太岳区合并，次年 3 月完成了两区合并工作后仍称太岳区。这样，在抗日战争结束时，太岳区管辖的范围就包括了岳北、岳南、中条的 30 多个县份。而到解放战争时期，曾一度将太岳兵团（亦称陈谢兵团）过黄河后开辟的豫西解放区的一部分也划归太岳区管辖。这样，太岳区的管辖范围在 1947 年下半年曾扩大到 47 个县份。其中 37 个县原属山西省；10 个县属河南省。

太岳军民为了打败日本侵略者和国民党蒋介石、阎锡山集团，在抗日战争和解放战争时期曾同仇敌忾地进行了艰苦卓绝的斗争，在中国现代史上写下了光彩夺目的一章。

现在我们简要地叙述一下这个时期太岳军民创建、发展和巩固太岳革命根据地的风雨历程。

---

* 原载《山西师大学报》1984 年第 1 期至 1985 年第 1 期。收入本书时，部分文字和注释根据最新出版的历史文献作了修订。

第一章 坚持抗战，为创建太岳革命根据地而斗争

一、发轫在太岳山北部地区

全国抗日战争爆发后，在国共两党实行第二次合作，正式建立抗日民族统一战线的新形势下，山西的统治者阎锡山为了保住他的地盘和亿万家财，也呼喊出“守土抗战”“牺牲救国”的响亮口号，并表示愿意联共抗日。1937 年九、十月间，八路军一一五师、一二〇师、一二九师在朱德总司令、彭德怀副总司令的率领下东渡黄河，开进山西，担负起对日作战的任务。

在此之前，山西的著名共产党员薄一波按照中共北方局的指示，已于 1936 年 10 月和阎锡山实行合作，领导着一批还处于“地下”状态的共产党员和进步分子充实进“山西牺牲救国同盟会”（简称牺盟会）里，使这个在 1936 年由一些地下共产党员和爱国青年在阎锡山同意后筹备成立的官办组织变成了受共产党领导的抗日进步团体。

1937 年 8 月，薄一波又根据中共北方局的指示，经阎锡山同意，组建了“山西青年抗敌决死队”（简称决死队）。其主要成分是青年知识分子。总队长、参谋长等军事干部是阎锡山派进来的旧军官，但是政治委员薄一波和政治主任牛佩琮是秘密共产党员。在这支部队里做政治工作的干部，如王鹤峰、傅雨田、梁膺庸、廖鲁言、周仲英、高德西、阎定础、卫逢祺等也多为秘密共产党员，而且按照经阎锡山批准的决死队《政治委员制度条例》的规定，政治委员是部队中的最高首长。这样，决死队虽然戴着阎锡山的帽子，但实际上它已经成了一支由共产党领导的军队。

由于薄一波按照朱德总司令的指示，通过特殊形式的统战关系被阎锡山委任为第三行政区行政公署主任（1938 年初，各行政区的行政公署改称行政督察专员公署，行政公署主任改称行政督察专员）兼保安司令，于是他便在 1937 年 10 月率领决死一总队（不久与决死四总队合并为决死一纵

队）进驻以沁县、沁源、安泽为中心的太岳山北部地区。

1937年11月，原中共北平市委组织部部长安子文和李成芳、史健、刘竞雄等随同中共北方局组织部部长彭真来到沁县。彭真代表中共北方局把安子文留在沁县组建中共太岳工委（对外称八路军联络处）。领导白（圭）晋（城）路以西，同蒲路以东，平遥、介休以南，曲（沃）高（平）公路以北广大地区共产党组织的工作。从此，薄一波和安子文就以决死一纵队和当地牺盟会为基本力量，在太岳山北部地区开始了创建抗日根据地的斗争。

当时，岳北地区的社会状况是十分复杂的：一方面，这里很早就有了共产党的活动，虽然共产党的组织曾多次被阎锡山摧残破坏，但是保存下来的共产党员和进步分子在全国抗日战争爆发后仍然积极地投入了抗日斗争，成了牺盟会、决死队联系和发动群众参加抗战事业的骨干；另一方面，岳北地区由于经济文化落后，交通闭塞，长期以来就是帝国主义和封建势力藏污纳垢的地方。抗战开始以后，这里没有八路军的正规部队，也没有阎锡山的晋绥军，除了阎锡山的旧政权班底和当地的封建顽固势力外，从忻口前线败退下来的国民党军队也在岳北占据了一些地盘。这些部队中的旧军官和当地的旧政权班底以及顽固势力相结合，阻碍着进步力量的发展，把社会秩序搅得十分混乱。加之日军占领太原后，在夺取南同蒲铁路沿线各城镇的同时，也准备进攻晋东南，完成对山西的占领。因而闹得岳北各县的人心极不安定。

面对这种局面，怎样才能把广大群众发动起来和组织起来，坚持敌后游击战争；同时坚持抗日民族统一战线的方针，推动国民党军队抗日和逐步改造阎锡山的旧政权，就成为一个十分重要的问题。

为此，薄一波、安子文从牺盟会、决死队中抽调出一大批干部，组成工作队深入岳北各地发动群众。工作队运用公开的、合法的地位，借用阎锡山惯用的语言和口号，把共产党抗日民族统一战线的总精神渗透进去，采用召开大会宣传讲演、写标语、散传单、办地方小报、办“民革室”，以及找上门去和群众个别谈心等多种办法，宣传共产党的抗日救国政策和实行民主、减租减息、合理负担的主张，号召群众“有钱出钱，大家出力”，积极支持抗战，并且经常公开出面，和那些迫害群众、压制抗日的国民党军队与顽固势力进行斗争。

这期间，八路军一二九师在和顺县石拐镇召开干部会议，会议按照毛主席的战略部署和八路军总部的决定，讨论了在晋东南分兵发动群众，迅速创建抗日根据地的问题。会后，一二九师政治部主任宋任穷和师政治部组织部长王新亭、宣传部长刘志坚等率领八路军工作团来晋东南沁县、晋城、长治、长子、安泽、沁源等地开展群众工作。他们和牺盟会、决死队派出的干部结合在一起，通过广泛的宣传工作，使当地群众增强了抗战必胜的信心，激发了抗日的热情。于是广大群众纷纷参加牺盟会和农、工、青、妇各个抗日救国会与抗日儿童团。这些抗日救国团体把各阶层的群众都组织起来了。他们在共产党的领导下开展工作，很快地就把“抗战动员”的活动推向了高潮。

在发动和组织群众参加抗日斗争的基础上，岳北各县还对当地的各级政权机构进行了改造。原来，这里的县、区、村政权都是由阎锡山的旧官吏和乡绅恶霸把持着。第三行政区行政主任公署在沁县成立以后，就以合法的权力罢免了阻挠开展抗日工作，甚至对抗以薄一波为主任的第三行政区行政主任公署，要赶走八路军工作团的旧县长，委派共产党员史怀璧担任沁县县长，谭永华担任沁源县县长。此后逐步地派遣共产党员和进步分子如欧阳景荣、邓肇祥、杨少桥、张学纯、张德含、徐明、高希敏、严亦峻等到岳北各县担任县长，并由他们组织了新的抗日县政府、区政府。至于对岳北各县的村政权，则通过发动群众开展反贪污、反奸霸的斗争，在坚持统一战线的前提下，让群众推举热心抗日、办事公道的人来主持村政。这样就逐步地把各级政权都置于共产党的领导和影响之下，为创建抗日根据地提供了重要保证。

与此同时，决死一纵队和第三行政区行政主任公署还采取了一系列除奸防特、打击反动会道门的措施，开展了对当地国民党军队的统战工作，并把阎锡山的“主张公道团”合并进牺盟会，实际上是取消了这个反动组织。这样就大大地巩固了根据地，稳定了当地的社会秩序。

中国共产党是太岳革命根据地的领导力量。当中共太岳工委成立后，根据中共北方局负责人刘少奇关于“必须十倍百倍地发展我党的组织，才能保证我党的领导。”“在目前建立各地的党组织，应该采用一些由上而下的方式”① 的指示，就积极地进行重建和恢复各县共产党组织和发展新党员的工作。

为了更加顺利地发展共产党的组织和开展党的工作，负责中共太岳工委工作的安子文运用当时八路军名震全国，人民敬仰的威望，在没有八路军驻扎的岳北地区，经上级批准，将共产党的工委挂上了八路军联络处的牌子。有了这个合法的名义，既可以在上层同国民党军队以及地方政权搞统战工作，又可以在基层发动群众。

1938 年初，中共太岳工委正式置于中共冀豫晋省委（后改称晋冀豫区委）的领导之下。安子文担任了中共冀豫晋省委委员兼统战部部长，同时仍然担任着中共太岳工委书记。此时，太岳工委又称省委办事处，以安子文为主任。1938 年 6 月，安子文出席了中共冀豫晋省委在沁县古县村举行的扩大会议。这次会议在朱德总司令和彭德怀副总司令的参加下，经过 20 多天的讨论，通过了《新形势下省委工作的新任务的决定》（即“六月决定”）。这个决定指出，在新的形势下，共产党的任务主要是发展党员和开展群众工作；统一群众运动和基干武装；确立共产党在抗日根据地各个部门中的领导地位；转变党的工作方式和健全党的组织；开展游击战，争取各项工作取得成绩，把晋冀豫边区建设成为坚强巩固的根据地。

1938 年 7 月，中共太岳工委改称中共太岳特委。此时，安子文在太岳区狠抓了重建各级共产党组织和发展新党员的工作。截至 1938 年 11 月，太岳区已建立了沁县、沁源、屯留、长子、平遥五个共产党的县委（对外称八路军工作团）和安泽、介休两县共产党的领导机关，在浮山也建立了

---

① 刘少奇:《为发动华北广大群众的抗日救国运动而斗争》（1937 年 10 月 10 日）。

共产党的组织，并建立了260多个党支部，已有共产党员3800余人。[①]

1939年2月，中共太岳特委改称中共太岳地委。这时太岳区的各级共产党组织已经健全。地委开办了训练县区级党员领导干部的党校，各县县委也开办了党员训练班，训练基层党支部委员和党的积极分子。在进行党内教育时普遍地教育共产党员要加强党性锻炼，要密切联系群众，要在各项工作中起模范带头作用。特别是通过传达和学习中共六届六中全会文件，通过组织共产党员学习党的历史和党的知识，更进一步地提高了广大共产党员的思想政治觉悟，提高了共产党组织的战斗力。

为了创建和保卫太岳革命根据地，岳北各县从1937年冬季开始建立抗日武装。中共太岳工委除直接建立了白晋游击队、太岳游击大队外，还创建了同蒲铁路工人自卫队（简称“铁工队”）。与此同时，决死一纵队和晋东南各县的牺盟会也建立了多支游击武装。例如抗日战争开始后，景仙洲在临汾建立的民众模范自卫总队，在斗争中不断发展壮大为汾东游击支队。这支游击队长期在临汾、洪洞、赵城、安泽、霍县一带活动，多次重创敌人。还有通过派共产党员担任县公安局局长和公安局主要干部的办法，切实地掌握了各县公安局的武装。这些抗日武装的建立与发展，和决死一纵队一起，成了建设和保卫太岳革命根据地的重要力量。

根据中共北方局的指示，岳北各县在“普遍武装群众，由民众自觉地担当起保卫家乡、保卫山西的任务”的号召下，各村各乡都建立了不脱离生产的自卫队和游击小组，担任保卫当地人民群众生命财产、维护社会治安和警戒、侦察、向导、救护伤员、除奸反特等敌后工作。在各县各区，则建立了人民武装自卫队总队部，并把脱产的自卫队员分别编入县、区的基干队。其主要任务是配合主力部队作战和拆城、破路，伺机打击敌人。

与此同时，广大青年农民还一批一批地参加了主力部队。到1939年时，决死一纵队在原来的三个总队（相当于团）的基础上，又组建了游击一团、游击二团、游击三团，发展为六个团。而且这些部队的主要成分

① 陈野苹、韩劲草主编:《安子文传略》，山西人民出版社1985年版，第32页。

也由学生转变为农民和工人，从而使决死一纵队成了一支真正能战斗的部队，成了太岳革命根据地初创时期的主要支柱。

在太岳革命根据地初创时期，中共北方局和八路军总部明确规定决死一纵队受八路军总部指挥。朱德总司令、彭德怀副总司令和中共北方局的其他负责同志经常来太岳区指导工作，还派毕占云等老红军干部到决死一纵队中担任军事领导职务。特别是刘伯承、邓小平领导的八路军一二九师活动在白晋路以东的太行山区。它直接地卫护着太岳革命根据地。这样就使太岳地区的抗日烈火愈烧愈旺，使活动在这个地区的牺盟会、决死一纵队等革命力量能够迅速地发展。

1939 年 1 月，中共北方局在沁县创办了《新华日报》（华北版），1940 年 6 月又在沁源创办了中共太岳区党委的机关报《太岳日报》。这两份报纸主要是报道国内外的时事新闻、抗战消息、本地动态，宣传共产党的方针政策，交流各地的工作经验，有力地推动了太岳区的各项工作。与此同时，当时在沁县还开办了上党银号，办理兑换、低利贷款、抵制伪钞等业务。它发行的上党票流通于第三行政区和第五行政区，在推动晋东南各县经济和贸易事业的繁荣和发展方面起了很大的作用。

这期间，美国著名记者史沫特莱和美国驻华大使馆武官卡尔逊曾前后来太岳区访问。卡尔逊还向当地的决死队员和牺盟会员发表了支持中国人民抗战事业的演讲。对于太岳军民的抗战业绩，他们热情地向全世界作了报道。

二、独立战略区的形成

太岳革命根据地创建后，就处在了日本侵略军和蒋介石、阎锡山军队的包围之中。开始时，太岳和太行合称晋冀豫区。它们大体上以白晋路为界，但因为日军尚未完全侵入这个地区，所以它还是一块完整的抗日基地。

日本侵略军为了完全摧垮晋冀豫区，解除其后方的严重威胁，于 1938 年 4 月集中 3 万兵力，从同蒲路上的洪洞、太谷、榆次，正太路上的平定，平汉路上的邢台，邯长大道上的涉县、长治及临屯公路上的屯留，以及河北的元氏、赞皇出动，分九路向晋东南根据地进攻（由河北元氏、赞皇出动的日军被一二九师牵制，未能前进）。此即为“九路围攻”。

为了粉碎日本侵略军的“九路围攻”，在群众动员方面，经过共产党组织和抗日政府的宣传、动员，太岳各县的群众都积极行动起来，拆城、破路、埋藏财物，赶走牛羊，实行了“空室清野”。有些群众还参加了正规部队和游击队，也有的群众准备积极配合部队行动。在部队方面，刚刚担任中国第二战区东路军正副总指挥的朱德和彭德怀在沁县小东岭村召开了东路军高级干部会议。会议讨论了反击日军围攻的战备部署，决定在此次反“围攻”中要采取以一部分兵力结合游击队、基干队和自卫队，用阻击、袭扰等各种手段，牵制各路进犯日军，并集中主力部队破其一路的作战方针。当时，参加会议的国共两党将领都表示：要坚决“扫灭倭寇，还我山河”，狠狠地打击日本侵略者。

参加此次反日军“九路围攻”的部队，有八路军一二九师、八路军一一五师三四四旅、八路军总部特务团、决死一纵队、决死三纵队和晋冀豫区的各支游击队，还有在晋东南地区的国民党部队第三军、第十七军、第四十七军、第九十三军、第十一师、第一六九师等。

日本侵略军的“九路围攻”开始以后，在4月10日前，从东、西、北三个方面进犯的各路日军，除由平定南犯的日军占领了辽县外，其余各路均被晋冀豫内线部队所阻击。4月10日，日军侵占了沁县县城，只见城内到处空洞洞、静悄悄，进城的日军惧怕埋伏，只好退到城外宿营。

4月13日，日军一路由长治经襄垣与平定南下之敌在辽县会合；一路由沁县东进，侵占武乡县城。此时，八路军一二九师立即以主力进至武乡，准备歼灭此敌。4月15日黄昏，武乡之敌一个联队3000多人弃城沿浊漳河向襄垣县城方向进犯，一二九师主力在刘伯承、邓小平的指挥下随后追击。4月16日，这股敌人已被陈赓率领的一二九师三八六旅等部队夹击在武乡县长乐村地区。经过激烈拼杀，毙伤俘日军2200多人，打死战马五六百匹。这次重大胜利振奋了人心，对粉碎日军的“九路围攻”起了决定性的作用。

在八路军一二九师取得长乐村大捷后，其他各路日军被迫回窜。这期间，八路军三四四旅在沁县白家沟截击由沁县南逃之敌，歼敌200余名。决死一纵队配合八路军三四四旅在屯留张店地区侧击敌人，毙伤日军百余人。八路军总部特务团、决死一纵队和部分国民党军队在安泽县和川镇附近之上县村与敌激战两天一夜，歼敌700余人，并收复安泽县城。决死三纵队一部夜袭沁水县城，与敌激战，毙伤日军百余人。

通过半个多月的反“九路围攻”的战斗，日军损失4000余人，中国军队先后收复了晋东南的武乡、沁源、沁县、安泽、壶关、屯留、长子、高平、襄垣、辽县、榆社、和顺、晋城、阳城、沁水、潞城、长治、黎城和涉县等19座县城。这就大杀了日军的骄横气焰，打乱了日军的侵略部署，挫败了日军巩固其后方的企图，为创建太岳和太行抗日根据地创造了有利条件。

反“九路围攻”胜利以后，八路军总部于1938年5月在沁县西林村为决死一纵队开办了训练班，分批轮训连、排以上军事干部和政治工作人员。许多八路军总部的首长担任了讲课任务，朱德总司令、彭德怀副总司令和左权参谋长常常不辞劳苦地从武乡县王家峪村赶来给训练班的学员讲军事课和政治课。当时称此事为“西林整军”。经过这次“西林整军”，决死一纵队的军事素质和政治素质有了显著提高。整个部队气象一新，战斗意志更加旺盛了。后来，决死一纵队还建立了长期性的教导大队，担负训练军政干部的任务，这对提高部队的战斗力起了很重要的作用。

1939年1月，决死一纵队游击一团奉命向同蒲铁路洪洞至赵城段展开游击。1月24日深夜，在当地共产党组织的紧密配合下，经过20分钟的激烈战斗，全歼驻守赵城县南官庄日军的一个小队，击毙日军小队长以下40余人。这个模范战例极大地鼓舞了军心民心，立即受到了上级领导机关的表扬。

1939年春，日军占领沁源县王和镇。他们在这里强迫群众组织维持会，修碉堡，建据点，企图卡住决死一纵队向同蒲铁路沿线平遥、介休出击的咽喉。为了拔掉这个钉子，决死一纵队一总队在兄弟部队的配合下，于4月15日夜袭王和镇，激战至次日下午5点，毙敌大队长以下100余人。这是决死一纵队首次击毙日军营级指挥官。这次战斗标志着决死队进入了一个从打小的战斗，到能够独立进行较大战斗的新阶段。

1939年7月，日军又集中5万兵力，分别从同蒲、平汉、正太、道清各线出发，对晋东南地区实施“一号作战”。此即第二次九路围攻。日军进行这次围攻的目的，是要打通白晋路及由临汾经屯留、黎城到邯郸的公路，控制晋东南的主要城镇，从而把晋冀豫区困在以平汉、正太、同蒲、道清四条铁路之中，消灭八路军的主力，将包括太岳区在内的晋冀豫抗日根据地割裂开来，以加紧推行其“囚笼”政策。

日军在这次“围攻”开始时，气势汹汹地横冲直撞，逐步向根据地的腹心地区推进，相继占领了晋东南的沁县、沁源、屯留等20多座县城，但是广大农村仍然是共产党领导的抗日根据地。

为了粉碎日本侵略军的这次“围攻”，晋东南抗日根据地的党政军民一致行动，从上而下地成立了战时指挥部，领导群众和部队开展反“围攻”斗争。根据地军民在日军出动前，各地拆城破路，迅速地疏散群众，埋藏东西，实行空室清野，组织运输队、担架队等战备组织，部署防奸工作。八路军一二九师、三四四旅和决死一、三纵队等主力部队则寻找有利战机打击敌人。各县各区的游击队、游击小组也广泛地开展游击战，仅沁县的游击小组就出动67次，捕杀汉奸75名，打死打伤日军52名。

在这次反“围攻”战斗中，当决死一纵队主力掩护太岳区的党政领导机关向沁河以西之灵空山地区转移时，在韩洪镇、李成村一带与万名日军遭遇。决死一纵队健儿浴血奋战两天两夜，予敌重创，胜利地完成了掩护党政领导机关脱险的任务。这是决死一纵队建军以来经历的第一次大战——韩洪战斗。经过这次战斗，决死一纵队经受了一次严峻的考验，得到了一次极大的锻炼。

此后，八路军、决死一纵队从主力部队中分遣出许多支小部队，在地方武装和游击小组的有力配合下，利用境内千沟万岭的险要地势，到处“游击”敌人。在反“围攻”斗争期间，晋冀豫军民进行了70余次激烈战斗，消灭日伪军2000余人，迫使日伪军放弃了已经占领的10多座县城。同年11月初，日军的第二次九路围攻被粉碎。但是白晋路[①]却被日本侵略军打通了。从此，晋冀豫区被分割成太岳、太北、太南、晋豫四大块。太岳革命根据地成了一个独立的战略区。

正当太岳军民配合八路军同日本侵略军英勇博斗的时候，曾经联共抗日的阎锡山却尾随蒋介石之后，开始进行反共活动。

1939年春天，阎锡山在陕西省宜川县秋林镇召开了所谓的“晋绥军政民高级干部会议”（通称“秋林会议”）。阎锡山在这次会议上公开说：“不能抬着棺材抗战，仗总要有个了结，汪先生（指汉奸汪精卫）走的路，未尝不可取。”还说“天要下雨，赶快准备雨伞，一落人后，就要吃亏。”[②]可见此时阎锡山已经有了进行投降、分裂活动的打算。他还企图通过这次会议胁迫薄一波等决死队和牺盟会的领导人交出军权和政权。但是阎锡山的这个阴谋没有得逞。于是他就决定采取军事手段来达到其反共的目的。

面对这种形势，中共北方局于1939年8月6日发出《关于制止阎锡山之动摇与巩固山西统一战线的指示》，中共中央也于1939年8月10日发出《关于阎锡山右转后的对策的指示》。要求山西的共产党组织要给阎锡山的进攻以反击与抵抗，除共产党、八路军给阎以公开的批评外，山西的新军和牺盟会要以阎锡山过去的进步纲领反对阎锡山今天的倒退。要采取一切办法在政治上、组织上巩固党、整顿党，使共产党成为短小精悍、坚强有力的领导核心。要切实抓紧时机改造政权，要用进步的政治工作人员兼任中下级军官和巩固与提高政治委员的威信。牺盟会要加紧在群众中的工作。接着，中共中央于1939年9月21日发出了《关于在山西开展反逆流斗争的指示》。要求共产党在山西的组织，尤其是新军、牺盟会及政权中的共产党组织，要严密紧缩，停止不可靠党员的组织关系，洗刷坏分

① 白晋路北自祁县境内同蒲铁路上之白圭镇起，南到晋城止，是一条公路。但日军从1940年开始修筑铁路，此铁路又称东（观）潞（城）铁路。由于根据地军民不断破坏，白晋铁路只铺轨到襄垣县夏店镇。

② 薄一波：《论牺盟会和决死队》，中共中央党校出版社1990年版，第11页。

子与投机分子。八路军总部也指示薄一波、安子文要提高警惕，时刻准备反击顽固派的进攻。

按照中共中央、中共北方局和八路军总部的指示精神，第三行政区于1939年9月召开了第六次扩大行政会议，布置了保卫和巩固抗日阵地，开展反对顽固分子斗争的任务。在此之后，决死一纵队召开了第四次干部会议，薄一波在会上作了题为《如何克服目前时局危机与坚持长期抗战》的报告。在这个报告中，他指出和平妥协的危险已经十分严重。要求大家加紧思想上、组织上的准备，把军队和政权牢牢地掌握在自己的手中。坚决同投降、分裂、倒退的行为作斗争，准备在阎锡山发动进攻时奋起自卫，予以击破。彭德怀副总司令亲自参加了这次会议。在会上作了题为《随时准备击退顽固派的进攻》的报告。他在报告中提出了反对蒋介石、阎锡山投降、分裂活动的原则和策略。

1939年11月，中共太岳地委书记安子文在沁源县主持召开了中共太岳地区第一次党员代表大会。会议要求动员一切力量持久地开展反投降、反妥协的斗争，准备应付突然事变。会后分片召开党的活动分子会议，布置了组织共产党员进行坚决斗争，以粉碎反共逆流的各项工作。

当时，太岳各地群众纷纷集会，谴责国民党反共顽固派的投降、分裂活动，并且立即行动起来，除奸禁毒，参军备战，准备粉碎阎锡山和国民党顽固派的军事挑衅。

1939年12月初，阎锡山发动了“十二月事变”（亦称晋西事变）。在这次事变开始时，阎锡山密令陈长捷、王靖国统领晋绥军六十一军、十九军等部队首先在晋西围攻决死二纵队，用暴力摧毁了大宁、永和、隰县、临汾、洪洞、赵城6个抗日县政府和牺盟会等群众组织。接着在晋东南通过阎锡山新委派的第三行署主任孙楚制造了晋沁阳事变，指使决死三纵队中的旧军官赵世铃、孙瑞琨、张济、王寿堂等人叛变，拉走了四个多团，还鼓动国民党军队配合晋绥军摧毁了阳城、晋城、沁水、浮山等四个抗日县政府，袭击了牺盟会上党中心区和《黄河日报》上党分馆等机关。屠杀共产党员和革命分子200余人，逮捕了500余人。

至于在位于岳北的太岳区境内，虽然这时也发生了多起由反共顽固分子策动的破坏捣乱事件，但是由于薄一波、安子文和牛佩琮等人早就发动和组织群众做好了应变准备，及时地把决死一纵队中包括纵队长梁述哉在内的100多名晋绥军旧军官全部撤换下来，送到位于太行区的抗日军政大学学习（其中一些人后来参加了中国共产党，有些人成了民主人士），而以在部队中的政治工作干部和八路军派来的军事干部取代了他们的职务。对于阎锡山派到三专区内各县的所谓“精建会”“敌工团”人员以及政权机关内的动摇分子也作了紧急处理，并且把部队和地方政权都牢牢地掌握在了共产党员的手里。这样，阎锡山就不能在这个地区兴风作浪。使太岳区完整地保存下来了。

其后，驻防晋西南的新军二一三旅两个团和六专署河东办事处与警卫部队于1939年12月转移到太岳区。驻扎在汾南地区的新军二一二旅也在孙定国旅长的率领下，于1940年初在稷王山宣布反顽讨逆后，经过长途行军，由晋南稷山县到达太岳区。1941年8月，中共晋西南工委和它领导的洪赵支队进入了太岳区。这样就加强了太岳区进行抗日反顽斗争的军事力量。

十二月事变发生后，薄一波根据中共中央和中共北方局的指示，于1939年12月17日在沁源县柏木斗沟主持召开了晋东南牺盟会第一次代表大会。大会分析了形势，总结了抗战以来党在山西通过牺盟会、决死队和阎锡山进行统战工作的经验。发表了《告民众书》和《告敌占区同胞书》，要求各地召开部队及群众大会声讨叛军，山西的新旧两军应重新团结起来，一致抗日。

鉴于当时的形势，这次代表大会以后，在太岳区的牺盟会就只挂牌子，党员干部全部回到党内，由党统一分配了工作。至此，太岳区就从阎锡山的系统中完全独立出来，名副其实地成了共产党领导下的革命根据地。

三、建立统一的领导机构

十二月事变以后，继中共代表王若飞、萧劲光在秋林和阎锡山达成晋西的划界协议之后，根据中共中央关于与国民党中央军及阎锡山晋绥军休战的指示和朱德总司令与国民党第一战区司令长官卫立煌达成的协议，以决死一纵队副纵队长牛佩琮为代表与国民党军队的代表通过谈判确定双方以临（汾）屯（留）公路及长治、平顺、磁县之线为界，其南为国民党中央军的驻防区；其北为八路军、决死队的驻防区。而以白晋路为界，又分为太行区和太岳区。因此，在划界以后，太岳区管辖的范围就确定在同蒲路、白晋路、临屯公路之间这个三角形的地区里。在太岳区的境内，众山环抱，太岳山屏其西，沁河流其中，有沁源、沁县、安泽、屯留、平遥、介休、灵石、霍县、赵城、洪洞、临汾 11 县和新设置的绵上、漳源、岳阳、襄南等 4 县。这就是岳北。总计人口 80 余万，面积 9 万平方里。

这时，由于反顽斗争刚刚结束，政权还没有完全统一，政策和制度还来不及制定，武装部队的单位很多，骈枝林立，头绪繁杂，社会秩序处于散乱状态。面对这种局面，当务之急是要尽快地建立起党政军领导机构。

为了加强共产党对太岳区的领导，中共北方局于 1940 年 1 月将中共太岳地委升级为中共太岳区党委，以安子文为书记。下辖三个地委。而在政权组织方面，最初是将以裴丽生为主任的六专署河东办事处改称三专署路西办事处，作为太岳区的临时政权机构。不久三专署（亦称太岳专署）迁到沁源，以薄一波为专员，裴丽生为副专员。成立了太岳区统一的政权机构。

为了加强保卫太岳区的军事力量，1940 年 1 月，陈赓将军奉命率领八路军一二九师三八六旅和八路军总部特务团进入太岳区与决死一纵队会师（史称“岳北会师”），驻扎在临屯公路附近。陈赓按照党的统一战线政策，进入太岳区后对国民党中央军进行了争取工作，制止了国民党中央军和阎锡山顽固军向临屯公路以北的进犯。此后，陈赓将军就参加了巩固和扩大太岳革命根据地的领导工作。由他统一指挥太岳区的部队，担任了太岳军区的司令员。同时成立了太岳军政委员会（后改称党政军委员会），作为太岳区结合党政军民四位一体的党的领导机关。

1940 年 4 月，中共北方局在黎城召开太行、太岳、冀南地区高级干部会议（通称“黎城会议”），会议提出了建军、建党、建政与积极打击敌人“囚笼”政策的任务，专门研究了成立统一政权机构的问题。根据这次会议的决定，在 1940 年 8 月由冀南、太行、太岳三个地区共同组成了冀南、太行、太岳行政联合办事处（简称“冀太联办”）。这就为以后建立晋冀鲁豫边区统一的政权机构作了铺垫。

这期间，为了粉碎日军的“囚笼”政策和对华北的全面进攻，为了争取华北战局更有利的发展，八路军总部于 1940 年 8 月 20 日集中 105 个团的兵力，发动了百团大战。

在百团大战中，太岳区的主力部队十六团、七七二团、二十五团、三十八团和参战群众由太岳军区司令员陈赓和参谋长周希汉指挥，在第一阶段和第二阶段参加了正太铁路的破击作战和榆（社）辽（县）地区作战。其间进行大小战斗 57 次，歼敌 1650 人。沉重地打击了日本侵略军。

太岳区留在内线作战的部队有十七团、五十七团、五十九团、四十二团和各军分区的部队。这些部队在太岳军区副政委王新亭的指挥下，在广大人民群众的支援下，对白晋路和同蒲路进行了破击作战，他们机动灵活地袭扰“清剿”之敌，寻机打击敌人。据统计，当时太岳区的内线部队共进行大小战斗 132 次，歼灭日军 622 人，伪军 89 人，俘虏伪军 64 人，炸毁铁桥 6 座、木桥 13 座、石桥 14 座。使白晋路权店至在虒亭段，同蒲铁路灵石至洪洞段被彻底破坏，有力地配合了正太路沿线作战和榆辽地区的作战。

这次百团大战的胜利，沉重地打击了日本侵略军的“囚笼”政策，极大地振奋了抗日根据地军民打败日本侵略者的信心和决心，同时在国内和国际上也引起了很大的反响，提高了共产党和八路军在全国人民中的威望。

通过百团大战第一阶段和第二阶段的作战，日本侵略者认识到八路军是很有战斗力的部队，华北敌后抗日根据地对日军在华北的统治是极大的障碍。于是从 1940 年 10 月开始，日军就调集重兵，对太行区进行大规模的报复“扫荡”。在反“扫荡”斗争中，陈赓率太岳部队主力胜利地完成了掩护八路军总部转移的任务，还和太行部队一起，在彭德怀副总司令的指挥下，参加了著名的关家垴歼灭战和砖壁保卫战。11 月 13 日至 14 日，扫荡太行区之敌分别退走，太行区的反扫荡斗争宣告结束。

1940 年 11 月，日军 7000 余人分十路对太岳区也进行了“烧光、杀光、抢光”的毁灭性的报复扫荡，妄图彻底摧毁太岳抗日根据地的一切生存条件。当此之际，太岳区的部队除以各军分区部队结合民兵武装相机开展游击战，灵活机动地袭扰清剿之敌外，还组成两个支队，适时转移到外线，积极寻机打击敌人。经过全区军民的英勇斗争，迫使敌人于 11 月底旬分路撤退。12 月 5 日，八路军总部宣布百团大战结束。

这期间，太岳区在开展对敌斗争的同时，还进行了恢复生产和扩大生产的工作，并着手整理和统一了财政经济，发展了合作事业，实行了减租减息和合理负担，整顿和发展了文化教育事业，贯彻了人权保障法令。尽管在 1940 年冬季日军对太岳区进行了大烧大杀的疯狂“扫荡”，但是太岳革命根据地仍然巍然屹立，成了插在敌人心脏里的一把尖刀。

第二章 克服困难，为巩固太岳革命根据地而斗争

一、扭转极端困难的局面

1941 年和 1942 年，太岳革命根据地出现了极端困难的局面。1943 年才开始有所好转，但仍然没有从困难的局面中摆脱出来。

出现极端困难局面的第一个原因，是由于日本侵略军从 1941 年春天起在华北连续五次推行“治安强化运动”，企图使整个华北殖民地化。当时，日军在太岳革命根据地的周围以及境内部署了四个师团的兵力，还杂以相当数量的伪军，对边沿区进行“蚕食”和“清剿”，收买汉奸、特务，

强化政治统治，实行奴化政策，企图把太岳革命根据地一点一点地吃掉。1941 年，岳北 12 个抗日县政府都被挤压在沁源县境内。根据地边沿各县的大部分村庄都被迫成立了维持会[①]，变成了游击区。1942 年 10 月，日军出动 3 万兵力“扫荡”岳北，占领了沁源县城，在这里建立了“山岳剿共实验区”。此后，太岳革命根据地就没有一个完整的县了。据统计，1942 年日军在太岳革命根据地范围内设置了 320 多个据点。

在这个时期，日军于 1941 年 5 月发动了中条山战役。虽然驻守此地的国民党军队进行了抵抗，但在日军的猛攻下，国民党军队的防御阵地全被突破。国民党除九十八军等少数部队仍在岳南坚持抗战外，大部分主力部队都退出了中条山区。

面对这种局面，为了收复被国民党军队丢失的国土，太岳区就奉命不失时机地派出部队南下，进行了重新开辟岳南区，恢复晋豫区的斗争。

岳南区是指同蒲铁路以东、白晋铁路以西、临屯公路以南、曲高公路以北的地区，包括临汾、襄陵东部、安泽南部、曲沃、翼城北部和浮山高平、沁水、长子等县，其面积有 9000 多平方里。它是联结岳北和中条地区的重要通道。

为了开辟岳南区，太岳部队于 1941 年 6 月分两路南进。其中一路由周希汉率领五十九团和十六团开赴岳南之冀氏县南北孔滩地区；另一路由孙定国率领二一二旅开赴岳南之浮山及安泽南部地区。与此同时，由中共太岳区党委和第三专署组建了沁东、沁西两个工作委员会，由韩柏（焦善民）、时逸之和史健分别率领两个工作团，随同南进部队沿沁河两岸分道南下。同时，中共晋豫区党委也派干部参加了开辟岳南区的工作。

在开辟岳南区的过程中，既要扫除日军的据点，又要剪灭散兵游勇，安定社会秩序，同时还要和在日军庇护下进入这个地区的阎锡山军队进行有理、有利、有节的斗争。至于和在这个地区仍然坚持抗日的国民党

---

① 维持会是抗日战争时期日本侵略者在其占领区内利用汉奸建立的一种过渡性质的政权组织。它担负着为日伪军筹集钱粮、提供民夫、提供中国抗日部队活动情报等任务。

九十八军，则根据党的建立抗日民族统一战线的原则，通过桑曲划界，达成了分区驻防，团结抗日的协定。直到此年的8月，太岳区才在岳南建立了党政领导机关和岳南军分区，但整个工作仍然处在草创阶段。

1942年1月，由太岳区五十七团、十七团、十八团组成的南进支队由王新亭和聂真率领，分三个梯队向中条山地区挺进。他们经过四个多月的浴血奋战与艰苦工作，在中条山地区建立了一块南北50里、东西150里，拥有20万人口的根据地。在这里先后建立了晋豫区的党政军领导机关和县、区、村抗日政权。

此时，日军对太岳革命根据地仍然在进行频繁的“扫荡”和“蚕食”。“扫荡”的方式由原来临时突击式的进攻战变为长期的“驻剿”；由长驱直入式的线式进攻发展为步步为营的纵深“扫荡”。同时通过修筑碉堡、挖封锁沟墙的办法来割断游击区和根据地的联系，一步一步地对根据地进行挤压。日本侵略军对包括岳南在内的抗日根据地实行了惨绝人寰的烧光、杀光、抢光的“三光”政策，致使根据地境内房舍被烧为废墟，许多干部群众横遭杀戮，粮食、牲畜、农具和各种财物也被抢劫、损毁。

与此同时，阎锡山派遣的六十一军和四十三军也东渡汾河，到浮山、翼城地区“开展政权”。他们勾结日军不断制造摩擦，向太岳区进行破坏和侵犯。这也加重了太岳区的困难局面。

出现困难局面的第二个原因，是自然灾害的严重侵袭。1941年，太岳各地出现了不同程度的旱情。1942年春天连续80多天没有下雨，秋天又发生了蝗灾和涝灾。这就越发加重了根据地人民的苦难。1943年春夏之交，太岳区的大部分地方仍然久旱无雨，禾苗、蔬菜多数枯黄，有的地方甚至是秋收无望。加上根据地屡遭日伪军和国民党军队的洗劫，天灾人祸使饥饿现象日趋严重。如士敏、晋城、高平三个县的受灾人口就占到人口总数的1/4以上。在士敏县，灾民每天吃的是榆皮、柳芽、谷糠和蚕蛹。有的地方灾民把野草吃光了就吃观音土、花生皮来充饥果腹。当时，仅太岳区的第二专区就有待救济的灾民10万人。另外，从豫北敌占区和国民党统治区逃到太岳革命根据地的难民不下20万人。这就使太岳区的困难局面更趋严重。

为了扭转这个极端困难的局面，坚持长期抗战，太岳军民在共产党的领导下坚持独立自主，自力更生的原则，采取了许多解决群众生活困难和大力恢复生产的措施。如开辟财源抗灾救灾，发动群众互助互济，组织起来生产自救，动员群众抓紧雨后时机赶种晚秋作物和蔬菜，发放各种贷款和救济粮扶持生产、繁荣经济，帮助群众搞运输和搞纺织增加收入，在受灾较轻的地区开展“一把米、一把糠”的募捐活动，以救济受灾严重地区的灾民。与此同时，太岳区还发动机关、部队募捐衣物解决群众穿衣的困难。特别是禁止向群众乱摊派，减轻群众的公粮负担和公差负担，号召共产党员和机关干部发扬与群众同甘苦、共患难的精神，生产节约，减少口粮赈济灾民。这些举措使群众深受感动，得到了广大群众的拥护和欢迎。这些都提振了广大群众克服困难的能力和信心。

这期间，太岳军民为了克服困难，在贯彻执行中共中央提出的“十大政策”[①]的过程中，采取了以下措施：

其一，1941 年，太岳区按照“三三制”[②]的原则进行了民主政权的建设。根据《太岳区村选条例》的规定，在全区范围内实行了基层政权的民主选举。在通过民主选举产生的村政权中，贫雇农、中农出身的干部占据了绝对多数，但也团结了农村中的开明绅士参加政权工作。在此之后，太岳区进行了选举参议员的工作，并成立了晋冀鲁豫边区临时参议会驻会委员会太岳办事处和晋冀鲁豫边区政府太岳行署。这样就把太岳区的各抗日阶级和抗日党派都团结在共产党领导的民主政权之中，都能参政议政。同时成立了各级工、农、青、妇抗日救国会，由各级共产党组织加强了对群众团体的领导。

① 为了战胜困难，坚持抗战，中共中央制定的“十大政策”是：对敌斗争、精兵简政、统一领导、拥政爱民、发展生产、整顿三风、审查干部、时事教育、“三三制”、减租减息。见中共中央党史研究室:《中国共产党的九十年》，中共党史出版社、党建读物出版社 2016 年版，第 224 页。

②“三三制”是指在政权组织中，共产党员、党外进步人士、中间派各占三分之一。见中共中央党史研究室:《中国共产党历史》(第一卷)，中共党史出版社 2011 年版，第 553 页。

其二，1943 年春，太岳区和晋豫区按照中共中央的决定合并。合并后仍称太岳区，这就使太岳区的管辖范围扩大到黄河以北。把白晋路、晋（城）博（爱）路和同蒲路之间的广大地区连成了一片。这不但打破了日军摧毁太岳革命根据地的企图，而且极大地增强了太岳革命根据地的实力，可以使太岳区能够更有力地支持山西和华北地区的抗日战争。这期间，中共太岳区党委和各地委、县委都按照中共中央的《九一决定》，实行了党的一元化领导，建立起了各级党委对所辖地区一切斗争和工作的真正的领导核心，使共产党的方针政策能够及时地得到贯彻执行。这样就促进了太岳革命根据地的巩固和统一，加强了共产党在对敌斗争中和根据地建设工作中的领导。

其三，按照中共中央关于实行“精兵简政”这个极其重要的政策，太岳区在 1942 年和 1943 年有计划、有步骤地进行了“精兵简政”工作。

从部队方面讲，在“精兵简政”过程中对部队进行了整编。在整编中，将二一二旅缩编为一个团（五十四团），三八六旅和决一旅所属各团也作了必要的调整和合并。整编后全区部队的编制成为两个旅（三八六旅和决一旅）、四个军分区、十个团。充实了战斗连队（每连 120 人），精简了老弱 1100 余人，指挥机关和战斗部队的比例由 1∶6.88 变为 1∶9。实行了野战军全部地方化，加强了军分区地方武装和人民武装的建设。在部队整编过程中，还抽调了 200 余名连排级干部组成敌后武工队，到敌后开展工作。调出 600 多人到抗大、陆军中学和北方局党校学习。这对于改变部队领导机关层次多、公文烦琐的状况起了很好的作用。

在地方简政方面，太岳区在“简政”中重新调整了行政区划：把岳北地区的三个小专区合并为一专区，岳南沁河以东地区为二专区，岳南沁河以西地区为三专区，原晋豫区为四专区。不久，又在新开辟的条西设立了五专区。同时缩小了各级党、政、军、民机关的编制，减少了不必要的人员，把规模过小的县、区加以合并，由专署兼任所在县的县政府，这样就精简了原有干部的 1/2。在简政过程中，太岳区还创造了中心村制。中心村的作用，一是作为执行命令、完成任务的模范，各项工作先由中心村做起，创造经验，推动一般。二是传达区公所的决议和命令，在区公所的领导下，指导、监督一般村的行政工作。它虽然不是一级行政组织，但在辅助区公所工作方面是起了重要作用的。

太岳区通过“精兵简政”，不但提高了党政机关的工作效率和部队的作战能力，而且也极大地减轻了人民的负担。以 1942 年和 1941 年相比，全区人民的负担减少了 108 万多元（冀钞），公粮少征了 5 万多石。1943 年又比 1942 年少征公粮 4 万多石。

其四，太岳区通过广泛深入地开展“拥军爱民”“拥政爱民”“拥军优抗”的活动，加强了军民团结和军政团结，使军队、政府和人民结成了血肉般的关系，这就为克服困难、巩固太岳革命根据地提供了极为重要的保证。

二、开展坚决的对敌斗争

扭转根据地困难局面的关键一环是有效地开展对敌斗争。当时，日本侵略军的“蚕食”“扫荡”和残酷的“三光”政策已经激起了太岳军民杀敌复仇的斗争决心。于是，太岳区的军队同人民群众相结合，正规军、游击队和民兵协同作战，轰轰烈烈地开展了广泛的游击战争。

为了提高广大群众对敌斗争的信心，1941 年初，中共太岳区党委和太岳军区及时地总结和宣传去冬日军“扫荡”沁源时，绵上村农民药炎明用木棍和三个敌兵英勇搏斗，“拼死命，换活命”，空手夺枪，毙伤敌兵各一名的英雄事迹，从而促进了民兵和自卫队在各地的建立。

按照太岳军区颁布的《关于人民武装抗日自卫队暂行条例》的规定，根据地内凡 16 岁以上，50 岁以下（妇女为 45 岁以下）的男女公民，都编入了人民武装自卫队。其中的骨干分子编为民兵。自卫队员和民兵平时从事生产，进行训练，维持社会治安；战时掩护群众转移，侦察敌情，其中民兵在农闲时要从事训练，在战时要配合抗日部队参加战斗，打击敌人[1]。民兵使用的武器，除了从敌人手中夺取的枪支外，主要是自己动手制作的刀矛和土枪土炮。同时还制造了大量的包括石雷在内的地雷。当敌人出动时，民兵们把地雷埋在道旁、村口、井边等敌人必经之地，采用各种伪装办法埋雷，使敌人虚实难辨，常常触雷爆炸，吓得心惊胆战。

为了加强对敌斗争，这时太岳区各县都重新整顿和加强了游击队等地方武装。这些地方武装大都在本县本区活动。他们依靠熟悉的地理环境和社会条件，经常寻找机会打击敌人。

这个时期，太岳区的儿童和妇女也都投入了对敌斗争。抗日儿童团员在交通路口设立岗哨，检查路条，防奸防特。妇女们则在妇救会的领导下，做军鞋、织军布、看护伤员，为支援抗战做出了贡献。

针对日军的“扫荡”政策，太岳军民除进行了反“扫荡”斗争外，同时实行了空室清野，致使敌人在根据地“扫荡”时饥饿疲劳，耳目闭塞；而太岳区的主力部队、地方武装和民兵、游击队，则乘敌人出巢归巢懈怠和疲惫之际，利用其补给运输线和战斗动作上的疏忽和弱点，采取进袭、待伏、诱伏和各种出奇制胜的战术，以此来获得良好的战绩。

据统计，1941 年太岳部队在反“扫荡”斗争中共作战 1235 次，毙伤和俘虏日伪官兵 8531 人，破坏火车 8 列，铁路 50 里，公路 7814 里，还缴获了大量的武器弹药。太岳区地方武装和民兵在 1941 年 1 月至 7 月进行大小战斗 88 次，毙伤日军 135 人，伪军 196 人，生俘伪军 89 人，破路 30 里。全区民兵在 10 月反扫荡作战中共参战 312 次，参战人数 4898 人，毙伤敌伪军官兵 94 人，活捉汉奸 31 人，解放民夫 617 人，摧毁维持会、伪区公所 30 个，炸翻敌火车 1 列，破坏公路 78 里，大车路 142 里，炸毁桥梁 14 座。1942 年太岳部队全年作战 2767 次，民兵作战 1700 余次。毙伤日军 3151 人，伪军 1618 人。俘日军 6 人，伪军 856 人。日军投诚 2 人，

① 山西省史志研究院编:《太岳抗日根据地重要文献选编》，中央文献出版社 2006 年版，第 262—269 页。

伪军反正 603 人。全年共毙伤俘日伪军 6236 人（包括反正、投诚在内）。缴获了大量的武器弹药。1943 年太岳部队全年共作战 2889 次。毙伤日军 5157 人，伪军 3231 人，其他敌伪人员 1411 人。生俘日军 11 人，伪军 910 人，其他敌伪人员 1715 人。伪军反正 20 人，还缴获了大批武器弹药。

其中，著名的战斗有：

1941 年 10 月，日军对岳北进行“铁壁合围大扫荡”时，太岳军区十六团、二十五团和五十九团运用游击战术，在马森以北、程壁以南的大林区掩护中共太岳区党委和太岳军区机关冲出了万余敌人的包围圈，还毙伤了大量敌人。创造了一个避敌锐锋，转移到外线作战的范例。

1942 年 2 月，太岳二地委书记兼二分区政委史健根据上级决定，指挥太岳二分区基干营及赵城县游击大队、洪洞县游击大队、赵城县民兵在广胜寺力空和尚的密切配合下，巧妙地从日军的严密监视下，将《赵城金藏》4700 余卷安全转移到了太岳腹地，为祖国保存下了这部世界遗珍。

1943 年 10 月，日酋冈村宁次调集 3 万兵力，采用所谓“铁滚式三层阵地新战法”“扫荡”太岳区。他还特地把正在日军支那派遣军步兵学校的 180 多个学员（都是中队长以上的现役军官）组成“观战团”，从临汾县城出发，准备到“铁滚扫荡”的现场“观战”。10 月 15 日，三八六旅旅长王近山指挥十六团埋伏在临屯公路必经之路的洪洞县韩略村附近，经过三个多钟头激战，“观战团”中的日本军官除三人逃脱外，余皆被歼。此战对日本侵略军起了震慑作用。从此以后，日军就没有能力再对太岳区发动大规模的“扫荡”了。

1943 年 11 月 11 日，太岳四分区部队一个团在阳城地方武装、民兵的配合下，在灵官庙至横河间伏击日军运输队，毙敌 50 余人，解救民夫 100 余人。11 月 17 日，太岳四分区的两个团又在阳城至王屋之间的烧里铺进行伏击，战斗一小时，击毙日军 60 余人，我军无一伤亡。

与此同时，太岳军民按照“敌进我进”的方针，把广泛的群众运动和军事斗争结合起来，在接敌区进行了反“蚕食”和反“维持”的斗争。为此，中共太岳区党委书记安子文和一地委书记高扬文亲自深入到沁县游击区进行调查研究，总结出了进行反维持斗争的好办法。这就是：采用组织“红瓤白皮”维持会的办法和敌人软磨硬顶；或者组织以民兵、游击队为主体的联防网斩断敌人“蚕食”的嘴，然后组织武工队在当地群众的支持下开辟隐蔽的根据地，一步一步地把敌人“挤出去”。在平遥、介休等县，则建立了武装便衣队，深入敌占区机动灵活地打击敌人。这在扭转“敌进我退”的被动局面方面也取得了很好的成绩。

此时，太岳军民根据中共北方局下发的《关于敌占区及接敌区工作的指示》，对敌占区人民和敌伪人员开展了以中国必胜，日本必败，反对日伪抓丁和揭发“治安强化”阴谋为中心的政治攻势。如平遥县军民在一次宣传攻势中，一夜之间就在 64 个村庄书写和张贴标语和传单 600 多份。还割回电线 120 多斤，破坏电杆 122 根，破坏大桥一座。极大地震慑了汉奸，鼓舞了群众。另外，在动员敌伪人员弃暗投明，在瓦解伪军，摧毁伪组织、伪政权方面也取得了显著的效果。

对于阎锡山军队侵犯和破坏太岳区的行径，太岳军民也进行了有理、有利、有节，针锋相对的斗争。

1941 年 8 月，太岳区二一二旅和十六团、五十九团对阎锡山军队进行反击，攻入其驻地浮山县赵城村和西马村，歼灭了阎锡山四十三军的两个团。这次战斗有力地打击了阎锡山军队的反动气焰，在岳南打开了建立抗日根据地的局面。

1942 年 4 月，由正在岳南进行视察的八路军一二九师政委邓小平亲自指挥，集中太岳和太行两个区 10 个团的兵力以及地方武装共 2 万余人，发起了“浮（山）翼（城）自卫反击作战”，俘虏和毙伤阎锡山六十一军官兵 1000 余人，迫使阎军退回汾河以西。此后，太岳区就恢复了浮翼地区的抗日局面，取得了反顽斗争的重大胜利。

这期间，太岳军民还粉碎了太岳区境内的反动迷信组织“长毛道”，取缔了“红枪会”，剿灭了霍山土匪。这样就使太岳革命根据地进一步巩固起来了。

三、实行减租减息和开展大生产运动

为了克服困难，争取抗日战争的最后胜利，太岳区根据中共中央制定的政策，认真实行了减租减息，开展了轰轰烈烈的大生产运动。

减租减息是中国共产党在抗日战争时期为了团结各阶级一致抗日实行的土地政策。它既可以通过减轻封建剥削来改善农民的生活条件和生产条件，发动广大农民群众积极地投入抗日斗争；同时也能够争取地主阶级中的大多数留在抗日阵营。

本来，抗日战争初期太岳区就实行过减租减息。不过当时由于缺乏经验，采取了包办代替的办法，所以许多地区存在着明减暗不减的现象，群众也没有完全发动起来。

1942 年 4 月，中共太岳区党委根据中共中央《关于抗日根据地土地政策的决定》和《关于如何执行土地政策决定的指示》，采用组织春耕检查团的方法深入各地农村，结合春耕重新推动减租减息工作，纠正了过去在减租减息中出现的一些“明减暗不减”的现象。同时，太岳区农救总会颁布了《土地斗争大纲》，编写了《减租减息问答》，在各县成立了农民问题问事处，在各村组织了减租减息委员会，开始进行减租减息工作，各级政府也配合各级农会，推动减租减息法令的贯彻执行。

1942 年 10 月，刘少奇从华中赴延安途中路经太岳区。他在太岳区听取了区党委负责同志关于各项工作的情况汇报后，明确指出太岳区工作中的主要问题是减租减息运动没有深入开展起来。刘少奇反复强调了实行减租减息的重要性。他说：建立革命根据地是中国革命的重要战略问题之一。建设革命根据地，要掌握它的发展规律，要依靠军队打开局面，然后建立政权，发展党的组织，而党的中心任务则是发动群众。[①] 他还明确指出：只有实行减租减息，才能把群众发动起来，去夺取抗日战争的胜利。

1942 年 12 月，中共太岳区党委根据刘少奇的指示，在安泽县桑曲村

---

① 中共山西省委党史研究室：《太岳革命根据地纪事》，山西人民出版社 1989 年版，第 357 页。

召开了群众工作会议。这次会议总结了太岳区开展减租减息运动的经验，统一了实行减租减息的政策。薄一波在会上作了题为《太岳区群众工作的基本总结》的报告。他在报告中回顾了岳北区五年来群众运动的发展情况，指出“我们如果不能把这百分之九十以上的农民群众发动起来，就不能坚持这样一个民族解放战争。”[①] 会议决定把减租减息的工作全面铺开。在减租减息运动中，各级共产党的组织应起领导作用。农会是农民阶级的组织，是开展减租减息斗争的领导机关。政府和军队派下去的人应与农会密切配合，不能包办代替。开展减租减息斗争的形式和提出的斗争口号，应尽可能求得灵活多样，适合农村的习惯与农民的口味，不能拘泥于固有的一套。

这次群众工作会议以后，中共太岳区党委于 1943 年初抽调出大批干部，充实各级农救会，结合春耕生产，发动群众开展减租减息斗争。同时，各地共产党的县委书记和区分委书记也都深入到基点村指导工作，在全区范围内掀起了减租减息的高潮。

太岳区在实行减租减息的过程中，大部分农村是采取召开座谈会和说理斗争会的办法，按照政府法令的规定来解决租息问题的（一般是二五减租，分半减息）。但是由于农民对于地主阶级有几千年的积怨，所以一旦发动起来，斗争性就特别强烈，报复心也相当厉害，因而普遍地出现了过火行为。有些地区则在纠正农民过火行为时，又产生了偏袒地主的倾向。为了纠正这两种错误倾向，中共太岳区党委及时地提出了“斗，不要斗到团结破裂，不要斗到超过法令许可的利益范围之外，不要采取法令所不允许的手段；让步，不要让到失掉阶级立场，模糊阶级意识，不要让到群众发动不起来，使群众应得的利益得不到的地步。”[②] 要求各级干部都要站在农民的立场上，正确地执行减租减息政策，把减租减息的工作搞好。

经过 1942 年和 1943 年的减租减息，太岳革命根据地的老区已经基本

---

① 山西省史志院编:《太岳抗日根据地重要文献选编》，中央文献出版社 2006 年版，第 434 页。

② 薄一波:《就减租减息问题给顾大川同志的信》,《论牺盟会和决死队》，中共中央党校出版社 1990 年版，第 481 页。

上解决了租息问题，接着新区也都开始实行减租减息。这样就大大地削弱了根据地农村的封建势力，改善了农民的经济状况和政治地位，极大地提高了农民群众的抗日积极性和生产积极性。同时也把地主阶级中的大多数继续团结在抗日的阵营里。

这个时期，太岳军民又热烈地响应毛泽东提出的“自己动手，丰衣足食”的号召，开展了大生产运动，使以农业为中心的各项生产事业都有了很大发展。据统计，从 1942 年秋季到 1943 年春季，太岳区共垦荒 75000 亩，开渠 1500 里，把 10 万亩旱地变成了水浇地。仅此一项，就可以增产粮食 3 万石。在发展农业的同时，太岳区还大力发展交通运输业、纺织业、养蚕业、铁工业、木工业、采煤业和制烟业，建立了军火工业和小型肥皂厂、火柴厂，统一了币制（以冀钞为本币），在商业流通方面贯彻执行了“对外统制，对内自由”的方针，给商人以贸易自由，使商人走向市场，进行竞争，从而发展了商业贸易。

通过开展大生产运动，活跃了太岳革命根据地的经济，增强了抵御自然灾害的能力，改善了广大群众、干部和部队指战员的生活，丰富了物资供应，为夺取抗日战争的最后胜利奠定了基础。

在大生产运动中，太岳区涌现出了大批先进人物。石振明就是其中的一个典型。他原籍河南，1940 年逃难到浮山县西松山村落户。当 1941 年太岳部队解放了西松山后，他相信共产党的政策，领着全家披星戴月，埋头苦干。两年开荒 120 亩，还养了 6 头牛，1 头驴，80 只羊。在他的影响和带动下，西松山村的群众两年之内人均收入增加了三倍多，生活越过越富裕。后来，石振明被选为太岳区劳动英雄。1949 年还出席了中国人民政治协商会议第一次会议。

四、深入开展整风运动

整风是中国共产党正确解决党内矛盾，克服各种非无产阶级思想的主要方法。1942 年 2 月，毛泽东在延安作了《整顿党的作风》和《反对党八股》的重要报告。同年 4 月 3 日，中共中央宣传部发出《关于在延安讨论中央决定及毛泽东同志整顿三风报告的决定》。同年6月8日，中共中央宣传部又发出了《关于在全党进行整顿三风学习运动的指示》。从此开始了在全党范围内进行反对主观主义以整顿学风，反对宗派主义以整顿党风，反对党八股以整顿文风的整风运动。整风运动的方针是惩前毖后，治病救人，既要弄清思想，又要团结同志。其后，中共北方局也作出了关于开展整风运动的指示。

太岳区对于开展整风运动是很积极的。早在1942年4月16日，中共太岳区党委就作出决定，要求各部门、各机关立即成立检查委员会领导整风学习。4月27日，中共太岳区党委书记安子文在《太岳日报》上发表了题为《改造我们的作风》一文。文章中列举了在太岳区党内“三风”不正的种种表现，分析了太岳区“三风”不正的根源，批评了一些干部对整风的模糊认识，要求广大党员和干部对整风文件要“细嚼烂咽，化成血肉，并与检查自己各方面的工作结成一气。也只有这样，我们才能真正掌握这个改造工作、改造自己的武器。然后才能突破现在这种迟滞不前的状态，打开新的局面。”①

1942年4月30日，中共太岳区党委在《太岳日报》上发表了《为整顿三风征询各界意见启事》，号召全区各党各派及各界人士对共产党存在的问题毫无保留地加以指陈，热望在各界人士的帮助之下，使自己日臻健全，以利团结抗战。

1942年5月4日，在太岳各界纪念“红五月”的盛大集会上，太岳区军政党委员会书记薄一波联系太岳区的实际作了如何整顿三风的报告。

1942年7月，中共太岳区党委根据中共中央和北方局的决定和指示，成立了由薄一波、陈赓、安子文直接负责的整风学习委员会。并且公布了整风计划，布置了整风学习。要求各单位从8月份起进入精读文件阶段。精读文件时务要掌握文件的精神实质，反对走马观花。同时，要求各单位根据干部的职务和文化程度分为高、中、初三组。高级组以自学为主。中

① 山西省史志院编:《太岳抗日根据地重要文献选编》，中央文献出版社2006年版，第348—349页。

级组以自学为主，以高级组干部的辅导帮助为辅。初级组以讲授为主，自学为辅。要在三个月内完成精读文件的任务。

1942 年 8 月，整风运动就在全太岳区普遍地开展起来了。

最初，太岳区党政军民各系统的干部，包括非党员干部在内都参加了整风学习。由于广大干部在中共太岳区党委宣布整风计划以前已经从报纸上看到了陆续发表的整风文件，所以都有了参加整风学习的思想准备，并对开展整风学习表示了极大的热情。当时，各机关、团体、部队和学校都制定了整风计划，规定了整风时间，认真学习中共中央指定的 22 个整风文件。同时还写标语、出墙报、开座谈会、讨论会，营造了浓厚的学习氛围。

后来，根据中共中央和中共北方局的指示，把整风学习分为整顿学风、党风、文风三个阶段，在党内深入进行。在整风学习过程中，各机关、团体、部队和学校都由领导干部亲自带头，认真学习文件，提高认识，充分地发扬党内民主，广泛地开展批评与自我批评，使大家有话都讲出来，不同意见可以展开争论，联系自己的思想和工作，进行相互交谈，然后在本人自觉的基础上，在领导和同志们的帮助下，对于主观主义、宗派主义和党八股进行了自我检查，写出了书面的总结材料。对于那些犯有错误的党员，在总结过程中启发他们自己认识到所犯错误的主客观原因，找出克服错误的办法，从而使大家都能受到鲜活的教育，都能自觉地坚持真理，修正错误，达到弄清思想、团结同志的目的。

1943 年初，中共太行分局在涉县温村召开高级干部会议。会议提出在 1943 年要把整风运动认真地开展起来的任务。同年 4 月，中共中央又发出了《关于继续开展整风运动的决定》。据此，中共太岳区党委重新布置整风工作，要求党政军民各机关，除留少数干部坚持日常工作外，大多数干部白天停止工作，全力参加整风，实行“机关学校化”。同时，除在全区范围内抽调了一批县、团级以上干部到中共北方局党校参加整风外，区党委党校也集中部分县、区级干部和部队营以上干部进行集中整风。后来又成立了整风学校，集中全区 800 多名党员干部在整风学校深入进行整风。

到 1945 年上半年，整风学校才正式结束。

中共太岳区党委党校和整风学校的学员经过一年多的整风学习，精神面貌焕然一新。在参加党校和整风学校学习的学员中间，出现了一种认真学习、实事求是、关心党和革命斗争命运的风气。他们初步地克服了主观主义、宗派主义和党八股的思想作风，自觉地在思想上、政治上、组织上和党中央保持了一致。他们在党校和整风学校结业以后，满怀信心地走上新的工作岗位。

这期间，太岳区结合整风运动也进行了审干工作。其间，中共太岳区党委党校在审干工作中虽然一度出现过搞“逼、供、信”的情况，把一部分同志当作敌人进行审查的偏差，但很快地就按照中共中央的指示，从实事求是的原则出发，果断地纠正了错误，使审干工作回到了正确的轨道上。

总之，这次历时三年的整风运动，使太岳区的广大党员和干部进一步掌握了马克思主义的普遍真理同中国革命具体实践相结合这一基本方法，从思想上、政治上、组织上加强了党的建设，使全党在新的基础上达到了空前的团结和统一，从而为夺取抗日战争的最后胜利奠定了思想基础。

这个时期，太岳区的文化教育事业也有了显著发展。

这表现在文化事业方面:《太岳日报》(后改称《新华日报》太岳版)创刊后发行量不断增加；在太岳区还先后出版了《建设》《文化哨》《中国人报》《黄河日报》《太岳农民》《太岳妇女》《太岳导报》《太岳文化》《太岳民兵》等报刊。创作了大量的群众喜闻乐见的文艺作品。太岳区的出版机构出版发行的图书有三四万册。与此同时，许多县办起了自己的小报，许多村庄和机关团体办起了墙报，许多农村办起了剧团，农村的文娱活动也广泛地开展起来了。

在教育方面，1942 年太岳区实行了强制儿童入学的办法，充实了农村初小的学额，仅岳北就增加了 1 万多名学生。许多县办起了“民高”。初小基本上有了统一的课本。这个时期的学校教育有三个特点：其一是学校教育和社会活动相结合；其二是学校教育和生产劳动相结合；其三是适应战争环境坚持学习。根据地的巩固区平时基本上能按课程表上课；在游击区或者采取敌来分散学习，敌去集中上课的方式；或者采取白天分散学习，晚上集中上课或平时集中上课，情况紧急时分散学习的方法开展教学活动。在有些地方，甚至出现了在敌人扫荡时仍能把学生分组，继续上课的学校。在敌占区，有些村庄建立了秘密学校，坚持向学生进行抗日教育，开展教育战线上的对敌斗争。当时的社会教育，主要是在各乡各村建立了民校、冬学和各种形式的识字班，开展了扫除文盲的教育活动。同时，太岳中学和抗大太岳分校也在极端困难的条件下坚持办学，培养了一批又一批革命的青年知识分子干部。

很显然，文化教育事业的发展，也是争取抗日战争胜利的重要条件。

第三章　争取抗战胜利，为扩大太岳革命根据地而斗争

一、围困和挤走盘踞在根据地腹心区的敌人

1944 年，太岳区已扩大到 30 多个县份，管辖的人口有 150 余万。有正规部队 10 个团。同时各县都建立了游击大队，有些县还建立了区游击队和便衣队。正规部队和游击队的总兵力近 3 万人，另有民兵 5 万余人。

这些抗日武装在人民群众的支持下，为了扩大根据地，缩小敌占区，千方百计地同敌人“挤地盘”。1944 年，太岳部队共进行了 7 次局部性的反“扫荡”作战，两次反顽战役。截至 11 月底，全区共进行大小战斗 2256 次。毙伤和俘虏日军 1884 名，伪军 10215 名，生俘日军 12 名，伪军 3947 名，投诚日军 4 名。攻克和逼退敌伪盘踞的城镇和据点 90 处，收复了大片国土，揭开了局部反攻的序幕。

最早是在 1944 年 2 月 27 日，盘踞安泽县府城镇的日伪军在地方部队和民兵的围困下被迫撤退，于是府城镇宣告解放。至此岳北和岳南连成了一片。接着，1944 年 3 月 29 日，太岳二、四军分区部队收复了沁水县城，被日军蹂躏四年之久的沁水人民得到了解放。

尤其引人注目的是，在局部反攻频频奏捷的凯歌声中，名震全国的沁源围困战取得了胜利。这是沁源八万军民在共产党的领导下，以顽强斗志创造的历史奇迹。

沁源位于太岳革命根据地的腹心。沁源围困战是太岳革命根据地在抗日战争中举起的一面旗帜，它对以后的敌后抗战产生了积极的影响。

那是在 1942 年 10 月，华北敌酋冈村宁次向岳北地区发动了冬季“扫荡”。在这次“扫荡”中，日军纠集第三十六师团、三十七师团、六十九师团共九个大队 7000 余人和伪军 1 万余人，兵分 14 路侵入岳北，并以日军六十九师团伊藤大队为主力①，结合一些伪军在沁源城关和交口、中峪、霍登、阎寨等村庄扎下据点，在这里建立了“山岳剿共实验区”。

当此之际，太岳区的主要领导人薄一波、陈赓、安子文等同志，实事求是地分析了沁源地区敌我双方各自的力量和条件，认为共产党在沁源有深厚的群众基础，有战斗力很强的正规军和民兵，加之境内地形险峻，所以决定采用“围困战”的办法，对敌人断其路、绝其粮，最后把它逼走。为此，中共太岳区党委和太岳军区成立了“沁源围困指挥部”，以中共沁源县委书记刘开基为政委，八路军三十八团团长蔡爱卿和团参谋长李懋之先后担任总指挥，进行了一场历时两年半的“围困战”。

开始时，进占沁源的日本侵略军摆出一副伪善的“仁慈”面孔，多方收买人心，妄图在沁源把伪政权维持会建立起来。但是，英雄的沁源人民中，包括地主和开明士绅在内，没有一个人甘当汉奸。大家在沁源围困指挥部的统一部署和领导下，“坚决不维持”“坚决围困”，将敌占沁源城关和城外据点附近以及二沁大道等交通沿线的 23 个村镇里的 3200 多户人家，16000 多口人全部转移到山沟里，堵塞了城里和城外据点村里的水井，埋藏了粮食，搬走了屋里的锅碗用具，赶走了牲口，抽掉磨心、碾心，进行了坚壁清野，使驻地日军处于没粮吃、没水喝、没柴烧的绝境，完全失

① 日军此次侵占沁源县城后，曾两次换防。第一次是由三十六师团的斋藤大队接替六十九师团的伊藤大队。第二次是由新成立的独立混成第六旅团的山崎大队接替二十六师团的斋藤大队。

去了生存下去的一切条件。

这时候，沁源围困指挥部一面发动转移出来的群众“团结互助，自力更生，坚持长期斗争”。在山沟里打了5000多孔窑洞，建立了新的居民点。并把太岳行署拨来的1000石救济粮和向当地余粮户借来的粮食，以及募捐来的棉衣棉被分发各村，用来解决转移群众的衣食住问题。同时，发动群众开展夺粮运动，即在围困指挥部的统一领导下，以游击集团作掩护，发动群众到日伪据点和附近村庄搬运坚壁清野时埋藏的粮食和劫敌资财；另一方面，则以三十八团为骨干，结合全县的民兵和基干队，在11个“战区”里组成了13个游击集团。这些游击集团以山头为阵地，白天实行麻雀战、冷枪战，黑夜出来摸据点，不断地袭扰敌人。

有一次，三十八团和二一二旅在沁源县境以西的芦家庄设伏，毙伤日伪军300余人。又有一次，三十八团和沁源游击大队及民兵在周西岭伏击由沁源城关返回中峪店的日军驮骡运输队，干脆利落地歼灭了日军中队长以下60余人，解救民夫30多人，缴获了日军的全部物资、弹药和牲畜。还有一次，沁源300民兵配合二十五团一个排深夜大闹阎寨敌据点。他们在阎寨贴传单、安草人、埋地雷、鸣放土枪土炮、吹冲锋号，闹得敌人惊恐万状。特别是在1943年4月19日，在围困总指挥李懋之和刘开基政委的率领下，沁源军民千余人乘夜强袭沁源城关，打死日伪军100多人。解救了数十名被日军俘虏进城里的群众。此次夜袭成功，既打击了敌人强迫群众“维持”的疯狂气焰，也更加坚定了全县军民坚持围困斗争的胜利信心。此后，围困沁源的民兵和地方武装就经常冲进城内进行袭扰，不断地打击敌人。

据统计，从敌人占据沁源县城到1944年底，仅沁源民兵就对敌作战2730次，毙伤日伪军3078人，俘敌特汉奸245人。地雷爆炸580多次，炸死炸伤日伪军940余人，解救被捕群众1745人。夺回耕牛314头，骡马和驴336头，羊2370余只。在围困斗争中，全县民兵中涌现出110多名杀敌英雄和200多名爆炸能手。其中如民兵英雄李学孟，在三次战斗中就打死了12个敌人。官军村郑士威、李德昌领导的民兵战斗队像一群猛虎，经常出其不意地袭扰敌人，在两年多的围困斗争中毙敌 100 多人。同时，民兵还配合八路军主力大闹敌人据点，强袭城关，把据点里和县城里的敌人搞得心神不定、坐立不安。①

为了坚持长期的围困斗争，沁源围困指挥部根据中共太岳区党委的指示，实行了“劳武结合，游击生产”的办法。这个办法就是：在抗日武装的掩护下，组织群众到县城和城外敌人据点与二沁大道等交通线的附近自己原有的土地上，抢耕、抢种、抢锄、抢收。不但在原来的耕地里种上了庄稼，而且在移驻区每户还可开垦二三亩荒地种上各种农作物，结果获得了粮食蔬菜大丰收，使群众的生活有了保障。可是盘踞在县城和城外据点里的敌人，却因为补给线经常被抗日武装和民兵切断，弄得没吃没喝。到后来只好一个一个地撤出了除交口之外的城外各据点。驻在城关的敌人也都龟缩到城西北角的几个炮楼里了。

在围困斗争中，沁源全县的男女老少纷纷打制石雷，把石雷埋在村边、路口和交通要道上，埋在敌人据点的周围。尤其是在二沁大道这条沁源日军的主要补给线上，更是遍地深坑，处处埋雷。常常把过路的敌人炸得血肉横飞。

1945 年 3 月 14 日，根据中共太岳区党委和太岳军区的决定，沁源军民对沁源城关和交口据点的敌人发动了总围困。参加围困的除正规部队和游击队外，还有由 200 多个脱产民兵组成的 12 个轮战爆炸队和 1 个机动爆炸队。他们分布在日伪据点周围和二沁大道两侧的山头，不分昼夜地袭扰敌人，几乎无日不战斗，每天都要打死两三个敌人。各村参战的民兵和自卫队员，组织了石雷组、砍圪针组、锹镬组、扁担组等，到前方参加铺地运动和埋雷工作。他们把城关附近和交口据点周围的地面普遍用灰土和柴草铺了一层，使大地完全改变了面貌。轮战的民兵和部队则不断地用袭击偷营、冷枪伏击等战术，把日军搞得日夜不宁。

1945 年 4 月 11 日，困守沁源城关和交口之敌再也无力顽抗下去，只

① 此段所引统计数字见弓世懋编著:《围困沁源》，山西人民出版社 1988 年版，第 218—219 页。

好在驻沁县的千余日军接应下狼狈逃跑。于是，沁源围困战取得了最后的胜利。

为此，《新华日报》（太岳版）发表了题为《沁源人民的胜利》的社论。社论指出：“沁源不是靠飞机大炮打下来的，它是靠八万老百姓和正规军、游击队、民兵一致团结，经过长期围困与最后的围攻斗争，而将敌人赶走的。”①延安《解放日报》也在此前发表了题为《向沁源军民致敬》的社论，称赞围困沁源“是太岳抗日民主根据地的一面旗帜，是敌后抗战中的模范典型之一。”②

1945 年春天，阳城军民也对阳城县城发动了“围困战”。在围困之前，中共阳南县委和阳北县委领导全县干部群众对伪军、伪人员进行了强大的政治攻势。二区指导员苏克在内线的配合下，只身进入安阳村的伪军炮楼，向伪军晓以民族大义，说服一排伪军携械反正。接着，阳南、阳北两县的民兵和正规部队千余人包围封神庙，县独立营包围黄龙庙，迫使这两个据点的敌人夺路而逃。白桑、后则窑的敌人则相继逃走。随着城外的据点被一个一个地拔除，使困守城内的日伪军愈发感到孤立与恐惧。此时，民兵英雄“夜明珠”（李银宝）率领的战斗班在不断袭扰县城西关、南关的战斗中大显神威，迫使一区伪区长以下的 30 余人被迫投诚。1945 年 4 月 10 日，阳城城内伪警备队一中队队长崔水法在地下共产党员张健民和李风岐等的多方工作之下，率领伪警备队一中队全部和二、四中队各一部，共 130 余人起义反正，掉转枪口向仍在顽抗的日伪军进行反击。被困在阳城城内的日军 60 余人、伪军 300 余人被逼无奈，只得在 4 月 13 日清晨仓皇东逃晋城。阳城县城遂宣告解放。4 月 27 日，晋城的日伪军在大批地方武装和正规部队的围攻下也弃城而逃了。

在此前后，太岳军民还相继收复了安泽、高平诸县城和绵上、屯留、长子、翼城等县的一些敌伪据点。王屋县邵源镇、段凹镇的日伪军也被迫

---

① 董谦：《没有人民的世界》，人民出版社 1979 年版，第 108 页。

② 董谦：《没有人民的世界》，人民出版社 1979 年版，第 105 页。

撤退，使王屋全境获得了解放。

面对日军日益失利及败局已定的局面，在互相利用的前提下，阎锡山与日本侵略军勾结起来，想从太岳军民手中夺取胜利果实。为此，阎锡山的六十一军又于 1944 年 1 月东渡汾河“收复失地”和“开展政权”，配合日军向太岳区发动了猖狂的进攻。六十一军先是进占浮山县西南塔儿山地区和赵城村、庞家垣等地，接着便向浮山以北及临汾、洪洞地区大举进攻，先后占领了杜村、左村等地。其意图是勾结日军消灭太岳部队的主力，从太岳军民手中抢占地盘。

为了打击向太岳区进犯的阎锡山军队，太岳部队根据中共中央提出的“寻机歼敌，压缩包围”的方针，于 1944 年 4 月和 9 月，发动了两次青（城）浮（山）战役。

在第一次青浮战役中，太岳部队歼灭了六十一军的一个师。但此时阎锡山并不甘心自己的失败，又调整作战部署，向太岳区发动了新的进攻。面对这种形势，太岳部队在太行部队的支援下，集中了 12 个正规团和汾东支队以及附近各县的游击大队、独立营，发动了第二次青浮战役。在第二次青浮战役的第一期作战中，太岳、太行部队通过徐安子战斗、柏村战斗和岭上战斗，歼灭了六十一军的主力七十二师，解放了浮山县北部地区。

在第二次青浮战役的第二期作战中，太岳、太行部队歼灭了十九军三十七师师部及第二团大部。

合计起来，两次青浮战役共消灭阎锡山部队 7000 余人，使阎锡山的军队退缩到浮山以南地区，其在汾东地区“开展政权”的战略遭到沉重打击。

1945 年 5 月，阎锡山的六十一军和十九军在日军的配合下再次进犯太岳区。这时，太岳区一、三军分区的广大军民英勇反击，苦战四天打退了日阎军队的联合进攻。而太岳革命根据地也在和日阎势力进行斗争的过程中逐步地巩固着和发展着。

二、迅速扩大解放区

在局部反攻的形势下，太岳部队除继续在根据地腹心区打击敌人外，还派出部分兵力南下条西、汾南、豫北、豫西，向日伪军展开攻势，解放了黄河南北的大片国土。

条西和汾南位于山西省曲（沃）高（平）公路以南，黄河以北。在绛县、垣曲以西称条西，过同蒲铁路的汾河以南地区称汾南。十二月事变后，这里成了国民党军队的地盘。中条山战役中，日军占领了条西、汾南地区的重要城镇，但牌号繁多的顽杂武装和阎锡山军队散处农村，尚有很大势力。而共产党领导的抗日武装按照“精干隐蔽，长期埋伏，积蓄力量，等待时机”的方针，多以灰色面目出现。

由于只有掌握条西，进而取得汾南才可以在未来的大反攻中稳操胜券，所以太岳军区任命刘子超为太岳第五军分区副司令员，率领十七团和七七二团等部队于 1944 年 2 月进入条西，同柴泽民领导的太岳五分区的抗日地方武装结合起来进行游击战争。大量地消灭了占据这个地区的日伪军，重创了阎锡山的七十三师，解放了夏县、闻喜等县的许多村镇。1944 年 7 月，担任阎锡山猗氏县长的中共秘密党员董警吾率领县警察局的武装人员在东姚庄起义。当起义部队通过万泉、安邑、夏县时，沿途张贴《告汾南民众书》，最后安全到达太岳第五军分区驻地。中共太岳区党委和太岳军区将这支武装改编为汾南人民抗日游击支队。由董警吾任政治主任，秦尚武任支队长，和康支队、五支队、九支队、十支队一起成了第五军分区的主要武装力量。

1945 年 2 月，孙定国被任命为太岳第五军分区司令员。他率领着太岳区五十四团、二十五团和汾南人民抗日游击支队等部队西跨同蒲铁路进入汾南稷王山地区，所到之处，日、伪、顽基层政权纷纷土崩瓦解，解放国土 2000 多平方公里。同年 3 月，又歼灭了与日军勾结的阎锡山七十三师师部，俘虏其师参谋长以下 300 多人，击毙其副师长以下 200 多人，接着就在新绛、稷山、万泉三县建立了抗日民主政权，在条西和汾南建立和扩大了抗日根据地。

1945 年 5 月，二十五团与五十四团等太岳五分区部队发动了以扩大条西、汾南根据地，扫除日伪据点为目的闻（喜）绛（县）作战，在祁（家河）夏（县）公路两侧攻克日伪据点 20 多处，彻底消灭了为害当地的国民党特务武装贾真一的所谓“晋南野战独立师”和土匪武装解宝盛的部队。又与太岳四分区主力部队一起，在曲（沃）绛（县）翼（城）三角地带连克梅村堡、南樊镇等 9 个据点。把太岳第四、五分区连成了一片，使条西和汾南根据地走上了更加巩固和发展的道路。

为了开辟豫北根据地，1944 年 6 月至 9 月，太岳区十八团和基干二团等部队在刘聚奎的指挥下发动了第一次豫北战役。在此次战役的三个作战阶段中，太岳区十八团和基干二团等部队前后歼灭日伪军 1200 多人，攻克敌伪据点 28 处，使东起坡头镇、西至垣曲城附近、北起王屋山、南至黄河边的 1 万多平方里（其中包括邵源、大峪、王屋三镇）的国土和 11 万人口获得解放。建立了济源、王屋两县的 6 个区政府，切断了济（源）垣（曲）公路的垣曲至大店段，控制了芮村、蓼坞渡口，为太岳部队挺进豫西创造了有利条件。从此以后，盘踞在豫北的日军就退缩到了交通线附近的几个较大的城镇，而把伪军作为外围部队安插在日军据点的附近。

当时，豫北地区伪军密集，最大的伪军兵力有两股：一股为济源县皇协军司令李正德，纠集千余人盘踞在济源县尚庄据点里；另一股为孟县伪县长张伯华，也聚集千余人驻在孟县杨毛庄。他们为日军把守着豫北“治安区”的大门，扼住了太岳部队进出豫北的咽喉，极大地妨碍着豫北敌占区工作的开展。为了巩固与扩大位于济源、孟县、沁阳境内的豫北抗日根据地，就必须把李正德和张伯华这两股伪军消灭掉。

1945 年 3 月底至 4 月初，刘忠和陈康率领太岳区二十团、七七二团和十七团从阳城、沁水出发，直插豫北，发动了第二次豫北战役。

在第二次豫北战役开始发动的时候，太岳部队利用李正德和张伯华之间的矛盾，首先越过济源县尚庄突然袭击孟县的杨毛庄。出其不意地攻克了这个据点，张伯华仅带领少数随从逃到了黄河南岸。接着，太岳部队拔除了西万、义庄、西郭、紫陵等伪军据点，切断了尚庄据点和济源、孟县两座县城里日军的联系，使李正德部伪军处于孤立无援的境地。4 月 12 日，太岳部队迅速突破了封锁线，巧夺尚庄，伪军头子李正德也被活捉。

尚庄解放后，龟缩在济源、孟县、沁阳城内的日军更加惶恐不安。而太岳部队则乘胜南下，直抵黄河之滨。在第二次豫北战役中，共收复敌伪据点 40 余处，歼灭伪军 2800 余人，伪军投诚反正 1700 余人，太岳部队控制了除日军据守的几座孤立的城镇之外的广大乡村，建立了济源、孟县等县的抗日民主县政府，这就使豫北根据地迅速扩大，成了进行大反攻的坚强基地。

为了解救在河南战役中沦于敌手的豫西同胞，太岳部队根据中共中央关于向河南进军的指示，由十八团和五十九团组成豫西抗日先遣第二支队（太行部队为第一支队），由刘聚奎率领，在 1944 年 11 月的一个深夜飞渡黄河天险，进入洛阳以西之陇海铁路南北两侧地区。他们与当地共产党员贺崇升领导的地方武装结合在一起，又收编了李桂五和上官子平两支土杂武装，在洛阳以北、陕州以东、黄河以南和陇海路南北两侧的新安、渑池、陕县一带广泛地发动群众，建立抗日政权和抗日武装，不断地打击敌人，开辟了一块 5200 多平方里的抗日根据地。后来，韩钧也率领晋绥八分区的一支部队参加了开创豫西根据地的斗争。

1945 年 5 月，被收编的上官子平杀死了已经加入中国共产党的李桂五，发动了“豫西叛乱”。虽然叛乱很快被平息，但却严重地挫损了太岳部队的元气。日本投降后，这支太岳部队和韩钧率领的晋绥部队便北渡黄河，重新返回太岳区。

面对太岳根据地的不断巩固和扩大，以及抗日战争即将胜利的大好形势，太岳区于 1945 年 1 月 1 日至 23 日在士敏县郑庄（当时为太岳区党政军领导机关的驻地）召开了一次盛况空前的群英代表大会。同时还举办了战绩和生产展览。这次群英代表大会总结并检阅了抗战以来，特别是 1944 年以来太岳军民英勇战斗和忘我劳动的光辉业绩。确定了 1945 年的战斗任务和生产任务是：（一）扩大根据地。（二）扩大军队，训练军队。

（三）减租减息。（四）发展民兵。（五）进一步开展大规模的生产运动。（六）组织起来。代表大会闭幕以后，各路英雄重返战斗岗位和生产岗位，又带领全区广大军民为迎接大反攻而继续奋斗了。

三、迎接抗日战争的最后胜利

1945 年上半年，中国共产党在延安召开了第七次全国代表大会。代表大会制定了“放手发动群众，壮大人民力量，在我党的领导下，打败日本侵略者，解放全国人民，建立一个新民主主义的中国”[①] 的政治路线。此时，各个解放区也都是捷报频传，日本侵略者的失败命运是已经注定了。

为了迅速结束抗日战争，美国在 1945 年 8 月向日本本土投下了两颗原子弹。苏联政府也于 1945 年 8 月 8 日对日宣战。8 月 9 日晨，百万苏联红军向盘踞在中国东北和朝鲜土地上的日本军队发起攻击，给予日军以毁灭性的打击。同一天，毛泽东主席发表了《对日寇的最后一战》的声明，号召全国军民加强团结，举行全国规模的大反攻。8 月 10 日，日本政府被迫发出要求投降照会。同一天，朱德总司令向解放区所有武装部队发出反攻命令。8 月 15 日，日本裕仁天皇发布《终战诏书》，宣布无条件投降。于是大反攻的号角就在全国各地吹响了。

在大反攻的形势下，太岳军区按照中共中央的部署，实行紧急动员，把分散的主力部队很快地结集起来，迅速地向敌占区开进，准备接受日军投降；其中，太岳区以七七二团、二十团、三十八团、士敏独立团、洪赵支队为主，向平遥、介休地区进击，准备配合晋绥边区的部队收复太原。以五十七团、洪洞独立团、汾东支队结合地方武装，向临汾、洪洞地区进击，夺取日伪盘踞的城镇。以二十五团、五十四团、康支队、九支队结合地方武装向安邑、闻喜、夏县地区进击，迟滞国民党军队北上。以豫北的十七团、基干二团和白晋线上的地方武装向所在地区的日伪据点开展围

① 中共中央党史研究室:《中国共产党的九十年》，中共党史出版社、党建读物出版社 2016 年版，第 254 页。

困、袭击活动。同时，太岳区还组织了大量的武工队、游击队和民兵轮战队，在同蒲沿线和黄河沿岸开展广泛的游击战争和强有力的政治攻势，尽可能多地夺取更多的敌伪据点，以扩大解放区。太岳区的广大群众也在“一切为了前线”的口号下组织起来支援前线。这样就形成了一支浩浩荡荡的反攻大军。

在大反攻中，太岳部队很快地就把平遥、介休、灵石、霍县、洪洞、赵城等县城的外围据点都扫清了。灵石至洪洞段的同蒲铁路也被破袭和切断了。在条西和汾南地区，地方部队在民兵的配合下于 8 月 16 日一举攻克夏县县城，歼灭日军两个小队，俘虏伪军 300 多人。8 月 17 日又攻克平陆县城和茅津渡，驻守在两个据点的日伪军 700 余人全部投降。

1945 年 8 月下旬，鉴于蒋介石积极调兵遣将，准备夺取全国各大城市。中共中央遂决定暂时放弃夺取太原的作战方针。于是，太岳部队便集中主要兵力去攻占境内的中、小城镇和广大农村。在 8 月底和 9 月初，太岳四分区部队和五分区部队在 4000 余名参战群众的支援下攻克了垣曲县城，并控制了从垣曲到平陆一线的黄河渡口，沉重地打击了蒋介石军队进入山西的图谋。这期间，路经本区的王震将军指挥八路军三五九旅和警备一旅，协同太岳四分区部队在豫北攻克了济源县城和孟县县城，进一步打开了豫北的局面。稍后，太岳部队又收复了屯留县城和长子县城。

据统计，从 1945 年 8 月 10 日开始大反攻到 10 月 10 日的两个月中，太岳部队共计对日作战 74 次，收复夏县、平陆、垣曲、济源、孟县、屯留、长子等 7 座县城，攻克据点 94 个，毙伤日军中队长以下 184 人，伪军 1298 人，俘虏日军 25 人，伪军 4386 人。

在大反攻中，各地民兵和根据地的广大群众也紧急动员起来和组织起来，配合主力收复城市和交通要道，对敌伪据点展开围困、袭击活动，积极参战支前。这期间，太岳区有 15000 多名民兵参加了以县为单位组织的“反攻营”“反攻团”出县远征，担负了各种战勤任务。

在大反攻中，日本反战同盟太岳支部的全体成员全部分配到前线各部队，运用各种方式敦促日军投降。华北朝鲜独立同盟太岳分盟的成员也参加了敦促日军投降的工作。

在大反攻中，为了取得抗日斗争的更大胜利，为了制止内战爆发，防止蒋介石、阎锡山夺取抗战胜利果实，中共太岳区党委、行署、军区和抗联总会发出了动员两万名青壮年参军入伍的紧急号召。此时，太岳区的民兵和广大群众热烈地以实际行动响应这一号召，掀起了空前规模的参军热潮。

在参军运动中，各地的干部、共产党员和民兵都积极带头参军。青城县武委会主任常步潮是全县第一个报名参军的。在他的带动下，全县的民兵都争先恐后地报名，很快地组织起了一个“青城营”开赴前线。安泽县武装部长杨金声也带领一个安泽营，翼城县武委会主任马体业带了一个胜利营参加了人民军队。其他各县都有武委会干部和民兵英雄带领民兵集体参军的。晋城县六区在一次干部会上，当场就有 137 个村干部报名入伍。在各地报名参军的青壮年中，民兵占了很大比例。例如二分区参军的新战士中，就有一半人当过民兵。他们都有一定的军事知识和作战经验，进入部队后很快就可以投入战斗。

在参军运动中，涌现出了许多父送子、妻送夫参军的动人场景。如阳城县马寨村马孟英老太太，动员自己的儿孙、外甥和女婿 7 人参了军。晋城县土河村王发祥参军时顾虑父母无人照管，王培元的女儿立即提出与王发祥结婚，代为侍奉父母。他们第一天结婚，王发祥第二天就参了军。

在开展参军运动的同时，太岳各地还有计划地发展了地方武装和民兵。据统计，到 1945 年底，除已有 1 万多名民兵参军外，全区在编民兵有 88000 多人。他们实行劳力和武力两结合，除派出相当数量的民兵组成远征队随军作战外，留在村里的民兵，包括女民兵在内，组成了守备队，担任武装戒严、联村联防、维持社会治安等工作。这样就使太岳革命根据地固若金汤，人人都能安居乐业。

为了在大反攻期间进行新解放城市和村镇的建党建政工作，中共太岳区党委从老解放区中选调了一大批优秀干部去支援新解放的地区。同时按照中共中央的统一部署，派出一批干部奔赴东北工作。这些干部被调走后，为了补足缺额，又从老区学校和农村选拔了相当数量的新干部。其中，许多学生青年和在乡知识分子参加工作后经过短期训练，很快地就成了各机关单位的骨干力量，受到了党和政府的爱护和重用。

在八年全面抗战中，太岳抗日根据地作出了巨大牺牲。据不完全统计，仅1940年至1944年这五年内，全太岳区的群众被日军屠杀者达85800人，被日军打伤者28300人，被日军拷打者726000人，被日军虏为壮丁者56100人，受日军蹂躏致成孤寡者89100人，流亡外出难民49.5万人，冻饿致死者78000人，因水旱蝗雹灾害死亡人口102900人，被日军奸污的妇女42900人。被奸污后得传染病者29700人，战后急待救济者59.5万人。

在物资财产损失方面，太岳各县群众五年来损失粮食22.1亿斤，损毁房屋81.3万间，被服946.9万件，各种农具964.8万件，食盐7.2亿斤，劳役折工21.2亿个。耕畜478万头，猪、羊、鸡数千万只。

在损毁的文化教育事业机构方面，太岳各县遭受日军破坏和摧残的省立和县立中学、师范达91座，高级小学122座，初级小学4750座，民众教育馆15处。重建这些文化教育设施需要建筑费17亿元（按当时的法币计算）。①

抗日战争胜利了。太岳军民和全国人民一样，都盼望着出现一个和平民主的新局面。但是就在这个时候，蒋介石、阎锡山却跳出来和人民争夺抗战胜利果实。于是，一场新的斗争又开始了。

第四章　反对内战，为保卫太岳革命根据地而斗争

一、反对内战的斗争

抗日战争胜利后，正当太岳军民纷纷出击交通线，收复敌伪据点，进

① 中共山西省委党史研究室：《太岳革命根据地纪事》，山西人民出版社1989年版，第555页。

行大反攻的时候，阎锡山竟然派出其十九军军长史泽波率所部17000余人，于1945年8月17日从浮山、临汾、翼城等地出发，向上党地区大举进犯，占领了八路军从日伪手中解放的大片土地和被抗日军民包围着的诸多县城。其目的一是要掩护国民党军队沿平汉铁路北上受降；二是要分割和摧毁太岳和太行根据地，消灭太岳和太行部队的主力，从人民手中抢夺抗战胜利果实。

为了打退阎锡山军队的进攻，刚从延安回到晋东南的刘伯承和邓小平按照中共中央的指示，调集太岳、太行和冀南的主力部队3万余人，于1945年9月10日正式发动了上党战役。

在上党战役中，陈赓指挥太岳区二十团、七七二团、三十八团、二十五团、五十七团和士敏独立团等部队，在民兵、游击队的配合下，和太行、冀南部队一起，先后攻克了已经被阎锡山军队占领的长子、屯留、潞城、壶关、平顺、黎城、襄垣等县城，并且开始围歼困守在上党首府长治县城内的史泽波部队的主力。

这时，阎锡山立即派遣其第七集团军副总司令彭毓斌率所部2万人从晋中南下驰援，已经到达沁县县城。

当此之际，太岳部队的二十团、七七二团和太行、冀南部队遂北上迎战，把彭毓斌的部队狙击在屯留县余吾镇和襄垣县虒亭村的老爷山和磨盘瑙地区，并从10月2日起，向彭毓斌部发起进攻。在战斗打响后，太岳部队奉命向老爷山守敌进击。最初敌人凭借居高临下的有利地势固守，太岳部队屡攻不利。后来二十团团长楚大明率领一营兵力从陡峭的后山攀登而上，血战一天一夜，攻占了两道山梁，切断了据守主峰敌人的水源。随后，太岳、太行和冀南的部队就把彭毓斌部团团围住。10月5日夜，彭毓斌率部突围。二十团奉命冒雨沿着山间小路急行军三个小时，终于在漳河西岸土落村附近堵住了逃敌。二十团为了歼灭这股敌人，不畏艰险，英勇抗击，一天里连续打退了敌人的八次冲锋，从而赢得了时间，等来了主力。10月6日，彭毓斌部除2000人逃回沁县外，其余2万多人全部被歼。彭毓斌也身负重伤而死。

在彭毓斌即将被歼的时候，困守长治县城的史泽波看着形势不妙，也于10月8日深夜率部弃城西逃，准备返回临汾老巢。而当时还驻扎在漳河岸边土落村附近的太岳部队和太行、冀南部队，则奉命在三天之内赶到了沁水县东西峪一带控制住沁河，截住了史泽波部队的退路。10月11日夜，太岳部队七七二团在沁河以东的将军岭与史泽波部开始接触。翌日晨，陆续赶到的太岳、太行、冀南主力部队把史泽波部压缩到了沁水县桃川地区。10月12日下午3时，刘伯承、邓小平指挥部队发起总攻，下午6时结束战斗。阎锡山的十九军除少数先头部队漏网向襄汾方向逃走外，其余1万多人都被歼灭，史泽波也被活捉。

至此，晋东南上党地区除沁县县城外全部解放。太岳和太行两个战略区连成了一片。而阎锡山的部队在上党战役中损失了13个师，将近4万人枪，因此锐气大减。

上党战役的胜利给进犯解放区的国民党军队以迎头痛击。它打破了蒋介石占领整个华北的计划，有力地配合了重庆谈判，加强了共产党在重庆谈判中的地位，促成了《双十协定》的签订。

当国共双方在1945年通过重庆谈判签订“双十协定”后，国民党反动派仍在密谋策划发动新的内战。阎锡山在山西也利用日伪战俘扩充武装，并加紧推行其“兵农合一”的害民政策，强征壮丁，扩充兵员，在其管辖地区恢复地主政权，恢复苛捐杂税，掠夺粮食物资，修建碉堡工事，同时把胡宗南的军队也引入山西运城地区，不断向太岳军民进行挑衅。新的内战危机已经迫在眉睫。

面对这种形势，太岳军民遂紧急动员起来，通过会议、冬学、民校、报纸、文艺宣传、登门恳谈、刷写标语等各种形式，掀起了广泛深入的反内战运动。

1945年11月23日，阎锡山省防第四军的营长苏务润（中共秘密党员）率领全营官兵240余人在史村（今襄汾县城）宣布起义，参加了人民的军队。

1946年1月10日，国共双方签订了停战协定。太岳军民忠实地执行了停战协定。可万万没有想到，正当太岳军区将已经进占曲沃县城的部队按照规定在停战时刻撤向城外时，阎锡山的军队却乘机对太岳部队进行袭击。后来又派出部队进犯侯马和蒙城，让地主武装和小股部队向太岳区边沿县的村庄实行“反攻倒算”。

截至1946年1月29日，阎锡山军队在“停战令”生效期间已违约向太岳区发动大规模的进攻5次，小规模的袭击44次。1946年2月，阎锡山又派赵承绶率领8个师共2万兵力，在日军第十四旅团的配合下，由祁县东观镇出发，沿东（观）沁（县）铁路南犯，侵占了太岳区的多处村镇。

为了解决阎锡山军队不断向太岳解放区进攻的问题，在由国共两党代表和美国代表三方组成的军调部执行小组的调停下，陈赓将军和阎锡山的高级将领王靖国通过谈判签订了“临汾停战会议临时协议”。规定双方停止冲突，各守原防，并把交通沿线的军事设施全部拆除。后来又签订了“东沁协议”，规定国共停止冲突，恢复东沁铁路交通线（即白晋铁路祁县东观至沁县段），但铁路只能便利旅客乘车转运，不得用于军事。可是，“临汾协议”和“东沁协议”很快就被阎锡山撕毁了。

这时候，太岳军民仍然为争取和平而努力。但阎锡山的军队却在胡宗南军队的配合下，向汾南地区不断地挑衅。太岳军民在自卫反击中取得了许多胜利，解放了绛县和闻喜两座县城。1946年6月，阎锡山军队和胡宗南军队划分了在山西的防区。于是胡宗南主力积极准备渡过黄河进入山西。这样，大规模的内战就迫在眉睫了。

二、开展群众性的练兵运动

在抗日战争胜利后的新形势下，太岳区正规部队的作战方式已经从打游击战转变为打运动战。地方武装和民兵进行的游击战也要服从以打运动战为主的方针。为了打好运动战，太岳区主力部队奉命组成野战军，称晋冀鲁豫军区第四纵队（通称太岳四纵队）。以陈赓为司令员，王鹤峰为政委。下辖十旅、十一旅、十三旅。这时，王新亭担任了太岳军区司令员，聂真为政委，军区之下除有一个直属的野战旅外，还通过升编地方部队的办法，各军分区又组建了十多个正规团。他们也担负着打运动战的任务。另外，在边沿区各县，仍然保留着县、区游击队。总兵力约5万人。同时，太岳各县的民兵经过迅速发展以后，总数也接近10万人。

太岳区的武装力量与部署在太岳区境内和周围的阎锡山、胡宗南部队的力量相比，在政治上是处于优势的。这主要表现在广大指战员不但具有较高的政治觉悟，而且官兵团结，上下一致，士气高涨。不过，由于太岳部队是在游击战争的环境里发展起来的，正规部队中有一半以上的团营是刚刚由地方游击队升编上来的，其中还有两万名战士是新入伍的农民。他们缺乏作战经验，作战技术也不过硬，特别是对打运动战和攻坚战，普遍缺乏严格的训练。加之部队的装备极差，机枪、大炮很少，许多战士只有一支步枪和几颗手榴弹。而县、区的地方游击队都是重新组建的，很少经过战争的历练。显然，要用这样一支军队去击退阎锡山和胡宗南军队的进攻，是十分困难的。

针对这种状况，太岳部队从1946年春天开始，就根据中共中央的指示，开展了群众性的练兵运动。

在练兵运动中，野战部队、地方部队以提高刺杀、射击、投弹三大技术为主，提高战术水平为辅。另外还向广大指战员进行了防空、防毒和爱护武器的教育，训练了工兵、侦察兵，建立了通讯联络系统。训练的方法，在技术上采用官教兵、兵教官、兵教兵的方法，有啥武器、学啥武器，并学习各种武器的配合作战。在战术训练方面主要是靠部队历来的作战总结，并参考其他部队的作战经验。

在练兵运动中，各部队首长亲自下连队，和战士一起摸爬滚打。他们亲自做示范，虚心地向有经验的士兵请教，及时地表扬部队中涌现出来的练兵模范，开展练兵竞赛。这样就极大地鼓舞了广大指战员参加军事训练的热情，使整个部队的军事素质有了很大提高。

这个时期，太岳各部队还抓紧了对干部、战士的思想政治教育。其办法是：一方面揭露蒋介石、阎锡山的反革命罪恶，开展忆苦教育和时事政策教育，以提高广大指战员的阶级觉悟；另一方面是教育干部战士警惕享乐思想和和平麻痹思想对部队的腐蚀，加强了纪律教育。

与此同时，太岳各部队还进行了精简老弱、充实连队、拥政爱民、支持农民进行减租减息、反奸清算等项工作，并且进一步加强了共产党对军队的领导，采取了行之有效的措施克服教条主义和形式主义，从而促进了官兵团结、军民团结和军政团结。这就提高了部队的政治素质，保证了太岳部队能够以坚强的战斗力去迎击敌人。

太岳各县的民兵在 1946 年春夏间也利用农闲时间进行了训练。民兵的训练普遍是以村为单位，采用集中和分散相结合的办法进行的。民兵训练的内容，包括战术上的堵溃、枪雷结合、主动出击、防空警戒、侦察技术以及爆破、投弹、射击等作战技术。腹心区的一些县还进行了颇具规模的军事演习。通过训练，广大民兵掌握了许多作战方法，作战技术也有了很大提高，涌现出了一大批神枪手、投弹手、爆破手。尤其是对于石雷，各地民兵不但学会了制造和爆炸的方法，而且创造了许多巧布雷阵的新方法。使石雷真正地成了民兵们用起来得心应手的好武器。

三、进行反奸清算和减租减息斗争

抗日战争刚刚胜利的时候，为了建立和巩固反对国民党反动派独裁卖国的和平民主统一战线，太岳区根据中共中央的指示，对于不是汉奸的地主没有采取立即剥夺的办法。而是从 1945 年冬至 1946 年春，根据“大胆放手发动群众”的方针，在广大农村进行了如火如荼的减租减息斗争。据统计，全区（缺三个县）有 6562 个自然村卷入了这场斗争，占全区自然村总数的 81%。这场斗争大大地激发了广大农民群众支援战争的热情，为粉碎国民党反动派的军事进攻提供了重要保证。由于老解放区和新解放区的情况不同，所以发动群众实行减租减息采取的形式就有了差别。

在老解放区，这个时期是继续深入地进行减租减息的工作。把山庄小村的群众也都发动起来，彻底清算地主违反减租减息法令的额外剥削，把非法增加的租息全部退给农民。凡地主诱骗佃户明减暗不减者，立即实行减租退租。

在新解放区，减租减息斗争是从反奸清算开始的。当时，太岳区的新解放区包括同蒲沿线、白晋沿线、汾南地区和豫北地区。其人口和面积都占太岳全区总数的 2/3 左右。这些地区的群众长期遭受日伪的压迫和摧残，他们迫切地要求向助纣为虐的汉奸恶霸报仇雪恨，要求改变牛马一般的生活状况。很显然，共产党必须尽量放手满足农民群众的要求。因为只有这样，才能使群众在政治上、经济上翻过身来，成为解放区真正的主人，才能使广大群众在共产党的领导下组织起来，卓有成效地去粉碎国民党反动派的军事进攻。

开始进行反奸清算的时候，新区各县普遍召开了有成千上万人参加的公审大会。把罪大恶极、民愤极大的铁杆汉奸交给群众公开审判。经过受害群众声泪俱下的控诉，然后将铁杆汉奸处以死刑。这样的公审大会，杀一人而震动全县。既鼓舞了广大群众的斗争勇气，也对汉奸恶霸起到了威慑作用。在此前后，新区各县还把干部派到农村，发动群众诉苦复仇，组织农会，和汉奸恶霸进行面对面的斗争。从政治上、经济上给予汉奸、恶霸以沉重的打击。

通过反奸清算，新区群众开始扬眉吐气。在此基础上，党和政府趁热打铁，及时地处理反奸清算斗争中提出来的土地问题和租息问题，并以此为起点，迅速地发动群众实行减租减息，进一步削弱地主阶级的经济基础。

在减租减息斗争中，新解放区各县根据不同的对象，采取了不同的斗争方法。对于那些豪绅恶霸地主和汉奸，采取了“一碗姜汤一碗醋，怎么吃的怎么吐”的办法，利滚利地清算租息，无条件地收回汉奸恶霸地主掠夺的财产；对于一般地主，则采取“吃多少，退多少”的办法，不加利息，只是让他们退出多占的租息，清算的范围主要是封建剥削。

随着减租减息斗争的深入开展，广大农民早已萌发的均田思想便逐渐强烈起来。太岳区各级党组织对此采取了积极引导的态度，支持农民群众的合理要求。据不完全统计，从抗战胜利到中共中央发出“五四”指示，在这段时间里，太岳各县农民通过反奸清算和减租减息，共获得土地 74.5 万亩。其中，沁源、冀氏、士敏、阳城四县有 60% 的村庄实行了耕者有其田。在一些城镇里，除了进行反奸清算外，还通过救济失业人员和适当增加工人工资等办法，改善了城镇人民的生活。

经过反奸清算和减租减息斗争，新解放区各县很快就摧毁了原来由汉奸、恶霸地主把持的村政权，建立起了民主政权，并且组织了农会。使新解放区人民和老解放区人民一样，从此过上了民主自由的新生活。广大群众通过切身感受，深刻地认识到：只有共产党是真正为人民群众谋利益的，从而使他们更加紧密地团结在了共产党的周围，成了保卫解放区和建设解放区的重要支柱。

四、努力发展工农业生产

为了尽快地医治好战争创伤，改善人民生活和满足部队与政府的需要，太岳区在 1945 年冬季和 1946 年上半年开展了群众性的生产运动。

开始时，太岳区有相当一部分群众在抗战胜利后产生了“松口气”的思想，在有些群众中还产生了“富为耻，贫为荣”的糊涂观念，错误地认为“越穷越光荣”。加上抗日战争时期日本侵略者的严重摧残，这就给发展生产带来了很大困难。

针对这种状况，太岳各地的共产党组织和民主政府利用各种会议和冬学大讲发展生产的重要性，宣传“劳动光荣”“生产致富”的思想，并且在实际工作中妥善地处理了战争和生产的关系。例如 1945 年在“大反攻”的紧张阶段，太岳区各县各村都有一大批男劳力参加了支援前线的工作。为了做到支前和生产两不误，太岳行署及时地发出了《关于秋季生产工作的指示》，号召各地组织在乡妇女儿童和老人，全力以赴地投入秋收、秋耕和秋种，因此克服了劳力不足的困难。到了冬季，在全区范围内又组织群众大搞纺织业和运输业，使农村经济有了相当的发展。这不仅初步地恢复了抗战八年来被敌人破坏了的元气，而且也奠定了保卫和平民主团结的基础。

为了进一步推进生产运动，太岳行署于1946年1月7日至26日在士敏县郑庄召开了有劳动英雄、生产积极分子、有经验的老农民、各种建设人才和各级生产干部共121人参加的生产座谈会。会议总结了1945年的生产工作，确定以劳动英雄石振明作为全区发展生产的学习榜样，部署了1946年的大生产运动。在这次座谈会上，太岳行署主任牛佩琮明确指出：鉴于全区劳畜力普遍短缺的状况，各地必须一面加强劳畜力的互助；一面大量地组织妇女儿童和各种半劳动力从事农业生产。会议还确定在生产过程中要按照自愿原则，把全区的男女老幼，甚至残疾人都组织起来，让他们各尽所能，实行变工互助。在变工时，要以劳力、技术、成绩等条件作为定分标准，实行计分、折扣、等价交换的办法，也可以采取工票制度，按工票算账。这样既方便省事，又可以提高工作效率。这次座谈会后，太岳区的互助合作运动出现了一个新的高潮，变工队、互助组到处涌现，以农业为主体的大生产运动很快就轰轰烈烈地开展起来了。

在大生产运动中，农业生产主要是强调精耕细作，改良农业技术。在1946年，太岳各县的耕地普遍做到了三犁三锄，山地每亩上粪30担至40担，平地每亩上粪百担左右。此外，还开垦荒地，发展水利，使每亩耕地的平均产量增加了五升左右。这样就使全区的粮食自给有余，除保证军需民食外，全年还出口粮食15万石，以此换回了盐、棉、布等生活必需品。与此同时，共产党的各级组织和各级民主政府还在部队中和机关中广泛地进行了爱惜民力的教育，尽量地减少农民的公差，还发放了大量的农贷，帮助群众购买耕牛、农具，让缺粮户购买粮食，使农民具备了良好的生产条件。这就促进了农业生产的发展。

在大生产运动中，各地政府还大力提倡植棉、种树、发展畜牧业、大搞家庭副业。

由于各地政府的大力提倡，这时纺织业已经成了太岳区妇女的主要家庭手工业。1946年，太岳区腹心各县已有纺妇15万人，全年生产土布200万匹。除纺织业外，太岳区还发展了造纸业、肥皂业、烟业、缫丝业等手工作坊，还组织木匠、铁匠开业生产。如晋城、阳城、高平的铁业，抗战前有40万工人。由于日本侵略者的摧残，抗战胜利时仅有工人2万人。解放后经过共产党和民主政府的扶植，到1946年5月时已有10万工人复工。在手工业中，也组织了合作社，贯彻了劳资合作的政策，提高了技术工人和技术人才的待遇，开展了尊师爱徒运动，对于发生困难的手工业户，由银行进行贷款扶植。

这一年，公营的军火厂和被服厂还开展了劳动竞赛。各个公营工厂都超额完成了生产任务。另外，各机关、部队、学校的人员也在战争和工作、学习的间隙参加了生产。这就使生产运动的规模超过了以往的任何一年。

总之，太岳区开展的练兵、减租、生产三大运动为粉碎国民党反动派的进攻创造了极为有利的条件，初步地奠定了比较好的物质基础。

第五章　太岳区全境解放

一、粉碎国民党军队对太岳区的进攻

1946年7月3日，国民党胡宗南军队的六个旅由其第三十八集团军总司令董钊指挥，在阎锡山军队的配合下占领了张店镇和茅津渡，打通了张（店）茅（津渡）公路。以此为起点，国民党军队开始大举进攻太岳解放区。

胡宗南军队初入山西时，表现得十分猖狂。他们集中六旅之众，几天之内就侵占了闻喜、夏县以南地区，并且扬言要在一个月内控制晋南，打通南同蒲路，聚歼太岳区的主力部队，然后和阎锡山军队会合，进攻上党地区。

为了打掉国民党军队的猖狂气焰，陈赓和王新亭两将军指挥太岳四纵队和太岳军区部队，在十万参战群众的支援下，于1946年7月13日发起闻（喜）夏（县）战役。在这次战役中，太岳部队采用“集中主力，打敌一部，各个击破”的战法，全歼胡宗南部队的一个旅，重创两个旅，共歼敌 6300 余人，迫使胡宗南军队暂时停止了进攻，粉碎了胡宗南部队和阎锡山部队打通南同蒲路的企图。

与此同时，太岳部队的另一支劲旅与太行部队配合，在济（源）孟（县）战役中经过五个昼夜的激战，先后攻克 50 多个大小村镇，生俘国民党军三十八师十七旅副旅长王仰芝以下 700 余人，毙伤敌兵 400 余人。盘踞在沁县的阎锡山部队也在沁县军民的打击下，于 1946 年 7 月 21 日从沁县和其他据点撤走，使沁县全境获得了解放。

1946 年 8 月 14 日，太岳部队又挥戈北上，发动了同蒲中段战役，向阎锡山军队发起攻击。在半个多月的时间里，太岳部队攻克了洪洞、赵城、霍县、灵石、汾西五座县城和村镇据点 52 个；控制铁路 270 余里；毙伤俘阎军官兵 12000 余人。这次战役粉碎了阎胡军队夹击太岳区的企图，切断了胡宗南军队和阎锡山军队之间的联系，使太岳区和吕梁区连成了一片，为以后继续歼灭胡宗南军队开辟了广阔的战场。中共中央发来的电报中说："你们的部队在自卫反击光复洪洞、赵城、霍县诸城时，纪律甚好，闻之甚为欣慰。"①

当同蒲中段战役进行之际，胡宗南拼凑了九个旅，由晋南向太岳区发动了新进攻。1946 年 9 月 14 日，胡宗南第三十八集团军总司令董钊率部进驻临汾，正式接替了阎锡山在晋南的防务。阎锡山的第三十四军此时也从平遥、介休向南进发，企图与胡宗南部队从南北两面夹击太岳部队的主力。

鉴于当时的敌情，太岳四纵队和太岳军区部队遵照中共中央军委的指示，决定当胡宗南军队北犯时，在临汾、浮山地区寻机歼敌一个旅。于是从 9 月 22 日至 24 日发动了临（汾）浮（山）战役。在此次战役中，由太岳军区部队二十四旅结合地方武装控制灵石附近的有利地形阻击可能由平遥、介休南援之敌，而太岳四纵队的三个旅则在官雀和陈堰两次战斗中全歼了胡宗南"天下第一旅"的 4500 余人，生俘中将旅长黄正诚。为此，

① 中共山西省委党史研究室：《太岳革命根据地纪事》，山西人民出版社 1989 年版，第 669—670 页。

延安《解放日报》发表了《向太岳纵队致敬》的社论，指出这次胜利“对于粉碎蒋介石的进攻，争取国内和平民主，有其不可磨灭的功勋。”①

临浮战役后，太岳部队继续歼灭敌人的有生力量。1946 年 11 月 27 日，太岳纵队进入吕梁，与晋绥军区部队一起发起晋西南战役。到 1947 年 1 月初，晋西南战役结束，在吕梁共解放县城及重镇 30 余处，歼敌 16000 余人。使汾河以西吕梁地区纵横三四百里土地上的数十万人民从阎锡山的反动统治下解脱出来，获得了新生。

1946 年 12 月，太岳军区部队为了配合晋西南战役，在王新亭司令员的指挥下，集中了 10 个团的兵力对盘踞在垣曲县城和绛（县）垣（曲）公路沿线之敌发起进攻，在半个月里攻克垣曲、济源两座县城，歼敌 1800 多人。并捕捉了猥集在这一地区的“复仇队”“倒算队”中的各地逃亡地主 300 多人。

这个时期，太岳部队通过消灭敌人不断地补充自己部队的兵员，通过缴获敌人的武器来改善自己部队的装备。同时通过在战斗间隙开展的练兵运动，大大地提高了太岳部队的战斗力。经过短短的半年时间，太岳部队就在山西南部的战场上取得了优势，掌握了战争的主动权。

1947 年 4 月 4 日，太岳四纵队和太岳军区部队的 6 个旅 5 万健儿在陈赓、王新亭的指挥下发动了晋南战役。其出击范围是：北起浮山、临汾，南至运城，西至黄河禹门口，东到翼城一带。

在此次战役的第一阶段，仅仅用了几天的时间，就切断同蒲路，揳入敌纵深，在新绛、稷山、河津地区横扫汾河南北守敌，直捣胡宗南东西联系的要隘禹门口，将胡宗南和阎锡山的联合防御体系打得落花流水，不但歼敌近万人，而且解放了晋南的翼城、曲沃、稷山等 10 座县城，控制了同蒲铁路 200 余里。切断了运城和临汾两敌之间的联系。

在此次战役的第二阶段，太岳部队于 4 月 21 日连克临晋、永济等 4 座县城，4 月 23 日进占风陵渡，4 月 24 日解放平陆县城，4 月 25 日解放

① 中共山西省委党史研究室:《太岳革命根据地纪事》，山西人民出版社 1989 年版，第 681 页。

解县县城和霍县、赵城、洪洞3座县城，4月26日一举攻克闻喜县城。同日，太岳部队又派出一支劲旅向吕梁地区扩大战果，协同吕梁部队解放了吕梁南部的广大地区。

至此，晋南大部分地区获得解放，国民党胡宗南、阎锡山的余部退缩到运城、安邑和临汾，企图固守等待援军。

1947年5月初，太岳部队以主力合围运城，攻占了运城飞机场、西关、北关和城郊天仙庙、马家窑等据点。后来由于太岳四纵队奉命去执行新的任务，遂在5月12日撤出了攻打运城的战斗。至此，晋南战役暂告结束。

这次晋南战役历时39天，太岳部队先后歼敌22000余人，收复和解放县城25座以及侯马、禹门口、风陵渡等重要据点，解放了晋南300万人口的广大地区，迫使敌军龟缩在少数孤立据点之内。由于晋南战役的胜利，就从南面关住了胡宗南军队进入山西的大门，造成了太岳部队能够“关门打狗”的有利局面。同时，也威胁了陕北胡宗南军队的后方，有力地配合了人民解放军在西北战场上的作战。

从胡宗南、阎锡山军队对太岳区发动武装进攻以来，太岳区的地方武装和民兵按照“只占便宜不吃亏”“只吃肉不啃骨头”的原则，在敌人占领的地区发动了广泛的游击战争。例如地处晋南的太岳三分区，各县民兵和地方武装从1946年8月以来，仅三个月时间就毙俘敌军官兵1548人，破坏碉堡187座，收复国土26000平方里，因而受到了太岳军区首长的嘉奖。还有豫北济源县杜八联民兵实行联防作战，不但打退了敌人无数次的进攻，而且经常驾着“葫芦舟”深夜到黄河南岸去袭击敌人。1946年12月，太岳民兵又开展了“一月杀敌八百”的立功竞赛。在这个月里，各地民兵“八仙过海，各显神通”。他们采用伪装战、掏心战、爆炸战和各种瓦解敌军的新办法，向敌人主动出击。还大打地雷战，如洪洞民兵英雄尚清富和平遥民兵英雄裴德富采用“飞行爆炸”的战术，敌人何时来犯，便何时设雷；何地进攻，便何地开花。充分地显示了爆炸的威力，给敌人以重创。特别是当晋南战役开始后，太岳各县除大部分民兵留在当地担任守备外，还有 15000 多名民兵组成了 134 个野战连，奔赴前线随军作战。他们担任守备、堵溃、剿匪、押送俘虏和维护交通运输的任务，做出了很好的成绩。

这个时期，随着解放战争的胜利发展，太岳部队打运动战的规模越来越大。鉴于这种情况，从 1947 年 2 月起，太岳区动员群众参战的范围普及到了全区各县；群众参战支前的时间也由临时性的转变为长期性的。据统计，在解放战争开始后的一年里，太岳区直接参战的群众（包括民兵在内）就有 334059 人，参加拆城、破路、破堡的群众有 169550 人，参加过后方支前运输任务的群众有 2090582 人。由此可见，太岳部队在前方取得的每一次胜利，都是和广大群众的积极支援分不开的。

二、土地改革运动和整党整军运动的开展

1946 年 5 月 4 日，中共中央发出了《关于清算减租及土地问题的指示》，即"五四指示"。《指示》要求各级党委将共产党在抗战时期实行的削弱封建剥削的减租减息政策转变为消灭封建实现"耕者有其田"的政策，要求放手发动群众和领导群众来完成土地改革的任务。1946 年 7 月 12 日至 8 月 28 日，中共太岳区党委在阳城召开群众工作会议，讨论在全区范围内贯彻"五四指示"、进行土地改革的问题。会议决定从各级党政机关抽出四五千名干部，组成土改工作组奔赴农村，用一冬一春的时间进行土地改革工作。会议正在进行时，胡宗南、阎锡山向太岳区发动了全面进攻。在隆隆的枪炮声中，党领导群众一手拿枪、一手分田，使土地改革运动如火如荼地开展起来了。1947 年 10 月中共中央批准公布了《中国土地法大纲》，为土地改革的胜利完成提供了保证。

土地改革在不同地区是采取不同的方法来进行的。

在老区和半老区，土改工作组进村后首先发动群众倒苦水，诉冤枉，依靠贫雇农向地主进行面对面的斗争。通过斗争让地主退出剥削来的土地、房屋和其他财物，同时也给地主留下了足以维持生活的土地和房屋。与此同时，老区和半老区对于旧式富农，一般是采取割封建尾巴，保留自

耕土地的办法来解决多占土地的问题；对于地主的狗腿子，则教育他们洗脸擦黑，改造思想。对于中农，则采取团结的方针。有些中农和贫雇农之间存在着矛盾，就通过召开“农民团结会”的办法来消除分歧，改善关系。运用以上的原则和办法，就使农村中 90% 以上的农民群众团结在了共产党的领导之下。对于工商业，共产党的政策是扶植工商业的发展，一般的工厂、矿山、作坊不在清算之列。其目的是要消灭封建剥削，促进土地改革运动的顺利进行。

老区和半老区的土改任务在 1947 年春天就基本上完成了。但是由于有些干部在开始进行土改时存在着不敢放手发动群众，不去积极地满足贫苦农民要求土地的右倾错误；由于农村基层干部中存在着成分不纯、作风不正的现象，所以土地改革进行得不够彻底。以沁源、沁县、安泽、屯留、长子、霍县、赵城七县为例，土地改革搞得比较彻底的只有 652 村；占总村数的 61.4%；土地改革搞得不够彻底的有 316 村，占总村数的 29.7%；土地改革搞得很不彻底的有 94 村，占总村数的 8.9%。为了彻底进行土地改革，中共太岳区党委于 1947 年 2 月作出了《关于土地改革中几个问题的决定》。《决定》要求凡是土地改革不彻底的地区，应在“填平补齐”的过程中按照“团结互助，大家翻身”的精神，抽多补少、抽肥补瘦，使每个人在土地改革运动中所得土地（加上原有耕地）不超过普通中农的标准，达到消灭地主阶级，消灭赤贫，扩大中农的目的。此后，老区和半老区各县普遍进行了土地改革复查和“填平补齐”的工作，把土地改革运动又向前推进了一步。

在新区和边沿区，由于敌我斗争尖锐、激烈，所以中共太岳区党委在《关于边沿区各县今后任务与工作的指示》中，就要求这些地区把武装斗争和农村土地改革运动结合起来，一手拿枪、一手分田。根据这个指示，豫北济源、王屋、孟县进行土改时，首先秘密进行发动群众的工作，然后在“饭要热吃，事要急办”的口号下，常常白天开会斗争地主，晚上分配果实，以免敌人突然袭击的时候遭受损失。到 1947 年 3 月，上述三县的农民在土地改革中已经从地主阶级手中收回土地 81000 亩，房屋 19000

间，牲口1900头，其余果实折米30万石。至于在晋南新区，土地改革运动起步较晚，直到晋南战役结束后，中共太岳三地委才召开了陈家庄会议，重新布置了土改工作。1947年6月，晋南各县的土地改革才普遍地开展起来。

在进行土地改革的过程中，太岳区曾经一度出现了“左”的偏向。其中主要的错误是：盲目地推行“贫雇农路线”，侵犯中农利益，侵犯一部分民族工商业，对地主富农乱斗乱打，实行肉体消灭。其中最严重的闻喜县，竟把杀人多少当作是否已经把群众发动起来的标志。后来，在中共太岳三地委管辖的运城地区，由于地委书记柴泽民和专员金长庚等了解实际情况的同志被批判和免除了职务，而新上任的领导同志则提出了“不要怕侵犯中农，否则是阶级立场观点问题”“大权交给贫雇农”“贫雇农想怎样干就怎样干”的口号，遂使“左”的偏向发展得十分严重。一些地方在土改中侵犯了中农的利益。这样就使土地改革运动走上了歧路。

当“左”的偏向在太岳区开始蔓延的时候，中共中央已于1947年召开了十二月会议，作出了一系列纠正“左”倾偏向的指示和决定。明确提出了“依靠贫农，巩固地联合中农，消灭地主阶级和旧式富农的封建的和半封建剥削制度”的土地改革方针和必须满足贫农和雇农的土地要求，必须坚决地团结中农的两条基本原则[①]，1948年2月，太岳区开始纠正“左”的偏向。这样就很快地稳定了社会秩序，恢复了贫雇农和中农的团结，扫除了群众害怕致富的障碍，促进了生产的发展。

特别是在运城地区，当刘植岩于1948年3月担任三地委书记以后，他把夏屯工作和纠偏工作结合起来，严格按照《中国土地法大纲》的规定办事，迅速纠正了1947年10月以后在土改和整党过程中出现的“左”倾偏向，通过纠偏，侵犯中农利益、扩大斗争面等问题得以解决，从而改善了农村中贫雇农和中农、干部与群众的关系，稳定了人心，安定了局面，使土改工作走上了健康有序的轨道。

---

① 《毛泽东选集》第四卷，人民出版社1991年版，第1250—1251页。

在纠偏以后，太岳区的土地改革进入了结束阶段。1948 年 10 月 10 日，太岳行署颁发布告，宣布全区土地改革业已完成。决定秋收后以户为单位，由县政府审核，颁发土地证，确定地权，保证自由经营。于是太岳区的土地改革就胜利地结束了。

这次土地改革运动在太岳区尽管一度受到了“左”的干扰，但成绩还是巨大的。通过土地改革，消灭了封建剥削制度，使贫农得到大体上相当于平均数的土地。据一专区沁县、屯留等县 8 个村，二专区翼城、沁水、浮山、绛县等县 12 个村，四专区晋城、高平、济源等县 14 个村及阳城 10 个村的统计，土改以后每人平均土地为三亩四分六厘二，产量平均三石四斗五升八合。全区大部分贫雇农上升为中农，使中农成了农村中的绝大多数。这样，农民就在政治上、经济上获得了解放，生产热情和参战热情空前地高涨起来了。它为太岳区能够迅速地获得全境解放和派出野战部队打向外线，实行战略反攻提供了重要保证。

在土地改革的后期，太岳区的各级共产党组织根据全国土地会议和晋冀鲁豫边区冶陶会议的精神，从 1948 年春天开始，结合土地改革进行了整党。这次整党的重点是农村基层党组织，主要是解决党内不纯的问题。到 1949 年 4 月，全区已有 1905 个行政村完成了整党任务。占当时全区行政村总数的 72.3%。在农村整党的同时，太岳区的机关、团体、学校也进行了整党文件的学习，显著地提高了广大党员干部的政治觉悟，确立了为人民当好长工的思想。

为了提高部队广大指战员的思想政治觉悟，增强战斗力，以适应进行土地改革和革命战争的需要，这个时期太岳各部队也开展了大规模的新式整军运动。这次新式整军运动采取了诉苦和“三查”（查阶级、查工作、查斗志）的方法。通过整军大大地提高了全体指战员的阶级觉悟，激发了他们的革命热情，清除了部队中存在的军阀主义、宗派主义等思想残余和不良现象，加强了全体指战员在共产党领导下的坚强团结，发扬了政治、经济、军事三方面的民主精神，成了一支战斗力很强的部队。

三、太岳区全境解放

自从 1946 年 7 月胡宗南、阎锡山的军队向太岳区发动全面进攻以来，太岳部队在广大群众的积极支援下奋战一年，歼敌 5 万，解放县城 34 座。这样就使战争的形势发生了显著变化，太岳全境的解放已经指日可待。

当此之际，中共中央和毛泽东主席决定以太岳四纵队为主力组成陈谢集团，强渡黄河，挺进豫西，在外线大量歼灭敌人，以配合刘邓、陈粟大军作战，并牵制进入陕北的敌人。同时，中共中央决定将太岳军区的主力部队升编为晋冀鲁豫野战军第八纵队，由王新亭担任司令员兼政委，还把太岳区的大部分地方部队升编为由太岳军区直接指挥的正规军，由刘忠担任太岳军区司令员，王鹤峰担任政委。这两支部队担任了解放太岳区全境的任务。

1947 年 8 月 23 日和 24 日，陈谢集团十万健儿分东西两路强渡黄河。在洛阳、陕县之间开辟了广大的战场，解放了新安、宜阳、洛宁、渑池等县城，在豫西成立了太岳军区第五军分区（五地委、五专署）。

陈谢集团挺进豫西后，王新亭指挥八纵队和太岳军区部队，在王震部队的配合下，发动了解放运城的战役（通称“三打运城”）。敌我双方经过激战，王新亭和王震两将军指挥的部队于 1947 年 12 月 27 日攻克了运城，28 日又解放了安邑县城。共歼敌 15000 多人。

到 1947 年底时，太岳革命根据地进入了极盛时期。其管辖的范围，包括同蒲铁路以东以南，白晋路以西，豫西之洛宁以北地区的 47 个县份。全区共分为 5 个专区。在这个范围内的大部分地区都获得了解放。

1948 年 2 月，华北军区副司令员徐向前到达晋南前线，准备亲自指挥晋冀鲁豫野战军八纵队、太岳军区部队（后升编为华北野战军第一兵团第十五纵队）和太行区十三纵队发动临汾战役，解放晋南地区。为此，徐向前于 1948 年 2 月 21 日至 23 日在翼城召开了参战部队营以上干部会议，部署解放临汾的各项工作。

1948 年 3 月 7 日，徐向前指挥解放军的 6 万正规部队在 30 多万参战民工和民兵的配合下，袭击临汾飞机场并包围临汾县城，正式打响了临汾战役。

当时，临汾守敌的总指挥为阎锡山第六集团军副总司令兼晋南地方武装总指挥梁培璜，守敌有 25000 余人。除胡宗南的两个团和阎锡山的一个军及晋南保安司令部的军队外，还有流亡在临汾的 30 多个专署和反动政府的工作人员与附近十几个县的地方武装还乡团。临汾的城墙依地势而建，内高外低，又高又厚，护城河环绕其周围，碉堡林立，堑壕纵横，多道设防，环形守卫，易守难攻。是一座坚固设防的城市。

面对这样一座城市，攻城部队先扫清外围据点和突袭占领飞机场后，接着攻占临汾东关。由于临汾设防坚固，徐向前决定先夺取外壕，再采取以坑道爆破为主要攻击手段攻城。为了使坑道通过外壕直达城墙，八纵队二十三旅指战员群策群力，克服了坑道内空气不足，深挖出水的困难，硬是用手指代替铁镢，用膝盖代替脚板，用弹药箱代替手推车，用两股钩、三股钗铲土的办法躲过了敌人的监听和破坏，在很短的时间内挖了两条 100 余米长的大坑道直达城墙，在城墙下的爆破药室里装满炸药。5 月 17 日下午 7 时，二十三旅破城坑道爆炸成功，把东城墙炸开两条 30 多米的缺口，使人民解放军通过缺口突入城内，解放了临汾。

此役进行了 72 天，歼敌 25000 人，活捉了阎锡山晋南地方武装总指挥梁培璜。由于八纵队二十三旅（旅长黄定基、政委肖新春）在解放临汾的战役中作战有功，所以在庆功会上徐向前亲自把一面“光荣的临汾旅”的大红旗授给了二十三旅。

在临汾战役中，为了保证后勤工作的顺畅和充分，组成了后勤司令部。由太岳行署副主任裴丽生担任司令员，太岳二专署专员史怀璧担任副司令员。当时，在“一切为了前线”“一切为了胜利”“解放临汾城，活捉梁培璜”的口号鼓舞下，太岳、太行特别是晋南的广大群众掀起了参战支前的高潮。在整个临汾战役期间，动用民工、民兵、车辆折工 5010510 个。其中动员随军常备担架民工 14792 人，常备民兵 3113 人，各种运输大车 77136 辆。人民群众还支持了大量的粮食、门板、檩条、口袋、柴禾、煤炭、草料。因此徐向前说：“这次临汾作战所以能够取得完全的胜利，主要的力量是全区人民的支援和广大民兵、民工直接参加战勤工作。后方的供应始终保证了部队顺利进行作战。如果要论功行赏的话，那第一功就应该归功于后方。”①

临汾战役刚刚结束，徐向前就指挥所部在“保卫晋中夏收，解放晋中人民”的口号下立即挥师北上，于 1948 年 6 月 18 日发动了晋中战役。此前，太岳一分区部队已解放了灵石县城。至 6 月 21 日，华北野战军第八纵队和太岳军区部队在平遥曹村地区歼灭了阎锡山的“亲训师”和“亲训炮兵团”，毙伤敌 3000 余人，俘敌 2400 余人，晋中战役首战告捷。6 月 24 日，太岳军区部队攻占介休县张兰镇，迫使盘踞在平遥县城和介休县城的敌人不战而逃。至此，太岳区全境获得了解放。

1948 年 7 月 21 日，晋中战役结束。山西的榆次县城和忻县县城相继解放。徐向前所部活捉阎锡山的太原绥靖公署副主任、第七集团军总司令兼山西野战军总司令赵承绶以下将官 14 人，全歼阎锡山在晋中前线的部队 75000 余人。此时，解放军已兵临太原城下，造成了对太原合围的有利形势。

当时，为了支持全国的解放战争，根据中共中央的决定，太岳区将五专区划归中原解放区；将晋南的洪洞、临汾、曲沃、闻喜等 19 个县划归陕甘宁边区；将平遥、介休划属新成立的晋中区。此后，太岳区管辖的范围缩小为阳城、晋城、沁源、沁县、安泽等 17 个县。同时，太岳军区所属的正规部队也升格为野战军，被编为华北野战军第十五纵队，以刘忠为司令员，袁子钦为政委。它和华北野战军第八纵队一起，后来都被编入十八兵团，调离太岳区，参加了解放全中国的战斗。

在太岳区全境解放以后，中共太岳区党委和太岳行署领导全区人民致力于安定社会秩序和进行经济建设。在农村中完成土改工作和整党工作以后，向农民颁发了土地证，确定了地权。提倡生产致富，将开展互助合作

① 中共山西省委党史研究室:《太岳革命根据地纪事》，山西人民出版社 1989 年版，第 850 页。

和发展工农业生产的工作摆在极其重要的位置上。在农村提倡和组织群众兴修水利和植树造林，在城市中通过贯彻保护工商业的政策，促进了城市经济的恢复和繁荣。同时中小学教育也开始走向了正规化。

为了迎接全中国的解放，太岳区党政机关的干部认真学习党的方针政策，克服了一些单位和地区出现的无纪律无政府状态，加强了党对各项工作的集中领导。在1949年召开的中共七届二中全会以后，太岳区认真地贯彻这次中央全会的精神，又把各项工作向前推进了一大步，并且派出了1700多名干部南下支援新解放区的工作。

1949年8月1日，由晋冀鲁豫边区政府和晋察冀边区行政委员会合并后成立的华北人民政府发布重新调整行政区划的通令。宣布撤销晋察冀区、冀南区、冀中区、太岳区、太行区、晋中区、冀东区等7个行政区，确定以旧省界为基础，并且照顾到经济关系、群众历史习惯及自然条件等，将华北人民政府所属地区划分为山西、河北、察哈尔、绥远、平原五省和北平市、天津市。8月20日，太岳行政公署发布命令，定于8月23日停止办公。所属各专区同时撤销，除济源、孟县交由平原省管辖外，其余各县分别划归山西省各专区。与此同时，中共太岳区党委和太岳军区也下达了相应的命令。8月23日，太岳区党、政、军领导机关和阳城的万余群众举行临别联欢大会。从此太岳区的历史使命就光荣地完成了。

从1937年冬季到1949年8月，在太岳革命根据地存在的将近12个年头中，由太岳区广大军民在中国共产党的领导下所创造的光辉业绩，永远地载入了史册，成了中国人民近代革命斗争史和中国近代史的重要组成部分。

太岳革命根据地大事年表*

宋荐戈　卢海明

1937 年

7 月 7 日，日本侵略军向北平郊区宛平县卢沟桥的中国守军发动进攻，中国守军奋起抵抗。**7 月 8 日**，中共中央发出通电，号召实行全民族抗战，抵抗日本的侵略。**7 月 28 日**，中共北方局书记刘少奇抵达太原（中共北方局的其他成员已先期抵达），直接参加了对山西和华北地区抗日工作的领导。**本月**，由山西著名共产党人薄一波实际领导的山西牺牲救国同盟会派往晋东南和晋南各县的大部分特派员（多数是共产党员）到达各县，利用合法身份开展抗日工作和发展与恢复各地的共产党组织。

8 月 1 日，山西青年抗敌决死队（简称决死队）在太原成立，这是创建山西新军的开始。按照《决死队政治委员制度条例》的规定：政治委员为部队中的最高首长，而该队的政治委员是由薄一波担任的。**8 月 22 日至 25 日**，中共中央政治局在陕北洛川举行扩大会议。会议制定了坚持全面抗战路线和争取抗战胜利的基本方针与基本政策，通过了《抗日救国十大纲领》。决定在敌人后方要放手发动独立自主的山地游击战争，开辟敌后战场，建立抗日根据地。**本月，**中国工农红军改编为国民革命军第八路军（后改称国民革命军第十八集团军），以朱德、彭德怀为正、副总指挥（后

---

* 本年表是根据宋荐戈、卢海明编写的《太岳革命根据地大事记》初稿（中共山西省委党史研究室内部铅印）和《太岳革命根据地大事记述》（中共山西省委党史研究室打印本）有关内容精编而成，并根据党史研究新成果进行了订正和补充。

改称正、副总司令）。不久，八路军的三个师开赴山西开辟敌后战场。

9月5日，中共中央军委副主席周恩来和八路军副总指挥彭德怀等到山西与阎锡山商谈八路军进入山西抗战事宜。他们在太原期间，多次对牺盟会、决死队的工作作出指示。**9月21日**，山西青年抗敌决死一总队（由于决死第二、三总队相继成立，故在太原成立的决死队不久即改称决死一总队）由太原出发开赴五台山地区准备参加对日作战。**本月下旬**，八路军总指挥朱德在山西盂县会见薄一波。传达了中共中央在山西进行抗战的部署，指示薄一波把决死一总队开到晋东南去，在那里建立根据地。**本月**，中共北方局军委书记朱瑞到第一战区进行统战工作。在朱瑞的领导下，中共直鲁豫边工委在河南焦作成立。朱瑞还与国民党第一战区豫北师管区司令张轸共同创办了“豫北师管区军政干部训练班”。

10月6日，八路军一二九师由陕西省韩城县芝川镇东渡黄河，进入山西参加抗日战争。**10月8日**，中共华北军分会发出《对华北抗战形势与我军任务的指示》。要求华北地区的共产党组织和人民军队创造太行山、恒山和晋西北地区的抗日根据地。**10月23日**，毛泽东发出关于在山西开展游击战争的指示。指出太行山、太岳山脉之晋东南与吕梁山脉之晋西南，虽然距敌尚远，然亦不可不于此时作适当之部署。**10月29日**，薄一波率决死一总队（不久扩充为决死一纵队）进驻山西沁县。**本月**，根据中共北方局的决定，撤销中共平汉线省委，成立中共冀豫晋省委（次年8月改称中共晋冀豫区委）。**本月**，阎锡山将山西全省划分为7个行政区，每个行政区设行政主任公署，代省政府行使职权。牺盟会从本月起至1938年春，在山西全省建立了10个中心区。**本月**，决死一总队在盂县创办《行军日报》。1939年12月该报停刊。

11月4日，南犯日军占领忻口，西犯日军占领榆次。日军从北面和东面两个方向进逼太原。**11月8日**，太原失守。此前，中共北方局、中共山西省委、八路军驻晋办事处和山西牺盟会总部已迁驻临汾。阎锡山的省政府机构也进驻临汾。临汾暂时成了第二战区的政治中心。**同日**，薄一波在沁县就任山西省第三行政区行政主任公署主任（后改称三专署行政督察专员），后又兼任第三行政区保安司令。**11 月 12 日**，毛泽东在延安党的活动分子会议上作报告，他在报告中强调在统一战线中必须坚持独立自主的原则。**11 月 13 日**，八路军一二九师在和顺县石拐镇召开干部会议，传达毛泽东关于创建以太行山为依托的根据地的指示，讨论和部署在晋东南创建抗日根据地的问题。会后，派宋任穷、王新亭、刘志坚率八路军工作团分赴沁县、长治、晋城等晋东南各县开展群众工作。**11 月 15 日**，中共北方局作出《关于目前形势与华北地区党的任务的决定》。指出共产党在华北要进一步独立自主地领导群众进行游击战争。争取广大乡村成为游击战争的根据地。**11 月 16 日**，周恩来在临汾发表《目前抗战危机与坚持华北抗战的任务》的演讲。**11 月 17 日**，八路军总部人员在从五台、经盂县、和顺向晋南转移途中到达沁源县城。朱德向驻在该地的决死一纵队的指战员发表讲话，宣传共产党的抗日主张和统一战线政策。**本月**，原中共北平市委组织部部长安子文和李成芳、史健等随中共北方局组织部部长彭真到达山西沁县。根据彭真的安排，安子文在沁县组建中共太岳工委（对外称八路军联络处）。从此，"太岳区"的名称就在近代中国的历史上正式出现了。

12 月 5 日，同蒲铁路工人自卫队在侯马成立。它成立之后就在同蒲铁路沿线和中条山地区开展游击活动。**12 月 22 日**，日本侵略军和伪军 5000 余人分六路围攻晋东南地区。八路军一二九师与敌激战 5 天，歼敌 600 余人，胜利地粉碎了日军的围攻，由此推动了太岳革命根据地的创建工作。**12 月下旬**，决死一纵队某中队队长蔡爱卿率领 30 多名决死队员到平遥城内侦察，后在城外设伏，击溃日军一个小队，击毙日军小队长一人。此为决死一纵队的首战，并且取得了胜利。**本月**，决死三纵队在曲沃地区组建。山西民族革命大学在临汾成立。中共北方局军事部长朱瑞在山西晋城创办"华北军政干部训练所"（即"华干"）。八路军总部人员移驻赵城县马牧村（现属洪洞县）。

本年，在抗战爆发后，由二战区司令长官部政治部发出通知，将阎锡山于 1935 年成立的反共组织公道团合并到牺盟会中，由牺盟会统一领导公道团。本年冬季至1938年春季，在共产党各地组织的领导下，晋东南和晋南各地开始改造县级旧政权。委派牺盟特派员和秘密共产党员出任抗日县长。

1938年

1月3日，美国驻华大使馆武官卡尔逊和外国记者多人到沁县访问。在沁县会见了当地领导人薄一波、安子文、牛佩琮等。向决死一纵队队员和干部发表了支持中国人民抗日战争的讲话，表示坚信中国不会亡。**1月7日**，日本飞机第一次轰炸太岳根据地的沁县。**1月12日**，八路军总部发出“坚持华北抗战，与华北人民共存亡”的号召。**本月**，中共冀豫晋省委在山西辽县西河头召开活动分子会议。会议确定了当前冀豫晋区的主要任务。讨论了建立统一战线和组织抗日游击队与创建抗日根据地的问题。会议决定安子文为中共冀豫晋省委统战部部长，仍兼中共太岳工委书记，并在沁县设立省委办事处，由安子文兼任办事处主任。太岳工委和省委办事处是一个机构，挂了两块牌子。中共北方局军事部长朱瑞在豫北博爱召开中共豫北特委全体会议，决定特委委员立即深入农村，发动群众，开展敌后抗日游击战争。在中共太岳工委的领导下，太岳各县开展了轰轰烈烈的“抗战动员”工作。

2月13日，日军第二十师团从山西祁县出发南下进犯平遥。国民党十七军骑兵营营长史老么率部抵抗，毙敌数百，因寡不敌众，平遥沦陷。**2月15日**，日军第二十师团进攻介休。介休自卫队总队长李志敏和抗日县长张德含率县政府干部和游击队员撤到绵山，坚持游击战争。**2月16日**，阎锡山在襄陵县温泉村召开高级干部会议。会议批准了牺盟总会起草的《山西省民族革命十大纲领》，继续采取了一些有利于牺盟会和山西新军发展的措施。**2月17日**，黎城县东阳关失守。**2月20日**，日军一〇八师团自东阳关经黎城直犯长治。国民党守城司令李克源旅长虽率部英勇抵抗，但损失惨重。长治失陷。**2月24日**，八路军一一五师三四四旅进入晋东南地区参加抗日战争。**2月28日**，日军占领临汾。中共北方局要求各地动员一切力量粉碎敌人的进攻。**本月**，阎锡山由临汾退到黄河以西之陕西省宜川县（后返回山西吉县）。八路军总部由洪洞移驻沁县，转移途中在安泽县古县镇附近与遭遇之敌激战四天三夜，歼敌 300 多人。八路军一二九师在长生口、神头岭、响堂铺三战三捷，给予入侵之敌沉重打击。

3 月 2 日，朱德、彭德怀分别就任第二战区东路军总指挥和副总指挥。统一指挥晋东南和河北北部的八路军、决死一、三纵队和在晋东南的国民党军队。不久，朱、彭总副总指挥在沁县小东岭主持召开东路军将领会议，讨论了准备反击日军围攻晋东南的战略部署。**3 月 5 日**，毛泽东发出开展晋豫边游击战争的指示。**3 月 8 日**，山西省六专署设立河东办事处。办事处的任务是领导灵石、霍县、洪洞、赵城、临汾等五县汾河以东地区的抗日工作。**3 月 21 日**，驻盂县国民党一六六师夜袭干沟桥，歼敌 200 余人。**本月**，中共北方局书记刘少奇指示应立即秘密恢复决死队中的共产党组织。朱瑞在阳城下寺坪召开晋豫边地区党政军联席会议。会议决定撤销中共直鲁豫边省工委，成立中共晋豫特委。会议还决定组建八路军晋豫边抗日游击队。

4 月 4 日，日本侵略军为了解除其后方威胁，集中 3 万兵力分九路向晋东南地区大举围攻。八路军、决死队和部分国民党军队在当地人民群众的支援和配合下，经过半个多月的反围攻作战，歼灭日军 4000 余人（仅长乐村一仗，就歼灭日军 2200 人），先后收复了晋东南的 19 座县城，从而奠定了创建晋东南抗日根据地的基础。**4 月 28 日**，八路军晋豫边游击队（后改称八路军晋豫边游击支队，通称唐支队）在豫北济源县黄栋树召开誓师大会。

5 月 1 日，牺盟长治中心区创办《战斗日报》（后改为《黄河日报》）。中共冀豫晋省委创办《中国人报》，后该报并入《新华日报》（华北版）。**5 月 4 日**，国民党卫立煌调集十个师的兵力围困曲沃县城，使占据该城的日军对外交通一度完全断绝。**5 月 30 日**，晋南稷山县游击大队攻入县城，歼灭驻守日军百余人。在此前后，猗氏、平陆县城也一度为抗日军民收复。**本月**，中共晋豫特委召开第一次活动分子会议，确定今后的任务是扩大共产党的组织，扩大武装，广泛开展民运工作。

6 月 4 日至 25 日，中共冀豫晋省委在沁县南底水村召开工作会议。会议提出今后的工作是：第一，大力发展党员和武装群众；第二，努力开展群众工作。**6 月 15 日**，决死一纵队三总队在寿阳县芦家庄袭击日军军用火车一辆，炸毁机车，毙伤日军数十人。**6 月 23 日，**《新华日报》报道：晋南六县建立游击队总指挥部，各县组织了游击队，有游击队员 3000 多人。**本月**，决死一纵队对山西介休至临汾段的同蒲铁路展开破击战。在敌强我弱的形势下，纵队长鲁应麟仍坚持攻打临汾城。由于纵队政治主任牛佩琮等政治工作干部的坚决抵制，否决了鲁应麟的命令。决死三纵队政委戎伍胜（戎子和）出任山西第五行政督察专员公署专员。一个月后，决死三纵队从晋西南开赴长治地区。

7 月 2 日，决死三纵队八总队在曲沃县秦岗村与日军一个联队（相当于团）进行激烈战斗，毙伤日伪军 500 余人，击落敌机一架。**7 月 3 日**，八路军三四四旅、八路军三八六旅之七七二团在晋豫边抗日游击支队等部队的配合下，于山西阳城县町店地区与日军激战，毙伤日军近千人。**7 月 7 日**，八路军总部在山西沁县南底水村举行抗战一周年纪念大会，参会群众达 2 万余人。**7 月 15 日**，决死一纵队在沁县郭村召开第一次干部会议。薄一波在会上作《关于决死队的本质、内容与前途》的报告。他在报告中提出：要对部队加紧进行游击战术的训练。**7 月 20 日**，日军在介休绵山火烧云峰寺之大雄宝殿、介公祠等 10 多处古建筑。**本月**，中共太岳特委正式成立。此时，太岳特委所属各县已有共产党员 500 余人。决死一纵队和八路军总部特务团歼灭了屯留境内扰乱治安，残害群众的马子奇土匪武装，解除了晋东南地区的心腹之患。

8 月 8 日，八路军总部移驻屯留县故县镇。中共北方局等单位也迁驻屯留县东北部地区。**8 月 15 日**，国民党八十四师和霍县抗日游击队协同进行霍县柏洛河战斗，激战一昼夜，歼敌近 400 人。**本月**，中共北方局和晋冀豫区委组成巡视团，对太岳、太南、晋豫地区的工作进行巡视检查和具体指导。这次巡视工作直到 1939 年 1 月才结束。

9 月 18 日，牺盟会在全省范围内开展《牺盟会成立二周年活动周》，薄一波发表《牺牲救国同盟会简史》一文。**9月25日至29日**，中共晋豫特委在阳城召开第二次活动分子会议。会议讨论了关于建立统一战线和转变工作作风的问题。**9月28日**，中共太岳特委在沁县召开活动分子会议。会议提出了扩大和巩固共产党组织，加强共产党对根据地各项工作的领导，巩固和扩大统一战线，开展群众运动和在群众运动中使进步法令得以实现的任务。

10月3日，决死一纵队在沁县仁胜村召开第二次干部会议。会议指出：决死队已经成功地由学生成分为主转变为以工人、农民为主要成分的队伍。**10月12日**，朱德、彭德怀和刘少奇等致电各兵团，要求华北各抗日根据地必须努力巩固与改造新军等一切抗日武装，要改造旧政权和坚决实行减租减息。**本月**，中共太岳特委开办党校，培养和训练党的基层干部。

11月下旬，沁县每天出动一万人刨城墙、破道路。在沁县的带动下，晋东南各县都发动群众破城破路，旨在做好反击日军侵略的准备。

12月中旬，中共晋冀豫区委召开扩大会议传达中共六届六中全会精神。会后中共太岳特委也召开会议传达了中共六届六中全会的精神。**12月26日**，日军130人侵入绛县乔野村。奸淫掳掠，无恶不作。愤怒的当地群众设计毒死日军数十人。其余日军也被抗日军民全部歼灭。**本月**，中共太岳特委狠抓党的建设。截至本月，已建立五个县委和两个县的领导机关，以及一个县的特别支部。共有共产党员3840人。

本年，八路军总部在沁县西林村为决死一纵队前后举办三期干部训练班。朱德、彭德怀、左权等领导同志亲自讲课，共培训干部700余人。史称其为“西林整军”。

1939年

1月1日至6日，晋东南各界代表在沁县城关举行“拥蒋反汪大会”。大会号召广大群众热烈参战，准备粉碎日本侵略者的新进攻。**1月4日**，晋东南各剧团代表在沁县南沟村举行座谈会，朱德、薄一波等在讲话中指出：戏剧是宣传群众的有力武器，每个戏剧工作者都应该善于运用群众所爱好的形式来教育群众，动员群众参战。**1 月 17 日**，第六行政区河东办事处敌区工作团组成。其任务是深入敌区宣传教育群众，瓦解和摧毁伪组织，恢复敌区抗日政权。**1 月 20 日至 24 日**，第三行政区在沁县召开第四次行政扩大会议。薄一波在会上要求健全各级领导机关，使军政民三位一体，进行一切适应战时的紧急工作。**1 月 24 日**，游击一团夜袭洪洞南官庄敌据点，激战 20 分钟，全歼驻守当地的日军小队长赤平以下 40 余人。**1 月 25 日至 29 日**，山西省第五行政区在长治召开第一次行政扩大会议。会议通过了改革政治机构、开展民主政治、民众运动、武装群众等决议。**本月**，中共北方局的机关报《新华日报》（华北版）在沁县创刊。上党银号也在沁县正式营业。日本华北方面军制定了《1939 年治安肃正计划》。其要点是通过“肃正作战”，摧垮抗日根据地，扩大“治安区”，确保占领地区的安全。

2 月 7 日至 12 日，晋东南工人联合救国总会在沁县举行成立大会。大会确定今后工人运动的方针是参战、建设、改善生活、加紧教育等。**2 月 17 日**，驻临汾日军 2000 余人进犯浮山，决死一纵队与敌激战终日，毙敌 200 余人。**2 月 23 日**，游击一团夜袭赵城县耿壁村敌据点，日伪军“宣抚班”的 100 多人大部被歼。缴获步兵炮一门和机枪、步枪及大批军用物资。**2 月 26 日**，日军占领安泽县城。此前，日军已先后占领翼城县城和浮山县城。**本月**，中共太岳特委、中共晋豫特委改称中共太岳地委、中共晋豫地委。抗大一分校在屯留县岗上村开学。

3 月 12 日，决死一纵队第一总队夜袭平遥县洪善车站，毙敌一部，炸毁了站房。**3 月 20 日**，国民政府任命朱德为第二战区副司令长官。**3 月 25 日至 4 月 22 日**，阎锡山在陕西省宜川县秋林镇召开“晋绥军政民高级干部会议”（通称秋林会议），进行反共、反新派牺盟会、决死队的公开动员。参加会议的薄一波等与阎锡山内部的顽固势力进行了坚决的斗争。**本月**，晋东南妇救总会、青救总会、农救总会、文救总会和晋东南各界救国联合总会在沁县成立。

4月1日至6日，日军独立第九混成旅团2000余人“扫荡”平遥以南、沁源以北地区，占领了沁源县王和镇。**4月3日至4日**，第六行政区河东办事处召开敌区工作会议。讨论了加强秘密活动、争取伪人员、争取敌区群众等问题。**4月10日至18日**，日军一〇九师团3000余人沿白晋公路两侧进行扫荡，占领南关镇，并开始修复白晋公路。**4月15日**，决死一纵队第一总队夜袭王和镇，击毙日军大队长1人，歼敌100余人，生俘日军1人。**4月15日**，日军在安邑县上段村制造惨案。屠杀当地居民94人，抗日战士14名。**本月，**薄一波以牺盟会名义通电讨伐汪精卫叛国投敌。

5月4日至6日，晋东南文化教育界救国总会在沁县召开成立大会。**5月9日**，第六行政区河东办事处号召开展五月竞赛运动。**5月13日**，中共中央发表《对山西局势变化应采取的方针》。提出在全国团结坚持抗日的总口号下，应巩固山西内部团结统一，制止阎向右转，推动其继续进步。对山西新派应帮助巩固其已得阵地与力量，要把新军及政权中的党组织锻炼得更加坚强，更有战斗力。**5月22日**，晋东南各界救国会决定5月25日至6月25日为除奸月，要开展反汪（精卫）除奸活动。**本月，**薄一波从秋林返回沁县后向中共北方局和八路军总部汇报秋林会议的情况，并和新军各部队领导同志商量的对策。中共北方局完全同意薄一波对形势的分析和所作的布置。

6月1日至5日，第六行政区河东办事处召开首次行政会议。决定今后的任务是加紧经济建设、文化教育建设、武装建设和政权建设。**6月10日**，决死一纵队在沁源活凤村召开第三次干部会议。会议决定加强共产党在部队中的领导，进一步清洗反动军官和特务分子，继续进行政治整军，并在半年内动员6000名农民入伍。进一步加强和掌握区村政权，保证当地八路军、决死队的物资供应，把财粮大权掌握在共产党员的手里。**6月16日至21日**，第三行政区召开第五次行政扩大会议。会后各县开展了反投降妥协的宣传活动，揭露国民党顽固派妥协投降、分裂倒退的阴谋。**6月20日**，第三行政区召开自然科学会议。会上成立了自然科学研究会，决定出版《自然科学》月刊，要求在为抗战服务的前提下，把自然科学研究活动开展起来。**6 月 25 日，**国民党卫立煌部收复被日军侵占的垣曲县城。**6 月 30 日**，第五行政区召开第二次行政会议。会议指出某些顽固分子企图酝酿和平妥协，我们应坚决反对和平妥协，坚决执行抗战到底的路线。**本月**，阎锡山对山西新军进行整编，并在山西设立了 4 个省政府行署，向晋东南等地派出政治突击队、敌区工作团、精神建设委员会的骨干人员，从事分裂、暗杀活动。

7 月 3 日至 8 月 20 日，日军集中六个师团的 5 万兵力对晋东南地区发动“一号作战”，即“晋东作战”，也称第二次九路围攻。日军在这次“围攻”中打通了白晋路及临汾经屯留、黎城到邯郸的公路。从此晋东南根据地被分割，太行和太岳形成为两个战略区。**7 月 7 日**，中共中央发布《为抗战两周年纪念对时局宣言》。提出“坚持抗战，反对投降；坚持团结，反对分裂；坚持进步，反对倒退”三大政治口号。**7 月 19 日**，八路军总部特务团在沁县大桥沟袭击日军运送物资车辆，毙敌 2 个少佐军需官以下 20 余人，毁敌汽车 3 辆。**本月**，决死一纵队在沁源县吴家窑村举办除奸训练班，培训的学员结业以后成了本纵队各级除奸组织的骨干。

8 月 1 日，薄一波在《牺牲救国》杂志上发表《抗日·反顽固分子·战斗中的决死队》一文。**8 月 6 日**，中共北方局发出《关于制止阎锡山之动摇与巩固山西统一战线》的指示。**8 月 10 日**，在日军“扫荡”中，掩护纵队机关和三专署向外转移的决死一纵队二、三总队在沁源县李成村、郭家沟一带的小山沟里与万余敌军遭遇，损失严重。**8 月 11 日**，朱德、彭德怀指示第一二九师加强对太岳区的工作。**8 月 18 日**，八路军第三四四旅在高平县三甲镇伏击日军，毙伤敌 160 余人。**8 月 19 日，**中共中央发出《关于对待局部武装冲突的原则的指示》。指出我党我军对待这种局部武装冲突的立场是“人不犯我，我不犯人；人若犯我，我必犯人”的自卫原则。**本月**，中共晋豫地委在阳城召开县委书记会议。号召各地党组织提高警惕，随时准备击破国民党的反共阴谋。

9 月 10 日至 28 日，中共晋冀豫区第一次党代表大会在山西武乡县东堡村召开。代表大会指出全区总的任务是：巩固根据地，粉碎敌人围攻，克服困难，增加力量，准备反攻。**9月18日**，牺盟会、决死队领导人薄一波、戎伍胜、牛荫冠、宋劭文、郭挺一、韩钧、牛佩琮、董天知等17人联名发表《为巩固团结加强进步坚持抗战到底的宣言》。《宣言》力主坚持山西进步、团结、抗战，反对倒退、分裂、投降。**9月20日至24日**，第三行政区召开第六次扩大行政会议。会议分析了国内外的政治形势，部署了反顽固分子的斗争。**9月21日**，中共中央发出《在山西开展反逆流斗争的指示》。**本月**，山西各地采取各种形式纪念牺盟会成立三周年。

10月5日，中共晋冀豫区委发出《关于新阶段新任务的指示》。**10月10日**，中共中央以中共山西省委的名义发表《为坚持山西抗战，克服危险倾向的宣言》。**10月17日**，中共北方局发出《关于在山西开展反逆流斗争的指示》。**10月25日**，彭德怀副总司令给决死一纵队营以上干部作《克服目前政局危险，坚持华北抗战》的重要讲话。要求部队干部要为粉碎国民党阎锡山发动反共事变做好思想准备。几天以后，彭德怀又到决死三纵队，召集纵队负责人开会，研究应付突然事件，撤换反动军官的问题。但会后三纵队并未行动，以致给反动军官后来叛变作乱以可趁之机。**本月**，晋东南军政委员会成立，以郑重（薄一波）为书记，由他统一领导山西三、五行政区和决死一、三纵队的工作。

11月1日至7日，决死一纵队在沁源县吴家窑召开第四次干部会议。薄一波在会上作了《如何克服时局危机与坚持长期抗战》的报告。会后决死一纵队加强了共产党对部队的领导，撤销了表现不好的旧军官，为粉碎旧军进攻做了组织上和思想上的准备。**11月12日**，中共晋冀豫区委提出对时局的四项主张。号召全区民众一致行动，克服投降妥协危机。**11月14日至21日**，中共太岳地区举行第一次党员代表大会。会议对克服投降危险，应付突然事件发生的问题作了部署。**11月19日**，中共中央发出《关于山西反投降斗争的指示》。指出只要方针与步骤无错误，克服投降、分裂、倒退是可能的。对于最坏分子的最坏行为，须毫不犹豫地、坚决地但是有步骤地、有胜利把握地打击之，绝不可对这一类坏人坏事作丝毫的让步。**11月20日至26日**，决死三纵队等单位召开牺盟临时代表大会。代表大会通过《反对妥协投降、反对顽固分裂、坚持进步、加强团结、坚持抗战到底的宣言》。**本月**，日军代表和阎锡山的代表举行临汾会议，合谋协同“剿共”。

12月1日，阎锡山向决死二纵队发出所谓对日军发动“冬季攻势”的命令，企图让旧军与日军夹击和消灭决死二纵队。**12月3日**，在国民党蒋介石发动的第一次反共高潮中，阎锡山充当急先锋。他诬指决死二纵队“叛国”，下令讨伐，发动晋西事变。**12月4日**，国民党十四军陈铁部配合阎锡山第三行署主任孙楚，在阳城捣毁《新生报》报社，闯入阳城县政府进行破坏，并逮捕了抗日干部和牺盟会员。此后，孙楚又指挥部属先后摧毁沁水、阳城、晋城、浮山等4个抗日县政府和《黄河日报》上党分馆，袭击第五专署，残杀共产党员和抗日干部500多人，绑架1000多人。此为“晋沁阳事变”。**12月6日**，第六行政区河东办事处在阎军准备袭击之前向太岳区转移，次年1月抵达沁源县北园村。**12月6日至9日**，中共中央、中央军委和毛泽东等连续发出关于晋西事变方针的指示，指出阎锡山进攻新军的性质是“对抗日的背叛”。我们的方针是坚决反对阎锡山的进攻，力争抗战派的胜利。**12月11日**，中共晋豫地委委员嘉康杰在夏县武家坪被国民党特务暗杀。**12月17日至27日**，晋东南各县牺盟会代表在沁源举行第一次代表大会。大会确定了挽救山西时局的办法，确定了新的斗争纲领。**12月23日至24日**，决死三纵队中的旧军官赵世铃、孙瑞琨、张济、王寿堂等人发动叛变拉起了部队，并惨杀决死三纵队内的政工人员和共产党员。使这支部队损失3500多人。**12月31日**，阎锡山旧军突袭山西新军二一三旅。二一三旅突围后于次年1月转移到太岳区。**本月**，决死一纵队由于采取了果断措施，清除了部队中的旧军官，共产党员牢牢地掌握了部队领导权和地方政权，因此在这次事变中损失不大。

1940年

1月4日，中共晋豫地委新组建的“晋阳沁三县军政民联合办事处”的主要领导干部和部分牺盟会干部在晋城县土岭村被国民党军队突然袭击，有3名干部牺牲，80多个干部被捕。经朱德总司令与国民党第一战区司令长官卫立煌交涉，最后卫立煌下令释放了被捕人员，是为“土岭事件”。**1月10日**，日军从平遥、介休、灵石出发合击介休抗日游击根据地，火烧绵山云峰寺10多处古代建筑，火势蔓延了一月之久。**1月上旬，**山西新军二一二旅、乡宁中心区汾南办事处等单位在万泉县南文村召开拥阎讨逆誓师大会。会后举行了声势浩大的游行示威。**1月19日**，八路军三八六旅与集总特务团奉命在陈赓旅长的率领下进入太岳区，与决死一纵队会师（史称“岳北会师”。并由陈赓统一指挥太岳各部队，担任保卫太岳区的任务。**1月25日**，中共中央发出对山西工作的指示，指出在晋东南要“巩固现有阵地，严阵以待，来者必拒”。**1月27日**，毛泽东、王稼祥提出和平解决山西问题的方针。指示薄一波等应打电报给阎锡山，表示愿在阎锡山的领导下和平解决山西内部问题，继续团结抗日。**同日**，陕甘宁边区八路军留守兵团主任萧劲光致电阎锡山，表示愿意调解新旧军冲突。**本月**，根据中共北方局的决定，中共太岳地委改称中共太岳区党委，中共晋豫地委改称中共晋豫区党委。成立太岳军政委员会（次年2月改称太岳军政党委员会，1942年下半年又改称党政军委员会）。它是太岳区结合党政军民四位一体的共产党的领导机关。以六专署路东办事处为基础，在沁源县孔家坡成立三专署路西办事处，作为太岳区的行政领导机关。

2月6日，奉八路军总部命令，由晋豫边游击支队与三四四旅六八八团合编为八路军新编第一旅。次日，新一旅在晋城县大阳村击溃国民党第一战区黎明游击队千余人。不久又痛击阎锡山独八旅，俘虏200余人。**2月8日**，闻喜县抗日县长王宿人（共产党员）被阎锡山杀害。**2月13日**，由二一二旅、二一三旅五十九团、八路军一一五师晋西支队一大队和民运大队等单位组成“抗日拥阎讨逆”南路军在万泉县南文村召开出师大会。会后奉命行军700里，于27日到达沁源，与决死一纵队胜利会合。**2月20日**，薄一波、宋劭文、戎伍胜、牛荫冠、雷任民、孙定国等牺盟会、决死队领导人致电阎锡山，要求合理和平解决新旧军冲突，重新团结一致抗日。**2月22日**，朱德、彭德怀致电阎锡山，对山西新旧军的冲突事件提出和平解决的建议。**2月25日**，中共中央派王若飞、萧劲光到秋林，与阎锡山谈判山西新旧军停止武装冲突事宜。经过谈判，决定以汾阳经离石至军渡的公路为晋西北、晋西南的分界线，晋西南为阎锡山旧军的活动区域，晋西北为新军和八路军的活动区域。至此，一场旧军进攻新军，新军奋起自卫的冲突暂时得以解决。**本月**，根据八路军总部的指示，重建决死三纵队。决死一纵队召开第五次干部会议。会议总结了十二月事变中反顽斗争的经验，提出了巩固部队战斗力，保卫抗日根据地的新任务。

3月3日，晋东南军政民各界群众3万余人在襄垣举行反汪拥蒋大会。朱德、彭德怀在讲话中号召全华北的军政民各界应广泛开展反汪拥蒋运动，反对一切公开的和暗藏的“汪精卫”。**3月5日**，中共中央和中央军委发出关于晋西事变后基本政策问题的指示。指示说：我们的基本政策是继续团结阎锡山，巩固新军力量于阎锡山领导之下，不使发生不利于我们的分化。**3月7日**，毛泽东、王稼祥致电朱德、彭德怀、杨尚昆等，应与卫立煌、阎锡山休战。**3月13日**，薄一波、宋劭文、张文昂、戎伍胜、雷任民、孙定国等牺盟会和新军负责人致电阎锡山，呼吁停止新旧军冲突，“愿在阎领导下，团结抗战到底”。**3月20日**，八路军汾东游击支队在安泽县高家岭举行成立大会。该支队的支队长为景仙洲。在抗日战争中，这支部队一直在临汾、洪洞、赵城、浮山、安泽、霍县一带坚持抗日游击战争。**3月31日**，白晋线日军三十六师团集中5000余人，分五路围攻太岳区。太岳部队经过三天苦战，歼敌500余人，粉碎了日军的这次围攻。**本月**，第三专署召开生产会议。会议对本区的各项经济工作进行了讨论和布置，决定发展各项经济事业，以达到根据地自给自足的目的。

4月1日，朱彭总副司令电令所属各师、各军区于本月10日开始破路。对于敌人新修的公路、铁路要加以彻底破坏。**4月11日至26日**，中共北方局在黎城召开太行、太岳、冀南高级干部会议（通称“黎城会议”）。会议提出了太行、太岳、冀南地区建党、建军、建政与打击日军“囚笼政策”的任务，并决定成立冀南、太行、太岳行政联合办事处（简称“冀太联办”），作为三个地区统一的政权机关。**4月19日**，《新华日报》

（华北版）报道：太岳专署（第三专署）颁布财政经济政策。其要点是实行财政统筹统支；实行检查制度；实行统一负担；整理田赋；确立统筹贸易；厉行节约。这些政策对于改善民生和从经济战线上打击敌人都有重要意义。**本月**，日军在白晋路两侧各村强征民夫赶修与白晋公路平行的东（观）潞（安）铁路。朱德总司令与国民党第一战区司令长官卫立煌在晋城进行谈判，确定以临屯公路及长治、平顺、磁县之线为界，以南为国民党军队驻防，以北为八路军及山西新军的驻防区。接着，决死一纵队副纵队长牛佩琮和国民党军队的代表具体划定了太岳区与国民党军队的驻防区界线。

5月2日，太岳专署（第三专署）颁布《保障人民权利暂行条例》。**同日**，阎锡山第三行署主任孙楚在阳城县秋水河实行灭绝人性的大屠杀。将在“十二月事变”中被捕的决死三纵队干部和牺盟会干部及地方抗日干部共70余人残酷杀害。**5月5日至8日**，在刘伯承和邓小平的指挥下发动白晋战役。三八六旅和决死一纵队在此次战役中担任北起白圭、南至沁县长达200里的铁路线上的破击任务。**5月15日**，三专署路西办事处决定：由教育部门负责，在太岳全区建立文化交通网。**5月23日至29日**，太岳区召开首届县长会议，讨论今后的施政方针和具体的工作任务。**本月**，中共太岳区党委召开地县委书记会议。会议确定了太岳区建党、建军、建政的工作任务。太岳军区成立，由三八六旅兼太岳军区。

6月7日，中共太岳区党委机关报《太岳日报》在沁源县柏木斗沟创刊，后该报改称《新华日报》（太岳版）。**6月8日**，汉奸刘金山勾引沁县日军扫荡伏牛山地区，放火烧毁伏牛山顶峰宏伟的古代寺庙。**6月11日**，薄一波、戎伍胜以三、五专署的名义联合公布了对汉奸和顽固分子的处置办法。**6月22日**，白晋路北线日军4000余人“扫荡”太行区。为配合太行军民的反“扫荡”斗争，太岳部队在白晋路、同蒲路和沁县南北两翼进行破击，迫使日军于7月初撤回“扫荡”部队。**6月23日**，《新华日报》（华北版）报道：太岳各县天旱无雨，禾苗均呈枯萎现象。三专署路西办事处组成突击组，分赴各县领导抗旱下种工作。**6月下旬**，在日军掩护下，阎锡山六十一军东渡汾河，进犯太岳区管辖之洪洞、安泽地区。**本月，**决死一纵队召开政治工作会议，会议讨论了部队政治工作建设的问题。

7月4日至9日，陈赓指挥太岳部队在安泽县晋家山战斗中给予阎锡山六十一军以重大打击，毙伤阎军800余人，俘虏旅长高金波以下500余人，同时也打击了配合阎军作战的日本侵略军，保卫了太岳根据地。**7月10日至13日，**洪洞县政府和群众团体发出突击囤集军粮的号召，三天囤集军粮1000多石。**7月17日至19日，**三专署路西办事处召开岳北四县财粮会议，研究粮食问题和建立预决算制度问题。**7月22日，**朱德、彭德怀、左权提出发动百团大战的建议，要求太岳部队集结待命。**本月，**三专署路西办事处召开教育会议，讨论健全学校教育和开展社会教育的问题。白晋路东观至潞安段铁路通车。由于太行部队和太岳部队不断进行破击，已经通车的路段陷入时断时续的半瘫痪状态。

8月1日，冀南、太行、太岳行政联合办事处（通称"冀太联办"）成立，并发布了冀太联办的《施政纲领》。**同日，**太岳中学在沁源成立。**8月4日，**冀太联办召开金融座谈会。会议讨论了推行冀钞、收回上党票、合作券和各县杂钞的问题。**8月6日，**太岳区召开卫生防疫会议，确定建立各级卫生防疫机构，组织医学改进会，奖励开办药铺、药厂，开展群众性的卫生运动。**8月20日，**八路军发动"百团大战"。在百团大战的第一阶段，太岳区部队七七二团、十六团、三十八团、二十五团参加了正太战役中的各次战斗。太岳区的内线部队在白晋铁路和同蒲铁路上进行了破击作战。**8月25日，**参加百团大战的七七二团攻克平定县冶西敌据点。至此，寿阳以西，榆次以东之正太铁路除段廷外，已完全被太岳部队控制。**同日，**太岳内线部队四十二团及太岳二分区部队和广大群众大举破袭同蒲铁路洪洞至永乐段的铁路，并击毁火车一列。**本月，**三专署路西办事处制定囤粮大纲，要求沁县、沁源、安泽、屯留四县囤集公粮两万石。

9月15日，冀太联办公布修正后的《合理负担条令》。**9月22日，**根据八路军总部的命令，一二九师发布百团大战第二阶段进行榆辽战役的命令。**9月23日，**榆辽战役发起全线进攻。在榆辽战役中，太岳部队收复榆社县城，攻克多处据点，沉重地打击了日本侵略军。**9 月 25 日**，中共北方局召开高级干部会议。会议集中讨论了如何坚持“三三制”的政权组织形式以及搞好减租减息和进行财政经济建设与坚持敌后抗战的问题，并制定了 1941 年晋冀豫区的经济建设计划。**本月**，沁县民众数千人配合主力部队破坏白晋铁路。介休民众 400 余人在游击大队的掩护下破坏介休至义安间同蒲铁路十多里，收回电线千余斤。

10 月 6 日，百团大战进入第三阶段。太岳主力部队参加了太行区的反“扫荡”斗争，并在武乡县关家瑙战斗中与太行部队一起，歼灭敌冈崎大队 400 余人。**10 月 15 日**，决死一纵队集会庆祝诞生三周年。在庆祝会上，决死一纵队奖励了 29 位战斗英雄。**本月**，太岳专署（第三专署）路西办事处召开粮食会议，会议制定了秋粮囤集的办法。

11 月 12 日，冀太联办在辽县召开税贸联席会议。会议决定成立冀太区税务总局，统一领导全区的税收工作。**11 月 17 日至 30 日**，日军第四十一师团、三十六师团和独立第九混成旅团各一部共 7000 余人分十路对太岳区进行毁灭性的报复“扫荡”。经过全区军民的英勇斗争，迫使敌人分路撤退。**本月**，豫北日伪军 2000 余人对杜八联进行大“扫荡”。当地共产党领导的抗日武装用游击战术击毙日伪军 100 余人，俘虏日伪军 300 余人。

12 月 3 日，中共太岳区党委发出《关于反“扫荡”结束后善后工作的通知》，要求各级党委和政府应采取措施安抚和救济受难群众，深入开展宣传解释工作，迅速转变群众的悲观失望情绪，积极武装群众和加强党的建设，以克服困难，坚持抗战。**12 月 5 日**，八路军总部宣布百团大战结束。**12 月 11 日至 19 日**，冀太联办召开专员县长会议。这次会议是太岳、太行、冀南三区统一工作的开端。因开会时正值日军“扫荡”太岳区，故太岳区的专员县长是在次年 1 月另行开会的。**12 月 19 日**，冀太联办颁布《征收救国公粮暂行办法》。**本月**，太岳部队遵照一二九师的指示，从本月下旬起至 1941 年 1 月进行整训。同时进行建立人民武装，加强军区建设等工作。

本年冬季，太岳区农村首次开展冬学运动。

1941 年

1 月 1 日，沁县各区青抗先、游击小组、自卫队 3000 多人在元旦前一夜至元旦早晨，对白晋路进行大破击。挖路沟 100 多条，收割电线 1480 斤，抬回铁轨 12 条。**1 月 2 日**，太岳区工救会号召 3 万会员踊跃参加地方武装，在武装斗争中起先锋作用。**1 月 5 日**，《新华日报》（华北版）报道，朱德、彭德怀捐款 2 万元救济在日军疯狂“扫荡”中太岳区的受难同胞。与此同时，太岳区的全体干部也决定捐出一个月的津贴救济难胞。**1 月 16 日**，太岳区召开首次司法工作会议。会议指出司法工作今后的任务是努力使司法工作做到大众化、政策化、正规化。**同日**，白晋游击队及沁县游击大队等攻克漳源镇和火车站，摧毁伪漳源区公所，歼敌 30 名。**1 月 21 日**，太岳各界万余人在沁源举行反对亲日派，援助新四军万人大会。太岳区各地也都纷纷举行集会痛斥国民党顽固派制造皖南事变的罪行。**1 月 28 日**，决死一纵队在沁源举行春节大检阅。同时举行军事演习、联欢会，举办了“百团大战”胜利品展览。**本月**，三八六旅政治部主任苏精诚在砖壁战斗中英勇牺牲。决死一纵队接替三八六旅兼太岳军区。

2 月 1 日，三专署由太行区移驻沁源县赵寨村，三专署路西办事处宣布结束。此后，三专署就成了太岳区的最高行政机构，亦称太岳专署。**2 月 5 日**，中共晋豫区党委作出《开辟与创造晋豫区抗日根据地的工作方针和政策的决定》。**2 月 7 日**，冀太联办公布《减租减息暂行条令》。这个条令公布后，太岳区又着手发动群众，进一步实行减租减息政策。**2 月 16 日**，李士珍、赵大斌率领国民党九十三军别动队近千人进入太岳区，被编入太岳区游击大队。**2 月 21 日**，太岳区成立春耕运动委员会，其任务是为本年的春耕工作进行组织工作和推动工作。**本月**，太岳专署在沁源召开县长会议。会议结合太岳区的实际，确定开展武装建设、政权建设、生产建设为本年的三大任务。中共太岳区党委召开地县书记会议，研究转变敌进我退严重形势的条件和办法。决定在游击区开展武装斗争，坚决打击敌人的

“蚕食”“清剿”和汉奸伪组织，大力开展敌占区工作，巩固根据地。

3 月 5 日，冀南银行太岳办事处正式成立。确定银行当前的工作中心是稳定本区金融，统一币制，按七折收回上党票。**3 月 8 日至 13 日**，太岳区在沁源召开第二次妇代会。会议要求农村妇女要走出家门，参加三大建设工作。**3 月 15 日**，中共北方局发出《关于敌占区及接敌区工作的指示》。要求在敌占区坚决执行中共中央关于“隐蔽精干”与“长期埋伏”的敌占区工作总方针，实行广泛的统一战线，精干地发展组织，谨慎地组织群众的敌占区工作政策。在接敌区实行秘密工作为主，公开工作与军队和群众武装斗争相结合的方针。**3 月 18 日至 25 日**，太岳区在沁源召开第二次青年代表大会。代表大会提出今年青年工作的奋斗目标是深入进行武装、生产、民主三大建设的教育，完成全年以青年武装为中心的战斗任务。**3 月 21 日**，太岳区交通局成立。**3 月 30 日**，华北日伪实施第一次“治安强化运动”。这次“治安强化运动”于 4 月 3 日结束。其目的是使华北地区殖民地化。从此，华北日伪连续实施了五次“治安强化运动”。**3 月 31 日至 4 月 2 日**，国民党九十三军前后三次进攻驻张店（屯留城西）之太岳部队。太岳部队本自卫原则在军事上给予必要的还击，并与九十三军进行谈判，争取该部团结抗日。**本月**，太岳区派出干部赴晋察冀边区学习政权建设的经验，历时半年。

4 月 5 日，中共北方局提出建设晋冀豫边区的 15 项主张。**4 月 6 日**，《太岳日报》发表社论，号召创造药炎明式的英雄。**4 月 12 日**，《太岳日报》报道：太岳专署（三专署）发出布告，规定春耕、夏收、秋收三季除特别事故外，都停止支差。布告还公布了支差办法。**4 月 28 日**，太岳区成立晋冀豫边区临时参议员推选委员会，并在所属各地按照“三三制”原则推选边区参议员。**本月**，太岳军区颁布《人民武装自卫队暂行条例》。中共太岳区党委和太岳军区决定：在各地组织武装便衣队，开展对敌斗争。

5 月 1 日，太岳区工救会在沁源举行“五一”纪念大会。工会代表在大会上号召全区工人团结起来，反对亲日派，反对一党专政。**5 月 4 日至 9 日**，太岳区召开文救会第二次代表大会。代表大会通过了文救会的组织简章和工作纲领，确定了今后的工作方针。**5月5日**，国民党九十三军观摩团来太岳区观摩和考察。次日薄一波设宴执行观摩团，希望团结到底，抗战到底。**5月7日至27日**，日军发动中条山战役，国民党中央军的主力虽然进行了一定的抵抗，但防御阵地全被日军突破。其后在八路军的掩护下，国民党军队大部分渡过黄河。唯武士敏军长率国民党九十八军仍留在岳南坚持抗战。在此期间，太岳军民对白晋铁路和同蒲铁路实施破击战，意在配合中条山地区国民党军队作战。**5月15日**，太行区和太岳区召开各县贸易局长和工厂厂长联席会议。会议讨论了外汇管理、组织输出入、粉碎日军封锁和掠夺等问题，并决定成立生产贸易管理局。**5月25日**，中共北方局决定：同蒲路以东，白晋路以西为太岳区，白晋路以东为太行区。**5月26日**，八路军一二九师政治部发出训令，决定从“七七”到“八一三”为政治攻势的中心时期。太岳区各部队遵照此训令，进一步加强了对敌政治攻势。**本月**，决死一纵队在沁源阎寨召开“军民抗旱灌溉大会”。薄一波、牛佩琮等领导人及其家属和群众一起参加抗旱，担水保苗。

6月6日，遵照一二九师关于开辟岳南和中条山地区的指示，太岳部队十六团、五十九团和二一二旅以及中共太岳区党委、太岳专署联合组织的工作团进入岳南地区开展创建根据地的工作。**6月20日**，中共晋豫区党委发出《关于时局、策略与工作的指示》。《指示》提出要坚持将晋豫区创造为抗日根据地的方针。**6月24日**，中共太岳区党委发出《关于财经工作的指示》，要求各级党委重视和加强对财经工作的领导，坚决完成本年度的财政收入任务。**本月**，阎锡山六十一军、四十三军东渡汾河，进入汾东之临汾、翼城地区。

7月3日，中共太岳区党委书记安子文在《太岳日报》上发表《共产党员在根据地建设中的责任》一文。**7月7日**，晋冀豫边区（9日改称晋冀鲁豫边区）临时参议会在辽县桐峪镇举行，历时一个多月。会议决定将晋冀豫边区临时参议会改称晋冀鲁豫边区临时参议会。并决定正式成立晋冀鲁豫边区政府。会议经过讨论，通过了边区政府的施政纲领、组织条例和土地使用条例等一系列条例、条令，选举产生了晋冀鲁豫边区政府的主席、副主席和委员。**7 月 9 日**，薄一波在《太岳日报》上发表《太岳区在不动摇的方针下向前迈进》一文。**7 月 15 日**，《太岳日报》发表《抗战第四年中太岳区教育工作总结》。《总结》提出：恢复与整理小学教育，克服学生减缩现象是目前的战斗任务。**7 月 19 日**，太岳专署派张天乙、梁东初到沁源北石村进行村选试点工作。**7 月 25 日**，太岳军区首长与国民党九十八军军长武士敏在安泽县桑曲村达成划界协定。决定双方在临屯公路以南，曲高公路以北地区，以沁河为界，以东为九十八军驻防区，以西为太岳部队驻防区。双方要互通情报，团结对敌，不搞摩擦。**7 月 30 日**，《太岳日报》发表题为《彻底实行减租减息》的社论。**本月**，日伪在华北实行第二次“治安强化运动”。

8 月 1 日，太岳区南进支队南下开辟了岳南区，并准备重新恢复晋豫边抗日根据地。中共晋豫区党委干部也随军南下。**8 月 5 日**，为了打击日伪在华北发动的第二次“治安强化运动”，太岳区各县民兵和游击队在各交通线上发动“八月政治攻势”。**8 月 7 日**，中共北方局发出对开辟晋豫边工作的指示信。指示信指出：开辟晋豫区的工作，特别需要正确确定与执行我们的政策。要防止工作中的各种错误和不良倾向。**8 月 9 日**，太岳专署岳南办事处在冀氏成立。稍后建立了岳南地委和岳南军分区，为进一步建设岳南和开辟中条区创造了条件。**8 月 11 日**，八路军总部命令以三八六旅、决死一纵队（后改称决一旅）、二一二旅组成太岳纵队，并由太岳纵队兼任太岳军区，直属八路军总部指挥。**8 月 13 日**，二一二旅与十六团、五十九团对阎锡山军队进行反击，攻入其驻地浮山县赵城村和西马村。阎锡山四十三军的两个团除战场伤亡外全部缴械。**8 月 15 日**，晋冀鲁豫边区临时参议会闭幕。参会的参议员选举产生了晋冀鲁豫边区政府。薄一波被选为晋冀鲁豫边区政府副主席。**8 月 28 日至 9 月 5 日**，岳南专办召开首次县长会议。会议确定今后的工作方针是“安定民心”“恢复民心”。在此前后，中共岳南地委召开县委书记会议，确定要广泛深入地宣传共产党的政策主张；依靠认真贯彻执行政策发动广大群众和团结社会各阶层；普遍建立民兵和地方武装；建立共产党领导下的抗日民主政权；在岳南各地整顿和建立共产党的组织和慎重地发展党的工作。**本月**，中共晋西南工委及其领导的洪赵支队进入太岳区。不久中共条西地委在中条山区建立了“康支队”等地方武装。

9月1日，太岳区各界举行拥护晋冀鲁豫边区政府成立大会。晋冀鲁豫边区政府太岳行署在沁源县赵寨村成立。又设立了晋冀鲁豫边区临时参议会太岳办事处。**9月22日至10月8日**，日军第三十六师团、第四十一师团、独立混成第十六旅团、独立混成第四旅团、第九旅团各一部，共集中两万兵力分十四路“扫荡”岳南地区。国民党九十八军军长武士敏率部与敌激战，英勇殉国。为此，晋冀鲁豫边区政府将新设置的端氏县改称“士敏县”。**9月23日**，二一二旅在浮山县佛庙岭遭遇日军数千人合围。二一二旅指战员在突围中奋勇战斗，毙伤敌军400余人。但该旅亦有200余人阵亡，100余人负伤，200余人被俘。造成建旅以来的最大损失。**9月24日**，太岳区举行军政民紧急会议，商讨秋收备战问题，决定成立各级准备战时反“扫荡”委员会，领导反“扫荡”斗争中的各项工作。**本月，**一二九师在涉县索堡举行运动会。比赛项目有田径、篮球、器械体操、摔跤、刺枪等。太岳各部队、各军分区派出选手参加了这次运动会。经过十天比赛，抗大六分校获总分第一名，三八六旅获总分第二名，决一旅获总分第三名。

10月6日至18日，日军3万余人对岳北地区进行“铁壁合围”大“扫荡”。**10月7日**，太岳区领导机关在由沁源阎寨向马森以北的大林区转移时与敌遭遇，掩护部队与敌激战两昼夜才突出重围。**10月8日，**岳南办事处在沁水县庙沟召开反“扫荡”后的善后工作会议。会议决定组织慰问团分头到各县进行慰问。**10月20日**，岳南召开党政军干部联席会议。接着，分别召开了县长和副教导员会议。经过这三个会议，使岳南的工作向前推进了一步。**本月**，岳南办事处颁布《保障人权暂行条例》《保障客籍民权利暂行条例》和《减租实施办法》。

11月1日，华北日伪开始实施第三次“治安强化运动”。**同日**，彭德怀在中共北方局会议上作《敌寇治安强化运动下的阴谋与我们的基本任务》的报告。他在报告中指出：敌人“治安强化运动”的内容是“七分政治，三分军事”，其基本目的是使中国殖民地化。为了粉碎敌人的“治安强化运动”，其一是要开展伪军、伪组织的工作；其二是要开展敌占区和接敌区的群众工作；其三是要坚持根据地的武装建设、政权建设以及党与群众工作。**11 月 7 日，**中共晋豫区党委的机关报《大众日报》在沁水县东西峪创刊。**11 月 24 日**，太岳区沁河文艺协会正式成立。不久，沁河文艺协会创办了《太岳文艺》的刊物。**11 月 27 日**，太岳区二十三专署正式成立，同时撤销了岳南专办。**本月，**汾东支队在赵城县金子峪被敌包围。二十五团前去解围，将敌击退，毙敌中队长以下 20 多人，生俘日军 3 人。受到太岳军区的嘉奖。

12 月 1 日，决死一纵队在沁源南石村召开第一次中共党代表大会。从此决死队中的共产党组织就公开了。**12 月 11 日**，朱德给汾东支队司令员景仙洲写信，鼓励他加强理论学习，把他领导的部队建设成一支最光荣的铁的党军。**12 月 12 日至 14 日**，太岳行署和太岳军区在沁源召开民兵英雄大会，向药炎明等 27 位民兵英雄颁发了奖章。**12 月 15 日**，决死一纵队在沁源县阎寨村举行追悼四年来抗日阵亡烈士大会。会后，为 4895 名烈士建立了纪念碑。**12 月 16 日**，太岳区在沁源城关举行反法西斯大会。与会群众表示坚决拥护中共中央提出的建立太平洋反日统一战线的主张。**本月，**中共太岳区党委发出《半年来对敌斗争的简略检讨及今后对敌斗争的几个策略》的文件。文件规定对敌斗争的总方针应由过去的“扩大根据地，缩小敌占区”改为“巩固根据地，开展敌占区工作，开展敌伪军工作”。

本年，太岳区普遍成立对敌斗争委员会和军分区敌工站，派出一大批干部打入敌人内部进行敌军工作和情报工作。

1942 年

1 月 12 日，晋冀鲁豫边区政府举行例会，决定边区政府本身应首先实行简政。由各行署通知县、区、村，缩编后应保证三三制原则之执行。政民学人数不得超过居民人数的1%。缩编工作一律于3月底完成。**1月13日**，八路军总部命令太岳、太行部队努力生产，克服困难。晋冀鲁豫边区政府也要求各机关团体的干部积极生产，自己解决部分经费问题。**1月24日**，晋冀鲁豫边区临时参议会发表拥护军政民机关实行精兵简政的告全区同胞书。**1月30日**，太岳区南进支队在沁水县东西峪召开南进动员大会，决定分三个梯队由东西峪出发南下中条山地区，开辟抗日根据地。**本月**，日军对太岳区的边沿地区加紧进行蚕食活动。日伪军在太岳区周围建立的据点已达到263个。太岳区建立了两条由沁源经平遥过同蒲铁路的交通线。

2月3日，驻山西日军第一军发动了所谓“第一期驻晋日军总进攻”。对太岳、太行和晋西北地区开始了残酷的春季“扫荡”。**2月8日**，“扫荡”岳北之敌开始“分区抉剔”，进行“辗转清剿”。根据太岳军区的部署，岳北军民坚持腹地游击战争的部队和民兵在县区指挥部的统一指挥下，到处打击敌人。另以主力部队在外线活动，向同蒲线及白晋线之敌据点出击。受到太岳各部队和民兵打击的日军于2月20日结束了对岳北区的“扫荡”。**2月21日**，日军开始“扫荡”岳南地区。岳南部队在内线与外线英勇作战，给敌以重大打击。**本月**，太岳二分区基干营和赵城县游击大队等部队及民兵在二地委书记史健等指挥和力空和尚的密切配合下，从日军据点、碉堡包围的广胜寺抢救出世界遗珍《赵城金藏》。阎锡山六十一军又东渡汾河，进占浮山、翼城地区。

3月1日，中共晋豫区党委机关报《晋豫日报》在阳城县柴李圪塔村创刊。**同日**，新华社太岳分社成立。**3月4日**，“扫荡”太岳区之敌退走。反“扫荡”斗争胜利结束。**3月8日**，太岳区成立春耕委员会，并派出春耕检查团分赴各地，发动群众在战争环境中搞好春耕生产。**3月15日至20日**，太岳行署召开专员县长会议，着重讨论春耕工作和简政问题。**3月18日**，抗大太岳大队在沁源县南石村开始招生，并于本年6月开学。不久又成立了太岳区陆军中学。**3月19日**，八路军一二九师政委邓小平来太岳区视察工作。他在视察中指出：本年太岳区的中心工作有两项：一是群众工作；一是财经工作。他此次视察和所作的指示，推动了太岳区工作的进一步开展。**3 月 20 日**，薄一波就阎锡山六十一军配合日军“扫荡”岳南、进犯太岳区一事对记者发表谈话。要求六十一军悬崖勒马，幡然改悔，并提出要求六十一军迅速退回原防等五项条件。**3 月 30 日**，华北日伪推行第四次“治安强化运动”。**3 月 31 日**，太岳区在沁源县城召开奖励劳动英雄大会，太岳行署主任牛佩琮为劳动英雄常恒初等 13 位劳动英雄发奖。**本月**，太岳区举行第二次税务会议。决定要认真保护税收，完成本年的征税任务。

4 月 1 日，薄一波、戎伍胜联名致电阎锡山，要求六十一军退回原防。**4 月 5 日**，太岳区党政军民各界联合组织的春耕检查团在行署集中，经过 5 天讨论后分赴沁县、沁源、屯留三县检查工作，推动减租减息运动的开展。**4 月 15 日**，邓小平、陈赓指挥太岳、太行部队的十个团发起浮（山）翼（城）自卫反击作战，历时半个月，沉重打击了阎锡山六十一军，恢复了浮翼地区的大片土地。**同日**，豫晋边区人民抗日行政联合办事处（简称豫晋联办）成立。两天后在阳城县横河镇举行了成立大会。此前，已经成立了豫晋边区人民抗日联防区。**4 月 16 日**，中共太岳区党委作出《关于深入研究中央决定及毛泽东同志整顿三风的决定》。要求各部门、各机关立即成立检查委员会领导整风学习。**4 月 20 日**，反动组织红枪会聚众进攻沁水县抗日县政府，抢走看守所关押的犯人，并杀害专署科长一人。**4 月 21 日**，太岳行署召开整顿政风大会，决定着手整顿政风，通过整顿政风达到改造思想、改进工作的目的。**4 月 23 日**，中共太岳区党委发出《为开展对敌经济斗争，完成今年财经任务》的指示信。**4 月 26 日**，岳南地区党政军干部在冀氏县石槽村召开会议，会议确定了转变岳南工作的方针和办法。**4 月 27 日**，中共太岳区党委书记安子文在《太岳日报》上发表《改造我们的作风》一文。**4 月 30 日**，中共太岳区党委发出《为整顿三风征询各界意见启事》。

5 月 1 日至 6 日，太岳区召开职工代表大会。代表大会通过了工会章程，选举了工会执行委员和候补执委。中共太岳区党委代表顾大川在代表大会上作了关于整顿三风问题的报告。**5月4日**，太岳各界3000多人在沁源举行盛大集会纪念“红五月”。薄一波在会上作了如何整顿三风的报告。**同日**，太岳区七七二团和十六团主力在郎壁、端氏地区围歼发动叛乱的反动组织红枪会。此后一个多月，采取以政治攻势为主，军事打击为辅的方针，彻底瓦解了红枪会组织。**5月12日**，中共太岳区党委和太岳纵队政治部发出指示，具体规定了主力军和地方联系的办法。**5月中旬**，中共晋豫区党委在阳城县上河村召开高级干部会议。邓小平参加了会议，并作了重要讲话。会议确定今后晋豫区的工作方针是争取一切时间，从各方面发展力量，“使中条区变为巩固的抗日根据地”。不久，中共晋豫区条西地委将康支队等抗日武装统一整编，定名为“中条山抗日挺进支队”。**本月**，山西日军根据其“第二期驻晋日军总进攻”计划，开始对山西各抗日根据地进行夏季“扫荡”。经过一个月的艰苦斗争，太岳军民粉碎了日军的这次“扫荡”。从本月到7月，太岳军民在反“蚕食”斗争中摧垮维持会772个。到9月底，被太岳军民重点封锁的日伪突出据点里，敌人的活动被压缩在五里之内。五里之外的维持会全部被打垮。

6月2日，太岳行署发出《关于财政工作的指示》，要求各县保证完成本年的财政任务。**6月11日**，太岳一分区在沁县故县镇举行公审汉奸组织“长毛道”首脑大会。公审大会后，公安机关在沁县、沁源等地集中力量打击“长毛道”组织。**6月15日**，太岳行署发出《关于整理合理负担的指示》。要求各县进行整理合理负担的工作，做到村与村公道、户与户合理，一定要在战争的空隙中完成整顿合理负担的任务。**6月17日**，一二九师政委邓小平在视察中条区后，对中条区的工作作了重要指示。提出要巩固掌握中条现有地区，积极组织力量，争取优势，建立巩固的根据地。在条西、豫北长期隐蔽，积蓄力量，以待时机，积极开展伪军、伪组织的工作。**本月**，太岳军区抽调200多名连排干部组成3支敌后武工队，到白晋、同蒲沿线活动。在对敌斗争方面武工队发挥了独特的重要作用。

7月5日，中共晋豫区党委在阳城召开扩大干部会议，研究和布置开展减租减息的工作。**同日**，太岳行署发出战时工作指示，要求各县区村建立战时指挥部，坚决开展对敌斗争。**7 月 20 日**，晋冀鲁豫边区政府发出《关于适应战争形势改变各级政府机构的决定》。太岳区执行这一决定后，裁减各种工作人员 1/2，减少人民负担 1/10，全区节约经费 200 万元，粮食 3 万石。**7 月 23 日**，太岳区武委总会筹委会正式成立，并召开第一次扩大会议，对武委会的组织问题和工作问题进行了详细讨论。不久，正式成立了太岳区武委总会。**7 月 25 日**，豫晋联办召开各县行政科长会议。会议确定开展对敌斗争，巩固和扩大抗日根据地为今后总的任务，中心工作是克服过去的混乱现象，建立财粮制度。**7 月 29 日**，《太岳日报》公布太岳区农救总会制定的《土地斗争纲领》。《纲领》共有 9 条，明确提出要彻底实行二五减租，并且提出了开展减租减息斗争的方法和要求。**本月**，中共太岳区党委布置整风学习，要求从下月起开始精读整风文件，进行整风运动。

8 月 1 日，日本士兵觉醒联盟太岳支部在沁源举行成立大会，陈赓到会讲话，希望觉醒联盟在太岳区担负起宣传反战思想和扩大反战组织的任务。**8 月 2 日至 9 日**，太岳区召开第三次税务会议。会议讨论和制定了《对外贸易条例》和《征收出入境税税率表》。**8 月 14 日**，太岳军民根据中共太岳区党委和太岳纵队政治部的指示，发起为期两个月的秋季政治攻势，收到很好的效果。**8 月 15 日**，太岳区农救总会召开土地问题座谈会，讨论开展减租减息工作的问题。**8 月 20 日**，豫晋联办公布《减租减息暂行条例》，规定实行二五减租，借贷年利率不得超过 15%。**8 月 24 日**，太岳区武委总会颁布《民兵工作纲领》，规定民兵要配合正规军作战，要保护春耕秋收，打击敌人的掠夺和破坏。这个纲领进一步明确了民兵的任务，促进了民兵工作的开展。**本月**，孙定国率领一营兵力在地方武装的配合下开始进行剿灭霍山土匪的斗争，历时一个多月，获得完全胜利。

9 月 5 日，《新华日报》（华北版）报道，岳南八路军主动向各县敌占区猛烈开展第一次政治攻势。随着政治攻势的开展，岳南的局势更加稳定。**9 月 6 日**，太岳区召开士绅代表大会，历时 6 天。代表大会要求参会士绅多多提供意见，以加强太岳区的政权建设。**9 月 11 日**，豫晋联防区十七团、五十七团在闻喜县境内歼灭贾真一的晋南游击师一部，毙其副师长以下160多人。**9月18日至30日**，晋冀鲁豫边区临时参议会第二次大会举行太行太岳会议。边区政府主席杨秀峰在会上作了《一年来边区形势的发展和太行太岳的行政中心工作》的报告。他在报告中指出：太行太岳的工作已走进深入巩固阶段。中心任务首先是深入执行政策，进一步发扬广大人民的抗战积极性，加强团结，以巩固根据地。其次是加强战争的组织与领导，广泛开展群众游击战争，强化对敌斗争，开展敌占区工作，以粉碎敌人的“治强”政策。**本月**，中共太行分局成立，以邓小平为书记，直接领导所属各区党委的工作。

10月16日，岳南专署召开县长会议。会议总结了开辟岳南以后各方面的工作，指出现在岳南的各项建设工作已初具规模。**10月17日**，晋冀鲁豫边区政府委员会讨论动员知识分子参加工作，争取抗战胜利的问题，决定提高知识分子的待遇。**同日**，《新华日报》（华北版）报道，太岳行署已制定《难民临时救济办法》，规定凡难民均享受抗日公民之同等待遇，享受同等权利。当时抵达太岳区的难民已有15000多人。**10月20日**，日军向岳北地区进行冬季“扫荡”，妄图在岳北建立“山岳剿共实验区”。**10月21日**，“扫荡”岳北的日军占领沁源县城。并在沁源县城和阎寨、中峪店、交口等地构筑据点，在沁源城关挂上了“山岳剿共实验区”的牌子，由六十九师团伊藤大队驻守，企图长期占领。**本月**，中共中央决定晋豫区与太岳区合并，合并后仍称太岳区。这项合并工作是在次年3月完成的。

11月3日，日伪军8000余人合击沁水县东西峪地区。**同日**，绵上县民兵在贾家店、紫红等地埋地雷毙敌40余人。**11月8日**，太岳军民的冬季反“扫荡”斗争结束。参加此次“扫荡”的日军大部分撤出根据地，仅留六十九师团伊藤大队结合伪军占领了沁源县城及附近的几处据点。在此次反“扫荡”中，太岳军民作战61次，毙日伪军670余人，俘伪军140余人。**11月11日**，中共太岳区党委和太岳军区发出围困沁源之敌的命令。确定在党的一元化领导之下，依靠广大群众实行长期围困，战胜敌人。根据这个指示，把三十八团从外线调回，执行长期围困沁源之敌的任务。由三十八团与中共沁源县委组成“沁源围困指挥部”。开始对敌占之沁源城关及各敌占据点进行“围困战”。**11 月 25 日**，豫晋联办公布施政方针共 18 条。**本月**，刘少奇在赴延安途中经过太岳区并指导工作。

12 月 1 日，太岳军区为军队民运干部参加减租减息运动发出政治命令。要求各旅、军分区团以上的民运干部由区党委统一分配，协助农会进行减租减息，开展群众工作。**12 月 12 日**，太岳区三十八团和沁源县游击大队、民兵在周西岭伏击日军骡马运输队，歼灭日军中队长以下 60 余人，缴获全部物资、弹药和牲畜。**12 月 15 日**，沁源县 300 名民兵配合二十五团一个排，深夜大闹阎寨敌据点。**12 月 19 日**，太岳纵队政治部发出《关于游击队巩固工作的指示》。这个指示主要是讲对收容的旧军队杂牌武装人员应如何处理的问题。**12 月 21 日**，中共太岳区党委在安泽县桑曲村召开群众工作会议，讨论开展减租减息斗争的问题。**本月**，日军三十六师团 1500 余人，配备汽车 30 辆，强征民夫近千人，开始修筑临（汾）屯（留）公路，边修边进，企图分割岳北、岳南地区。太岳区党政军领导机关由沁源移驻安泽县桑曲、碱土院一带。

本年，太岳区大部分地区久旱不雨，春旱夏旱空前严重。太岳军区成立情报处，建立和开展同蒲、白晋两条铁路沿线敌占区的谍报工作。

1943 年

1 月 8 日至 9 日，岳南召开民运干部会议。会议要求所属各县在本年 8 月底全部完成减租减息工作。**1 月 11 日**，太岳部队在安泽县府城附近打击修筑临屯公路的日军，所修公路全部被破毁。**1 月 15 日，**为了适应沁源围困战的长期斗争，加强民兵的管理教育，围困指挥部将 200 多名参战民兵组成 12 个轮战队，统一领导，集体生活，定期轮换，加强了民兵在围困斗争中的作用。**1 月 25 日至 2 月 20 日**，中共太行分局在涉县温村召开高级干部会议。会议的主要内容是总结抗战以来的工作，讨论如何扭转抗日根据地困难局面的问题。会议认为必须坚持“敌进我进”的方针，大力开展敌占区工作。会议还决定加强党的一元化领导，深入进行整风，彻底实行精兵简政，主力兵团全部地方化，地委、军分区以上机关要进一步精简合并，以适应新的斗争形势的需要。**1 月下旬，**日军驻守沁源之伊藤大队由三十六师团之斋藤大队换防。沁源人民在围困斗争中开展了夺粮斗争和劫敌资财的斗争。同时，太岳行署向沁源群众发放救济粮 1000 石，贷款 10 万元。沁源党政民机关和三十八团以及许多地方的群众也节约粮食捐助沁源城关和敌据点中转移出来的群众。春节到来时，太岳行署主任牛佩琮率领太岳区和沁源县的党政机关领导干部深入到群众疏散的山沟进行慰问，这大大地鼓舞了群众坚持围困斗争的信心和决心。**本月**，中共晋豫区党委在阳城召开群众工作会议，会议制定了对本区租佃和高利贷的减租减息处理办法，指出粮食斗争是敌我之间的生死斗争，开展粮食斗争是党政军民的共同任务。这次会议是晋豫区在与太岳区合并前召开的一次重要会议。

2 月 4 日，进占沁源之敌修通了沁源至沁县的公路（二沁大道）。但这条公路开通之后，敌之运输车辆就经常遭到沁源军民的伏击和破坏。**2 月 17 日至 26 日**，太岳行署召开财粮会议。研究和部署 1943 年的财粮工作。**2 月 18 日**，盘踞沁源的 300 名日军奔袭太岳第一军分区驻地沁县松交镇。俘去军分区参谋长吕尧卿、政治部主任王正平等重要干部，抢走电台等重要物资，裹胁干部群众 300 多人。这是抗战以来太岳区遭受的一次较大的损失。**2 月 22 日**，晋冀鲁豫边区政府召开财经会议。会议确定了冀南银行发行的本币实行分区管理的办法。**本月**，太岳行署号召全区人民进行春耕。做到“不闲一个人，不歇一头牛，肥要上得多，地要耕得深，种要种得细，保证每亩地增产粮食三升”。

3 月 7 日，冀氏县桥沟村反动分子残酷杀害本村农会主席刘文洲，制造了震动一时的“桥沟事件”。**3 月 23 日**，太岳行署发出第二次简政工作指示，指出此次简政的原则是紧缩行署，充实专区，加强区，深入村。**3 月 24 日**，翼城县翟家桥武委会主任马怀珍率领本村民兵在日伪据点附近营救了一名美国失事飞机的驾驶员。**3 月 25 日**，中共北方局发出《关于国民教育的一封信》，对太岳区和太行区的国民教育问题提出具体的意见和要求。**本月**，太岳行署召开专员会议。行署主任牛佩琮在会上作报告，提出本年行政工作的总任务是充分发扬广大人民的抗战积极性，加强团结，并从各方面积蓄力量，准备胜利反攻与迎接战后的新中国。

4月4日，中共太行分局、一二九师政治部发布《对敌政治攻势的指示》。强调在政治攻势中要建立各地区的党政军民联席会议制度，以集中力量，统一工作步调，使政治攻势走向经常化。**4月5日**，中共太岳区党委重新布置整风工作。把整风的重点放在了领导机关和领导干部身上，实行"机关学校化"，还抽调县团以上干部分批到区党委党校集中整风。**4月19日**，在李懋之和刘开基的指挥下，沁源军民千余人夜袭城关守敌中枢机关日军大队部，击毙日伪军100余人。此次强袭的成功，更加坚定了全县军民坚持围困斗争的胜利信心。**4月25日**，晋冀鲁豫边区政府颁布《统一累进税暂行税则》。规定本区人民都有纳税义务，其纳税以钱多多出、钱少少出为原则。为了适应战时需要，统一累进税定为现款和粮食两种。**本月**，沁源群众在围困斗争中抢耕抢种。在日军据点周围，一直种到离敌人碉堡只有二里多地的地方。每个转移群众平均种了二亩庄稼。

5月1日，日伪军千余人"扫荡"岳南地区。岳南军民经过5天战斗，粉碎了敌人的这次"扫荡"。**5月20日至26日**，日军分别从屯留和府城出动，东西对进，再修临屯公路。太岳军区以二十五团为主力，结合其他部队和民兵打击修路之敌，并动员5000名群众开展大规模的破击，使日军的修路计划再次破产。**5月25日**，中共太岳区党委和太岳军区发出《关于加强人民武装工作的指示》。强调要整顿自卫队，发展民兵，建立与健全武委会的领导机关。**5月31日**，太岳军区五十四团在安泽县柳寨村伏击日军。歼敌100余人，缴获粮食1000余车。

6月3日，沁源日军一个中队进占沁源县霍登村。但在一个月内遭抗日军民7次伏击，日军先后触雷40多个，死伤百余人，日军只好退回沁源城关。**6月7日**，八路军一二九师师部命令所属部队停止整训，转入保卫夏收的斗争。根据这一命令，太岳军民开展了护粮斗争。**6月17日**，太岳一分区之二十五团、五十九团和沁县县大队以四连兵力攻克沁县道兴、寨坡底两据点，全歼守敌。余凹据点之敌闻风逃回沁县县城。在此前后，沁县各地的维持会大部被抗日军民摧毁。**本月**，中共太岳区党委在安泽县桑曲村再次召开群众工作会议，会议总结了太岳区开展减租减息斗争的经验教训，提出要把进行减租减息和开展生产运动结合起来。

7月3日，薄一波在《解放日报》发表《太岳根据地是怎样坚持抗战的》一文。**7月7日**，太岳三分区汾东游击支队在临汾县官雀村设伏，击毁敌汽车一辆，击毙日军12人。《新华日报》（华北版）报道了这个胜利消息。**7月13日**，国民党二十七军预八师师长陈孝强率部协助日军在长子、高平地区夹击太岳部队。遭到我军打击后率500余人公开投敌。**7月16日**，陈赓司令员等领导同志到围困沁源的前线进行视察，对今后的围困斗争作了重要指示。**7月24日**，晋冀鲁豫边区政府发出指示，号召边区全体军民克服连年灾荒造成的困难。**7月31日**，中共北方局发出救灾指示，号召全边区人民组织起来，生产自救。**本月**，为了反对国民党顽固派准备进攻陕甘宁边区，太岳区各地掀起反内战热潮。

8月13日，中共太岳区党委作出《关于杜绝贪污浪费公粮的紧急决定》。要求各级领导干部彻底检查本单位贪污、浪费公粮的情况，动员每个党员要以整风精神揭发集体与个人贪污、浪费公粮的现象，把各级审计制度建立起来，与破坏粮食制度者作无情的斗争。**8月20日**，太岳军区五十四团打击翼城外出抢粮之日伪军，在庞家垣歼敌百余人。**8月25日**，侵占沁源之敌第二次换防，由第六混成旅团的山崎大队接替了斋藤大队。**本月**，岳南、中条地区开展灭蝗斗争。

9月1日，中共太岳区党委发出《准备秋季反“扫荡”给各级党委的指示》。《指示》中说：对敌人的“扫荡”不应存丝毫的幻想和侥幸心理，而且对“扫荡”的长期性、残酷性、破坏性和突然性都应有足够的估计和准备。**9月10日**，太岳一分区部队在中共平遥县委书记王炯和县长赵力之领导的县游击大队的配合下，袭击平遥县洪善车站和郝家堡敌据点，夺回大批布匹和物资。稍后，太岳区二十五团攻入安泽县城。五十四团攻入浮山县城。**9月19日**，《太岳日报》报道：太岳行署决定减轻受灾各县公粮负担 15000 石。**9 月 20 日**，日军在浮山县制造柳树垣惨案，惨杀当地群众 68 人。**9 月 25 日**，太岳行署在《太岳日报》上公布今年的冬学计划。提出全区冬学运动的中心是岳北，要求岳北今年建立冬学 800 处。**9 月 28 日**，陈赓在听取沁源围困指挥部的同志汇报情况以后说：要特别防止麻痹松懈情绪，要把围困斗争继续坚持下去。坚持就是胜利。**本月**，太岳区破获国民党特务的交通站，沉重打击了国民党特务在太岳区的破坏活动。

10 月 1 日，日军六十九师团、六十二师团、三十六师团各一部配合伪军共集中 2 万兵力，在日本华北派遣军总司令冈村宁次的指挥下，从岳北开始，对太岳区实施所谓“铁滚式三层阵地新战法扫荡”，通称“铁滚扫荡”。妄图捕捉太岳区的主力部队和领导机关，一举摧垮太岳区。太岳军民进行了坚决的反“扫荡”斗争。半个月后，参加“扫荡”的日军全部“滚”向岳南。**10 月 5 日**，《太岳日报》社长魏奉璋在阳城南山与敌遭遇，不幸牺牲。**10 月 6 日**，根据中共中央决定，中共太岳区党委、太岳军区改属中共北方局和八路军总部领导。**10 月 7 日**，太岳区工合队队长吴清华在反“扫荡”斗争中壮烈牺牲于绵上县定湖村。**10 月 12 日**，太岳区召开全区生产会议。确定在群众和军队的互相鼓舞下，掀起大生产的高潮。开春后，全区机关和部队进行一个月以上的以开荒为主的生产大突击，要求太岳军区直属部队要完成开荒 3000 亩的任务。在 1944 年机关要解决两个月的粮食，部队要完成解决三个月的粮食和全部蔬菜的任务。**10 月 15 日**，日军开始“扫荡”岳南地区。**10 月 18 日**，太岳区二十团和七七二团在长子地方武装的配合下攻打长子县大堡头敌据点。吸引六七千名日伪军前去增援，从而掩护岳南区的八路军主力跳出敌人的合击圈，转移外线作战。**10 月 22 日**，日军包围安泽县尖阳村，将群众 84 人圈进楼房点火燃烧，其中 82 人被活活烧死。**10 月 24 日**，太岳二分区司令员、三八六旅旅长王近山指挥准备开赴陕甘宁边区的十六团在洪洞县韩略村设伏，全歼日军“战地观战团”。内有旅团长服部直臣少将以下的日本军官 180 多人。这次战斗对粉碎日军的“铁滚扫荡”起了重要作用。**10 月 28 日**，日军的“铁滚扫荡”转向中条区。**本月**，太岳第五军分区成立。

11 月 5 日，毛泽东就检查太行、太岳区反特务斗争问题作出指示。**11 月 20 日**，从今天开始，延安《解放日报》在三个多月的时间里发表了十多篇由江横（董谦）撰写的关于围困沁源的战地通讯。**11 月 22 日**，太岳军民反“铁滚扫荡”的斗争胜利结束。在这次反“扫荡”斗争中，太岳军民作战 725 次，毙伤日伪军 4000 余人。此后，日军就没有能力再对太岳区发动大规模“扫荡”了。**11 月 27 日**，安泽县抗日县政府通报表扬模范医生李克让。后来，李克让成为太岳区医药卫生战线上的一面旗帜。**11 月 31 日**，太岳区武委总会发出《关于人民武装冬季训练的指示》。指出各地民兵除了继续大量发展外，必须立即进行冬训，使之在政治素养与军事技术上均能提高一步。**本月**，在此次反“扫荡”斗争中，各地民兵为了掩护群众转移，保护群众安全发挥了重要作用。同时，民兵也寻找机会打击小股敌人。如赵城县石门峪的民兵在敌人占领该村后积极进行斗争，在 22 个昼夜中毙敌 12 名。

12 月 4 日，中共太岳区党委发出《关于开展条西工作的决定》。此后，太岳军区决定派十七团、七七二团各一部去开辟中条山西部地区。**12 月 10 日**，中共太岳区党委发出《关于深入开展整风运动完成整风任务的决定》。要求地委、分区级以上各机关干部除战争外，放松一些工作完成整风任务；各县级、各团级干部全部争取在明年 6 月到 8 月底整风完毕。**12 月 25 日**，太岳四分区部队在豫北济源县桑树腰歼灭伪军 140 余人。**本月**，阎锡山派代表与日本山西派遣军代表在太原达成秘密协议：日军将晋南和晋东南的一些县城分期陆续“让渡”，由阎锡山接管。

本年，太岳区的旱情更加严重，是百年来第一个大灾荒年。

1944 年

1 月 1 日，中共北方局发出《关于 1944 年的方针》的指示。指出：团结全华北人民的力量，克服一切困难，坚持华北抗战，坚持抗日根据地，积蓄力量，准备反攻，迎接胜利，是 1944 年全华北的方针。本年度应着重完成的中心任务是：强化对敌斗争，开展大生产运动，完成整风任务，加强时事教育。**1月8日至11日**，中共北方局在左权县麻田村召开财经会议。会议确定了1944年的财政预算，讨论了贯彻“组织起来”的号召和开展生产运动的问题。**1月9日至22日**，日伪军“扫荡”太岳区条西地区。当地军民在反“扫荡”斗争中毙伤日伪军4000余人，俘虏400余人。**1月12日**，薄一波在延安向毛泽东等中央首长汇报山西牺盟会和山西新军的抗日斗争情况。毛泽东肯定了牺盟会、新军的斗争经验和成绩。**1月17日**，延安《解放日报》发表《向沁源军民致敬》的社论。社论指出：“模范的沁源，坚强不屈的沁源，是太岳民主抗日根据地的一面旗帜，是敌后抗战中的模范典型之一。”**1月22日**，太岳第五军分区司令员康俊仁在夏县李家坪不幸殉职。**1月28日**，阎锡山六十一军一万余兵力再次东渡汾河“开展政权”，“收复失地”，向太岳区发动了进攻。**本月**，中共太岳区党委党校在安泽县小李村（后移士敏县郎壁村）开办第二期整风班，集中141名县团级以上干部进行整风审干工作。第一期整风班是在上年年底举办的。

2月6日，朱德致电阎锡山，要求他制止六十一军进犯汾东的背信弃义行为。**2月16日**，中共太岳区党委在安泽县桑曲村举行生产动员大会。区党委代理书记聂真在会上作动员报告，他在报告中指出：生产工作是当前的中心任务，是关系到减轻群众负担、改善军民生活、巩固抗日根据地、积蓄力量准备反攻的生死攸关的大问题。**2月22日**，中共太岳二地委、二专署召开动员生产救灾的干部大会，号召全区人民与灾荒作斗争，共产党员要发扬与群众同生死、共患难的精神，各机关驻地要保证不饿死一个人，要发扬群众间平等互爱、互相帮助的精神，要时刻体验群众的困难，节约使用民力。**2月25日**，太岳四专署在阳城召开劳动英雄发奖大会，奖励了29位劳动英雄。郭清文专员在讲话中号召大家把生产搞得更好。**2月27日**，在太岳区地方部队和民兵的围困下，占据安泽县府城镇的日伪军被迫撤退，府城宣告解放。太岳区的岳北和岳南从此连成一片。**本月**，太岳部队广泛开展了拥政爱民活动。

3月10日，毛泽东、朱德、彭德怀发出指示：阎锡山军队如继续东渡，则给予必要打击。**3月15日**，中共士敏县委发出《关于生产救灾工作的紧急指示》。号召各级党组织紧急动员起来，做好生产救灾工作。其具体措施是：把生产救灾作为一切工作的中心，各级领导要以90%的精力领导救灾工作。所有干部从4月份起每人每天都要节约粮食救济灾民。**3月20日**，阎锡山六十一军军长梁培璜与日军代表签订“临汾协议”。商定日阎互相配合，向太岳区浮山、安泽地区进攻。**3月29日**，太岳区第二、四军分区部队收复沁水县城。不久沁南县改为沁水县。

4月1日，八路军总部发布“滕杨方案”[①]。“方案”中规定了集体单位与个人生产节约的奖励与分红原则，提出在生产节约中公私兼顾，使集体和个人都能增加收入，促进生产节约。**4月10日**，太岳行署副主任裴丽生对《新华日报》(太岳版)记者发表谈话，指出太岳区大部分灾区的群众在党政军各方面的帮助下已走上生产自救的道路。**4月20日**，毛泽东指示开辟豫北，以作继续开辟豫西的前进基地。**4月28日**，为阻止阎锡山部队向浮(山)北地区发展，太岳军区部队发动第一次青(城)浮(山)战役，历时两个多月。歼灭阎锡山军队的一个师，毙伤阎军2700多人，俘虏1000多人。**本月**，蝗虫由豫北和太行区飞进太岳区岳南地区的士敏、高平、晋城等县。在蝗虫经过之处，当地政府组织群众开展了灭蝗运动。

5月7日，《新华日报》(太岳版)报道，太岳二专署为了发展生产，减轻人民负担，规定了十项不负担办法。其中第一项是“由于勤劳耕作，多锄上粪，超产部分不出负担”。**5月12日至18日**，太岳区召开财经工作会议。会议向全区财经工作者提出了组织生产和发展生产的任务。**5月24日**，中共沁县县委在沁县圪坨村创办沁县耕读师范学校。**5月26日**，太岳武委总会召开旧武器研究会，历时十多天。经过集体研究，改造石雷获得成功。**5月30日**，太岳军区直属单位召开大会，总结前一阶段的生产经验，奖励劳动模范和先进单位，同时按照《滕杨方案》的精神，重新安排生产计划，推动军队生产运动的开展。**本月**，阎锡山六十一军联合日军分四路

---

①“滕杨方案”指八路军总部参谋长滕代远、副参谋长杨立三手订的《总部伙食单位的生产节约方案》。

连续进攻太岳区，侵占了岳南的部分地区。

6月1日，中共太岳区党委副书记、整风领导小组组长王鹤峰在区党委党校作《从最近学习情形谈起到今后要怎样学习》的整风审干报告。**6月2日**，太岳四分区部队发起第一次豫北攻势作战。在4个月内歼敌1200余人，使北起王屋山，南到黄河边的10500平方里的土地获得解放。**6月15日**，中共太岳区党委开办整风学校，组织党政军机关的党员干部868人进行整风学习。直到次年5月，整风学校的整风学习才完全结束。**6月26日**，中共太岳区党委和太岳军区发出《关于开展爆炸运动和暗洞斗争的指示》。指出要大力开展石雷运动和有组织地动员群众打洞。在爆炸运动和打洞运动中党政军民四种组织有着共同的责任。**6月30日**，中共中央军委指示太岳部队打击阎锡山东渡汾河的部队，寻求在运动中消灭六十一军，或歼灭其主力。**本月**，太岳军区部队袭击绛县阎顽地方武装陈子文部，在下柏村一带激战4小时毙俘陈子文部官兵近千人。

7月7日，太岳区党政军机关在安泽县桑曲村和当地群众一起集会纪念抗战七周年。**7月10日**，《新华日报》（太岳版）公布本年上半年太岳区大生产运动的成绩：开荒27万亩，参加纺织的妇女达7万余人，每日产纸64800张，纺织品和纸张年底均可做到自给自足。**同日**，担任阎锡山猗氏县县长的中共秘密党员董警吾率县警察局武装举行起义。**7月25日**，中共中央发布向河南进军的指示。要求太岳区派出两个团挺进豫西，参与开辟豫西抗日根据地的斗争。**7月30日**，太岳军区发出评选与培养战斗英雄的指示，同时公布了战斗英雄的具体条件。此后，各军分区部队开始进行评选战斗英雄的工作，掀起了抗日杀敌的热潮。

8月1日，太岳五专区召开党政军民扩大干部会议，历时7天。会议确定了条西、汾南地区今后的工作方针是积极准备和发展力量，巩固基本区，发展新区，建立中条山抗日根据地；加强阶级教育，开展政治攻势，夺取思想阵地，打击日本侵略者，迎接大反攻。**8月8日**，太岳行署和太岳军区颁布《人民武装武器保管使用条例》。规定人民武装组织中的一切公私武器弹药，必须向县级以上武委会履行登记手续，并随时接受检查。

8月15日，太岳区晋豫中学成立，校长孙裕之。这是中条山地区开办的第一所公立中学。**8月25日**，太岳行署发出准备秋收的布告，号召各地在秋收中广泛开展合作运动。**本月**，太岳行署设立汾南办事处，属太岳五专署领导。

9月8日至18日，太岳军区和太行军区集中12个团的兵力，在地方武装的配合下发动第二次青（城）浮（山）战役。在此次战役中，太岳、太行部队共进行大小战斗93次，毙伤俘阎军4000余人，其中有将级军官6人。通过两次青浮战役，使阎锡山在汾东“开展政权”的计划完全破产。**本月**，太岳区党政军领导机关移驻士敏县郎壁、郑庄地区。

10月11日，同盟国飞机连续轰炸同蒲铁路沿线的日伪据点和平遥、介休、霍县、洪洞、临汾、运城火车站。**10月14日**，中共中央发出关于巩固太岳、豫西等根据地的指示。指出太岳区目前极应巩固中条山已得阵地，积极发展汾河以东、沁河以西的广大地区，特别是豫北之沁阳、济源、温县、孟县四县及山西之垣曲、平陆、芮城三县，使华北与中原密切衔接。要求太岳区派两个团进入豫西，参加开辟豫西新区的工作。**本月**，太岳二专区将各县农会干部分成若干小组，分赴各县区检查减租减息工作。

11月7日至8日，太岳区各界人士在士敏县郑庄举行时事座谈会。与会人士指出：只有改组国民政府和统帅部，才能挽救战争的危局。号召在全区进行要求实行民主的签名运动。**11月10日**，太岳行署发出开展冬季生产的指示。要求各地从完成冬季各项生产任务中来巩固和扩大各种合作社及互助组，大力开展纺织运动。**11月11日至29日**，太岳军区召开军政干部会议。会议决定在全区范围内进行大整军，反对军队内存在的军阀主义等不良倾向，以提高部队的军事技术和改造思想作风。**11月13日**，太岳行署发出《关于冬学运动的指示》。要求各地认真开展冬学工作，使冬学成为广大群众的一个学习运动。**11月15日**，太岳行署发布《晋冀鲁豫边区太岳区参议员选举办法》。并于同日成立太岳区参议员选举委员会，开始了选举第二届边区参议员的活动。在此次选举中，太岳区的主要领导人陈赓、聂真、牛佩琮都被选为边区参议员。**11月18日**，由太岳区十八团、五十九团组成的八路军豫西抗日游击第二支队[①]在刘聚奎的率领下渡过黄河，进入豫西地区开辟抗日根据地。**11月29日**，阳城日伪军突袭白音寺，抓走抗日县政府干部崔佑等人，并纵火烧毁了白音寺。**本月**，太岳军区供给部副部长朱东儒病故。

12月10日至20日，太岳区各专区分别召开群英会，奖励劳动英雄、战斗英雄和模范工作者，号召大家向英雄模范学习，在战斗中和生产中取得更多更大的成绩。**12月23日**，日阎配合进犯太岳区浮山抗日根据地。**12月24日**，盟军出动10架飞机轰炸白晋铁路沁县至子洪口段铁路达8小时之久。在进行轰炸时，有一架美国飞机发生故障，在长子县境内降落。当地军民保护了驾驶员的安全，太岳行署主任牛佩琮亲自接见了这位驾驶员。**12月28日**，青城县游击大队队员王金荣、苏联民、徐其珍、马玺让、陈学生、李来然、李志远七勇士在完成任务返回驻地途中，被翼城日伪军500余人层层包围。他们坚持战斗八小时，全部壮烈牺牲。**本月**，王震率领的由三五九旅主力组成的南下支队由延安出发途经太岳区。几天后通过豫北济源到达黄河北岸，渡过黄河后继续南下，向鄂湘敌后挺进，开辟抗日根据地。三五九旅在太岳区境内时受到广大军民的欢迎和支援。

1945年

1月1日至23日，太岳区在士敏县郑庄举行群英代表大会。出席会议的有254位来自各地区、各部队、各机关团体的英模代表。他们听取了太岳区党政军首长的报告和基干兵团杀敌英雄陈锡平、民兵杀敌英雄李德昌、农业劳动英雄石振明等20余人的大会发言。大会经过讨论，提出要开展革命竞赛运动，把新英雄主义运动普及到各地去。**1月7日**，太岳行署主任牛佩琮在岳北财政科长会议上作总结报告。指出1945年财政工作

① 豫西抗日游击第一支队由太行军区的三团、三十五团和豫西工作队组成。司令员皮定均，政委徐子荣。已于本年9月渡过黄河进入豫西，开始了创建豫西抗日根据地的斗争。

的主要任务是准备进行反攻的物质条件，号召岳北各县克服困难，完成全年的财经任务。**1月23日**，日伪军1700多人分路“扫荡”浮山以北和沁河以西地区，历时7天。在太岳部队的英勇反击下伤亡惨重。**1月31日**，太岳军区政治部发出《关于开展拥政爱民工作的指示》。**本月**，中共太岳区党委在士敏县郎壁村召开扩大会议。会议制定了《太岳区1945年全区工作方针计划提纲》。提出1945年的任务是：（一）加强对敌顽的斗争。（二）继续抓紧检查减租减息工作。（三）加强经济工作，开展大生产运动。（四）发展人民武装，训练与扩大正规军、游击队。（五）开展城市工作。（六）发展与加强文教卫生工作。（七）改进领导作风和领导制度。

2月5日，中共太岳区党委发出《关于拥政爱民、拥军优抗工作的指示》。要求在春节期间更加认真地开展拥政爱民和拥军优抗活动。太岳行署也发出《关于拥军优抗工作的指示》。两天后太岳军区政治部公布了《拥政爱民公约十二条》。**2月12日**，沁源县阳泉村民兵队长、太岳区民兵杀敌英雄李学孟凌晨在本村被敌包围在土窑内，只身作战，弹尽无援，英勇牺牲。为了纪念这位英雄，沁源县把他的出生地阳泉村改为学孟村。**2月13日**（旧历春节），太岳区各部队普遍开展拥政爱民活动，地方政府和群众团体也开展了轰轰烈烈的拥军优抗活动，从而进一步增强了军政团结和军民团结。**2月中旬**，孙定国率领太岳区五十四团进入稷王山地区进行开辟汾南根据地的斗争。**2月26日**，平遥县抗日女英雄梁奔前在三岔口村英勇牺牲。**2月27日**，中共中央发出《关于削弱与瓦解阎锡山部队扩大太岳区的指示》。**本月**，阎锡山在吉县召开“奋斗会议”，叫嚣要“不费一枪一弹收复山西”。

3月1日，豫北王屋县邵源镇和段凹村的日伪军被迫撤退，王屋县全境解放。**3月3日至14日**，晋冀鲁豫边区太岳区参议会在士敏县郑庄开会。参加会议的参议员表示：要把民主政治进一步贯彻下去，把太岳区更加巩固壮大起来。**3月14日**，根据中共太岳区党委和太岳军区的决定，沁源县党政军民总动员，对困守沁源县城和交口之敌发动总围困。**3月25日**，太岳行署发出关于刨挖蝗卵及消灭蝗虫的紧急号召，由此在全区掀起了捕蝗挖卵运动。**本月**，太岳区把工商、贸易、税务、银行、合作、粮食、工业等部门全部合并起来，成立了经济总局。由它负责全区的经济工作。

4月1日，刘忠、陈康指挥太岳区二十团、十七团、七七二团在二、四分区部队的协助下发起第二次豫北战役，历时一个月。在这次战役中，歼灭了张伯华、李正德两股伪军部队，收复日伪据点40余处，建立了济源、沁阳等县的抗日民主县政府，进一步打开了豫北的抗日局面。**4月11日**，困守沁源之敌在沁县千余日军的接应下狼狈逃走，沁源军民光复沁源县城和交口。**同日**，太岳区五十四团和汾南支队在夏县王村战斗中激战一小时，全歼土杂武装解宝盛主力“牛头队”。**4月13日**，阳城城内的日伪军在阳南、阳北两县地方武装的围困下被迫东逃晋城。**4月15日**，太岳行署公布《太岳区地权单行条例》《太岳区租佃单行条例》和《太岳区关于典地、旧债纠纷、押地问题之处理办法》。**4月17日**，太岳区抗日救国联合会成立。**4月21日**，太岳《新华日报》发表题为《沁源人民的胜利》的社论，赞扬围困沁源的胜利是“历史的奇迹”。**4月23日**，中共七大在延安召开。太岳区出席七大的党员代表有：薄一波、陈赓、安子文、李聚奎、王近山、桂绍彬、卫恒、高扬文、王毅之、刘开基、程谷梁、王锐、任志远等。另外，王鹤峰、周仲英两位代表因事缺席。**4月27日**，晋城之敌逃走，晋城县城宣告解放。**4月29日**，太岳区二十五团、五十四团和太岳五分区地方武装发起闻（喜）绛（县）战役。经过半个多月苦战，歼灭顽特武装贾真一部，扩大了条西根据地。**本月**，中共太岳区党委发出《关于新收复城市据点地区政策的指示》。指出在新收复城市据点的第一步工作是宣布宽大政策，不杀一人，建立抗日政权和秩序，安定人心。第二步工作是发动群众，反对汉奸恶霸，解决土地纠纷，并继续贯彻宽大政策。

5月4日至8日，阎锡山六十一军、十九军在日军配合下进犯太岳区一、三专区，根据地军民英勇反击，打退了日阎军队的联合进攻。**5月10日**，中共太岳区党委代理书记聂真在区党委党校支部大会上作报告，他在报告中检讨了区党委党校在审干工作中发生的偏差和扩大化的错误，作了审干工作的结论。**5月12日**，太岳一分区部队收复安泽县城。**5月13日**，

《新华日报》（太岳版）报道太岳行署颁布新解放区的五项工作方针：执行宽大政策、保障私有财产、赈济受灾难民、加紧春耕生产与恢复工商业、一个半月兑清日本票。**5 月 22 日**，太岳、太行部队对高平县城之日军发起攻击，日军突围向长治逃窜，高平县城解放。**5 月 24 日**，太岳军区部队发起条西攻势作战。在十多天的时间里收复敌人据点 9 处，收复国土 2000 平方里，歼敌 700 多人，太岳部队向南挺进至黄河北岸。**5 月 31 日**，太岳行署公布《农业统一累进税暂行条例》。这个《条例》的公布使太岳区的负担办法逐渐实现了发展生产、公平合理、简便易行三原则。**本月**，被太岳豫西抗日游击二支队收编的顽杂武装上官子平部叛变，在根据地内进行骚扰破坏活动，不久被平息。

6 月 4 日至 18 日，中共太岳区党委召开高级干部会议，讨论形势、建军和反顽斗争问题。**6 月 7 日**，《新华日报》（太岳版）报道：沁阳、王屋、济源掀起打蝗蝻高潮，济源县仅一、五区统计，就消灭蝗蝻 24 万斤。**6 月 7 日至 28 日**，太岳行署召开教育座谈会。在会上交流了根据地教育工作的经验，表扬了教育战线上的先进人物，确定了今后教育工作的任务。**6 月 23 日**，中国共产党第七次全国代表大会闭幕。薄一波当选为中共中央委员，陈赓当选候补中央委员，不久，安子文担任中共中央组织部副部长。**本月**，太岳武委总会创办《太岳民兵》半月刊。

7 月 1 日，中共太岳区党委举行纪念中国共产党成立 24 周年大会。**7 月 2 日**，太岳军区二十五团、五十四团及九支队等部队对侵入稷王山地区的阎锡山三十四军发动攻势作战，在一周内击溃阎军两个团，毙伤阎军 300 余人，俘虏 200 余人。**7 月 7 日**，太岳区领导机关和驻地群众 4000 余人在士敏县郑庄集会纪念抗战八周年。**7 月 8 日至 28 日**，太岳行署召开生产会议。会议总结了前半年的生产经验，研究和制定了后半年的生产计划。**7 月 16 日**，延安《解放日报》报道：太岳各地热烈响应毛泽东“组织起来”的号召，到 1945 年时，已有互助组 12000 个，参加互助组的人数约 10 万人。**7 月 23 日**，日阎双方达成“汾阳协议”，规定山西日军防务逐渐交给阎锡山接管，日军调出一部分兵力协助阎锡山“剿共”。**本月**，太岳经济总局召开有各专署专员参加的分局长会议。会议决定要发展敌后战争中自给自足的国民经济。

8月8日，苏联政府宣布对日作战。**8月9日**，毛泽东发表《对日寇的最后一战》的声明。中国抗日战争进入反攻阶段。**8月10日**，太岳军民在士敏县郑庄举行欢庆抗日战争反攻阶段到来的群众大会。**8月11日**，太岳军区发布对日伪反攻的命令。**同日**，阎锡山六十一军军长梁培璜和驻临汾日军二十四师团师团长三蒲三郎签订所谓的《妥定事项》，表示双方要共同负责“肃共”工作。**8月12日**，太岳军区司令部向辖境内的日伪军发出最后通牒，促其停止抵抗，放下武器。**8月13日**，太岳军区部队攻克运城盐池。此后又解放了夏县县城、茅津渡、平陆县城。至8月22日，太岳部队共收复城镇和大小据点59处。并先后扫清了灵石、霍县、赵城、洪洞、翼城、绛县等县的外围据点，破坏了平遥至临汾段的铁路。**8月14日**，中共太岳区党委发出《关于形势与任务的紧急指示》。《指示》确定今后太岳根据地的主要工作任务是:（一）迅速扩大动员、组织和训练一切武装力量支援前线，巩固后方;（二）放手发动群众，进一步巩固根据地，准备支持长期战争;（三）实行生产节约度荒，巩固抗战反攻和反内战的物质基础;（四）大量提拔干部，以适应发展需要。**8月15日**，太岳行署和太岳军区联合发出紧急动员令，命令全体军民总动员，加强各级指挥部的领导，统一动员与组织各种力量，面向前线，面向战争，保障各项战斗任务的完成和政策的执行。**8月16日**，太岳军区制定反攻作战方案，规定集中主力于平遥、介休，阻止阎锡山军队北上，保障晋西北主力夺取太原。同时，分遣一部分主力结合地方武装向临汾、洪洞、翼城、闻喜等地区进逼，夺取城镇，解除日伪武装，破坏铁路，迟滞国民党军队北上。**8月17日**，阎锡山十九军17000余人从临汾地区出发，向上党地区大举进犯。企图分割和摧毁太岳和太行解放区，抢夺人民的胜利果实。**8月21日**，太岳区党政军领导机关发出为动员两万名青壮年参军的紧急号召。此后太岳区广大青壮年踊跃报名参军，掀起了解放战争时期的首次参军热潮。**8月下旬**，太岳主力部队进至平遥县东泉地区，向日伪据点发出通牒，限令其缴械投降。**8月27日**，太岳四分区部队在路经太岳区的三五九旅协同下攻克济源县城。次日又攻克垣曲县城。**8月28日**，毛泽东、周恩来应邀赴重庆与国民党蒋介石进行国共两党的谈判，并于10月10日签署了《政府与中共代表会谈纪要》(即“双十协议”)。**8月30日**，阎锡山返回太原。**本月**，国民党胡宗南的军队渡过黄河进入山西，大举进犯晋南解放区。

9月2日，日本无条件投降，抗日战争结束。**9月4日**，太岳四分区十七团在晋绥部队的协助下攻克盂县县城。**9月10日**，上党战役正式开始，太岳军区主力部队七七二团、二十团、士敏独立团、三十八团、二十五团、五十七团参加了上党战役。**9月13日**，太岳行署和太岳军区颁布《收复城市后接管和处理敌伪物资的办法》。要求各县在收复城市后立即成立敌伪物资接管委员会，负责主持接管工作。**9月15日**，胡宗南部的十三军和十六军两个军进入山西后沿同蒲铁路北犯，先头部队到达临汾地区。**9月18日**，中共太岳区党委发出《关于秋季生产工作的指示》。要求各地组织一切可能的力量进行今年的秋季生产。要多种小麦和搞好秋种秋收秋耕，搞好运输事业。**9月20日**，上党战役第一阶段胜利结束。在这个阶段中，太岳部队和太行部队一起攻克了长治外围的5座县城，歼敌7000余人，使长治敌军完全陷入孤立。同日，上党战役第二阶段开始。其任务是围长治而缓攻，全力歼灭从太原来的援敌。**9月25日**，中共太岳区党委指示在边沿区开展群众性的游击战争。**9月28日**，阎锡山派出的两万援敌在彭毓斌的率领下沿白晋线南下抵达沁县。

10月2日，上党战役打援部队将阎锡山派来的援敌彭毓斌部20000余人合围在老爷山、磨盘瑙地区。由太岳纵队担任攻打老爷山的任务。激战三日，敌被迫于10月5日夜突围。但太岳纵队二十团星夜兼程，于10月6日在襄垣县土落村附近把敌截住，经过十多个小时的战斗，打退了敌人的8次冲锋，歼敌18000余人，彭毓斌也负重伤率残敌逃回沁县后不治身亡。上党战役第二阶段结束。**10月8日**，困守长治的史泽波部从长治向西突围，企图逃回临汾。上党战役第三阶段开始，其任务是追歼从长治突围逃窜的史泽波所部。**10月10日**，太岳部队公布“大进军”以来两个月的战果：主力部队作战 74 次，收复县城 7 座，据点 94 处，毙伤俘日伪军 5000 余名。**10 月 12 日**，太岳部队和太行部队在沁河以东之将军岭、桃川地区将史泽波部一万余人包围歼灭，上党战役胜利结束，阎锡山十九军军长史泽波被俘。至此晋东南地区全部解放。太岳、太行两区连成一片。**10 月 23 日**，太岳区主力部队编为晋冀鲁豫野战军第四纵队（习惯上仍称太岳纵队）。下辖十旅、十一旅、十三旅。**10 月 26 日至 30 日**，太岳四纵队和太岳军区部队奉命开始在霍县、赵城地区作战，控制了同蒲铁路灵石至洪洞段。在人民群众的支援下，将灵石以南、洪洞以北的铁路全部拆毁，完成了阻敌沿同蒲铁路北上的任务。**10 月 31 日**，太岳行署发出《关于冬季生产的指示》，要求各地在冬季生产中要以运输业和纺织业为主，并要准备明年的春耕工作。**本月，**日本人民解放联盟太岳支部向太岳人民告别。

11 月 1 日，太岳行署发出《关于冬学运动的指示》。要求今年的冬学要逐渐做到民办公助，造成广大群众自己学习的运动。**11 月 8 日至 12 月 2 日**，中共太岳区党委在士敏县郎壁村召开群众工作会议。会议要求各地放手大胆地实行减租减息，把群众进一步发动起来。**11 月 15 日**，太岳区工农青妇联合会和武委会向全国呼吁，要求制止国民党反动派发动内战，立即承认解放区人民的自治。**11 月 23 日**，国民党山西省防第四军十二师三十四团三营营长苏务润（中共秘密党员）率部在史村（今襄汾县城）起义。**本月**，太岳区抽调军队干部和地方干部 1200 多人组成太岳区赴东北支队，开赴东北，参加开辟东北根据地的工作。

12 月 6 日，在太岳区放下武器的阎锡山军队中的将校军官 499 人举行控诉阎锡山大会。**12 月 8 日**，太岳五分区部队解放闻喜县城。**12 月 16 日**，太岳军区二十四旅攻克浮山县城。 **12 月 28 日**，太岳各界代表 150 余人在士敏县郑庄举行反内战座谈会。**同日**，太岳四纵队十一旅攻克翼城县城，全歼守敌 1000 余人。**12 月 29 日**，《新华日报》（太岳版）发表题为《如何放手发动新解放区群众的诉苦复仇运动》的社论。**本月，**太岳各地群众纷纷起来控诉曾欺压、剥削和残杀人民的汉奸敌伪人员，进行了反汉奸、反恶霸、反贪污讹诈和清债斗争。

1946年

1月1日，太岳区在士敏县郑庄召开万人大会。隆重庆祝抗日战争胜利后的第一个新年。庆祝解放区军民在1945年对日作战中取得的辉煌胜利和国共和谈中所取得的胜利。**1月7日至26日**，太岳行署召开生产座谈会。会议总结了1945年的生产工作，确定以劳动英雄石振明为学习的榜样，部署了1946年的大生产运动。**1月10日**，国共两党经过谈判签订了停战协定。颁布了于13日午夜生效的停战令。**1月13日**，太岳部队履行国共两党签订的停战协定，在本日午夜后严守军事分界线，停止了一切军事行动。**1月14日**，阎锡山六十一军侵占浮山县城。太岳部队奋起反击，两天后再次收复浮山县城。**1月15日**，国民党九十军违反停战协议，袭占太岳区之孟县县城。当地军民奋起反击，三天后收复孟县县城。**1月21日**，太岳四纵队司令员陈赓将军发表谈话，指出如国民党继续进攻太岳区，就要采取自卫行动。**1月23日**，太岳四纵队向侵入太岳区之阎锡山三十四军发起反击，激战一天，歼敌5000余人，生俘山西省防军第四军师长刘谦以下3000人。**本月**，太岳区党政军领导机关从士敏县郑庄移驻阳城县城关。

2月2日，北平军事调处执行部派遣的侯马执行小组从临汾抵达侯马视察和调处。太岳区组成由陈赓任团长的谈判代表团表示欢迎执行小组的到来。此后，陈赓作为执行小组的共方代表，在临汾、太原参加了军事调处执行小组的工作。**2月4日**，阎锡山第七集团军总司令赵承绶率8个师两万兵力由祁县东观出发，沿东沁铁路南犯，侵占解放区村镇多处。不久进至沁县。**2月13日**，陈赓将军与阎锡山第十三集团军总司令王靖国签订《临汾停战会议临时协议》，规定双方停止冲突，各守原防。**2月14日**，阎锡山山西省防军第八师师长段炳昌率领日伪军在沁县马服村制造惨案，打死、打伤干部群众20多人。**2月16日**（元宵节），太岳各界5万余人在阳城举行庆祝和平民主、拥军优抗、拥政爱民大会，大会要求立即制止国民党和阎锡山军队进攻解放区的行为，迅速地、彻底地实行政治协商会议的决议。**2 月 19 日**，中共太岳区党委发出迅速开展春耕工作，开展全年大规模生产运动的指示。**2 月 21 日**，太岳行署发出关于春耕工作的指示。指示强调指出全区生产工作的总方针是：以农业为主，工业运输业为辅，争取做到耕三余一。**2 月 22 日**，晋冀鲁豫军区发出政治整训的训令。太岳部队遵照训令分期分批集训干部，并对部队进行忆苦思甜教育和时事政策教育。

3 月 1 日，太岳武委总会发出《新形势下人民武装工作的指示》。明确提出在新形势下民兵工作有两大任务：一是踊跃参加群众诉苦复仇运动和查减运动；二是参加大生产和开展自学运动。**3 月 2 日**，沁县 12 万人民的代表郭守信、赵国良等一行 9 人到晋冀鲁豫边区政府控诉阎锡山利用日伪人员屠杀人民的残暴罪行。**3 月 4 日**，阳城群众发起 10 万人签名运动，抗议国民党反动派反苏反共的罪行。**3 月 7 日**，太岳部队在白晋线发起自卫反击战，历时半个月，歼敌 4000 余人。此次战役结束后，国共双方签订了“东沁协议”。规定双方停止冲突，恢复交通。**3 月 17 日**，《新华日报》（太岳版）报道：为救济惨遭日伪阎军蹂躏的沁县难胞，太岳行署拨粮 300 石进行赈济，并指示各县发起募捐运动救济沁县同胞。**3 月 18 日至 25 日**，晋冀鲁豫边区参议会在邯郸举行第一届第二次大会。在此次大会上，薄一波当选为参议会议长。**3 月 25 日**，太岳区武委总会发出《关于加强边沿区人民武装斗争的指示》，要求各地必须加强边沿区的斗争，彻底粉碎国民党反动派派遣特务混入我区和组织逃亡地主、恶霸返乡反对政府，进行袭扰暴动等一切阴谋。**本月**，太岳区成立贸易公司（初称永达公司）和实业公司（初称万益公司）。这是太岳区领导商业贸易和工矿生产的公营企业。

4 月 5 日，晋冀鲁豫军区发言人向新华社记者发表谈话，用事实揭破阎锡山军队原驻白晋路东沁段的谎言。**4 月 11 日**，《新华日报》（太岳版）发表题为《如何在反奸霸运动的基础上开展深入减租清债运动》的专论。此后，太岳各地都在开展诉苦复仇、反奸清算运动的基础上掀起了减租清债群众运动的新高潮。**4 月 19 日**，《新华日报》（太岳版）报道：垣曲县自提出放手大胆发动群众的方针以后，经过 40 天的时间，群众运动已普及到 41 个行政村。占全县行政村总数的 55%。在运动中解决问题 1144 个，群众得到土地 8190 亩。**4 月 23 日**，太岳各界 3 万余人在阳城隆重追悼王若飞等“四八”烈士。此前，阳城万余群众集会追悼被国民党特务杀害的李兆麟将军和本区被国民党特务杀害的 12 位烈士。**本月**，中共太岳四地委、二地委及阳城等县县委前后召开群众工作会议。这些会议都总结了前段开展群众运动的成绩，制定了今后大胆放手发动群众开展诉苦复仇、减租减息斗争的方针，使群众运动更加猛烈地开展起来了。

5 月 4 日，由恶霸地主组成的国民党临汾阻击队在浮山县浮峪河和岗头村制造惨案，惨杀当地区村干部和群众数十人。**5 月 10 日**，太岳武委总会向全区民兵、自卫队员发出号召，要求全区军民进一步组织力量，加强护粮斗争。**5 月 21 日**，国民党胡宗南和阎锡山的军队大举进攻太岳区的汾南解放区。太岳三分区部队奋起反击。**5 月 27 日**，国民党特务武装在垣曲县五福涧制造惨案，残杀当地河防民兵 50 多人。**5 月 31 日**，太岳各界 6000 余人在阳城城关集会，欢送抗战胜利后第一批复员军人返乡生产。**本月**，太岳行署决定减轻本年度人民负担小米 81000 石，并完全减免秋季合理负担。

6 月 6 日，太岳行署主任牛佩琮设宴欢迎从太行区返抵故乡的人民作家赵树理，并邀请太岳区文化界 30 余人举行了座谈会。**6 月 9 日**，军调部临汾执行小组到闻喜调处国共冲突，美方代表被迫承认了国民党军队违约进攻汾南解放区的事实。**6 月 10 日**，中共晋冀鲁豫中央局为了贯彻中共中央“五四指示”的精神，在邯郸召开高级干部会议。会议决定在腹心区立即开展土地改革运动。在边沿区继续实行反奸清债、减租减息、集中力量斗争汉奸、恶霸，坚决打击“还乡团”。**6 月 15 日**，太岳四纵队在闻喜地区进行报复作战，历时 5 天。十一旅主力攻克闻喜县城和被胡宗南、阎锡山军队所占据点多处，歼灭胡军 1000 余人，阎军 2000 余人。十三旅解放绛县县城。**6 月 25 日**，太岳区武委总会、太岳区公安局联合发出《加强边沿区反特斗争与民兵锄奸工作的决定》。《决定》要求边沿区各县武委会组建一支 20 人的民兵轮战队，各县公安局抽出最精干的一个班共同组成武装便衣侦察队，打击敌特组织的活动。**本月**，太岳区进行反内战政治动员，号召全区军民立即行动起来，坚决粉碎国民党军队的进攻。从此，太岳区迅速地掀起了全民武装总动员的高潮，顺利地转入了爱国自卫战争。

7 月 1 日，中共太岳区党委在阳城召开纪念“七一”大会。区党委副书记裴孟飞号召全体共产党员紧急动员起来，紧紧团结全区军民，准备好一切粉碎国民党反动派向太岳区进攻的条件，争取自卫战争的胜利。**7 月 3 日**，国民党胡宗南 6 个旅和阎锡山的军队 2 个师共 70000 人向太岳区的晋南地区大举进攻。企图在一个月内打通南同蒲路，寻歼太岳部队的主力。从此以后，国民党军队在晋南点燃了内战烽火。**7 月 7 日**，太岳军民 3 万余人在阳城集会纪念“七七”抗战九周年，表示太岳军民要为争取实现和平、民主、独立的新中国紧急动员起来，坚决反对内战。**7 月 13 日**，太岳四纵队和太岳军区部队在 10 万支前群众的支援下发起闻（喜）夏（县）战役，历时 10 余天，取得全歼胡宗南第三十一旅，重创第一六七旅和七十八旅的重大胜利。这次胜利更加坚定了太岳军民进行自卫反击战的信心与决心。**7 月 21 日**，在沁县军民的联合打击下，占据沁县县城的阎锡山部队被迫撤走，沁县全境获得解放。**本月**，中共太岳区党委在阳城召开群众工作会议，会议决定贯彻“五四指示”，在全区范围内开展土地改革运动，用一夏一冬的时间完成土地改革的任务。

8 月 7 日，太岳、太行部队在豫北实行自卫反击，发起济（源）孟（县）战役。激战 5 昼夜，攻克大小村镇 50 多个，生俘国民党军队副旅长王仰芝以下 700 余人，毙伤 400 余人。**8 月 14 日至 9 月 1 日**，太岳四纵队主力和太岳军区部队在同蒲铁路中段发起自卫反击战，连克 5 座县城和村镇据点 52 个。歼灭阎锡山军队 12000 余人，切断了阎锡山军队和胡宗南军队的联系，并使太岳和吕梁两区连成了一片。**8 月 17 日**，《新华日报》（太岳版）报道：晋南 11 县万余群众及民兵踊跃支前，太岳行署拨款 120 万元慰劳晋南前线的太岳部队。**8 月 27 日**，胡宗南第三十师攻陷垣曲县城，企图打通绛（县）垣（曲）公路，接应黄河以南的国民党军队进入晋南。

8 月 28 日至 9 月 7 日，太岳行署召开全区各专署财政科长会议。决定减轻翻身农民在土地改革中所得土地、房屋的税率，以扶植翻身农民迅速发展生产，发家致富。**本月**，豫北济源县杜八联民兵深夜驾“葫芦舟”泅渡黄河，在油坊滩炸毁国民党飞机两架。

9 月 5 日，国民党胡宗南部队进抵临汾、翼城地区。**9 月 9 日**，《新华日报》（太岳版）报道：太岳行署发出突击秋收，加紧秋种的紧急号召。要求在秋收秋种中要做好优待军干烈属及远征民兵、参战群众家属的工作。**9 月 14 日至 23 日**，岳北地区召开群众工作会议。决定根据不同情况，深入开展土地改革运动，实现耕者有其田。**9 月 22 日**，太岳四纵队和太岳军区部队发起临（汾）浮（山）战役。激战两天，歼灭了国民党胡宗南的“天下第一军”之第一旅，活捉该旅中将旅长黄正诚。**9 月 24 日**，中共太岳区党委向全区军民发出号召，要求再接再厉，为粉碎国民党胡宗南、阎锡山的军队向太岳区的联合进攻而奋斗。据报，在闻夏、同蒲中段、临浮三次战役中，太岳区有 50 万群众参战支前。**本月，**《新华日报》（太岳版）报道：今年本区秋禾面积 8372960 亩，共可收获秋粮 678 万石，全区 300 万人口，平均每人收秋粮两石以上，为进行自卫战争打下了物质基础。

10 月 4 日，太岳区工商管理局、冀南银行等单位在阳城召开联席会议。会议决定开展全区大规模的纺织运动，保证明年党政军民的穿衣自给。**10 月 8 日**，国民党胡宗南部队进占洪洞县城，后又进占赵城县城。**10 月 12 日**，太岳区各界代表崔斗辰、江横、高延柳、刘舒侠、孙定国、李银宝、卫恒、石振明、干玉梅、崔松林等 17 人发起开展“美军退出中国运动周”活动。这次活动从本月 21 日开始至 27 日。在最后一天，太岳区两万军民在阳城烈士陵园集会，号召全区党政军民紧急动员起来，加紧实现练兵、生产、耕者有其田三大任务。**10 月 25 日**，太岳四分区公安处及地方武装在豫北济源、王屋两县镇压红枪会的暴乱。两天内击毙匪徒 200 余人，俘虏 400 余人，还有 150 余人淹死在黄河中。暴乱平息后在王屋县韩村召开了庆祝胜利大会。**本月**，太岳四纵队和太岳军区部队开展了群众性的练兵运动。

11月16日，晋冀鲁豫边区参议会太岳办事处和太岳区工农青妇联委会代表全区300万人民发表通电，反对国民党非法召开“国大”。**11月19日**，赵城县民兵英雄高辉达在胡麻战斗中英勇牺牲。太岳军区、太岳行署和太岳区武委总会号召全区民兵开展学习高辉达运动，歼灭更多的敌人。**11月23日**，《新华日报》（太岳版）发表太岳军区给毛泽东等人的电报，报告300万太岳军民现已紧急动员起来，踊跃参军参战，展开歼敌运动，誓为保卫延安、保卫党中央、保卫毛主席进行有力的配合作战，以彻底粉碎敌人的进攻。**11月27日**，为策应保卫延安，太岳第四纵队进入吕梁地区，与晋绥部队一起发起了晋西南战役。此次战役由陈赓和王震指挥，直至次年1月1日攻占蒲县城关后因敌军主力回援，四纵队撤出战斗，才告结束。在这次晋西南战役中，共解放县城及重镇30余处，歼敌16000余人。**11月29日**，太岳区武委总会号召全区民兵开展杀敌运动，争取12月份完成杀敌800人的任务。**本月，**中共太岳四地委召开群众工作会议。会议提出要在1947年元月底（至迟2月底）在全地区实现耕者有其田。

12月6日，太岳军区第十二旅攻克垣曲县城。由此发起绛（县）垣（曲）战役。在解放垣曲的战斗中，垣曲有四万群众踊跃参战。**12月9日**，《新华日报》（太岳版）报道，太岳行署颁发为保障人民翻身利益，打击地主富农反攻倒算的布告。**12月14日**，太岳四分区部队再克济源县城。**12月31日**，太岳军区号召各部队普遍开展“焦五保运动”，学习焦五保战斗互助组的模范事迹。焦五保运动的开展对提高部队战斗力起了积极作用。焦五保是太岳军区十二旅战士，在班里担任战斗互助组组长，他创造了战教结合，提高战斗力的良好范例。**同日**，太岳军区十二旅在分区部队和民兵的配合下，对翼城守敌发起攻击，于翌年元旦攻克翼城。**本月**，中共太岳区党委社会部副部长阎定础在安泽县指导错案甄别工作，否定了无辜打击大批干部群众的“三青团案”。

1947年

1月1日，太岳各界3000余人在阳城举行元旦团拜大会，欢庆新年并祝贺攻克翼城县城。**1月6日**，太岳军区十二旅分两路向同蒲铁路挺进。一路部队攻克曲沃县之高显、蒙城、下坞三镇。另一路部队直取襄陵县史村（今襄汾县城），并继续扩大战果。**1月12日**，中共太岳区党委发出《关于开展翻身文化运动的通知》，要求各地收集整理群众创作的文艺作品，加以出版推广。**1月17日**，陈赓和王震指挥太岳四纵队、太岳军区二十四旅和晋绥部队发起汾（阳）孝（义）战役。双方激战11天，歼敌16400余人。在汾孝战役中，四纵队第十旅副旅长楚大明英勇牺牲。**1月19日**，《新华日报》（太岳版）发表题为《开展边沿区土地改革》的短论。指出"一手持枪、一手清算"是边沿区群众的创造，（它）打破了边沿区不能进行土地改革的错误认识。**1月30日**，太岳一分区部队收复灵石县城。至此，太岳与吕梁两区畅通无阻，而国民党胡宗南部和阎锡山部的联系则被切断。**本月**，高平县完成土地改革运动。全县无地少地的农民共获得土地96412亩土地。土地改革后，每人平均土地二亩八分。消灭了赤贫，贫农大部分上升到中农，全县做到了人人有地种，实现了耕者有其田。

2月1日，太岳军区通令嘉奖战斗英雄赵川领导的猗临游击队。这支游击队从1月9日到15日，创造了在七天内我与敌伤亡0:76的光辉战例。**2月7日**，中共太岳区党委作出决定，在土地改革运动中各级干部和共产党员不得多分翻身果实。**2月12日至3月3日**，太岳区召开专、县财政科长会议。会议研究和确定了1947年财政工作的方针是：（一）大力开源，厉行节约，加强财粮管理，保证战争供给；（二）贯彻土地改革后奖励生产的农业负担政策。**2月15日**，中共太岳区党委发出关于开展大规模生产运动的指示。要求在土地改革已经完成的地区，党政军民各级要拿出90%的力量组织和领导生产，在全区开展更大规模的生产运动。**2月19日**，太岳区武委总会通令嘉奖1946年杀敌有功的民兵英雄、民兵战斗队和模范县区武委会。**2月22日**，沁县5万翻身农民集会庆祝土地还家，并在城内十字路口竖起了"翻身纪念碑"。**2月28日**，济源县总结土地改革的经验，以杜八联一手拿枪、一手分田的光辉范例教育干部。**本月**，太岳四纵队举行英模代表会议。在会上表扬和奖励了500多位杀敌英雄和模范工作者。太岳军区十二旅也在阳城召开了首届贺功会。

3月1日，太岳行署文教处和太岳区文联发出号召，要求各地加强农村文化建设工作，开展写作上的立功运动。**3月7日**，太岳行署发放春耕贷款1.5亿元（冀钞），以解决群众购买耕牛、种子的困难。**3月11日**，《新华日报》（太岳版）发表题为《下好最后一盘棋》的社论。要求干部退出在土改中多得的翻身果实，圆满地实现耕者有其田。**3月13日**，中共中央指示太岳部队迅速向临汾以南的河津、风陵渡方向进攻，相机夺取晋南三角地带一切可能夺取的地方，大量歼敌有生力量，以配合陕北部队作战。**3月17日至4月7日**，太岳区举行医药卫生座谈会。会议确定医药工作者的任务是：使群众减少死亡，减少疾病，恢复力量，支援前线，争取爱国自卫战争的胜利。**3月19日**，平遥县侯郭村、道备村男女老少700余人涌入阎锡山的"治村"公所，解除村"自卫团"的武装，痛打了村长侯清怀和特派员、协理员及村连长、排长。**本月**，太岳区地方武装广泛开展游击战争，并且开展了杀敌竞赛。

4月1日，中共太岳区党委发出《关于对新收复区政策的指示》。要求在新收复区彻底摧毁蒋介石、阎锡山的反人民的统治机构，放手发动群众，保护城市工商业。**4月4日至5月12日**，陈赓和王新亭指挥太岳四纵队和太岳军区部队6个旅共5万余人发动晋南战役。在39天里歼敌22000余名，收复、解放县城25座及侯马、禹门口、风陵渡等据点多处，解放晋南300万人口的广大地区，控制了同蒲铁路南段460华里，将残匪压缩于运城、安邑和临汾三个孤立据点内。给进攻陕北的国民党胡宗南部队造成后顾之忧，直接配合了西北战场作战，奠定了我军向黄河以南转入战略进攻的基础。**4月5日**，《新华日报》（太岳版）报道，太岳区内地的土地改革除个别县份正在大力进行外，沁县、沁源、屯留、长子、高平、士敏、沁水、阳城、晋城、王屋、济源等11县已基本完成土地改革。约有50万农民获得了土地，消灭了地主和赤贫，80%以上的贫农上升为中农。**4月11日**，太岳行署发布动员干部群众踊跃参战，支持解放战争的重要命令。命令指出：凡政民干部和男女公民，均有直接参战和支援前线的义务，要求每个干部和公民发挥高度的自觉性，按时完成一切战勤任务。**4月28日**，太岳军区卫生部部长彭之久在晋南战役中光荣牺牲。**本月**，太岳各县组织52600多名民工和12000多名民兵参战，支援晋南战役。**本月**，太岳行署派杨少桥、姜时彦、宋克强率领太岳行政干校学员七八十人奔赴运城盐池，组织群众抢运池盐，运回池盐数百万斤，极大地解决了太岳军民的食盐困难。

5月4日，太岳区文化界座谈支援前线和为民立功的问题。参会者一致认为：文化工作者支援前线最好的办法之一，是深入写兵运动，会上决定成立“太岳区文化界支援前线委员会”。**5月15日**，太岳行署颁布动员民力办法。要求除村长、教员和荣誉军人，其余人员都要支差或交差米。以做到人人支差，个个参战。**5月18日**，太岳军区部队西向吕梁扩大战果，经过半个月的战斗，解放了乡宁、大宁和蒲县。**5月27日**，济源县杜八联开展紧张的夏收保卫战。从23日到本日的5天中，天天都有胜利，共毙伤俘敌27人，我无一伤亡。**5月29日**，中共太岳区党委、太岳行署发出防旱备荒的号召和指示。

6月4日，洪洞独立团在民兵的配合下，第二次解放洪洞县城，守敌弃城溃窜。**同日**，太岳军区二十三旅以奇袭手段攻占襄陵县城。**6月13日**，徐向前任晋冀鲁豫军区副司令员，负责指挥晋冀鲁豫边区内线部队作战。**6月18日**，中共太岳一地委召开腹心区各县生产会议。会议要求在生产运动中要继续解决土地改革中必须解决的问题，还要做到备战工作经常化，普遍整顿民兵，提高军事技术。**6月28日**，太岳行署发出整理村财政的指示。指示说：村财政在整个财政中占的比重很大，把村财政整理好了，就等于完成了财政任务的90%。因此，下半年要把整理村财政作为财政工作的中心任务。**6月30日**，太岳区武委总会召开评功会议，评选在杀敌立功运动中涌现出来的模范单位和有功人员。本月，中共太岳区党委决定成立支前司令部，以张天乙为司令员，金长庚为副司令员。

7月1日，中共太岳区党委在阳城召开“七一”纪念大会。大会号召全体共产党员向《新华日报》社马达工人魏培旺学习。指出他是机关立功运动中很好的典型和方向。**7月6日**，太岳四分区部队和民兵收复豫北的沁阳县城。两天后又收复孟县县城。**7月10日至8月13日**，太岳区首次召开县武委会主任会议。会议提出今后人民武装建设的任务是：在边地，进一步开展两位一体的游击战争；在老区，大力组织比较集中的远征轮战队；在新区，在土改的基础上大量发展民兵。**7月14日**，太岳军区部队在晋南展开反攻，首战收复夏县县城。**7月20日**，太岳军区通令嘉奖岳北地方武装进行的护粮战，中共太岳区党委、太岳军区、太岳武委总会通令嘉奖介休县民兵英雄张锡满等英雄人物。张锡满指挥的民兵远征队在一次战斗中就歼敌百余人。**7月21日至23日**，陈赓奉召赴陕北靖边县小河村参加中央前委扩大会议。**7月30日**，太岳第二军分区部队攻克半个月前被敌抢占的襄陵县城。此战创造了敌我损失0∶180的光辉战例。**本月**，为了适应反攻的新形势，更好地执行民兵远征的任务，太岳区对远征民兵实行统一编制和领导，全区远征民兵的总番号是“太岳人民野战军”。领导机关为“太岳人民野战军司令部”。野战军中有民兵近3万人。

8月1日，太岳军区部队编成二十二旅、二十三旅、二十四旅共三个旅，升编为晋冀鲁豫野战军第八纵队。此后，太岳军区的领导班子作了相应的调整。**同日**，太岳区武委总会号召全区13万民兵加紧练武，准备迎接大反攻。**8月7日**，中共太岳区党委发出关于堵塞地主阶级防空洞，贯彻土地改革的几个决定。**8月23日**，陈赓指挥陈谢集团强渡黄河，挺进豫西。太岳区的数千党政干部和万余支前民工也随军南下，太岳民兵也组织了20多个野战连队，参加了在豫西开辟革命根据地的斗争。**8月24日**，在垣曲军民的围困下，垣曲县城再获解放（该城曾于上年8月27日被敌侵占）。**同日**，太岳行署和太岳军区联合发出堵塞地主阶级防空洞的命令。其中规定“严禁党员干部与地主女人、女儿结婚”。**本月**，中共太岳区党委召开财经会议。此次会议确定了在战争环境中发展生产，搞好财经工作，保障在长期战争中军需供给的工作方针。

9月1日，中共太岳区党委宣传部嘉奖模范通讯作品。**9月6日**，太岳部队再克敌两日前侵占的临晋县城。几日后又收复解县县城。当时，在纵贯永济、临汾、平遥的千里战线上，太岳部队展开了广泛的出击，深入敌后拔除敌据点，歼敌近千人。**9月7日**，太岳武委总会发出紧急号召，要求边沿地区民兵急起武装保卫秋收，打击和歼灭敌人的一切征粮机构和征粮人员。**9月8日**，第八纵队二十四旅包围运城，并占领运城飞机场，其目的是阻止将运城之敌调往豫西。**9月11日**，第八纵队二十三旅出击临汾外围，毙敌副团长以下68人。**同日**，中共太岳区党委召开动员查阶级、查思想与堵塞地主阶级防空洞的全体党员大会。会后有的机关、学校组织了贫雇农小组等组织，查阶级、查思想，搞清洗，在社会上和机关学校中造成了暂时的混乱。**9月12日至14日**，中共太岳五地委在新安县窨头召开布置土地改革会议。由于会上提出了一些“左”的办法，故在此后的两个月内，新安、洛宁、宜阳等地一度发生了伤害中农和乱打乱杀的偏向。**9月17日**，太岳军区和太岳武委总会号召全区部队和民兵投入反攻战斗，开展军事政治攻势，配合前线部队大量歼灭敌人。**9月19日**，太岳各界万余人在阳城城内集会，庆祝人民解放军大举反攻暨欢送参军英雄大会。在大会上，阳城有1143名新战士宣誓入伍。**9月23日**，陈赓拨款300万元（冀钞），奖赏协助陈谢集团渡河的600多名水手。**本月**，在豫西新解放地区建立了中共太岳第五地委、太岳行署第五专署、太岳区第五军分区。太岳区的管辖范围扩大到了豫西。

10月2日至12月26日，太岳区党政军领导干部及地县以上领导干部共268人参加中共晋冀鲁豫中央局召开的全区土地会议（通称“冶陶会议”）。会议讨论了贯彻《中国土地法大纲》和整顿党组织的具体方法和步骤。但会议对于土地改革中已经出现的“左”的倾向注意不够，错误地处理了一些干部。**10月8日**，八纵队在王新亭的指挥下二打运城，在晋南地区作短期休整的西北野战军第二纵队亦奉命协同八纵队攻打运城之敌。已扫除运城的外围据点，但因胡宗南派重兵来援，于是八纵队和西北野战军第二纵队在10月15日撤离运城外围。**10月15日**，太岳行署颁布《太岳区处理俘虏顽伪政工人员的办法》。**本月**，中共太岳三地委错误地提出“不要怕侵犯中农利益，否则即是阶级立场观点问题”“贫雇农愿怎样干就怎样干”的口号，使闻喜县等一些地方一度发生贫雇农决定一切，严重侵犯中农利益与排斥中农的“左”倾错误。直到次年 1 月才根据上级指示进行纠偏。

11 月 1 日，《新华日报》（太岳版）报道：岳北地区掀起参军热潮。屯留、长子、安泽和平遥、介休 、灵石、霍县、赵城诸县的参军人数已达 10600 余人。**11 月 13 日**，岳北平遥、介休、灵石等县地方武装进行护粮作战，痛击到沁源抢粮的阎锡山军队，歼敌 200 余名。**11 月 17 日**，豫北济源县翻身农民踊跃报名参军。至本日，报名参军的人数已有 4200 多人。**11 月 21 日**，太岳区和吕梁区互派代表举行经济会议，讨论两区间货币、税收和物资交流等问题。双方于 12 月中旬达成贸易协议，从而为两区间的贸易往来打开了新的局面。**11 月 27 日**，中共太岳区党委号召各地大力开展冬季生产运动，并在冬季生产中贯彻贫雇路线。从此在生产中也发生了“左”的偏向。**11 月 28 日**，奉中央军委指示，陈谢集团主力东进，参加平汉路破袭作战。**本月**，中共太岳区党委社会部在公安系统介绍各地管制地主的错误办法，有的地方还发生了管制中农的错误。

12 月 9 日，《新华日报》（太岳版）报道：同蒲沿线各军分区地方武装护粮作战 20 天，仅岳北和临汾、运城地区即歼敌 500 余人。**12 月 17 日**，王新亭、王震指挥所部 4 万余人三打运城。**12 月 27 日**，围攻运城的部队向运城守敌发起总攻。激战 ·夜，运城宣告解放，歼敌 13000 余人。在运城战役中，太岳区有 75000 多名群众随军参战。**12 月 29 日**，《新华日报》（太岳版）报道：太岳全区在本年内先后有四万翻身农民参加人民解放军。**本月**，阎锡山在晋中各县统治区内进行“三自传训”。用乱棍打死或用其他杀人的办法逼迫群众承认是“伪装（共产党）”并“自白转生”。仅平遥县被乱棍打死或杀死者就有 700 余人。

本年，太岳区有 60 万民工踊跃支前。在支前群众中涌现出大批参战功臣。仅翼城、阳城、士敏、浮山、济源等县，就有参战功臣 670 余名。

1948 年

1 月 1 日，太岳区各界 5000 余人在阳城城内举行元旦团拜，并祝贺解放运城胜利大会。**1 月 11 日**，太岳行署发出布告：严禁粮食资敌，防止粮价暴涨。**1 月 12 日**，太岳行署发出布告：严禁地主富农转移财产。**1 月 15 日**，中共太岳区党委召开直属机关整党大会。此后，太岳全区各级干部都先后参加了为期三个月的整党运动。**1 月 19 日**，最后一批随同陈谢大军渡过黄河南征的太岳区民工胜利归来。在春节前，参战民工安抵家乡。**1 月 22 日**，中共太岳区党委、太岳行署、太岳军区发出通知：各机关、部队、团体一律不准占用农民的土地，过去种菜园及机关农业生产所占用者，立即退还原主。**1 月 26 日至 2 月 25 日**，八纵队营以上干部在翼城地区进行"三查（查阶级、查工作、查斗志）三整（整顿思想、整顿组织、整顿作风）为中心的整党和整军运动。在整党整军的同时，部队中开展了诉苦和三大民主（军事、政治、经济）运动。**1 月 29 日**，太岳行署发出严禁地主富农破坏土地改革的通告。**本月**，胡宗南集中 5 个旅再次进犯晋南，先后占领解县、运城、平陆、芮城、虞乡等 6 座县城。

2 月 8 日，太岳军区部队收复解县县城。**2 月 20 日**，徐向前率晋冀鲁豫军区前方指挥部进抵翼城。着手部署解放临汾的战役。**2 月 21 日**，太岳区机关生产清理委员会成立。其任务是清理机关生产单位的资产，并将其全部移交"大公家"经营。**2 月 25 日**，太岳行署发布命令，要求各专县立即通知各合作社及公营商店：地主富农存放的资财不许抽取。这些地主富农的资财由该单位清理登记，报告当地县农会及县政府，由县政府直接掌握。**2 月 29 日至 3 月 4 日**，太岳三分区部队收复黄河北岸重要渡口风陵渡、太阳渡和沙窝渡，歼敌 40 余名，余敌南逃。**本月**，中共太岳区党委在阳城岩山村进行划分阶级成分的试点工作。

3 月 4 日，晋冀鲁豫军区前方指挥部命令十三纵队在汾河以西击退进犯襄陵、汾城的阎锡山部队，适时占领襄陵、汾城，扫除临汾汾河以西的外围据点。**3 月 7 日**，徐向前指挥临汾前线部队发起临汾攻坚战。各部队进行拔除临汾外围据点的作战。**3 月 9 日**，《新华日报》（太岳版）报道：晋冀鲁豫边区政府拨给太岳区救济粮 50 万斤。这项救济粮主要用于以工代赈，救济灾荒。**3 月 15 日**，太岳行署发出安定群众春耕生产情绪的布告。**3 月 21 日**，八纵队第二十四旅长王墉在临汾战役中牺牲。**本月**，中共太岳区党委召开地委书记会议。会议决定纠正土改中的“左”倾偏向，要结合土改与整党，在党内进行查立场、查成分、查工作、查作风的“四查”运动。

4 月 5 日，陈谢集团再次解放洛阳[①]。**4 月 10 日**，太岳行署召开财政会议，历时一个月。会议经过讨论和研究，制定了今后财政工作的方针。会议决定照顾各阶层人民的生活，制定了新的负担办法。还决定整顿地方财政，严格禁止随便立个名目向老百姓乱要乱派的现象。**同日**，第八纵队的三个旅攻占临汾东关，守敌第六十六师大部被歼。**4 月 15 日至 6 月 1 日**，太岳行署召开战勤会议，历时一个半月。会议主要是研究如何兼顾前方作战和后方生产，做好战勤工作的问题。规定在战勤负担上要做到公平合理。**4 月 18 日**，太岳行署发布命令：除个别地区外，专县不得批准杀人。一切死刑只许执行枪决，不得使用其他任何方法。**4 月 21 日**，中共晋冀鲁豫中央局指示太岳区党委彻底纠正土改中的“左”倾偏向，正确执行中共中央的路线。**本月**，中共太岳区党委召开地委书记会议，研究彻底纠正“左”倾偏向问题。会后各地普遍召开村干部会议或举办村干部训练班，进行生产、纠偏和端正政策的教育，开始彻底纠正“左”倾错误。

5 月 2 日，临汾前线的“前指”发布总攻临汾的政治动员会。号召前线全体指战员动员起来，坚持最后五分钟，为最后攻克临汾而努力奋斗。**5 月 6 日**，太岳行署向各专员、县长发出消灭野荒，多种晚秋晚菜的指示。**5 月 9 日**，中共中央和中央军委决定将晋冀鲁豫边区和晋察冀边区合并为华北解放区。**5 月 15 日**，中共太岳区党委发出《关于贯彻执行中央局工商

---

① 本年 3 月 14 日，陈谢集团第一次解放洛阳。3 月 18 日国民党军队趁太岳兵团主力转移到洛阳以西休整的机会复占洛阳空城。

业政策的通知》,《通知》要求克服过去在群众运动中侵犯工商业的错误,必须重视工商业及城镇工作。**5月17日**,临汾破城坑道爆炸成功,解放军突入城内,临汾解放。此役历时72天,歼敌25000余人,活捉了阎锡山第六集团军副总司令梁培璜。**5月20日**,根据中共中央的决定,成立中共华北局、华北军区和晋察冀、晋冀鲁豫联合行政委员会。太岳区党政军领导机构改属上列机构领导。**5月27日**,《新华日报》(太岳版)报道:临汾解放后,民主市政府坚决执行党的城市政策,认真保护工商业。有的工厂已经复工,商店都在准备开门营业。学校也都准备复课。**5月30日**,太岳行署颁布干部行政纪律十条。这十条行政纪律是根据屯留县政府制定的《村干部十不准》修改制定的。**5月31日**,《新华日报》(太岳版)报道:在民主政府的帮助下,运城盐池已大批出盐,估计年产量可达4万斤。**本月**,太岳行署公布《农业负担试行办法》。

6月1日至21日,太岳行署在阳城召开中学教育工作会议。会议要求纠正对知识分子不敢使用的“左”倾错误。指出今后中学教育的总方针是:尽量教育争取全部青年学生为新民主主义革命事业服务,注意培养劳动人民出身的知识分子,团结改造一切旧知识分子和地主富农出身的学生,提高所有学生的政治觉悟和文化水平。**6月4日**,第八纵队召开临汾战役授奖典礼和庆功大会。第二十三旅荣获“临汾旅”称号。**6月9日**,在徐向前的指挥下,华北人民解放军发起晋中战役。**6月21日**,晋中战役首战告捷,八纵队和太岳军区部队在平遥曹村、桥头和介休大甫地区歼灭阎锡山的亲训师和亲训炮兵团。**6月24日**,太岳军区部队攻克介休县张兰镇。介休之敌逃走。**本月**,太岳第五军分区、五地委、五专署划归豫西军区、豫西区党委和豫西行署管辖。

7月1日,为了更有效地支援西北解放战争,根据中共中央的决定,太岳区将晋南的临汾、洪洞、平陆、稷山等19个县划归晋绥边区行政公署管辖。**7月7日**,太岳区各界群众6000人在阳城集会纪念“七七”,并沉痛悼念在临汾战役中牺牲的二十四旅长王墉和在解放战争中牺牲的十旅副旅长楚大明等先烈。**7月9日至8月4日**,太岳行署工商管理局召开各县局长会议。会议确定今后的工商工作是发展工业生产。会议还确定了各县发展工商业的重点。**7月11日**，平遥之敌不战自逃，平遥县城解放。**7月16日**，晋中前线部队全歼阎锡山第七集团军，在太谷县小常村活捉阎锡山的山西绥靖公署副主任、第七集团军总司令赵承绶以下将官14人。**7月18日**，晋中前线部队解放榆次县城，次日忻县县城被吕梁部队攻克，晋中战役胜利结束。在晋中战役中，歼灭阎锡山的军队75000人，解放县城14座。造成了围攻太原的有利形势。**本月**，太岳政民干校高师部和豫北中学合并成立太岳师范。

8月4日至30日，太岳区召开工商业者代表会议。会议检查了太岳区公营企业工作中存在的问题，并对私营工商业的发展问题进行了研究。**8月10日**，太岳军区奉命撤销。新成立了太岳警备司令部（由原武委总会改编）。**8月15日**，太岳军区部队升编为华北人民野战军第十五纵队。**同日**，平遥、介休划归新成立的晋中行署领导。**8月25日**，太岳行署指示各地开展秋季生产运动。要求各级政府要保证完成秋季生产任务，为明年开展大生产运动创造必要条件。**本月**，太岳区除边沿区的个别地区外，全区的土地改革已经基本完成。

9月2日至19日，中共太岳区党委在阳城召开区分委书记以上扩大干部会议。会议确定今冬明春的主要工作是整党、结束土改和“纠偏”工作。**9月20日至24日**，华北人民政府委员会举行会议，会议选举了政府主席、副主席和各部、院、会的领导成员。

10月1日，华北人民政府开始正式办公。此后，太岳行署归属华北人民政府领导。**10月4日**，中共太岳区党委发出《关于克服党内无纪律状态和无政府状态的决定》。要求各级领导机关在10月至12月普遍进行一次无纪律无政府状态的检查。**10月6日**，为贯彻华北教育会议精神，实现中小教育正规教育，太岳行署召开教育工作会议。会议要求中小学必须建立正规学制，克服把学校变成生产队和工作队的偏向。**10月10日**，太岳行署发出布告，宣布全区土地改革业已完成，工作重点应由土改转向生产建设。今年秋后，全区以户为单位由县政府审核，颁发土地证确定地权。**10**

月20日，太岳区党政军直属机关文化补习班开学。补习班先设政治、国语、算术三科，由行署教育处长崔斗辰担任班主任。**本月**，太岳区第一批初步整党试点村开始整党。

11月3日，中共太岳区党委在阳城召开地委书记和政府党组书记会议。会议制订了明年的生产计划，对农业、副业和工业的发展提出了具体要求。**11月13日**，《新华日报》（太岳版）报道，本年全区大部分地区农业丰收，增产粮食60多万石。**11月29日**，《新华日报》（太岳版）发文介绍岳北整顿合作社的经验。当时，岳北的合作社已发展到703个。它在组织群众生产、给群众解决困难方面起了很大的作用。**本月**，中共太岳区党委书记顾大川就结束土改的问题作出指示。指出在结束土改时应解决好团结中农的问题，要解决好农民内部问题，达到农民内部团结。其次，也要解决好地主富农的生产和生活安置的问题。

12月1日，原太岳行署改称华北人民政府太岳行政公署。**12月11日**，《新华日报》（太岳版）报道：为开展大生产运动，华北银行太岳区行发放生产贷款47亿元，帮助农民购置农具、牲畜和增加煤铁生产。**12月21日**，《新华日报》（太岳版）报道，太岳行政公署为减轻人民负担，决定减缩地方粮征收比例与地方开支，指示各县应切实执行这个决定。**12月29日**，太岳区在阳城召开学生代表大会，历时5天，成立了太岳区学生联合会。**12月31日**，太岳警备司令部奉命改称太岳军区。

1949年

1月1日，太岳区党政军各直属部位与各界群众3000余人在阳城举行新年团拜、欢庆胜利大会，党政军负责同志顾大川、牛佩琮在讲话中号召党员干部与非党员干部在全国即将胜利的形势下，都要加紧学习，提高自己的理论水平、政治水平和工作能力，准备担负更艰巨的任务。**1月4日**，中共太岳区党委召开青年工作会议，会议选举产生了太岳区新民主主义青年团筹委会。**1月20日**，中共太岳区党委召开直属机关干部学习动员大会。区党委书记顾大川在讲话中指出：为迎接全国革命胜利，必须加强学习。

不但要学会管理农村，还要学会管理城市；不但要学会领导农业，还要学会领导工业。当前，首先要加强理论学习，学习方法应以自学为主，讲解为辅。**1 月 25 日**，太岳军区发出训令，指示各地民兵建立经常保管和擦拭武器的制度。**本月**，中共太岳区党委决定，在结束土改中，区以上干部多占的果实必须立即全部退出。

2 月 1 日至 14 日，太岳区在阳城召开首届妇女代表大会。代表大会经过选举成立了太岳区妇女联合会。**2 月 2 日**，太岳各界和阳城群众两万余人在阳城烈士陵园举行庆祝（北）平（天）津解放大会。**2 月 11 日**，《新华日报》（太岳版）报道，太岳行署制定了《1949 年全区水利建设计划》（草案），要求各地根据具体情况进行各种水利建设。**2 月 25 日**，《新华日报》（太岳版）发文介绍本区第一批初步整党试点村的经验。指出在整党中必须坚持教育为主，组织处理为辅的方针。**本月**，华北人民政府移驻北平。

3 月 3 日至 9 日，太岳区青年团筹委会召开第二次会议。会议检查了各地的建团工作，选举产生了本区出席华北青年团第一次代表大会的代表。**3 月 10 日**，太岳区举行青年临时代表会议，会议决定成立太岳区青年联合会筹委会。**3 月 11 日**，太岳区南下福建工作的部分干部从阳城出发到长治集中，准备奔赴新的战斗岗位。此次从太岳区抽调的各级南下干部有 1700 余人。**3 月 23 日**，太岳行政公署指示各专县抓紧季节，组织群众植树造林。**3 月 28 日**，中共太岳区党委发出《关于春耕生产的指示》。要求在土改整党已经结束的地区，加紧进行春耕生产，要求四月底以前全区转入大生产。**本月**，阎锡山借口商谈“党国大事”，只身从太原飞往南京。

4 月 6 日至 11 日，太岳区在阳城举行职工代表大会。会议改选了太岳区职工总会的领导机构，选举产生了出席华北职工代表会议的代表。**4 月 7 日**，太岳行政公署发出开展大生产运动的号召，要求各地保证当年的粮食等农产品增收一成。**4 月 10 日**，太岳军区号召全体民兵积极参加春耕生产，各县武委会及全体民兵都要制订出自己的生产计划。**4 月 16 日**，中共太岳一地委指示各县：不论已完成或未完成土地改革的地区，均应以领导生产为中心，应立即动员起来，人人为增产一成农产品而努力。**4 月 24 日**，山西省会太原解放。**本月**，太岳区第二批整党工作初步结束。至此，全区完成了 1905 个行政村的整党工作。占全区农村总数的 72.3%。

5 月 1 日，太岳区各界 1 万余人在阳城集会纪念“五一”国际劳动节，并庆祝解放太原、南京的伟大胜利。**5 月 4 日**，太岳区各直属单位和太岳师范等单位的青年、学生 5000 余人集会纪念“五四”运动 30 周年。**5 月 13 日至 14 日**，岳北各县普遍发生前所未有的大冻灾和雹灾。**5 月 17 日**，太岳行政公署发出指示，要求发生冻灾地区的各级领导机关要动员和组织群众救灾抢种，生产备荒。**本月**，中共太岳区党委召开县委书记、县长联席会议，研究和布置农村党支部工作的方针和任务。

6 月 12 日，中共太岳区党委发出《关于各县普遍建立新民主主义青年团的通知》。要求未建团的各县和各机关、工厂、学校都要有重点地开始建团。已建团的各县应普遍建立团县委、团区委。**6 月 19 日**，太岳行政公署指示各地要加强对夏季生产的领导。**6 月 23 日**，太岳军区、太岳行政公署公安处发出《关于治安工作的联合指示》。**本月**，新政协筹委会在北平召开首次会议。太岳区劳动模范石振明出席了这次会议。

7 月 1 日，太岳区各界干部群众隆重集会纪念中国共产党诞生 28 周年。**7 月 7 日**，太岳军区发出《关于整顿人民武装工作的指示》。**同日**，太岳区各界及阳城群众万余人举行“七七”抗日战争 12 周年暨烈士亭落成纪念大会。**本月，**山西省人民政府筹备处在太原成立。

8 月 10 日，太岳行政公署发出《关于秋季农业生产的指示》，要求各地必须立即动手，一面准备种麦，一面准备秋收。并在土地上冻前大力动员群众积肥、沤肥、搞好副业生产。**8 月 19 日**，中共山西省委、山西省人民政府、山西省军区在太原宣布成立。定于 9 月 1 日开始办公。**8 月 20 日**，太岳行政公署发布命令，定于本月 22 日停止办公。所属各专署同时撤销，所属各县除济源、孟县划归平原省新乡专区管辖外，其余各县分别划归山西省所属各专区管辖。**8 月 23 日**，太岳区党、政、军领导机关与阳城各界群众举行临别联欢，并庆祝山西全省统一领导机构的成立。太岳区至此完成了它的历史使命。

太岳革命根据地领导机构的沿革*

阎文彬　宋荐戈　卢海明

抗日战争爆发后，中国共产党领导的八路军和山西新军（决死一、三纵队），依托山西省中、南部和河南省北部的太岳山脉、中条山脉、王屋山脉，于1937年冬季开始创建晋冀豫抗日根据地。其中以沁县为中心的山西省第三行政区白晋路以西地区主要是牺盟会、决死一纵队活动的区域。在这个地区，1937年冬建立了中共太岳工委（后称太岳特委、太岳地委、太岳区党委），因此这个地区习惯上就称为太岳区。直至1949年8月太岳区撤销，前后历时12年。

早期的太岳区和晋豫区地处同蒲铁路以东，白（圭）晋（城）公路以西和黄河以北之间的三角形地区，并以曲（沃）高（平）公路为界，北属太岳区，南为晋豫区的活动范围。十二月事变后，太岳区退回临（汾）屯（留）公路以北。临屯公路以南成为国民党军队的驻防区。岳南的党组织处于地下状态。中共晋豫区党委不久转移到太南，一度与中共太南区党委合并。1941年中条山战役后，中共晋豫区党委随太岳南进支队南下，开辟了岳南区，重建了晋豫区。

1942年10月，中共中央决定太岳区和晋豫区合并为统一的太岳革命根据地，1943年3月完成了合并工作。此时太岳区管辖的地区由岳北扩张到岳南和中条，分为四个专区。1947年陈谢集团渡过黄河后，豫西新解放

* 原载《山西党史通讯》1984年第4期，后收入《中共党史资料》第十五辑，中共党史资料出版社1985年版。

的一些县份曾一度归属太岳区，新设了第五专署（五地委、第五军分区）。当时，太岳区所管辖的范围发展到包括同蒲铁路以东以南，白晋路以西，豫西之洛宁以北地区，管辖 47 个县市。后来随着革命形势的发展，太岳区的许多县份划属其他行政区。至太岳区撤销时，只管辖 17 个县份。

这期间，太岳区领导机构变动频繁。现在根据档案资料和一些老同志的回忆，经过初步核实，概述如下：

一、共产党组织领导机构的沿革

（一）太岳区初创时期党的领导机构

中共冀豫晋省委：1937 年 10 月，根据中共北方局的指示，以原中共平汉线省委为基础，建立中共冀豫晋省委（对外称八路军一二九师编辑部）。1938 年 8 月改称中共晋冀豫区委。主要负责人是：

书　记　　李菁玉（后李雪峰）
组织部长　李雪峰（后何英才）
宣传部长　徐子荣
统战部长　安子文（后增）

中共太岳工委：1937 年 11 月，中共北方局组织部长彭真指派安子文在沁县组建中共太岳工委（对外称八路军联络处），由安子文担任工委书记。工委的主要干部有史健（秘书长）、杨森、文俊和刘竞雄等人。属中共冀豫晋省委领导。1938 年 2 月，中共晋豫省委决定，在沁县设立省委办事处，以安子文为办事处主任。省委办事处和太岳工委是一个机构，两块牌子。

中共太岳特委：1938 年 5 月，中共北方局和冀豫晋省委决定，以中共太岳工委为基础筹建中共太岳特委。同年 7 月中共太岳特委正式成立。主要负责人是：

特委书记　安子文（安子文此时兼任中共冀豫晋省委统战部部长）
副 书 记　王一新
秘 书 长　史健（后石平，即宋洁涵）
组织部长　傅贯一
宣传部长　魏晓云

军事部长　　钟　洲

民运部长　　杨　森

中共太岳地委：1939 年 2 月，根据中共六届六中全会关于特委一律改称地委的决定，中共太岳特委改为中共太岳地委。主要负责人是：

地委书记　　安子文（王一新一度担任书记）

副书记　　王一新

秘书长　　郝可铭

组织部长　　傅贯一

宣传部长　　魏晓云

军事部长　　钟　洲

民运部长　　王　旭（王新三）

中共晋东南军政委员会：1939 年 10 月，日军打通白（圭）晋（城）路之后，中共北方局为了加强对白晋路西工作的统一领导，决定成立晋东南军政委员会。统一领导山西三、五行政区和决死一、三纵队的工作。晋东南军政委员会的负责人是：

书　　记　　薄一波（化名郑重）

中共太岳军政委员会：1940 年 1 月，太岳军政委员会成立。它是太岳区结合党政军民四位一体的党的领导机关。该委员会于 1942 年 1 月改称军政党委员会。1942 年下半年改称党政军委员会。主要负责人是：

书　　记　　薄一波（化名郑重）

成　　员　　陈　赓

安子文

王新亭

毕占云

中共太岳区党委：1940 年 1 月，根据中共北方局的决定，以中共太岳地委为基础，成立中共太岳区党委。直属中共北方局领导。在中共太岳区党委之下设三个地委。1941 年 8 月开辟岳南后，在岳南成立中共太岳四地委。区党委和各地委的主要负责人是：

区党委书记　　安子文

组织部长　　王一新（后薛迅）

宣 传 部 长　　顾大川
武 装 部 长　　毕占云
秘　书　长　　陈　星
农 委 书 记　　邹　桐（后郝茂德、卫恒）
青 委 书 记　　张　刚（后栗西木）
青委副书记　　史怀璧
妇 委 书 记　　顾大川（后薛迅）
妇委副书记　　杨啸宇（后王竟成）
工 委 书 记　　王连生
一地委书记　　任志远（后刘植岩、高扬文）
二地委书记　　史　健
三地委书记　　王　旭（王新三）
四地委书记　　韩　柏（焦善民）

（二）晋豫区初创时期党的领导机构

中共直鲁豫边省工委：1937年9月，在中共北方局军委书记朱瑞的领导下，中共直鲁豫边省工委在河南焦作成立，对外称“第十八集团军驻第一战区司令部联络处训练部”。主要负责人是：

工 委 书 记　　张萃中（后王卓如）
组 织 部 长　　聂　真
宣 传 部 长　　王卓如
青年妇女部长　　薛　迅

中共豫北特委：中共直鲁豫边省工委所辖特委之一。原属中共河南省委领导，后改属中共直鲁豫边省工委。主要负责人是：

特 委 书 记　　聂　真（兼，后王新波）
组 织 部 长　　王新波
宣 传 部 长　　程明升
军 事 部 长　　方升普
青年妇女部长　　朱　凝

中共晋城中心县委：1937 年 10 月下旬，中共山西省工委派刘尚之到晋城组建中共晋城中心县委。主要负责人是：

中心县委书记　　刘尚之

中共河东工委：1937 年 9 月，根据中共山西省工委的决定成立中共河东工委。主要负责人是：

工 委 书 记　　阎子祥

组 织 部 长　　李绍伯（即李友社）

宣 传 部 长　　李哲人

中共河东特委：1938 年 1 月，根据中共北方局的决定，撤销中共河东工委，分别成立中共河东特委中共曲沃特委。其中，中共河东特委的主要负责人是：

特 委 书 记　　阎子祥

组 织 部 长　　温建平

宣 传 部 长　　李绍伯（李友社）

特 委 委 员　　关中亭

　　　　　　　　薛　涛

中共曲沃特委：1938 年 1 月，根据中共北方局的决定，撤销中共河东工委后分设中共河东特委和曲沃特委。其中，中共曲沃特委的主要负责人是：

特 委 书 记　　李哲人

组 织 部 长　　李撷伯

宣 传 部 长　　武　光

中共长治特委：1937 年 12 月，中共冀豫晋省委决定成立中共长治特委，也称中共晋豫特委。1938 年 4 月改称晋东南特委。同年 7 月又改称中共太南特委。主要负责人是：

特 委 书 记　　裴孟飞

中共晋豫特委：1938 年 3 月，中共直鲁豫边省工委在阳城县横河镇召开扩大会议。朱瑞代表中共北方局决定撤销中共直鲁豫边省工委、豫北特委、河东特委、曲沃特委。同年4月正式成立中共晋豫特委。受中共冀豫晋省委领导。主要负责人是：

特委书记　　聂　真

组织部长　　薛　迅

宣传部长　　李哲人（后调离）

军事部长　　敖纪民（高锦明）

特委委员　　贾寄尘（嘉康杰）

温建平

方升普

阎子祥

唐天际

1938年6月，中共晋豫特委陆续接受和恢复了下列中心县委，并对其进行领导：

沁阳中心县委：

书　记　　王毅之

晋城中心县委：

书　记　　赖若愚

翼城中心县委：

书　记　　吴云夫

夏县中心县委：

书　记　　席荆山

阳城直属县委：

书　记　　刘　刚

中共晋豫地委：1939年2月，根据中共六届六中全会的决定，中共晋豫特委改称中共晋豫地委。同年6月，中共晋豫地区第一次党代表大会在阳城召开，代表大会选举产生了新的中共晋豫区地方委员会。主要负责人是：

地委书记　　聂　真

组 织 部 长　　薛　迅

宣 传 部 长　　李哲人（后调离）

军 事 部 长　　敖纪民（高锦明）

中共中条地委：1939 年 10 月，中共晋冀豫区委决定：为加强对中条地区的领导，将原属中共晋豫地委领导的中条山地区各县划归中共中条地委领导。中条地委机关驻平陆县龙潭沟。中共中条地委的主要负责人是：

地 委 书 记　　李哲人

组 织 部 长　　薛　滔

宣 传 部 长　　吴云夫

中共太南区党委：为了适应“十二月事变”后的形势，根据中共北方局的决定，1940 年 1 月将中共太南地委改称中共太南区党委。主要负责人是：

区党委书记　　张　玺

组 织 部 长　　王孝慈

宣 传 部 长　　裴孟飞

中共晋豫区党委：1940 年 1 月，中共北方局决定，将中共晋豫地委改称中共晋豫区党委。由中共北方局直接领导。主要负责人是：

区党委书记　　聂　真

组 织 部 长　　聂　真（兼）

宣 传 部 长　　魏晓云

中共晋豫区党委：1940 年 3 月，朱德与国民党第一战区司令长官卫立煌达成协定，以临（汾）屯（留）公路和长治、平顺、磁县一线为分界线，路南为国民党军队驻扎区，路北为八路军、决死队驻扎区。此后，根据中共北方局的决定，中共晋豫区党委迁驻太南区平顺县境内。中共晋豫区党委与中共太南区党委在平顺县合并为中共晋豫区党委，属中共北方局领导。中共晋豫区党委下辖太南地委和 6 个秘密地委。1941 年 4 月秘密五地委撤销，另成立条东、条西两个地委。中共晋豫区党委和各地委的主要负责人是：

区党委书记　聂　真
组织部长　王孝慈
宣传部长　张　晔（后李哲人）
秘书长　李　超
太南地委书记　王孝慈
副书记　史向生
秘密一地委书记　刘乐山
副书记　刘　刚
秘密二地委书记　米光华
秘密三地委书记　王一飞
秘密四地委书记　王毅之
条东地委书记　杨维屏
条西地委书记　柴泽民

中共晋豫区党委：1941 年 7 月初，中共晋豫区党委将所辖太行南端，白晋路以东，平汉路以西地区党的工作移交中共晋冀豫区党委。同年 8 月中旬，中共晋豫区党委机关到达沁源县阎寨村（太岳军区驻地），旋即组成太岳南进支队，以周希汉为司令员，聂真为政委，越过临屯公路赴岳南开辟工作。1942 年 2 月太岳南进支队又在王新亭和聂真的率领下，分两路重返晋豫区，重建中共晋豫区党委。中共晋豫区党委下辖 3 个公开地委和 1 个秘密地委。这时，中共晋豫区党委和各地委的主要负责人是：

区党委书记　聂　真
组织部长　聂　真（兼）
宣传部长　李哲人
一地委书记　王毅之
副书记　席国光
二地委书记　杨维屏
三地委书记　李　超

条西地委书记　　　柴泽民

（三）太岳、晋豫两区合并后的中共太岳区党委

中共太岳区党委：1942 年 10 月，中共中央决定中共太岳区党委和中共晋豫区党委合并，合并后仍称中共太岳区党委。两区合并工作于 1943 年 3 月完成。中共太岳区党委属新成立的中共太行分局领导。中共太行分局于 1943 年 8 月撤销后，中共太岳区党委归中共北方局领导，下辖 5 个地委。区党委和各地委的主要负责人是：

区党委书记　　　薄一波
副　书　记　　　聂　真
组织部长　　　薛　迅
副　部　长　　　郭钦安
宣传部长　　　顾大川
副　部　长　　　赵守攻
武装部长　　　王新亭（后曹普）
秘　书　长　　　王利宾
工委书记　　　王连生
青委书记　　　栗西木
妇委书记　　　薛　迅
妇委副书记　　　干玉梅
一地委书记　　　顾大川
副　书　记　　　刘植岩
二地委书记　　　薛　迅
副　书　记　　　席国光
三地委书记　　　刘聚奎（后刘尚之）
副　书　记　　　王　旭（王新三）
四地委书记　　　李哲人
副　书　记　　　王毅之（后杨维屏）
五地委书记　　　柴泽民（只能进行秘密活动）
副　书　记　　　席荆山

中共太岳区党委：1943 年 8 月，薄一波回延安参加党的七大和整风后，区党委的领导成员有了新的调整。中共太岳区党委改属中共北方局领导。区党委的主要负责人是：

书　　记　　薄一波
代理书记　　聂　真
副 书 记　　王鹤峰（1944 年 4 月担任）
秘 书 长　　王利宾（后卫恒）
组织部长　　王鹤峰（后郭钦安）
副 部 长　　郭钦安（1943 年 9 月—1945 年 4 月主持部务）
宣传部长　　聂　真（兼，后裴孟飞）
副 部 长　　赵守攻
武装部长　　曹　普（1944 年 2 月担任）
城工部长　　李哲人（兼，1945 年春担任）
经济总局局长　　赵守攻（1944 年冬担任）
工委书记　　王连生
青委书记　　栗西木
妇委书记　　薛　迅
妇委副书记　　干玉梅

中共太岳区党委：抗日战争胜利后，中共太岳区党委改属中共晋冀鲁豫中央局领导。聂真担任了中共太岳区党委书记。聂真 1946 年 1 月调离。同时，撤销了二地委，将三地委改称二地委，五地委改称三地委。在陈谢集团开辟的豫西地区成立了新五地委。这时，中共太岳区党委和各地委的主要负责人是：

区党委书记　　王鹤峰
副 书 记　　裴孟飞
组织部长　　郭钦安
宣传部长　　李哲人
社会部长　　裴孟飞（兼，后程国梁）

副　部　长　　阎定础
民运部长　　顾大川
经济部长　　裴丽生
武装部长　　曹　普
秘　书　长　　卫　恒
一地委书记　　刘植岩
副　书　记　　刘开基
二地委书记　　刘尚之
副　书　记　　吴云夫
三地委书记　　柴泽民
副　书　记　　李志民
四地委书记　　薛　迅
副　书　记　　王毅之
五地委书记　　刘道安（后杨维屏）

中共太岳区党委：1948 年 5 月中共华北局成立后，太岳区党委改属中共华北局领导。这时，区党委和各地委的主要负责人是：

区党委书记　　王鹤峰（后顾大川）
副　书　记　　顾大川
组织部长　　郭钦安
宣传部长　　卫　恒
社会部长　　阎定础
秘　书　长　　王　炯
一地委书记　　刘开基
二地委书记　　刘尚之
三地委书记　　王毅之

二、行政领导机构的沿革

（一）太岳区初创时期的行政领导机构

1937 年 10 月，面对日军的进犯，阎锡山为了维持其在山西的统治，将全省 105 个县划分为 7 个行政区，每个行政区设一行政主任公署，代行省政府的职权。次年 2 月增设为 8 个行政区，并把各行政区的行政主任公署改称行政督察专员公署，行政主任改称行政督察专员。其中：

第三行政区行政主任公署：

主　　任　　薄一波

第三行政区行政督察专员公署：

专　　员　　薄一波

秘书主任　　刘季荪

第五行政区行政督察专员公署：

专　　员　　戎伍胜（戎子和）

秘书主任　　杨献珍

第六行政区行政督察专员公署：

专　　员　　张文昂

秘书主任　　张衡宇（后杨献珍）

第三行政督察专员公署驻沁县，第五行政督察专员公署驻长治，第六行政督察专员公署驻临汾。太岳区最初是在合并第三行政区、第五行政区、第六行政区所属的一些县份的基础上建立的。

六专署河东办事处：日军打通同蒲路后，1938 年 3 月，六专署在汾西县暖泉头村设立（汾）河东办事处。领导灵石、霍县、洪洞、赵城、临汾五县汾河以东地区的抗日工作。不久，六专署河东办事处迁驻赵城县苑川村。同年 7 月又移驻赵城县石门峪村。主要负责人是：

主　　任　　裴丽生

政务科长　　杨振亚

民政科长　　张明道

建设科长　　王志舜

武装科长　　张志强

三专署路西办事处：十二月事变后，六专署河东办事处移驻沁源县北园村。1940 年 1 月以六专署河东办事处与牺盟上党中心区（白晋）路西办事处的干部为基础，在沁源县孔家坡村成立三专署路西办事处，领导太岳各县的政权工作。1940 年 8 月冀南、太行、太岳行政联合办事处成立后，三专署路西办事处属冀太联办领导。主要负责人是：

办事处主任　　裴丽生

秘 书 主 任　　时逸之

太岳专署（三专署）：1941 年 2 月，三专署由太行区移驻太岳区的腹地沁源县赵寨村。三专署路西办事处结束工作。三专署通称太岳专署，是太岳区最高行政领导机构。主要负责人是：

专　　员　　薄一波

副 专 员　　裴丽生

秘 书 长　　时逸之

副秘书长　　刘季荪

民政科长　　张天乙

财政科长　　李向甫

教育科长　　杨振亚

武装科长　　张　烈

司法科长　　刘元章

粮食科长　　侯文泉

建设科长　　王志舜

公安局长　　雷绍典

太岳行署：1941 年 9 月，晋冀鲁豫边区政府成立。为了打破敌人的封锁，决定撤销太岳专署，成立太岳行署。太岳行署仍驻沁源县赵寨村（1942 年 12 月迁驻安泽县碱土院村）。太岳行署的主要负责人是：

行署主任　　牛佩琮

副 主 任　　裴丽生

秘　书　处　长　　周义中

民　政　处　长　　张天乙（后张明道）

财　政　处　长　　裴丽生（兼）

教　育　处　长　　崔斗辰

建　设　处　长　　程谷梁

司 法 处 秘 书　　刘　来

公　安　处　长　　雷绍典（一说为副处长）

贸　易　局　长　　刘季荪

税　务　局　长　　李友三

邮　政　局　长　　梁鸿斋

冀南银行行长　　李绍禹

太岳行署最初设3个专署。开辟岳南后于1941年10月设太岳行署岳南办事处，同年11月27日，撤销岳南办事处后成立晋冀鲁豫边区二十三专署。各专署的主要负责人是：

七 专 署 专 员　　史怀璧

八 专 署 专 员　　杨少桥

九 专 署 专 员　　杨振亚

二十三专署专员　　时逸之

（二）豫晋边区人民抗日行政联合办事处的建立

抗日战争初期，晋豫区各县政权分属山西省第五、六、七行政区和河南省。当时的晋豫区只有共产党的领导机构，没有全区统一的政权机构。十二月事变后，这个地区全部沦为国民党军队的驻防区。中条山战役后，太岳支队南下重建了晋豫区。建立了晋豫区的行政机构。

豫晋边区人民抗日行政联合办事处：1942年4月，在阳城县横河镇成立（简称豫晋联办）。这是晋豫地区的最高行政机关，受晋冀鲁豫边区政府领导。主要负责人是：

主　　　　任　　郭清文

副　　主　　任　　刘裕民（后增补）

　　　　　　　　刘北斗（后增补）

秘 书 主 任　　王唐文
行 政 处 长　　席松涛
财 粮 处 长　　刘孝民
司 法 处 长　　段松林
教 育 处 长　　区鉴三（后达慎斋）

其后，在晋豫联办第二次行政会议上通过设立3个专署。各专署的主要负责人是：

一专署专员　　席松涛
二专署专员　　刘北斗
三专署专员　　刘裕民

当时，条西地区只设党的地委，没有设置行政机构。

（三）太岳、晋豫两区合并后的行政领导机关

太岳行署：1942年10月，中共中央决定太岳区和晋豫区合并，次年3月完成合并工作。两区合并后政权系统的领导机构仍称太岳行署。驻地初在安泽县碱土院村。1944年9月迁驻士敏县郑庄。太岳行署的主要负责人是：

行 署 主 任　　牛佩琮
副　主　任　　裴丽生
秘 书 处 长　　邢宇衡
民 政 处 长　　时逸之
财 政 处 长　　纪锦章
教 育 处 长　　崔斗辰
公 安 局 长　　宋　烈
经济总局局长　　赵守攻（1944年冬担任）
经济总局副局长　　程谷梁（1944年冬担任）
邮政交通局长　　梁鸿斋

太岳行署之下，将岳北的3个小专署合并为一专署，岳南沁河以东地区设二专署，沁河以西地区设三专署，四专署由原晋豫联办组成。1944年

8 月在条西地区新建了五专署。各专署的负责人是：

一专署专员　　周义中
副专员　　高芸生
二专署专员　　魏　健
三专署专员　　时逸之
四专署专员　　郭清文
副专员　　刘裕民
五专署专员　　金长庚
副专员　　张呼晨

太岳行署：抗日战争胜利后，太岳行署迁驻阳城城内，主要负责人是：

行署主任　　牛佩琮
副主任　　裴丽生
秘书处长　　卫逢祺
民政处长　　时逸之
财政处长　　纪锦章
文教处长　　崔斗辰
司法处副处长　　刘　来
公安局长　　宋　烈（后程国梁）
公安局副局长　　阎定础（后张德含）
邮政交通局长　　梁鸿斋
税务局长　　任善征

抗日战争胜利后，根据中共晋冀鲁豫中央局峰峰会议的精神，太岳行署将原设的二专署撤销，将三专署改称二专署，五专署改称三专署。四专署未变动。当 1947 年陈谢集团过黄河开辟豫西解放区后，在豫西建立了五专署。此时各专署的主要负责人是：

一专署专员　　郭述尧
二专署专员　　史怀璧

三专署专员　　金长庚

四专署专员　　郭清文

五专署专员　　贺崇升

太岳行署：1948年6月，晋冀鲁豫边区和晋察冀边区合并，成立两区联合行政委员会。此时，太岳行署受两区联合行政委员会领导。太岳行署的主要负责人是：

行署主任　　牛佩琮

副主任　　裴丽生

秘书处长　　卫逢祺

建设处长　　张天乙

文教处长　　崔斗辰

财政处长　　纪锦章

工商处长　　马　健

公安局长　　阎定础

邮政局长　　梁鸿斋

副局长　　董子平

税务局长　　纪锦章（兼）

银行行长　　张茂甫

副行长　　李绍禹

贸易公司经理　　韩佩琪

副经理　　宋克强

实业公司经理　　姬得民

副经理　　席　彬

太岳行政公署：1948年9月华北人民政府成立后，同年12月命令将太岳行署改称华北人民政府太岳行政公署，由华北人民政府领导。太岳行政公署的主要负责人是：

行署主任　　牛佩琮

秘书处长　　卫逢祺

民 政 处 长　　时逸之

教 育 处 长　　崔斗辰

财 政 处 长　　纪锦章

工 商 处 长　　严亦峻

公 安 处 长　　阎定础

交 通 处 长　　梁鸿斋

农业处秘书　　王志舜

法 院 秘 书　　刘　来

邮 电 局 长　　董子平

税 务 局 长　　纪锦章（兼）

银 行 行 长　　张茂甫

副　行　长　　李绍禹

贸易公司副经理　宋克强

实业公司经理　　姬得民

副　经　理　　席　彬

此时，由于豫西地区的五专区划归豫西行署管辖，太岳区晋南的19个县划归晋绥边区，晋中的两个县划归晋中区，故太岳区管辖范围缩小，行署之下设3个专署。各专署的负责人是：

一专署专员　　郭述尧

二专署专员　　张天乙

三专署专员　　刘裕民

三、军事系统领导机构的沿革

（一）太岳区初创时期的军事机构

山西青年抗敌决死队： 1937年8月1日，山西青年抗敌决死队（简称决死队）在太原成立。这是创建山西新军的肇始。决死队的主要负责人是：

政　　委　　薄一波

总 队 长　　杜春沂（后徐积璋）。此二人都是旧军官

政治主任　　牛佩琮

决死一总队下辖3个大队，共1500人。3个大队的主要负责人是：

一大队队长　　吕尧卿（旧军官，后加入中国共产党）

政治指导员　　廖鲁言

游击教官　　苏　鲁

二大队队长　　郭季方（旧军官）

政治指导员　　周仲英

游击教官　　黄振荣

三大队队长　　杜魁文（旧军官）

政治指导员　　王鹤峰

游击教官　　陈玉堂

另有30多名女战士编为一个排，由总队政治部直接领导。政治指导员为纪毓秀。

决死队第一纵队：决死队在太原成立不久，决死二总队、三总队相继成立。于是，在太原成立的决死队改称决死一总队。并于同年9月开赴五台山地区。后薄一波根据八路军朱德总司令的指示，向阎锡山提出带领决死一总队开赴晋东南的建议。经阎锡山同意后，1937年10月29日，决死一总队进驻山西沁县。稍后，决死四总队进驻山西武乡。同年11月，决死一总队与决死四总队合编，在沁县仁胜村扩建为决死一纵队。主要负责人是：

政　　委　　薄一波

纵 队 长　　鲁应麟（旧军官）

参 谋 长　　梁述哉（旧军官）

政治主任　　牛佩琮

决死一纵队下辖3个总队，后又增设3个游击团。各总队和各游击团的主要负责人是：

一总队总队长　　台耀西（旧军官）

政 治 主 任　　周仲英（后刘有光）

二总队总队长　　贾毓芝（后潘云祥），两人都是旧军官

政 治 主 任　　梁膺庸（后傅雨田）

三总队总队长　　张寿华（旧军官）、李成芳（红军干部）

政 治 主 任　　王鹤峰

决死一纵队游击一团和游击二团、游击三团：1938 年 3 月，以决死一纵队游击大队和游击各区队为基础，吸收平遥等县的部分游击队成员，在沁县郭村组建游击一团。1938 年 4 月，决死一纵队又以武乡县游击大队等部队为基础组建游击二团。1938 年 5 月，决死一纵队又以上党牺盟游击队第一支队为基础组建游击三团。这三个团的主要负责人是：

游击一团团长　　白书棋

政 治 主 任　　张力之（后阎定础）

游击二团团长　　郑炎辉（郑军）

政 治 主 任　　邱吉甫（后宋匡澜、高德西）

游击三团团长　　李谊瑄（后叛变）

政 治 主 任　　卫逢祺

决死一纵队主要活动在太岳山北部地区。不久，八路军总部派毕占云到决死一纵队充任联络官。1937 年 12 月，八路军一二九师派遣宋任穷率领八路军工作团到达沁县，在第三行政区范围内进行扩军筹款、宣传抗日救国等工作。

三区保安司令部：1939 年初，第三行政区成立三区保安司令部。下辖保五团和保六团。三区保安司令部和保五团、保六团的主要负责人是：

保 安 司 令　　薄一波

保 安 副 司 令　　李一清

保安五团团长　　黎锡福

政 治 主 任　　郭寿征

保安六团团长　　姜殿富

政 治 主 任　　宋志新

第二十四团团长　　李志敏

政 治 主 任　　宋 涛

决死一纵队：十二月事变后，1940 年 6 月决死一纵队和进入太岳区的第二一三旅等新军部队在沁县合编。合编后仍称决死一纵队。主要负责人是：

纵 队 长　　薄一波

政　　委　　薄一波

副 纵 队 长　　牛佩琮（后李聚奎）

参 谋 长　　颜天明（后毕占云）

政治部主任　　王鹤峰（后周仲英）

政治部副主任　　周仲英（后傅玉田）

此时，决死一纵队下辖 5 个团。即：由游击一团与决死三总队合编的二十五团；由游击二团与决死一总队合编的三十八团；由保安五团与二一三旅五十七团、五十八团合编的五十七团；由二一三旅五十九团与决死二总队等合编的五十九团。由决死二纵队两个营与六专署汾东办事处政卫营、三专署政卫营等合编的四十二团。各团的主要负责人是：

二十五团团长　　苏 鲁

政　　委　　凌则之

三十八团团长　　蔡爱卿

政　　委　　刘有光

五十七团团长　　黎锡福

政　　委　　周义中

五十九团团长　　胡兆祺

政　　委　　高德西

四十二团团长　　刘 丰

政　　委　　南静之

另外，决死三纵队的游击十团也暂属决死一纵队指挥。

游击十团团长　　雷 震

政 治 主 任　　张维翰

二一二旅：新军二一二旅是以政卫一支队为基础，于 1939 年 7 月在汾南成立的。1940 年 2 月，二一二旅进入太岳区，根据八路军总部的决定，保留其番号，仍称二一二旅。下辖五十四团、五十五团。二一二旅和各团的主要负责人是：

旅　　长	孙定国
政　　委	王成林（后马英）
参 谋 长	薛克忠（后涂则生）
政治部主任	朱佩瑄
副 主 任	张天珩
五十四团团长	涂则生
政　　委	彭之久
五十五团团长	李明如
政　　委	张天珩（后曹普）

二一三旅：1939 年 6 月，阎锡山以政卫二支队和政卫三支队合编为新军二一三旅。辖五十七团、五十八团、五十九团。在十二月事变中，旅长郝玉玺被阎锡山旧军杀害，该旅的五十七团和五十八团在政治主任程谷梁的率领下，突破阎锡山旧军的包围，于 1940 年 1 月初从汾城、襄陵地区开始转移，并于 1940 年 1 月中旬进入太岳区。五十九团驻在汾南，与二一二旅一起进入太岳区。二一三旅和各团的主要领导人是：

旅　　长	郝玉玺
政治主任	程谷梁
五十七团团长	张汉丞
政治主任	贾久民
五十八团团长	周义中
政治主任	郭寿天（后郭林军）
五十九团团长	王清川
政治主任	霍钟秀

三八六旅：在红军改编为八路军后，以四方面军三十一军等部队组成

的援西军为主，改编为八路军第一二九师。下辖三八五旅和三八六旅。每旅辖两个团。红三十一军的第十师、第十二师分别改编为三八五旅时第七六九团和七七〇团。红三十一军的十一师、十三师分别改编为三八六旅的七七一团和七七二团。其中七七一团参加了开辟冀鲁边的斗争。

十二月事变后，八路军总部为了加强太岳区的军事力量，巩固和保卫太岳革命根据地，命令一二九师三八六旅于1940年1月率七七二团和新组建的十六团（原新一团）、十七团（原补充团）、十八团（原补充大队）开进太岳区，并由该旅统一指挥太岳区各部队。当时，三八六旅的主要负责人是：

旅　　长　　陈　赓
政　　委　　王新亭
参 谋 长　　周希汉
政治部主任　　苏精诚
七七二团团长　　郭国言
十六团团长　　谢家庆
十七团团长　　陈振洪（后陈康）
十八团团长　　闵学圣

洪赵支队：洪赵支队是中共晋西南工委的部队。当时也在太岳区范围内活动，归决死一纵队指挥。主要负责人是：

支 队 长　　赖万芳（后张宽成）
政　　委　　解学恭

三八六旅兼太岳军区：1940年6月，三八六旅奉命兼太岳军区，下辖3个军分区。第一军分区由三八六旅组建，第二军分区和第三军分区由决死一纵队组建。规定分区组建基干营，县成立游击大队，区成立游击中队。太岳军区和各军分区的主要领导人是：

司 令 员　　陈　赓
政　　委　　王新亭（后聂真）
参 谋 长　　周希汉

政 治 部 主 任　　苏精诚
第一军分区司令员　　张春森（后刘绍棠）
政　　　　委　　金世柏
第二军分区司令员　　张汉丞
政　　　　委　　史　健
第三军分区司令员　　王清川
政　　　　委　　孙雨亭

决死一纵队兼太岳军区：1941 年 1 月，八路军总部决定三八六旅为机动兵团。由决死一纵队接替三八六旅兼任太岳军区。此时，太岳军区的主要负责人是：

司令员兼政委　　薄一波
副 司 令 员　　牛佩琮
　　　　　　　　李聚奎
参　谋　长　　李成芳
政 治 部 主 任　　王鹤峰

太岳纵队兼太岳军区：1941 年 8 月，奉八路军总部命令成立太岳纵队，并由太岳纵队兼太岳军区，直属八路军总部指挥（1942 年 1 月改归一二九师建制）。主要负责人是：

司　令　员　　陈　赓
政　　　　委　　薄一波
副 司 令 员　　李聚奎
副　政　委　　王新亭
参　谋　长　　毕占云
政 治 部 主 任　　王新亭（兼）

太岳纵队兼军区下辖三八六旅、决一旅（决死一纵队改编）和一分区（不久改称七分区）、二分区（不久改称八分区）、三分区（不久改称九分区）。1941 年 8 月，在中条战役后太岳部队开辟岳南，并在岳南建立第四军分区。1942 年 6 月，在实行精兵简政后，根据八路军一二九师的规定，太岳军区辖两个旅，四个军分区。各旅和各军分区的主要负责人是：

三八六旅旅长　　陈　赓（后王近山）

政　　　　委　　王新亭（后聂真）

副　旅　长　　王近山

决一旅旅长　　李聚奎

政　　　　委　　周仲英

副　旅　长　　孙定国

第一军分区司令员　　高志和

第二军分区司令员　　张汉丞

第三军分区司令员　　王清川

第四军分区司令员　　钟美科

各军分区的政委由地委书记兼任。

太岳区武委总会筹委会：1942 年 7 月成立太岳区武委总会筹委会。负责组织和领导各地的民兵、自卫队武装。主要负责人是：

主　　　　任　　张　明

副　主　任　　张　刚

不久成立太岳区武委总会。

主　　　　任　　王新亭（兼）

（二）晋豫区的军事机构

决死三总队：1937 年 9 月 15 日，山西国民兵教导团第十团改编为山西青年抗敌决死队第三总队。决死三总队的主要负责人是：

政　　　　委　　戎子和（戎伍胜）

总　队　长　　李冠军（旧军官）

政治主任　　董天知

决死三纵队：1937 年 12 月，决死三总队进入曲沃地区，与教导六团合并，编为“山西青年抗敌决死队第三纵队”（简称决死三纵队）。三纵队和所辖各总队的主要负责人是：

政　　　　委　　戎子和（戎伍胜）

纵　队　长　　陈光斗（旧军官，死后被追认为共产党员）
参　谋　长　　颜天明（旧军官，曾参加共产党，1941 年第二次入党）
政治主任　　董天知
七总队总队长　　王子玉、张济（后叛变）
政治主任　　马适安（后郭鸿璜）
八总队总队长　　刘宝堂（旧军官）、孙瑞琨（后叛变）
政治主任　　秦　淮（后陈士平）
九总队总队长　　赵世铃（旧军官，后叛变）
政治主任　　任映伦（后郝廷珧，被赵世铃残杀）

游击十团、游击十一团和三十二团：1938 年，决死三纵队的活动区域从晋南扩展到晋东南。这两个地区当时有多支抗日游击队。为了统一指挥，1938 年夏秋之间将这些游击队整编为游击十团、游击十一团。1939 年 8 月又组建了三十二团。这些团队的主要负责人是：

游击十团团长　　雷　震（老红军，共产党员）
政治主任　　张维翰（后高治国）
游击十一团团长　　李其昌（后刘修堂），都是旧军官
政治主任　　杨绍曾
三十二团团长　　胡正平（红军干部，共产党员）
政治主任　　贾启允（共产党员）

五区保安司令部：1938 年 8 月组成山西省第五行政区保安部队，保安部队的主要负责人是：

保安司令　　陈光斗（后颜天明、戎伍胜）
政治主任　　车敏樵（后马适安）
副司令兼参谋长　　王子玉（旧军官中的进步分子）
保安九团团长　　于文华（旧军官）、高体乾（共产党员）
政治主任　　张恒业（共产党员）
保安十团团长　　卢有年（旧军官）

政 治 主 任　　　　陈学文（后宋之春，共产党员）

决死三纵队：十二月事变后，决死三纵队在 1940 年 3 月重新组建，归八路军一二九师领导。下辖决七团、决八团、决九团。纵队和各团的主要负责人是：

司　令　员　　　　戎伍胜（戎子和）

政　　　委　　　　董天知（后傅雨田）

副 司 令 员　　　　李汉光（李寿轩）

参　谋　长　　　　高体乾

政治部主任　　　　车敏樵

决七团团长　　　　余能胜

政　　　委　　　　宋之春（后高治国）

决八团团长　　　　宋绍廉

政　　　委　　　　贾启允

决九团团长　　　　雷　震（后李文昌）

政　　　委　　　　杨绍曾

八路军驻一战区联络处：1937 年 10 月在河南新乡成立。同年 12 月，联络处由豫北迁至阳城，主要负责人是：

主　　　任　　　　朱　瑞

副　主　任　　　　唐天际

八路军一一五师三四四旅：1938 年 2 月下旬，八路军一一五师三四四旅进入晋东南高平、阳城一带，参加了创建晋豫边抗日根据地的斗争。主要负责人是：

旅　　　长　　　　徐海东

政　　　委　　　　黄克诚

八路军晋豫边抗日游击支队：1938 年 4 月，在豫北济源县邵源镇成立八路军晋豫边抗日游击队。同年 9 月，游击队改称游击支队。主要负责人是：

司　令　员　　　　唐天际

参 谋 长　　方升普

政治部主任　　敖纪民（高锦明）

八路军新一旅：1940 年 2 月，晋豫边抗日游击支队和八路军三四四旅第六八八团在晋城合编为新一旅。主要负责人是：

旅　　长　　韦　杰

政　　委　　唐天际

太岳南进支队：1942 年 1 月，太岳区组成太岳南进支队开辟中条山区和重建晋豫区。当时，太岳南进支队辖十七团、十八团、五十七团。太岳南进支队和各团的主要负责人是：

司 令 员　　王新亭

政　　委　　聂　真

十七团团长　　陈　康

政　　委　　高德西

十八团团长　　闵学圣

政　　委　　金世柏

五十七团团长　　黎锡福

政　　委　　曹　普

豫晋边区人民抗日联防区：豫晋边区人民抗日联防区于 1942 年 4 月成立。联防区下设 3 个军分区。联防区和各军分区的主要负责人是：

司 令 员　　刘　忠

政　　委　　聂　真

一分区司令员　　闵学圣

政　　委　　金世柏

二分区司令员　　黎锡福

政　　委　　曹　普

三分区司令员　　陈　康

政　　委　　高德西

此外，当时晋豫区的抗日武装还有：王维岳（党员）支队、马同山

（党员）支队、酒同伦支队和樊岗（党员）工作队，以及济源、王屋、沁阳、翼城、阳城、沁水等县的抗日游击大队。

（三）太岳、晋豫两区合并后的军事机构

太岳军区：1942 年冬，中共中央决定太岳区和晋豫区合并，1943 年 3 月完成合并工作。此时，太岳军区的主要负责人是：

司 令 员　陈 赓
政　　委　薄一波
参 谋 长　毕占云
政治部主任　王新亭
供给部长　喻缦云
政　　委　宋匡澜
卫生部长　曾新泮
政　　委　彭之久

太岳军区下辖 4 个军分区。1943 年 10 月，又以在条西坚持武装斗争的地方部队为主力，成立第五军分区。各军分区的主要负责人是：

第一军分区（由决一旅兼任）
司 令 员　李聚奎（也是决一旅旅长，政委周仲英）
政　　委　顾大川

第二军分区（由三八六旅兼任）
司 令 员　王近山（也是三八六旅旅长，政委聂真）
政　　委　薛 迅

第三军分区（由原二一二旅兼任）
司 令 员　孙定国（后刘金轩）
政　　委　刘聚奎

第四军分区（即原豫晋联防区）
司 令 员　唐天际（后陈康）
政　　委　李哲人

第五军分区

司令员　康俊仁（后孙定国）

政委　柴泽民

各军分区都有直辖部队。如决一旅在一分区，三八六旅在二分区，原二一二旅五十四团在三分区。在各县由县长任游击大队长，县委书记兼任政委。另任命副大队长、副政委负责日常的领导工作。

太岳军区：1943 年陈赓、薄一波赴延安准备参加党的七大，于是太岳军区的主要负责干部又作了以下变动：

司令员　陈　赓

政委　薄一波

代理政治委员　王鹤峰（1944 年 4 月担任）

代理司令员　谢富治（1944 年 4 月担任）

副政委　王新亭

参谋长　毕占云

政治部主任　王新亭（兼）

供给部长　冯丕成

政委　宋匡澜

卫生部长　曾新泮

政委　彭之久

武委总会主任　王新亭（兼）

抗大太岳分校校长兼政委　陈　赓

副政委　赵征夫

豫西抗日游击二支队：1944 年 10 月，太岳军区组建了豫西抗日游击第二支队（一支队是由太行区组建的），辖十八团和五十九团，南渡黄河，挺进豫西，参加开辟豫西解放区的斗争。主要负责人是：

支队长　刘聚奎

政委　刘聚奎（兼）

十八团团长　闵学圣

政委　金世柏

五十九团团长　　张春森
政　　　委　　王观潮

1944 年 12 月底，晋绥六支队与太岳二支队合并，仍称豫西抗日游击二支队。主要负责人是：

司　令　员　　韩　钧
政　　　委　　刘聚奎

1945 年 9 月该部队撤回太岳区，编入太岳四纵队。

（四）解放战争时期太岳区的军事机构

晋冀鲁豫野战军第四纵队：抗日战争胜利后，1945 年 10 月，根据晋冀鲁豫军区的决定，由太岳军区和军分区的大部分主力部队组建为晋冀鲁豫解放军第四纵队（习惯是仍称太岳纵队）。下辖十旅（即原三八六旅）、十一旅（即原决一旅）、十三旅（由原三、四分区的直属团组成）。四纵队和各旅的主要负责人是：

司　令　员　　陈　赓
政　　　委　　王鹤峰（后谢富治）
副 司 令 员　　谢富治（后韩钧）
副　政　委　　杨奇清
参　谋　长　　刘　忠
政治部主任　　杨奇清（兼）
供给部部长　　赵耀炳
十 旅 旅 长　　周希汉
政　　　委　　刘　忠（兼）
副　旅　长　　楚大明
十一旅旅长　　李成芳
政　　　委　　刘有光
副　旅　长　　刘　丰
十三旅旅长　　陈　康
政　　　委　　雷荣天

副　旅　长　　黎锡福

挺进东北支队：抗日战争胜利后，1945 年 9 月，根据中共中央和中央军委的步署，中共太岳区党委和太岳军区组建了由 2000 余军队指战员和地方干部参加的挺进东北支队，开赴东北地区。主要负责人是：

支　队　长　　高体乾

政　　　委　　宋匡澜

1945 年 11 月，中央军委为加强东北军事力量，实现控制东北，保卫华北、华中的战略计划，命令四纵队之十旅、十三旅以及由地方部队组建的一个新旅，由陈赓率领，待命开赴东北。同时，以十一旅为主组建八纵队，以谢富治为司令员，王鹤峰为政委，率部在太岳区坚持斗争。同年 12 月，中央军委又电示四纵队仍留在太岳区，不调东北。于是十一旅仍归入四纵队建制。

太岳军区：四纵队成为野战部队后，太岳军区及所辖独立旅和各军分区的主要负责干部调整为：

司　令　员　　王新亭

政　　　委　　聂　真（后王鹤峰）

副 司 令 员　　孙定国

副　政　委　　裴孟飞

参　谋　长　　邓仕俊

副 参 谋 长　　喻缦云

政治部主任　　桂绍彬

副　主　任　　高德西

供给部部长　　冯丕成

卫生部部长　　彭之久

独立旅旅长　　刘金轩

政　　　委　　朱　辉（后李耀）

十八军分区司令员　　苏　鲁

政　　　委　　刘植岩

十九军分区司令员　　张祖谅

政　　委　　刘尚之

二十军分区司令员　　王　墉

政　　委　　柴泽民

二十一军分区司令员　　郭庆祥

政　　委　　薛　迅（后卫恒、王毅之）

太岳区武委总会主任　　曹　普

陈谢集团：1947 年 7 月，中共中央军委决定组成陈赓、谢富治集团（亦称太岳兵团），下辖四纵队（辖十旅、十一旅、十二旅、十三旅）、九纵队（辖二十五旅、二十六旅、二十七旅）和三十八军（辖十七师、五十五师）。共有兵力 8 万余人。1947 年 8 月强渡黄河，挺进豫西，建立鄂豫陕根据地。兵团和各纵队的主要负责人是：

司令员　　陈　赓

政　　委　　谢富治

副司令员　　韩　钧

四纵队司令员　　陈　赓

政　　委　　谢富治

副司令员　　韩　钧

参谋长　　王启明

九纵队司令员　　秦基伟

政　　委　　黄　镇

副司令员　　黄新友

参谋长　　何正文

三十八军军长　　孔从周

政　　委　　汪　锋

中国人民解放军黄河支队：1947 年 8 月，太岳区奉命组成中国人民解放军黄河支队，随太岳兵团出征豫西，该支队由中共太岳区党委副书记裴孟飞和太岳军区副司令员孙定国率领。支队内有县区干部近千人，分为十个大队。

晋冀鲁豫野战军第八纵队：1947 年 8 月，根据晋冀鲁豫中央局和军区的决定，将太岳军区部队和原决死三纵队的部分部队组建为晋冀鲁豫野战军第八纵队。主要负责人是：

司令员兼政委　　王新亭
副　政　委　　周仲英
副司令员兼参谋长　　张祖谅
政治部主任　　桂绍彬
二十二旅旅长　　胡正平
政　委　　王焕如
二十三旅旅长　　黄定基
政　委　　肖新春
二十四旅旅长　　王　墉
政　委　　王观潮

太岳军区：1947 年 8 月晋冀鲁豫野战军第八纵队成立后，太岳军区的主要领导干部调整为：

司　令　员　　刘　忠
政　委　　王鹤峰
副　政　委　　顾大川
副参谋长　　喻缦云
政治部主任　　高德西

华北野战军第十五纵队：1948 年 8 月，根据中共华北局和华北军区的决定，将太岳军区的正规部队全部升编为十五纵队。下辖四十三旅（由原太岳第一军分区部队组成）、四十四旅（由原太岳二分区部队组成）、四十五旅（由原太岳第三军分区部队组成）。十五纵队和各旅的主要负责人是：

司　令　员　　刘　忠

政　　委	袁子钦
副司令员	方升普
参 谋 长	熊　奎
政治部主任	高德西
四十三旅旅长	刘聚奎
政　　委	梁文英
四十四旅旅长	涂则生
政　　委	李培信
四十五旅旅长	蒲大义
政　　委	车敏樵

中国人民解放军长江支队：1949 年春，根据中共华北局的决定，从太岳和太行两区抽调党、政、军干部 4500 余人组成中国人民解放军长江支队。该支队在河北武安集中时，已建成区党委、行署和军区的领导班子和各专区、各县的领导班子。其中，区党委由冷楚、刘尚之、刘裕民、叶松、陶国清、侯振亚 7 人组成。冷楚任区党委书记，刘裕民任行署主任，陶国清任军区司令员。下属 6 个大队为地委、专署的班子，30 个中队为县委、县政府班子，105 个小队为区级机构班子。原拟南下接管苏南，后因形势的变化，长江支队于 1949 年 7 月随三野十兵团南下福建，参加了在福建接管旧政权，建立新政权的工作。

太岳区武委总会和“太岳人民野战军”：解放战争时期，曹普任太岳区武委总会主任。1947 年 7 月，武委总会对远征民兵实行统一编制和领导，全区远征民兵的总番号是“太岳人民野战军”。武委一、二、三、四分会按顺序编为“太岳人民野战军”第一、二、三、四支队。一支队辖 10 个团，二支队辖 8 个团，三支队辖 4 个团，四支队辖 6 个团。共 28 个团，222 个野战连，野战民兵共 28928 人。

太岳区警备司令部：十五纵队成立后，太岳区已无正规部队，因此太岳军区一度取消。并以太岳区武委总会为基础，成立太岳警备司令部。主要负责人是：

司　令　员　　曹　普
政　　　委　　顾大川（兼）
副司令员兼参谋长　　吕尧卿
政治部主任　　杨玉山

太岳军区：1949 年 1 月 1 日，太岳警备司令部改称太岳军区，并撤销了各军分区。1949 年 8 月 22 日，太岳军区和太岳区的党政领导机关同时停止办公，完成了它的历史使命。

附：

以太岳部队为基础组建的陈谢集团在 1949 年 3 月组建为中国人民解放军第二野战军第四兵团，以陈赓为司令员兼政委，郭天民为副司令员兼参谋长，刘志坚为副政委兼政治部主任。胡荣贵为政治部副主任。下辖十三军（军长周希汉，政委刘有光，副军长陈康）、十四军（军长李成芳，政委雷荣天，副军长王启明）、十五军（军长秦基伟，政委谷景生）。这三个军后来参加了宛西、宛东、襄樊、淮海、渡江、成都、广东、广西、南昌、滇南等大小战役无数。另有原太岳军区独立旅（后称二十二旅）于 1947 年调归第四纵队（改称十二旅）。1948 年 6 月，该旅与西北民主联军第十七师组建为陕南军区。1949 年组建为十九军。

由太岳部队组建的八纵队，在 1949 年 2 月改编中国人民解放军第十八兵团第六十军。王新亭任军长兼政委，张祖谅任副军长兼参谋长。同年 4 月改属第一野战军建制。后该部向西北、西南进军，先后参加了扶眉、秦岭、解放成都等重大战役，并参加了剿匪作战。

由太岳部队组建的十五纵队，在 1949 年 2 月改编为中国人民解放军第十八兵团第六十二军。军长刘忠，政委袁子钦，副军长方升普，参谋长熊奎，政治部主任高德西。后该部改属第一野战军建制，先后参加了扶眉战役和解放贵州、云南、四川的作战。

四、群众组织机构的沿革

抗战初期，牺盟总会为了便利领导和管理，将各县牺盟会分属于各个中心区领导。晋东南和晋南各中心区的主要负责人是：

沁县中心区秘书　　侯振亚

长治中心区秘书　　王兴让

洪赵中心区秘书　　娄化蓬

夏县中心区秘书　　李特、王竞成（女）

1939春，在沁县先后成立了晋东南农、工、青、妇、文各救总会。各救总会的负责人是：

农救总会主席　　池必卿

工救总会主席　　杨　珏

工救总会主要干部　　赵国强　袁致和

青救总会主席　　石　民

青救总会主要干部　　王秀锦　肖　鲁

妇救总会名誉主席　　康克清

妇救总会主席　　刘亚雄

妇救总会副主席　　丁　一

文救总会主席　　高沐鸿

太岳、晋豫两区各县的群众抗日救国团体大部分都分属各救国总会领导。

1941年春，太岳区通过召开各救国团体的代表大会，选举产生了农、工、青、妇、文各救总会的主要负责人：

农救总会主席　　郝茂德（后卫恒）

工救总会主席　　袁致和

青救总会主席　　李　本

妇救总会主席　　张行寰

妇救总会副主席　　干玉梅

文救总会主席　　崔予庭

1945 年，各救总会一度合并为抗日救国联合总会。以卫恒为抗日救国联合总会主席。

解放战争时期，各群众团体先后召开代表会议，恢复和成立了各群众团体，主要负责人是：

青年团筹委会书记　　郭钦安

青年团筹委会副书记　　蒋　毅

职工联合会主席　　王　萍

文联筹委会主任　　江　横（董谦）

青联筹委会主任　　蒋　毅

学联主席　　李秀林

妇女联合会主席　　黄　维

太岳革命根据地管辖范围的沿革*

宋荐戈　李莲英　逯国英

抗日战争时期和第三次国内革命战争时期，中国共产党领导的人民军队创建了太岳革命根据地。它从 1937 年冬季开创，到 1949 年 8 月宣布撤销，历时 12 年。

太岳革命根据地形成于严酷的战争年代，初创于岳北，渐次向南发展，并和晋豫区合并。其管辖范围的变动虽然频繁，但沿革情况仍可考查。

在太岳革命根据地，临（汾）屯（留）公路以北称岳北；临（汾）屯（留）公路以南、曲（沃）高（平）公路以北称岳南。曲高公路以南、黄河以北称中条（绛县、垣曲以东称条东，以西称条西，过同蒲铁路后的汾河以南地区称汾南）。但有时也将临屯公路以南地区统称为“岳南”。另外，黄河以北的河南地区称豫北，黄河以南的河南西部地区称豫西。太岳区在极盛时期，曾管辖 47 个县（市），有人口 420 万，面积 18 万平方里。其沿革情况如下述：

抗日战争时期管辖范围的沿革

1937 年 9 月，阎锡山把山西划分为 7 个行政区。其中晋东南和晋中的 25 个县属于第三行政区和第五行政区；晋南的 34 个县属于第六行政区和第七行政区；其时各行政区为了便于对各县的领导，曾设置“中心县”。

---

* 原载《地名知识》1983 年第 2 期，原标题为《太岳革命根据地的地域沿革》。

由“中心县”代管邻近县份。

1937年11月，中共太岳工委在沁县成立。1938年7月，中共太岳工委改称太岳特委。主要领导沁县、沁源、屯留、长子、平遥、介休、安泽、浮山等县党的工作。

1939年2月，中共太岳特委改称中共太岳地委。1939年7月，日军在第二次“九路围攻”中打通了白晋路，于是以南北贯长的白晋公路和东西横隔的曲（沃）高（平）公路为界，形成太岳、太北、太南、晋豫四个相对独立的战略区。其时太岳区的管辖范围包括平遥、介休以南，曲（沃）高（平）公路以北，同蒲路和汾河以东，白晋公路以西的地区。十二月事变后太岳区的管辖范围退至临（汾）屯（留）公路以北。1940年1月，中共太岳区党委和三专署路西办事处成立。

此时，太岳区的管辖范围有15个县。即：沁县、沁源、屯留、安泽、平遥、介休、灵石、霍县、洪洞、赵城、临汾和新设置的绵上、岳阳、漳源、襄南4个县。

1941年5月，在太岳专署之下设立了3个办事处。中条战役后，太岳支队南下开辟岳南区，同年8月，设置了岳南专办。

此时，太岳区管辖24个县。各办事处管辖的县份是：

第一办事处辖沁县、屯留、长子、襄南、漳西，共5个县。

第二办事处辖沁源、安泽、岳阳、洪洞（汾河以东）、赵城（汾河以东）、临汾，共6个县。

第三办事区辖绵上、漳源、平遥、介休、灵石、霍县，共6个县。后来平介县也划归第三办事处管辖，共7个县。

岳南专办管辖冀氏、沁（水）西、青城、高平、端氏、浮山，共6个县。

1941年9月太岳行署成立后，将原三个办事处所辖各县改为晋冀鲁豫边区政府太岳行署管辖的三个专区。1941年11月，岳南专办改为二十三专署。

此时，太岳区管辖23个县。各专区管辖的县份是：

七专区辖：沁县、屯留、长子（1942 年 4 月划归二十三专区）、襄南、漳西共 5 个县。

八专区辖：洪洞（汾河以东）、赵城（汾河以东）、安泽、岳阳、沁源（临汾 1941 年 10 月撤销）共 5 个县。

九专区辖：绵上、平遥、介休、灵石（汾河以东）、霍县、漳源、平介共 7 个县。

二十三专区：冀氏、浮山、青城、高平、沁（水）西、端氏（后改称士敏县），共 6 个县。

1942 年 3 月，太岳行署根据简政精神，将漳源并入沁县，漳西与襄南组成襄漳县，岳阳县并入安泽县，灵石与介休组成灵介县。同年 4 月，太岳行署将七专署之长子划归第二十三专区，将平介县划归晋绥八分区。同年七八月间，二十三专区又增设临汾、襄（陵）曲（沃）两县。1942 年 8 月，太岳区在原国民党九十八军管理的沁河以东地区设置第二十四专区，并调整了一些专区所管辖的县份。

此时，太岳区共设置了 21 个县。各专区管辖的县份是：

七专区辖：屯留、沁县、襄漳，共 3 个县。

八专区辖：沁源、安泽、洪洞、赵城，共 4 个县。

九专区辖：绵上、平遥、介灵、霍县，共 4 个县。

二十三专区辖：冀氏、浮山、青城、沁西、长子、临汾、襄曲，共 7 个县。

二十四专区辖：士敏（端氏）、高平、晋（城）北，共 3 个县。

1943 年 3 月，太岳区（与晋豫区合并以后）在第二期“简政”中，将岳北的三个小专区合并为一专区，将临屯公路以南、曲高公路以北、沁河以东地区改称二专区，将临屯公路以南、曲高公路以北、沁河以西地区改称三专区，将原晋豫联办辖区改为四专区。并将介灵县仍分为介休、灵石两县，沁（水）西县并入士敏县。并在各专区所辖县方面做了调整。1944 年 2 月，太岳部队奉命进入汾南。配合地方武装开辟了汾南革命根据地。在汾南新设了五专区。而在阳城县城解放后，阳南、阳北合并为阳城县。

抗日战争胜利时，太岳区共设置了40个县（1943年7月曾新设了建宁县，但同年10月就撤销了）。**各专区管辖的县份是：**

一专区辖：沁县、沁源、绵上、襄漳、屯留、安泽、平遥、介休、灵石、霍县、赵城，共11个县。

二专区辖：长子、高平、晋（城）、士敏，共4个县。

三专区辖：洪洞、临汾、襄曲、浮山、青城、冀氏，共6个县。

四专区辖：阳城、沁水、曲沃、翼城、绛县、垣曲、王屋、孟县、济源、沁阳，共10个县。

五专区管辖：闻喜、夏县、垣（曲）南（康杰）、安邑、平陆、稷麓、新绛、万泉、稷山，共9个县。

解放战争时期管辖范围的沿革

抗日战争胜利后，太岳区为了适应新的形势，于1945年12月重新调整了行政区划。在调整中，一、四专区基本未动，撤销了原来的二专区，将所属各县分别划归一、四专区。将三专区改称二专区，五专区改称三专区。将沁阳县划归太行区，同时合并和改划了几个县。

在此次调整后，太岳区的总县数由40个减为34个。各专区管辖的县份是：

一专区辖：沁源、安泽、屯留、沁县、平遥、介休、灵石、霍县、赵城、长子，共10个县。

二专区辖：冀氏、洪洞、浮山、绛县、临汾、襄曲、翼城、曲沃、沁水，共9个县。

三专区辖：安邑、夏县、平陆、闻喜、稷山、稷麓、新绛，共7个县。

四专区辖：晋城、阳城、高平、士敏、垣曲、济源、王屋、孟县，共8个县。

1947年秋，陈谢大军强渡黄河，开辟了豫西根据地，在豫西新设了五专区。此时，太岳区的管辖范围已扩大为同蒲路和汾河以东以南，白（圭）晋（城）路和晋（城）博（爱）路以西，豫西之洛宁以北这个三角形地区。

此时，太岳区分为5个专区，共管辖47个县。各专署管辖的县份是：

一专区辖沁源、沁县、安泽、屯留、长子、平遥、介休、灵石、霍县、赵城，共10个县；

二专区辖洪洞、临汾、襄陵、浮山、曲沃、绛县、翼城、沁水，共8个县；

三专区辖安邑、夏县、闻喜、稷山、新绛、永虞、永乐、临晋、猗氏、万泉、荣河、绛南、解县、平陆、芮城，共15个县。

四专区辖阳城、晋城、高平、垣曲、济源、孟县，共6个县；

五专区辖新安、洛（宁）北、洛阳、宜（阳）北、陕县、渑池、孟津、偃师，共8个县。

1948年6月豫西行署成立，将太岳五专区（即豫西地区）划归豫西行署管辖。同年7月，将同蒲铁路沿县及汾南地区的19个县划归晋绥行署（后改称晋南行署）管辖。同年8月，晋中行署成立后又将平遥、介休划归晋中行署管辖。同年12月，太岳区撤销了原来的三专区。太岳一、二专区除划出一些县外，建制仍旧，原来的四专区改称三专区。

此时，太岳区的管辖范围缩减为17个县[①]**。各专署管辖的县份是：**

一专区辖沁源、沁县、安泽、屯留、长子、灵石、霍县，共7个县。

二专区辖沁水、翼城、浮山、绛县，共4个县。

四专区（1948年12月改称三专区）辖阳城、晋城（1948年10月曾设晋城市）、高平、垣曲、济源、孟县，共6个县。

1949年8月太岳区奉命撤销。太岳区所属各县除济源、孟县划归平原

---

① 有的书中称当时太岳区管辖18个县（市），这是加上了后来一度设置的晋城市。

省外，其余各县均划归山西省管辖。其中，长子、屯留、沁水、沁源、沁县、高平、晋城、阳城划入长治专区；安泽、浮山、翼城划归临汾专区；绛县、垣曲划旧运城专区；灵石、霍县划归榆次专区。

1949 年 8 月 20 日，太岳区的党政军领导机关停止办公。至此，太岳革命根据地完成了它的历史使命。

太岳区新设县的始末

太岳革命根据地在其存在的 12 年中，根据形势发展的需要，曾先后设立过 20 多个新县，现将新县的名称、位置和设立及撤销的情况简述如下：

绵上县：位于沁源县北部地区。1941 年 1 月设县，1945 年 12 月并入沁源县。

漳源县：位于沁县北部地区。1941 年 1 月设县。1942 年 3 月并入沁县。

漳西县：位于屯留县东部、长子县岚水以北、长治县漳河以西各划出一部分地区，于 1941 年 2 月设县。1942 年 3 月与襄南县合并为襄漳县。

襄南县：位于襄垣县漳河以南地区，1940 年 4 月设县。1942 年 3 月与漳西县合并为襄漳县。

襄漳县：1942 年 3 月襄南县与漳西县合并成立。1945 年 12 月撤销。

岳阳县：位于安泽县西部地区。1940 年 7 月设县。1942 年 3 月并入安泽县。

冀氏县：位于安泽县临屯公路以南地区。1941 年 8 月设县。1946 年 11 月并入安泽县。

青城县：位于翼城北部、浮山南部。1941 年 8 月设县。1945 年 12 月撤销。

灵介联合县：1942 年 3 月，将灵石和介休两县的部分地区合并为灵介联合县。但很快就又析为两县。

平介县：位于平遥、介休两县的同蒲路以北与汾阳、孝义县相邻的边沿地区。1941 年 3 月设县。不久该县划归晋绥边区管辖。

端士县：位于沁水县沁水以东地区，1941 年 10 月设县。不久改称士敏县。

士敏县：1942 年为纪念壮烈殉国的国民党九十八军军长武士敏将军，将端士县改称士敏县。1947 年并入沁水县。

沁西县：位于沁水县沁河以西地区。1941 年 8 月设县。1943 年 3 月并入士敏县。

沁南县：位于沁水县南部地区。1942 年春太岳南进支队恢复晋豫区后设县。1944 年 3 月沁水县城解放后改称沁水县。

襄曲县：位于襄陵与曲沃的接壤地区。1942 年设县。1946 年 4 月改称襄陵县。1947 年撤销。

晋沁县：该县是由晋豫区管辖的晋（城）南县和沁阳县合并组成的。晋城解放后撤销。

晋北县：位于晋城县北部地区。该县是由晋豫区设置的，晋城县城解放后改称晋城县。

垣南县：位于垣曲、闻喜、夏县交界地区，1943 年 2 月设县，后改称康杰县。

康杰县：位于垣曲、闻喜、夏县交界地区。1945 年春为纪念嘉康杰同志，将垣南县改称康杰县。同年 12 月撤销。

建宁县：位于高平、陵川、长子、长治四县交界处。1943 年 7 月设县，同年 10 月撤销。

王屋县：位于河南省北部。抗日战争时期从济源县析出。1947 年又并入济源县。

稷麓县：位于稷王山下闻喜、夏县、安邑交界处的部分地区。1943 年 5 月设县。1947 年撤销。

安北县：1945 年 9 月，以从稷麓县划归安邑县的第五区为基础，设立了安北县。1947 年 3 月撤销，恢复了安邑县。

绛南县：位于新绛南部和闻喜北部的交界地区。1946 年春设县，1948 年 7 月划属晋南行署。1949 年撤销。

永虞县：1947 年 9 月，太岳三专署撤销永济和虞乡两个县的县政府后，设置永虞县。1948 年 7 月划属晋南行署，1949 年撤销。

永乐县：1947 年以永济县永乐镇为中心设县。管辖永济和芮城的部分地区。1948 年 7 月划属晋南行署。1949 年撤销。

阳南县和阳北县：阳城县曾于 1942 年 7 月析为阳南县和阳北县。1945 年 4 月阳城县城解放后，阳南和阳北又合并为阳城县。

晋豫边抗日根据地的创建和区划沿革*

宋荐戈　卢海明

晋豫边抗日根据地位于山西和河南的边界地区。它独立存在的时间比较短，但为了全面考察抗战初期共产党领导下的人民军队坚持华北敌后抗战的历史，还是需要把晋豫边抗日根据地的创建过程和沿革情况搞清楚。

一、晋豫边抗日根据地创建

抗日战争爆发后，中共冀南省委驻河北省西南部的磁县彭城镇。它领导鲁西、冀南、豫北三个地委。其中豫北地委领导新乡、修武、焦作、博爱、获嘉、沁阳、温县、济源、孟县等地的共产党地下组织。

由于日军占领北平、天津后继续南进，国民党刘峙的军队只在河北省保定一带稍作抵抗，其后就一直败退到了河南省安阳县以南。当日军占领安阳后，曾一度暂时停止了南进。鉴于这样的形势，中共冀南省委由彭城镇迁至豫北的焦作。1937 年 9 月，按照中共北方局军委书记朱瑞的指示，以中共冀南省委为基础，成立中共直鲁豫省工委，将工作的重点放在了豫北地区。

1938 年 2 月，在焦作沦陷的前夕，中共直鲁豫省工委经豫北沁阳、山西晋城撤退到了晋东南的阳城县横河镇。当中共直鲁豫省工委到达阳城的时候，日军已进逼山西黎城之东阳关。阳城县城十分危急。

1938 年 3 月，朱瑞代表中共北方局在阳城县横河镇下寺坪召集有中共

---

* 原载《地名知识》1984 年第 1 期。

直鲁豫省工委负责人、八路军驻第一战区联络处负责人和阳城抗日县政府负责人参加的联席会议。会议决定撤销中共直鲁豫省工委，成立中共晋豫特委，并决定中共晋豫特委受中共冀豫晋省委领导。

1938 年 6 月，中共晋豫特委已接受和恢复了沁阳中心县委、晋城中心县委、翼城中心县委、夏县中心县委。陆续接受、恢复和领导了晋城、阳城、沁水、翼城、曲沃、绛县、夏县、闻喜、垣曲、平陆、芮城、安邑、解县、永济、沁阳、济源、孟县等 17 个县党的工作。其后，在特委之下组建了由唐天际任司令员的晋豫边抗日游击支队（亦称唐支队）。它和其他抗日部队一起，创建了晋豫边抗日根据地。

新创建的晋豫边抗日根据地，活动范围是在白（圭）晋（城）公路及晋（城）博（爱）公路以西，同蒲铁路以东，曲（沃）高（平）公路以南，黄河以北。境内太行山、王屋山、中条山纵横交错，沁河、丹河、浍河经流其间。东西两端属于平原，交通发达；南北两边河山阻隔，往来不便。它不仅是太行、太岳这两块根据地的屏障，而且西可以随时切断同蒲铁路，阻截或出击交通线上的日军，南能控制黄河诸渡口，向中原发展。因此，它在坚持华北敌后抗战方面，是一个重要的战略基点。

二、晋豫区从创建到十二月事变前的区划沿革

晋豫边抗日根据地从创建到 1939 年十二月事变前，还没有来得及建立由共产党领导的、统一的、自上而下的抗日民主政权，只是在根据地区域内建立了县、区、村政权，开展抗日工作，推行进步法令。这些抗日政权组织实际上是在中共晋豫特委的领导和支持下工作的。

中共晋豫特委成立后就立即派人巡视所属各县，与这些县的共产党组织接通了关系。1938 年夏，中共晋豫特委将所属 17 个县划归四个中心县委领导。其中：

中共晋城中心县委：辖晋城、沁水两县。

中共翼城中心县委：辖翼城、曲沃、绛县 3 县。

中共夏县中心县委：辖夏县、闻喜、平陆、芮城、虞乡、安邑、永济

共 7 县。

中共沁阳中心县委：辖沁阳、济源、孟县 3 县。

另有直辖县委：阳城、垣曲。

1939 年 1 月，根据党的六届六中全会决定，党的特委一律改称地委。于是中共晋豫特委改称中共晋豫地委，仍属中共冀豫晋省委领导。所辖中心县委没有变动。

当时，由于在晋豫边抗日根据地里驻军混杂，党不公开，故中共晋豫特委（后改称中共晋豫地委）对外称八路军晋豫边抗日游击支队秘书处。共产党的各县县委称八路军工作团。共产党的党委机关的干部都佩带“八路”标志，是以八路军干部的名义开展工作的。

三、晋豫区在十二月事变后到结束时的区划沿革

1939 年十二月事变中，晋豫边抗日根据地中心区域遭到国民党中央军和阎锡山军队的严重摧残。其后这个区域就成了国民党军队的驻防区。

1940 年 1 月，根据中共北方局的决定，中共晋豫地委政称中共晋豫区党委。此时，中共晋豫区党委已不能在阳城立脚。遂迁驻太南区之平顺县境内。1940 年 4 月，中共晋豫区党委与中共太南区党委合并为中共晋豫区党委，属中共北方局领导。

中共晋豫区党委下辖一个太南地委（根据地区域，有共产党领导下的抗日县政府）和 6 个秘密地委。

中共太南地委：辖平（顺）南、平（顺）北、壶关、林（县）北、潞城、长治共 6 县。

中共晋豫区党委所属的 6 个秘密地委都在国民党统治区域，共产党没有自己的政权，只是领导各县县委做秘密工作。执行的是“精干隐蔽，积蓄力量，长期埋伏，以待时机”的工作方针。各地委领导的秘密县委究竟是哪几个？诸种数据记载不一。这一方面是由于当时的情况复杂多变，记载的时间稍有不同，领导的县委数就会有所增减；另一方面各种资料多数是由不同人根据自己掌握的或记忆的材料来讲的，其准确程度是不会很精

确的。这里，根据当时担任中共晋豫区党委书记聂真提供的回忆资料，可知各地委所领导的秘密县委是：

秘密一地委：驻在林县北部地区，领导安阳、林（县）南、汲县、汤阴、辉县等 5 个秘密县委的工作。

秘密二地委：领导修武、博爱、新乡、武涉、晋（城）东、获嘉等 6 个秘密县委的工作。

秘密三地委：领导晋（城）北、高平、陵川、沁水、阳北等 5 个秘密县委的工作。

秘密四地委：领导阳（城）南、晋（城）南、沁阳、济源、孟县等 5 个秘密县委的工作。

秘密五地委即条东地委：领导曲沃、翼城、垣曲、绛县等 4 个秘密县委的工作。

秘密六地委即条西地委：领导中条山西部各县秘密县委的工作[①]。

1941 年 5 月，日军发动“中条会战”，即中条山战役。在这次战役中，占据中条山地区的 20 多万国民党军队在日军的进攻之下主力退到黄河以南。这时，中共北方局决定由太岳部队南下，着手重建晋豫边抗日根据地。

1941 年 7 月初，中共晋豫区党委将所辖太行南端，白晋路以东，平汉路以西各县党的工作移交中共太行区党委。同年 7 月中旬，中共晋豫区党委机关人员越过白晋路到达沁源县阎寨村（太岳军区驻地）。几天之后，便组成太岳区南进支队，越过临屯公路去岳南开辟工作。

1942 年初，太岳区南进支队分两路进入原来的晋豫区。逐步恢复了以析城山、历山为中心的阳城、沁水、翼城的结合部，以这个地区作为根据地，并在晋城、垣曲、绛县、沁阳、济源、王屋、孟县等县建立了游击根据地。

---

① 中共条东地委和条西地委原来同属中条地委，是在中共中条地委于 1940 年春撤销后分别成立的。条西地委领导哪几个县委，聂真和柴泽民同志都没有讲清楚。

1942 年 4 月，正式成立了豫晋边区人民抗日行政联合办事处和豫晋边区人民抗日联防区。在所辖区域内成立了 3 个专区。建立了 3 个地委、专署和军分区。其中：

一专区：辖阳南、晋城、济源、沁阳共 4 县。

二专区：辖曲沃、翼城、垣曲、绛县共 4 县。

三专区：辖沁（水）南、王屋、阳（城）北共 3 县。

此外，中共晋豫区党委还领导 3 个秘密地委，即条西地委、修（武）博（爱）地委、晋（城）北地委。

这时，晋豫区抗日根据地遂初具规模。

1942 年 10 月，中共北方局决定晋豫区与太岳区合并。1943 年 3 月两区合并任务完成。此后晋豫区所辖地区就成了太岳区管辖下的一个专区，即太岳区第四专区。至此，豫晋边区抗日根据地便成了历史上的地域名称。

牺盟会、决死队在太岳革命根据地创建初期发挥的重要作用*

宋荐戈

山西牺牲救国同盟会简称牺盟会，是在日本侵略者不停步地向中国进攻，已经把侵略的触角伸向华北、山西危急的形势下，由山西的一批爱国进步青年杜任之、张文昂、戎子和、牛佩琮、宋劭文（其中有秘密共产党员）等人在1936年9月发起，经阎锡山批准，于1936年10月18日在太原成立的。其宗旨是"铲除汉奸，武装抗敌，牺牲救国"，并推选阎锡山为会长。这样，牺盟会就以一颗抗日救亡运动中的明星登上了历史舞台。不久，薄一波肩负中共北方局的重大委托，应阎锡山之请接办牺盟会。这样就使牺盟会成了戴着山西官办帽子，实际上是由共产党领导的抗日救亡团体。它在开辟和发展华北特别是山西各敌后抗日根据地的斗争中发挥了重要的推动作用。

决死队是山西新军的主要组成部分。它是薄一波根据中共北方局的指示，向阎锡山建议并经阎锡山同意后成立的。其中的决死一总队（不久合并为决死一纵队）由薄一波担任政委，是于1937年8月1日在太原成立的。它在名义上和建制上属于阎锡山的军队系统，但是实际上一直受中国共产党的领导，是中国共产党抗日民族统一战线的产物。

抗日战争爆发后，中国共产党依托纵贯山西中南部的太岳山脉创建了太岳抗日根据地。在开创这块根据地的过程中，牺盟会和决死一纵队做出

---

* 原载《牺盟会·决死队研究》2009年第3期。

了重要贡献。

一

太岳抗日根据地开创初期的活动范围，主要是在同蒲铁路以东、白晋路以西的太岳山北部地区。它的主要地区位于晋东南，通称“岳北”。这个地区在抗战开始时的社会政治环境是很复杂的。

一方面，这里很早以前就有了共产党的活动。虽然共产党的组织曾多次被阎锡山摧残破坏，但是保存下来的共产党员和进步分子在抗日战争开始后仍然积极地投入了各种抗日活动。特别是在 1937 年卢沟桥事变前后，由著名共产党人薄一波等领导的牺盟会向包括“岳北”在内的山西各县派遣了牺盟特派员和村政协助员，其中的多数人是秘密共产党员和进步分子。他们到任后利用被阎锡山认可的这个合法组织，积极宣传共产党的抗日主张，开始在各县组建了牺盟会的领导机关和各乡各村的基层组织，发动和组织各界群众投入了各项抗日工作，形成了一股巨大的抗日进步力量。

另一方面，由于这里经济文化落后，交通闭塞，长期以来就是帝国主义和封建势力藏污纳垢的所在。抗日战争开始以后，县、区、村政权还是阎锡山的旧班底，各种反动会道门都有一定的势力，虽然阎锡山的晋绥军退走了，但进入山西的国民党军队在这里还占据了许多地方。这些国民党军队当时被称为“友军”，其中有的军队抗日还是坚决的；但也有更多的国民党军队是和当地的顽固势力结合在一起，阻碍着进步力量的发展，把社会秩序搅得十分混乱。加之日本侵略军占领太原后在迳取南同蒲铁路沿线各城镇的同时，也冲进东阳关，直指晋东南，企图完成对山西的占领。可见这个时期岳北地区的形势是很危急的。

在这样的形势下，中共中央军委主席毛泽东发出指示，指出游击战争主要应处于敌之翼侧及后方，在山西应分为晋西北、晋东北、晋东南、晋西南四区，向着进入中心城市及交通要道之敌人，取四面包围袭击之势，并明确指出：“太行、太岳山脉之晋东南与吕梁山脉之晋西南，虽然距敌尚远，然亦不可不于此时作适当之部署。”① 朱德总司令更提出：让薄一波“立即设法得到阎锡山的许可，把决死队开到晋东南去，在那里建立根据地。”②

1937 年 10 月，薄一波在征得阎锡山的同意后，率领决死一总队进抵沁县地区。同年 11 月，薄一波被阎锡山任命为山西第三行政区行政主任。该行政区管辖岳北地区沁县、沁源、安泽等 16 个县。

这时，八路军彭德怀副总司令在沁县指示薄一波：现在八路军不过来，这个地方由决死队和第三行政区行政主任公署来支撑。这样做的好处是：你们如果同刘勘等国民党军队发生冲突，可以直接打电报给阎锡山，让阎锡山去对付。③ 这样，太岳区最初的开创工作就落在了牺盟会和决死队的肩上。

不久，曾任中共北平市委组织部长的安子文随同中共北方局组织部长彭真来到沁县，在这里建立了中共太岳工委（对外称八路军联络处），以安子文为书记。由他领导白（圭）晋（城）路以西，同蒲路以东，平遥、介休以南，曲（沃）高（平）公路以北广大地区共产党的工作。同时牺盟会沁县中心区和长治中心区也相继成立了。从此，薄一波和安子文就以牺盟会和决死一纵队为基本力量，开始了创建太岳抗日根据地的斗争。

二

太岳抗日根据地开创初期，薄一波和安子文根据中共中央和八路军总部的指示，依靠牺盟会的干部和会员以及决死一纵队的干部战士，大抓建设抗日根据地的各项工作。

第一，薄一波和安子文从牺盟会和决死一纵队中抽调出一大批干部组成民运工作队，深入太岳各县的广大农村，采取开会讲演、刷写标语、散发传单、开办“民革室”等形式，宣传抗日救国和实行民主政治的主张，

①《太岳革命根据地纪事》，山西人民出版社 1989 年版，第 14 页。

②《太岳革命根据地纪事》，山西人民出版社 1989 年版，第 9 页。

③《太岳革命根据地纪事》，山西人民出版社 1989 年版，第 29—30 页。

号召群众“有钱出钱，有粮出粮，有力出力”，积极支持抗战。各地的民运工作队还公开出面，和那些欺负群众、压制抗日的顽固保守分子进行斗争。通过他们的宣传和发动，使广大群众增强了抗战必胜的信心，激发了抗日的热情。于是广大群众踊跃参军参战、出粮出钱，支持抗战事业。并且由下而上地建立了农民抗日救国会、工人抗日救国会、青年抗日救国会、妇女抗日救国会、文化界抗日救国会和抗日儿童团。这些抗日救国团体的干部都是从牺盟会、决死队里抽调出来的。他们把各阶层的群众都组织起来，掀起了轰轰烈烈的“抗战动员”热潮。

第二，为了顺利地开展各项抗日工作，薄一波和安子文利用日军准备进攻晋东南，当地的旧政权处于土崩瓦解的有利时机，由第三行政区行政主任公署出面，从牺盟会中选派了一批干部如史怀璧、谭永华等去岳北各县担任县长、区长等领导职务，对县、区政权实行根本改造。他们中的大部分干部是秘密共产党员和进步分子，这样就把区、县基层政权掌握在了牺盟会的手里了。至于村政权，则是牺盟会干部通过发动群众开展反贪污、反奸霸的斗争，在坚持统一战线的前提下，推举热心抗日、办事公道的人（实际上也是牺盟会会员）来主持村政，这样就使岳北地区虽然名义上还属于阎锡山的管辖，但各级政权已逐步地通过牺盟会都置于共产党的领导和影响之下了。这就为创建抗日根据地提供了重要保证。

在这同时，决死一纵队和第三行政区行政主任公署（后改称三专署）还采取了一系列措施发展生产，稳定经济、除奸防特、打击反动会道门，并且开展了对地方开明绅士和国民党驻军的统战工作。把阎锡山的“主张公道团”合并进了牺盟会，实际上是取消了这个反动组织。这就大大地巩固了根据地，稳定了当地的社会秩序。

第三，由秘密共产党员担任太岳各县的县长和牺盟特派员，实际上担负着在各县建立共产党组织和发展新党员的任务。由于他们艰苦努力的工作，在太岳区的一些县区奠定了建党的基础，成立或恢复了共产党的各级组织，发展了一大批新党员。到 1938 年 7 月中共太岳工委改称太岳特委时，岳北地区已经建立了沁县、沁源、屯留、长子、平遥 5 个县委和安泽、介休两个县党的领导机关。在浮山也建立了党的组织。总计当时全区已建立党支部 260 多个，已有共产党员 3840 余人。1939 年 2 月，太岳特委改称太岳地委。这时太岳区的各级共产党组织已经健全，党内教育也普遍地开展起来了。特别是通过传达和学习中共六届六中全会文件，通过组织党员学习党的历史和党的知识，就更进一步地提高了广大党员的思想政治觉悟，提高了党的战斗力。

第四，牺盟会和决死一纵队在创建太岳抗日根据地的过程中，十分重视武装建设。在岳北各县，从 1937 年冬季开始建立游击队。在各县的行政村，普遍建立了不脱离生产的自卫队、“青抗先”和游击小组，担任保卫当地群众生命财产、维护社会治安、警戒、侦察、除奸等工作。在各县各区，分别组建了脱离生产的人民武装自卫队，负责配合主力作战和拆城、破路等工作，伺机打击敌人。决死一纵队还派遣了部分优秀队员加以训练，分配到各县担任人民武装自卫队的总队长和副总队长。加强了对人民武装力量的领导。与此同时，牺盟会、决死一纵队还动员广大青年农民一批一批地参加主力部队。到 1939 年时，决死一纵队已经由原来的 3 个团发展为 6 个团。部队的主要成分也由青年学生转变为农民和工人。这样就使决死一纵队成了一支真正的战斗部队，成了太岳抗日根据地初创时期的主要支柱。

在太岳抗日根据地初创时期，中共北方局和八路军总部给予了及时的领导与支持。朱德总司令、彭德怀副总司令和中共北方局的其他负责同志常常来太岳区指导工作，还派毕占云、蔡爱卿、陈玉堂等一批老红军干部到决死一纵队担任军事领导职务。决死一纵队也选派了一批干部到八路军里学习军事和政治。八路军总部还为决死一纵队开办训练班，训练各方面的干部。 特别是刘伯承、邓小平领导的八路军一二九师活动在白晋路以东的太行山区，它直接地护卫着太岳抗日根据地，使太岳地区的抗日烈火愈烧愈旺，使活动在这一地区的牺盟会、决死一纵队等革命力量能够迅速地发展。

三

太岳抗日根据地创建以后，最初因为日军尚未完全侵入晋东南地区，所以太岳和太行虽以白晋路为界，但还是一块完整的抗日基地，统称晋冀豫区。1938 年 4 月，华北日军为了完全摧垮晋冀豫区，发动了第一次“九路围攻”。

当此之际，薄一波、安子文按照八路军总部的统一部署，在太岳地区通过共产党组织、政权组织和牺盟会以及工、农、青、妇各抗日救国团体进行了反“围攻”的一系列准备工作。在敌人到来之前，除在各县以村为单位召开会议，宣传进行反“围攻”斗争的重要意义和揭露日军的欺骗伎俩和残酷暴行外，还要求各村组织好担架队、运输队，安排好抗日部队的粮食、蔬菜供应，做好防奸、防特工作和破坏敌人交通、为抗日部队带路、送情报等工作，以保证抗日部队在反“围攻”作战中能够行动自如、耳目灵通、后方支持及时。为了给进犯的日军制造更多的困难，薄一波和安子文还指示各地，要组织群众实行“空室清野”，把粮食入窖，把牛羊骡马赶走，把锅盆碗碟藏好，拔出磨心，封堵水井，不给敌人一粒粮、一块肉、一滴水，让敌人得不到必要的生活物资。由于地方上做了充分的准备，所以八路军、决死队和部分国民党爱国军队经过 20 多天的奋战，歼敌 4000 余人，把日军全部赶出了晋东南，粉碎了敌人的“九路围攻”。

反“九路围攻”胜利之后，决死一纵队于 1938 年 5 月在沁县西林开办了训练班，分批轮训部队中的连以上干部和政治工作人员。许多八路军总部的首长担任了讲课任务，朱德总司令、彭德怀副总司令和左权参谋长常常不辞劳苦地从武乡县王家峪村赶来为训练班学员讲军事课和政治课。当时称此事为“西林整军”。通过“西林整军”，极大地提高了决死一纵队的军事素质和政治素质。此后，决死一纵队还开办了情报、敌工、锄奸、宣传、组织等各种类型的训练班。1939 年薄一波还亲自主持开办了团以上干部的哲学班。通过组织干部轮训，极大地提高了决死一纵队军政干部的整体素质。

1939年7月，日军集中5万余兵力，对晋东南区发动了“一号作战”即“晋东作战”，也称第二次九路围攻。开始时，日军气势汹汹，相继占领了沁县、沁源、屯留等20多座县城，但是广大农村还是共产党领导的抗日地区。为了粉碎敌人的这次“围攻”，薄一波、安子文根据八路军总部的指示，继续对决死一纵队进行军事政治训练，抓紧建立和巩固各县的游击队和各乡各村的游击小组，动员群众参战，进行了紧张的备战活动。当日军出动时，各乡各村迅速地疏散群众，埋藏东西，实行空室清野。主力部队则寻找有利战机打击敌人。有一次，决死一纵队主力掩护太岳区党政领导机关向灵石、霍县方向转移时，在韩洪地区与万余日军遭遇。决死一纵队健儿浴血奋战两天两夜，予敌重创。这就是决死一纵队建军以来经历的第一次大战——韩洪战役。此后，决死一纵队从主力中分遣出许多支小部队，在地方武装和游击小组的有力配合下，与八路军及国民党爱国部队一起，利用境内千山万沟的险要地势，到处“游击敌人”。三个多月歼敌万余，迫使敌人放弃了已经占领的十多座县城。到11月初，日本侵略军的所谓“一号作战”被粉碎。但是白晋路却被日军打通了。从此，太岳和太行被分割为二，太岳抗日根据地成了一个独立的战略区。

四

正当太岳军民同日本侵略军英勇搏斗的时候，阎锡山却在1939年春天召开“秋林会议”，企图通过这次会议诱骗、胁迫薄一波等牺盟会、决死队领导人交出军权和政权。因为这个阴谋没有得逞，所以阎锡山就在同年发动“十二月事变”（亦称晋西事变），指使晋绥军围攻在晋西的决死二纵队，并在长治地区鼓动决死三纵队中的旧军官实行叛变，拉走了四个多团，对于当地的牺盟干部，也大肆逮捕杀害。

至于在太岳区境内，由于薄一波和安子文按照中共中央、中共北方局和八路军总部的指示，事先就在共产党内、牺盟会内、决死队内进行了提高警惕、随时准备迎击顽固派进攻的教育，发动和组织群众除奸禁毒、参军备战，做好了应变准备。同时及时地把决死一纵队中包括纵队长梁述哉在内的100余名旧军官撤换下来，对于地方政权中的动摇分子和阎锡山派来的所谓“精建会”“敌工团”人员也作了紧急处理，因而就把军权和政权都牢牢地掌握在了共产党人的手里。并坚决拒绝国民党蒋介石、阎锡山要决死队退出太岳区的命令，将决死一纵队兵分两路，一路开向安泽，一路开向同蒲路灵石、霍县地区严阵以待，准备还击任何突发事件。这样，反动势力就不能在太岳区兴风作浪，使这块抗日根据地完整地保存下来了。

十二月事变以后，中共中央适时地发出了和国民党中央军及阎锡山休战的指示。根据这个指示，在山西的八路军与第二战区阎锡山、第一战区卫立煌达成驻防协议，确定双方以临（汾）屯（留）公路为界，其南为国民党区域，其北为八路军和决死队区域。从此，太岳区管辖的范围就确定在同蒲路、白晋路、临屯公路之间这个三角形的地区里。境内群山环抱，太岳山屏其西，沁河流其中，管辖沁源、沁县、安泽、屯留、平遥、介休、灵石、霍县、赵城、洪洞、临汾11个县和新设立的绵上、漳源、岳阳、襄南4个县。面积9万平方里，总计人口80万。

1939年12月17日至27日，在薄一波的主持下，晋东南的沁县、长治两个牺盟会中心区的代表在沁源县柏木斗沟召开了晋东南牺盟会第一次代表大会。代表大会总结了抗战以来共产党在山西通过牺盟会、决死队和国民党、阎锡山进行统战工作的经验。通过了《告民众书》和《告敌占区同胞书》，倡议各地立即召开军人大会和群众大会，声讨顽固派，向正在与顽军浴血搏斗的决死队将士表示慰问。

这次代表大会以后，鉴于太岳区等共产党领导的抗日根据地事实上已经从阎锡山的军政体系中独立出来，所以虽然牺盟会还挂着牌子，但其中的共产党员已经全部回到党内，由党统一分配了工作。至此，牺盟会的历史使命在太岳区境内就基本上结束了。不久，太岳区就完全甩掉了阎锡山的帽子，名副其实地成了一块共产党领导下的抗日根据地。

为了加强共产党对太岳区的领导，中共北方局于1940年1月将中共太岳地委升级为中共太岳区党委，以安子文为书记。三专署也改称太岳专署，以薄一波为专员。同月，陈赓奉命率领八路军一二九师三八六旅进入太岳区，并以三八六旅兼任太岳军区。1941 年 8 月又成立了太岳纵队，除八路军三八六旅外，将决死一纵队（改称决一旅）和新从晋南转移过来的新军二一二旅也都编入了太岳纵队的序列，并由太岳纵队兼任太岳军区。以陈赓为司令员，薄一波为政委。此后，陈赓将军也参加了创建和巩固太岳抗日根据地的领导工作。

1942 年 10 月，中共中央决定晋豫区与太岳区合并，仍称太岳区。1943 年 3 月两区的合并工作全部完成。此时的太岳区，包括了岳北、岳南、中条地区和豫北地区。

在八年抗战中，太岳抗日根据地的党政军民各部门和经济、文化教育部门的许多人原来都是在牺盟会、决死队工作过的干部。他们按照中共中央制定的方针路线，在各级共产党组织的领导下，团结广大群众克服各种困难，进行坚决的对敌斗争，终于迎来了抗日战争的最后胜利。

在解放战争时期，太岳区的许多牺盟会、决死队的干部和战士随陈谢兵团与太岳八纵队、太岳十五纵队南下西进，参加了解放我国中原地区以及东南、西南、西北地区的战斗。还有的干部在抗战胜利后被派赴东北，在全国解放战争后期被调往福建等地工作。他们为解放全中国做出了很大贡献。

中华人民共和国成立以后，曾在太岳区工作过的牺盟会、决死队干部为社会主义事业继续奋斗，其业绩彪炳史册，将会永垂不朽。

薄一波同志与太岳革命根据地的创建*

卢海明

薄一波是一位情系山西的无产阶级革命家。他1908年出生于山西定襄。1925年参加中国共产党。1936年受中共北方局派遣，回山西同阎锡山建立了特殊形式的抗日统一战线关系。先是接办和改组了“山西牺牲救国同盟会”，主持了牺盟会的工作，发展了200多万牺盟会会员和牺盟会领导下的工、农、青、妇各救国会会员。他还主办了军政训练班、民训干部教练团和国民兵军官教导团等培训机构，训练了来自山西和全国各地的3万名爱国知识青年。这些爱国知识青年后来都成了创建华北敌后抗日根据地的骨干。

抗日战争爆发后，薄一波根据中共北方局负责人刘少奇的指示，说服阎锡山同意组建了山西新军“山西青年抗敌决死队”。在决死队中建立了政治委员是部队最高首长的政治制度，而政治委员则多数由秘密共产党员担任，这就保证了共产党对山西新军的领导。同年9月，薄一波率领决死一总队开赴晋北抗日前线。

1937年9月下旬，薄一波在从五台到盂县的路上，遇见了八路军的朱德总司令。他向朱总司令汇报了组建新军的情况。朱总司令对薄一波说：“现在交给你一个任务，马上率部南下，到晋东南建立根据地，那里现在是一个空子，要占住那个地方。”听了朱总司令的话，薄一波就向阎锡山

* 节选自《情系山西的无产阶级革命家薄一波》。此文收入刘琼主编：《山西青年革命先驱》上卷，中共党史出版社2011年版。

提出：上党是军事重地，愿意亲率决死队去控制这一地区，建立一个抗战的落脚点。经阎锡山同意后，薄一波就率领决死一总队（后扩建为决死一纵队）开赴晋东南开辟抗日根据地，成了太岳革命根据地的主要创建者和领导人。

立马太岳山　创建抗日根据地

1937 年 10 月 29 日，薄一波率领决死一纵队抵达沁县。11 月 8 日，薄一波在沁县就任山西省第三行政区行政主任（次年 4 月改称第三专署行政督察专员）。第三行政区所辖地区在正太铁路以南，同蒲铁路以东。包括沁县、沁源、安泽、黎城、襄垣、武乡、榆社等 16 个县（次年 4 月改称三专署后所辖地区缩小为 13 个县）。不久，牺盟会为了适应战争的需要，在山西全省建立了 10 个中心区，其中，沁县中心区包括了沁县、沁源、安泽、平遥等县。这些县就是决死一纵队最初的活动范围。而此时，山西新军已经扩建为 5 个旅级纵队，除决死一纵队和决死三纵队在晋东南地区活动外，其他新军部队分别驻扎在晋南、晋西南和晋西北。

1937 年 11 月，八路军一二九师主力抵达正太铁路以南之平定、昔阳至榆次南部之太行山区。11 月 13 日，一二九师在和顺县石拐镇召开干部会议。会议根据毛泽东和八路军总部的战略部署，讨论了在晋东南建立抗日根据地的问题。薄一波参加了这次会议。会议决定决死一纵队主要是在太岳区活动。也就是在这个月，八路军副总司令彭德怀来到沁县，明确指示：沁县这里八路军现在不过来，这个地方由决死队和第三行政区行政主任公署来支撑。这样做的好处是：你们如果和国民党军队发生冲突，可以直接打电报给阎锡山，让阎锡山去对付。

此后，薄一波领导的决死一纵队和第三行政区行政主任公署（三专署）在八路军总部的指挥下，依靠八路军的支持和帮助，在沁县地区大力发动群众，开展了以下工作：一是派工作队深入农村宣传抗日。二是动员青年参加八路军和决死队。三是组建了人民武装自卫队和牺盟会游击队。四是培训军政干部。五是改造旧政权，取消公道团。六是先后颁布了减租减息、合理负担法令和优待抗战军人条例。七是为八路军和决死队筹措粮米、衣物等物资供应。通过做这些工作，为开辟太岳革命根据地奠定了基础。

这期间，薄一波率领的决死一纵队在沁县地区开展了广泛的游击战争。他们按照游击战的战略战术，打得赢就打、打不赢就走，到处打击敌人。

1938 年 4 月，日军集中 3 万多兵力，分九路围攻晋东南的八路军和决死队。这时，薄一波领导的决死一纵队和决死三纵队一起，配合八路军一二九师及一一五师三四四旅主力，还有国民党的几个军与敌激战半个月，消灭日军 4000 余人，收复了被日军占领的 19 座县城。各路日军纷纷退走。

这次以八路军、决死队为主力进行的反“九路围攻”作战不但粉碎了日本侵略军消灭晋东南八路军、决死队的企图，打乱了日军的侵略部署，而且使太岳革命根据地进入了一个巩固和发展的新阶段。

在十二月事变中进行有理有利有节的斗争

日本侵略军在 1938 年 10 月占领广州、武汉以后，中国的抗日战争转入相持阶段。此时，在日本诱降、英美对日本的侵略采取绥靖主义政策的形势下，国民党蒋介石表现出了很大的妥协倒退倾向。特别是 1939 年 1 月国民党在五届五中全会上制定了“溶共”“防共”“限共”的方针之后，国民党顽固派就由和共产党、八路军制造小规模的军事摩擦，逐步发展到向根据地军民发动较大规模的武装进攻，直到掀起了第一次反共高潮。在第一次反共高潮中，阎锡山充当了急先锋。

1939 年 3 月 25 日，阎锡山在陕西宜川县秋林镇召开了晋绥军政民高级干部会议（通称秋林会议）。会议的主旨是排斥共产党对牺盟会和山西新军的领导，取消新军的政委制。参加这次会议的薄一波等牺盟会、决死队的干部在会上和阎锡山及其内部的顽固势力进行了有理、有利、有节的斗争。在会下，他利用在河滩散步的机会嘱咐参加会议的其他新军领导人:“我们一定要坚守革命阵地，不离开部队，绝不放弃政委职责，要坚决撤掉反动军官，牢牢掌握部队，控制政权。”阎锡山在会上提出调薄一波担任山西省政府建设厅厅长，主持省政府的工作。但薄一波巧妙地拒绝了阎锡山的这个提议。会议期间，薄一波和其他参加会议的新军、牺盟会领导人经常共同分析形势，商讨对策，并从思想上和组织上做了应付突然事变的准备。秋林会议结束后，阎锡山本来要把薄一波留在秋林。后经多方努力，直到 1939 年 6 月初，薄一波才回到了沁县。

薄一波回到沁县后，立即向中共北方局负责同志汇报了秋林会议的情况和新军各部队领导同志商量的对策。根据中共北方局意见，薄一波多次在决死一纵队和第三行政区召开干部会议，介绍情况、分析形势、统一认识、部署行动。要求大家提高警惕，做好防止时局逆转的准备。1939 年 6 月 10 日，薄一波在决死一纵队第三次全体干部会议上作了《现阶段决死队的作用及今后努力的方向》的政治报告。他在报告中揭露了阎锡山召开秋林会议的阴谋，要求大家同投降分裂活动进行坚决的斗争，要切实掌握政权，掌握武装，团结和争取进步的旧军官，打击搞破坏活动的反动军官。9 月 18 日，薄一波与其他 16 位牺盟会、决死队的领导人联名发表了《为巩固团结加强进步抗战到底的宣言》。力主坚持进步、团结、抗战，反对倒退、分裂、投降。

1939 年 11 月初，薄一波在决死一纵队第四次全体干部会议上发表了重要讲话。他在讲话中适时地指出：和平妥协的危险已经十分严重，山西顽固分子专门反对决死队，反对牺盟会，反对晋东南、晋西北、晋西南这些抗日根据地。因此，要切实加强思想上、组织上的准备。要在山西旧军进攻时进行坚决的武装斗争。12 月初，薄一波将决死一纵队中 100 多个旧军官，包括纵队长梁述哉在内，全部集中起来，送往太行区抗日军政大学学习。而决死一纵队的军事指挥权，从上到下全部由共产党员、老红军干部掌握了。与此同时，第三专署在地方行政机关中也清除了一批动摇分子和反动分子，这样就把政权也牢牢地掌握在了共产党的手里。

1939 年底，阎锡山在国民党蒋介石掀起的第一次反共高潮中率先发难，发动了企图消灭新军的十二月事变。为此，阎锡山先是调集六十一军、十九军围攻驻守晋西的决死二纵队和八路军晋西独立支队，用暴力破坏了大宁、永和、隰县、临汾、洪洞、赵城6个抗日县政府和当地的公安局、自卫团、牺盟会等各种救国团体，杀害抗日干部和八路军后方医院伤病员200余人。稍后，阎锡山派到阳城地区的高级将领孙楚联合蒋介石的嫡系部队，进攻活动在晋东南地区的决死三纵队和八路军，摧毁了阳城、沁水等县的抗日县政府，捣毁了阳城的《新生报》社，屠杀了共产党员和革命群众500多人，抓捕了1000多人。

这次事变发生后，薄一波一方面频频给阎锡山及其亲信梁化之等发电报，强调坚持抗战、坚持进步、坚持团结的重要性，揭露六十一军、十九军进攻决死二纵队的事实；另一方面，他亲自领导新军坚决进行自卫反击。在八路军的支持和配合下，很快就粉碎了阎锡山要消灭山西新军的企图。

打退了阎锡山部队的军事进攻后，中共中央提出应从大局出发，和平解决山西新旧军的冲突。为此，薄一波于1940年2月将毛泽东以牺盟会、山西新军领导人名义亲自拟定的电报发给阎锡山。在这份电报中深刻地阐述了山西新旧军冲突的严重危害性，建议“新旧两军，重新团结，一致抗日。”[①] 接着，薄一波和宋劭文、张文昂、雷任民等新军领导人又根据毛泽东和中共中央的指示，分别致电阎锡山及其亲信赵戴文、杨爱源等人。电文中阐述了牺盟会、决死队忍痛不咎既往，坚持团结、进步、抗战的立场，要求合理解决新旧军的冲突。表示新军愿在阎锡山的领导下团结抗日。

1940年2月下旬，中共中央和八路军的代表拿着毛泽东的亲笔信到秋林会见阎锡山，表示愿意出面调解新旧军之间的矛盾，面述中国共产党关于解决新旧军冲突的具体建议：双方停止军事行动和敌对宣传，新军仍属晋绥军序列，不接受蒋介石方面的改编，仍实行阎锡山提出的《民族革命

① 中共山西省委党史研究室编:《太岳革命根据地纪事》，山西人民出版社1989年版，第167页。

十大纲领》。

鉴于阎锡山已经认识到靠军事手段是消灭不了新军的，所以此时他看到中共中央的调解主张和薄一波等新军和牺盟会领导人的和解态度后，只得见好就收，顺势下坡。于是双方经过谈判确定了晋西新军和晋绥军的各自活动范围。在此前后，八路军朱德总司令也与国民党第一战区司令长官卫立煌达成协议，双方派人通过谈判重新划定了八路军、新军和国民党中央军在晋东南各自的驻军防区，双方实行了休战。

至此，一场山西旧军进攻新军，新军奋起自卫的大冲突，暂时得到了解决。在这场反摩擦的斗争中，山西新军、八路军虽然对阎锡山、蒋介石作出了一些让步，但是能够在汾（阳）离（石）公路以北和临（汾）屯（留）公路以北以及长治、平顺、磁县以北的广大地区建立抗日根据地，也是很大的胜利。同时，双方划界分治以后实行休战，共产党就在一定程度上恢复和保持了同阎锡山、蒋介石的统一战线关系。这对坚持抗战是十分有利的。

尽心竭力　领导建党建政建军

十二月事变以后，薄一波继续担任山西省第三专员公署专员、决死一纵队纵队长兼政治委员。1940 年 1 月，根据中共北方局的决定成立了太岳区军政委员会（次年 2 月改称军政党委员会，1942 年又改称党政军委员会）。这是一个结合党政军民四位一体的共产党的领导机关，由薄一波担任这个军政委员会的书记，并以陈赓、安子文等为军政委员会的重要成员。

此时，因为日军重兵打通了白晋路和邯长路，故晋东南地区被分割为白晋路以东的太北区（后称太行区）、白晋路以西的太岳区、邯（郸）长（治）路以南的太南区和晋豫区。后来太南区并入太行区。晋豫区与太岳区合并，仍称太岳区。

当这个格局基本确定之后，中共北方局于 1940 年 4 月在山西黎城召开了冀南、太行、太岳地区高级干部会议（通称黎城会议）。会议专门研究了成立冀南、太行、太岳行政联合办事处和制定统一的财政政策的问题。还提出了建军、建党、建政三大任务。薄一波作为太岳区军政党委员会书记和三专署专员，他和中共太岳区党委书记安子文出席了这次会议，并在会上表示拥护成立冀南、太行、太岳三区统一行政机构。要采取有力措施来完成黎城会议提出的三大任务。

为了贯彻黎城会议的精神，1940 年 5 月中旬中共太岳区党委召开了首次地县委书记会议。在这次会议上，薄一波和安子文作了重要报告。他们在报告中讲了建设根据地的方向和任务，讲了深入进行群众工作和巩固党的问题。他们提出：为了把太岳区建设成一个完整的、统一的、全面的、秩序井然的、蓬勃发展的抗日根据地，必须安定社会秩序，坚决贯彻和完成建党、建政、建军的三大任务。为此，太岳区在以薄一波为书记的军政委员会的领导下，做了以下工作：

一是安定了社会秩序。在十二月事变期间，太岳抗日根据地的社会秩序被搅乱了。当时，在“左”的思想影响下，太岳区有些地方曾一度出现了乱罚、乱打、乱捕、乱杀的混乱现象。为了安定社会秩序，薄一波以第三专署专员的名义签发了《保障人民权利暂行条例》。为了保证这个条例的执行，薄一波又给所属各县发了《指示信》。他在《指示信》中指出:“抗日政权必须是建筑在广大群众基础上的。必须是表现在保护一切抗日人民，爱护一切抗日人民，安定抗日社会秩序上的。这样才可以蓄积一切有生力量，在艰苦的环境中使根据地的社会秩序逐渐巩固起来。”由于《保障人民权利暂行条例》的颁布和认真贯彻执行，就使太岳区的社会秩序安定下来了。

二是整顿了党的组织。根据中共中央政治局关于巩固党的决定和黎城会议精神，确定巩固党的中心一环是整顿党的组织，搞好支部建设。在整顿党组织的过程中，提出了审查党员和党的干部的标准，改造了支部领导的成分，建立健全了支部生活，加强了支部教育。在支部教育中把对党员进行思想教育放在第一位，向全体党员进行了党性、党的观念、党的政策、党的组织原则和党的纪律的教育。经过这次整顿，党员的数量有所减少，但是提高了党员的质量，纯洁了党的组织，增强了党的战斗力。与此同时，各级党的组织还划分了工农青妇各群众团体的工作对象，健全了各群众团体组织，加强了以农民运动为中心的群众工作。

三是加强了政权建设。早在1940年1月，第三专署就在沁源成立了三专署路西办事处，作为太岳区统一的政权机构。后来在黎城会议上确定：政权工作中要“以三专署为工作机关，每一指示对本区直接指导，对其他区间接指导。下设办事处，编制同专署”。根据这个规定，薄一波在三专署召开的五一节纪念大会上宣布了加强政权建设的方针。接着由三专署颁布了有关政治方面和财政方面的重要法令。其后，在5月23日至29日，第三专署路西办事处召开了首届县长会议。薄一波在会上强调指出：敌后的抗日民主政权，必须贯彻执行统一的政策以建立抗日民主的新秩序。要确定政权组成的成分。要发展抗日民族统一战线的民主政治，团结一切抗日人民，依靠广大群众开展政权工作。要建立正常的财政经济政策，统一财政收支和粮食供应。要建立正规的国民教育制度，确定党政军民各个部门的编制，建立预决算制度和各种工作制度。这次会议以后，三专署对于各级政权都进行了整顿。经过整顿以后，全太岳区（即岳北区）13个县的县长都由共产党员担任。在74个区长中，有66人是共产党员。这样就把政权牢牢地掌握在了共产党的手里。

四是加强了武装建设。十二月事变以后，决死一纵队实际上归属了八路军总部领导。同时经过整编以后，薄一波亲自担任了决死一纵队的司令员兼政委。决死一纵队的各总队和大队、中队、小队的军事指挥权完全掌握在了共产党员的手里。部队中建立了共产党的组织和各级政治工作机关，充实和配齐了各级政治工作干部。把这支部队真正地变成了共产党的军队。

更为重要的是，在十二月事变以后，根据朱德总司令、彭德怀副总司令和一二九师刘、邓首长的命令，陈赓将军率三八六旅主力于1940年1月开进太岳区，并由陈赓将军统一指挥太岳区的八路军、决死队等在党领导下的抗日部队。

从 1940 年 4 月开始，三八六旅进行以干部为重点的政治整军，6 月 7 日成立了太岳军区，而决死一纵队整编以后在太岳军区的领导下，建立了人民武装的各级组织系统，统一领导地方武装。决死一纵队、三八六旅与地方武装相配合，从而大大地加强了保卫太岳革命根据地的军事实力。此后，三八六旅和决死一纵队不但制止了国民党军队向临屯公路以北的进犯，而且歼灭了阎锡山一个师的大部和一个整旅，使阎锡山进攻太岳区的计划遭到挫败。

1940 年 8 月，八路军发动了百团大战，太岳部队在百团大战中破击铁路，拔除据点，歼灭敌人，立下了很大的战功。这也充分地显示了太岳部队的战斗实力。

总之，在十二月事变后，正是由于薄一波和太岳区的其他党政军领导同志认真贯彻了中共中央和中共北方局的指示，才使太岳区出现了一个很好的抗日局面，为坚持持久抗战创造了良好的环境和条件。

战胜困难　巩固与扩大根据地

1940 年冬季，日本侵略军对太岳区进行了报复“扫荡”。1941 年和 1942 年，日本侵略军又在华北连续五次推行“治安强化运动”。对包括太岳区在内的华北抗日根据地在频繁的“扫荡”中实行了烧光、杀光、抢光的“三光”政策，疯狂地抢夺人民群众的粮食、牲畜，烧毁房屋，使根据地人畜不留，庐舍为墟。加之连年遭遇自然灾害的袭扰，使根据地人民的生活和抗日政府的财政经济都十分困难。

为了扭转这种状况，薄一波在领导太岳军民进行反“扫荡”斗争的同时，除根据中共中央和中共北方局的指示，实行了精兵简政、“三三制”、减租减息等政策外，部队和机关还捐款捐粮捐衣救济受灾同胞，并且继续抓了民主建设、生产建设和武装建设三件大事。

在民主建设方面。1941 年 3 月，冀太联办决定在太岳、太行、冀南三区的范围内普选参议员，成立晋冀豫边区临时参议会，选举产生边区政府。1941 年 7 月 7 日至 8 月 15 日，晋冀豫边区临时参议会（会议期间改称晋冀鲁豫边区临时参议会）在辽县召开。临时参议会选举产生了晋冀鲁豫边区政府。薄一波当选为边区政府副主席，但工作重点仍然放在太岳区。在太岳区，则成立了太岳行署和晋冀鲁豫边区临时参议会太岳办事处，作为行政机关和参政议政机关。

1941年9月1日，太岳区各界在沁源城关召开了拥护晋冀鲁豫边区政府成立大会。薄一波在会上宣誓："誓以至诚，服从人民监督，执行晋冀鲁豫临时参议会之决议，为保卫边区、坚持华北抗战、实现边区政府施政纲领、彻底实现三民主义与抗战建国纲领而奋斗。如有违背誓言，愿受应有之制裁。"在此之前，太岳区各县已开始进行村民主选举，自下而上地实行民主，让各抗日阶级、抗日阶层的群众参政议政。经过选举，新成立的村政权基本上实现了"三三制"的原则，很多优秀分子被选为村代表会议的代表、委员或主任、村长，从而使农村的基层政权得到了巩固和加强。

在生产建设和文化建设方面，为了打破敌人的经济封锁，达到根据地自给自足的目的，太岳区在1941年要求各地：一是要扩大耕地面积，消灭熟荒，防止新荒，兴修水利，发展农副业。这样做了之后，农业生产条件有了改善，粮食生产形势也逐渐好转了。二是工业、手工业逐步得到了恢复，各地的一些铁厂、纺织厂、造纸厂、粉坊也开工了。三是确定以冀南钞为本币，统一了币制，活跃了工商业。

在此基础上，太岳区的文化教育事业也得到了恢复和发展。不但兴办了中学，而且多数村庄都办了抗日小学、冬学和识字班。太岳区还出版了《太岳日报》《太岳导报》等报刊，在农村普遍办起了大众黑板报，有的农村还办起了剧团，把当地的新人新事、好人好事编成剧本，用群众喜闻乐见的形式进行演出，受到了群众的广泛欢迎，极大地丰富了根据地群众的文化生活。

在武装斗争方面，1941年8月八路军总部命令以三八六旅、决死一纵队（后改为决一旅）、二一二旅组成太岳纵队并兼太岳军区。以陈赓为司令员，薄一波为政委。在此之前，太岳军区和中共太岳区党委的驻地已由沁县转移到沁源阎寨，新成立的太岳行署驻在赵寨。于是沁源成了太岳抗日根据地党政军领导机关的所在地，同时也成了日本侵略军的“扫荡”重点。

1942 年 10 月，日军集中万余兵力分 7 路对岳北进行大“扫荡”。“扫荡”结束后留下一个大队和一部分伪军在沁源城关和阎寨、中峪、交口等地建立据点，准备长期驻扎，在沁源建立了“山岳剿共实验区”。见此情况，薄一波和陈赓、安子文等领导同志分析了沁源地区敌我力量对比的情况和我方的有利条件，决定采取“围困战”的办法，把敌人占领的沁源城关、二沁大道两旁和其他敌人据点附近村庄的居民全部转移到山里，使这片 1000 多平方里的地方成了“没有人民的世界”。目的是要对敌人断其路、绝其粮，强迫敌人撤走。为此，薄一波亲自指示中共沁源县委书记刘开基：“眼下敌人不会撤走，你们要作长期打算。”他要求中共沁源县委要认真解决群众的实际困难，充分发动群众，坚持长期斗争。

这场围困战依靠沁源的八万老百姓和正规军、游击队、民兵团结一致的英勇斗争，经过两年半的长期围困与最后的总围攻，日本侵略军终于在 1945 年 4 月 11 日狼狈逃走了。这场围困战受到了中共中央的称赞。延安《解放日报》在题为《向沁源军民致敬》的社论中称赞沁源围困战“是太岳抗日根据地的一面旗帜，敌后抗战中的模范典型之一”。薄一波作为太岳区的主要领导人，与陈赓、安子文等同志一起，在围困沁源的过程中是发挥了重要作用的。

在进行沁源围困战的前后，趁着中条山战役后大部分国民党军队败退到黄河以南的机会，太岳军区根据八路军总部的命令，组成南进支队挺进岳南，在岳南打击日伪，清剿土匪，建立政权，稳定社会秩序，建立了抗日根据地，为开展岳南地区的人民抗日运动奠定了基础。

但是就在此时，阎锡山的六十一军却配合日本侵略者的军队对岳南抗日根据地进行“扫荡”。在这种情况下，薄一波于 1942 年 3 月 20 日对《太岳日报》记者发表谈话。他在谈话中指出：“大敌当前，兄弟阋墙，这是最伤心不过的事情。”呼吁六十一军悬崖勒马，幡然改悔。后来邓小平亲自指挥太岳、太行部队，经过激战重创了六十一军，迫使六十一军接受了谈判条件，把部队撤回了汾河以西。

1942 年 4 月 26 日，薄一波陪同邓小平主持了在冀氏县石槽村召开的岳南区党政军干部会议。这次会议确定了转变岳南工作的方针和办法，提出要稳定岳南的社会环境。同年 5 月，采取以政治攻势为主，军事打击为辅的方针，彻底瓦解了破坏抗日斗争的红枪会组织。由此恢复了岳南的抗日局面。

在岳南的局面基本稳定之后，太岳区南进部队接着继续前进，经过艰苦斗争恢复了晋豫区。1942 年 10 月，中共中央决定晋豫区与太岳区合并，仍称太岳区，并以薄一波为中共太岳区党委书记和太岳军区政委。

此时，太岳部队已把岳北、岳南和中条地区联结起来。太岳区的管辖范围扩大到了河南省的黄河以北，它位于白晋、同蒲两条铁路之间，太岳山、中条山盘踞境内，沁水河贯通于全境，成了一个统一的战略区。

1943 年，为了纪念抗日战争六周年，薄一波根据中共中央书记处的要求，撰写了《太岳抗日根据地是怎样坚持抗战的》一文。这篇文章发表在 1943 年 7 月 3 日的《解放日报》上。文章回顾了抗战以来太岳区创建和发展的历史，指出“我们与群众密切结合，坚持了对敌斗争，坚持了统一战线，实行了民主政治，改善了人民生活。我们就是用这样的办法，团结各阶层坚持着抗日根据地的。”① 这既是事实的述说，也是经验的总结。

一生结缘太岳区

1943 年 10 月，薄一波赴延安准备参加党的七大。1945 年在中国共产党第七次全国代表大会上当选为中央委员。抗日战争胜利后，薄一波返回晋东南，担任中共晋冀鲁豫边区中央局副书记和晋冀鲁豫军区副政委，后来又当选了晋冀鲁豫边区参议会的议长。这时他虽然离开了太岳区，但仍然直接领导着太岳区党政军各方面的工作。

在解放战争初期，薄一波协助刘伯承、邓小平指挥包括太岳部队在内

① 山西省史志研究院编:《太岳抗日根据地重要文献选编》，中央文献出版社 2006 年版，第 545 页。

的晋冀鲁豫部队进行自卫反击，取得了上党战役和邯郸战役（即平汉战役）的胜利。在邯郸战役中，薄一波曾和刘伯承一起，亲临前线同国民党第十一战区副司令长官高树勋进行谈判，争取高树勋的部队一万多人在战场上举行起义，为保卫晋冀鲁豫解放区作出了贡献。

解放战争的后期，当刘邓大军和陈谢集团到外线作战以后，有一天，晋冀鲁豫军区第一副司令员徐向前找到薄一波说："一波，各纵队都出去了，剩下的部队没有多少了。你能不能再组织点部队，我就在内线打，拔钉子，把山西从阎锡山的手里解放出来。"薄一波当即表示："这是我们共同的任务。"后来报经中共中央批准，薄一波迅速充实和重建了晋冀鲁豫军区八纵队，接着又把一些县区游击队组织在一起，编为华北野战军十五纵队。这些部队在徐向前的指挥下，进行了运城战役、临汾战役、晋中战役和解放太原的战役，为太岳区的全境解放作出了贡献。

中华人民共和国成立以后，薄一波出任党和国家的重要职务。但他始终心系太岳老区。1965 年 6 月，时任国务院副总理的薄一波曾回到战斗过的太岳老区，视察了沁源、沁县等老区各县的工作。1997 年，他把自己积攒的稿费 20 万元捐献给沁源县，成立了太岳希望小学。

在 20 世纪 80 年代，中共山西省委决定编写太岳革命根据地史的时候，薄一波对这件事更是倾注了极大的心力，不但多次通过讲话、写信和与太岳革命根据地史编写人员座谈的方式给予指导，而且参加了两次有关太岳区史的座谈会和审稿会，对编写太岳革命根据地史的指导思想、编写原则和太岳革命根据地的特点等问题都作了重要指示。这一幕幕、一件件往事无不体现出薄一波对太岳革命根据地的关爱和怀念之情。

抚今思昔，我们在追寻薄一波的革命足迹时，一定会深深地感到，他为创建太岳革命根据地付出了大量心力，他为中国革命所建立的功勋将会永载史册。

陈赓将军为巩固和发展太岳革命根据地而斗争

宋荐戈　宋元明

陈赓，湖南省湘乡县人。他1903年生于一个将门之后的家庭。13岁投军当兵。1922年参加了中国共产党。1924年入黄埔军校第一期学习。1927年参加八一南昌起义。1928年在上海担任中央特科情报工作的负责人，同蒋介石国民党进行了长达四年的隐蔽斗争。1931年至1934年，他先后在鄂豫皖苏区和中央苏区担任红军的师长和红军步兵学校校长。在举世闻名的中央红军两万五千里长征中担任中央红军干部团团长，负责警卫中共中央机关的安全。

抗日战争爆发后，国共两党实行第二次合作。红军改编为国民革命军第八路军后，陈赓被任命为八路军一二九师三八六旅旅长，率部开赴山西抗日前线对日作战。1940年1月，陈赓奉命率部进入太岳区，担任三八六旅长和太岳军区司令员、太岳纵队司令员，统一指挥太岳区各部队和地方武装，为巩固与发展太岳革命根据地进行了艰苦卓绝的斗争。他在太岳革命根据地的历史上，是一位战功显赫的领导人。

一

当全民族抗日战争进入相持阶段以后，日本侵略者对国民党政府改变了以军事进攻为主，政治诱降为辅的策略，转而把政治诱降放在了重要的位置。这就使国民党统治集团内亲日派的投降、分裂、倒退活动日益严重。1938年12月，国民党的副总裁汪精卫公开投敌。而在山西，原来曾一度积极抗战的阎锡山，竟然为汉奸张本，在1939年4月召开的秋林会议上说出:“不能说主张抗战就对,主张和平就错。因此,不能说汪精卫就是汉奸。”又说“不能抬着棺材抗战,仗总要有个了结,汪先生(指汪精卫)走的路,未尝不可取。”就是在这次秋林会议上,阎锡山作了反共、反牺盟会、反对山西新军的动员和部署。1939 年 12 月,阎锡山发动晋西事变,首先向驻扎在晋西南的决死二纵队发动了大规模的进攻。稍后,阎锡山的高级将领孙楚又在晋东南制造了晋沁阳事变,也进行了一系列的反共、反决死队、反牺盟会的活动。

当此之际,由于太岳区事先已经清除了军队中和政府机关中的阎锡山势力,内部局面还比较稳定。但是国民党蒋介石和阎锡山的军队也蠢蠢欲动,企图越过临屯公路进入太岳区,摧毁太岳区。

为了支持和加强太岳军民保卫太岳革命根据地的斗争,八路军总部朱德总司令和彭德怀副总司令于 1940 年 1 月 19 日致电一二九师刘伯承师长和邓小平政委,命令陈赓率三八六旅主力进入太岳区,与决死一纵队会合,统一指挥太岳区的八路军和决死队,担负起保卫和巩固太岳革命根据地的任务。

陈赓是八路军中一位智勇双全的骁将。他走上华北抗日战场后,率领三八六旅健儿进行的处女战是在井陉、旧关之间的长生口,一战而解国民党军队的旧关之危。然后两次设伏七亘村,歼灭日军辎重部队 400 余人。1938 年 3 月,又在山西潞城神头岭设伏,毙伤日军一〇八师团步、骑兵 1500 余人,击毙与缴获骡马 600 余匹。几天以后,陈赓率所部参加了徐向前副师长指挥的响堂铺伏击战,毙伤日军森木少佐以下 400 余人,击毁汽车 181 辆。一个月以后,陈赓在接到可靠的侦察情报后当机立断,指挥第七七一团、七七二团、七六九团、六八九团四个团的兵力,进行了武乡县长乐地区追击战,获得长乐村大捷,毙伤俘日军第一〇八师团主力 2200 余人。此战彻底粉碎了日军对晋东南发动的“九路围攻”。从此,以太行山和太岳山为依托的晋冀豫抗日根据地基本形成,中国共产党领导的八路军和太行、太岳的人民群众,已经把抗日的红旗牢牢地插在了太行山和太岳山上。而太行区,就为太岳区筑起了一道坚实的屏障。

长乐村大捷后，陈赓率部转战鲁西与冀南各地，消灭土匪，为民除害；破击铁路，迟滞敌人交通；配合友邻部队在平原地区进行游击战争。其间，干得最漂亮的，就是1939年2月在冀南威县香城固地区进行的设伏诱敌战。

那是在陈赓旅长和王新亭政委率领三八六旅挺进平原地区10个多月以后，当时部队虽然东征西战，消灭了一些敌人，但敌人仍然盛气凌人，狂妄自大。敌人每次受到八路军的袭击后，必然派兵追赶，进行报复。有鉴于此，陈赓打算利用敌人的这种骄纵心态，布置一个圈套引诱敌人，打一个诱敌歼灭战。

经过多次侦察和秘密寻踪，决定诱伏敌人的“口袋”就选择在威县香城固村的西北方。这里地处黑龙河流域，是一个带形的沙河故道，四周长满了丛丛红柳和野枣树，地势十分倾斜，形成一个洼地，西边是一道由西南伸向东北的大沙窝，长有二里半地，黄沙高达数丈。这块洼地可以构成一个天然的钳形阵地，可把沙窝紧紧地夹在中间。陈赓亲自去观察后高兴地说:“啊，这是个好‘口袋’，这确实是一个很理想的袋形诱伏敌人的阵地。”

诱伏的地点确定以后，陈赓和王新亭就立即排兵布阵。命令有的部队担任正面阻击任务，有的部队担任切断敌人退路的任务，有的部队担任从西向东侧面出击的任务，还有的部队担任警戒，防止敌人增援。同时抽出一部分兵力“钓鱼”，分别在三天内连续袭击威县县城，千方百计地引诱城内的日军出城追击，这样就能引诱日军的追击部队钻进“口袋”。

果然，三八六旅的“钓鱼”部队连续三天袭击威县县城，甚至一天几次地袭入城内，给日军造成了很大损失。这样做了以后，终于把日本人激怒了。

1939年2月10日下午，一个日军大队长率领200多名敌人，乘坐9辆汽车，气势汹汹地向“钓鱼”部队追来。当这股日军进入三八六旅的伏击圈后，顿时前后左右枪声大作，日军伤亡惨重，最后三八六旅主力把残敌包围在沙窝里，日军的残余部队找不到合适的隐蔽地形，只能像无头苍蝇似的东窜西跑。当夜幕即将降临时，陈赓发出了总攻信号。此时，三八六旅健儿纷纷跃出阵地，从四面八方冲向敌群，很快就把残敌歼灭在了沙窝里。

这次香城固诱敌战共击毙日军大队长以下250余人，俘虏10人，烧毁汽车9辆，缴获山炮1门，步兵炮2门。它是平原地区反扫荡作战中的一个光辉范例，刘伯承称赞说："这是赚钱的生意，是一个模范的诱伏战，应当表扬。"[①] 打完这一仗，三八六旅就奉命回师晋东南，到黎城地区进行休整，此后又在太行区打了几仗，1940年1月就奉命开赴太岳区了。

二

这时的太岳区，虽然在十二月事变中没有受到损失，但日本侵略军和国民党的中央军、阎锡山的顽固军就部署在太岳区的周围，正摩拳擦掌准备向太岳区发动进攻。而驻守太岳区的决死一纵队是抗战开始后才组建的新部队，还没有经过多少打大仗的锻炼，情况是比较危急的。可是陈赓率领的三八六旅主力一进来，最先粉碎了日本侵略军的"五路围攻"，接着又挫败了阎锡山军队的进攻，很快就显示出了老八路的威力。

日本侵略军的"五路围攻"发生在1940年3月。当时，在白晋线上的日军第三十六师团乘着三八六旅刚在太岳区站住脚跟，群众基础还不深，对地形道路还不熟悉的时机，就调集了6000余人，于1940年3月底分五路围攻太岳区。陈赓根据敌情分析，认为这是敌人给三八六旅的一个下马威，其意图是要把三八六旅一举吃掉。为了粉碎日军的围攻，陈赓与其他三八六旅的首长研究以后，拟定的作战部署是：由十六团和一部分地方武装寻找日军空隙转到外线，到白晋线上打游击，扰乱敌人的后方；由七七二团和十七团等部队在内线布防，与敌人周旋，寻找战机，歼灭敌人。陈赓在干部动员会上说："一定要打好这一仗，否则对我们坚持太岳根据地的抗日斗争和继续进行反顽斗争会带来不利影响。"

① 李达:《抗日战争中的八路军一二九师》，人民出版社1985年版，第128页。

这次反击日军“五路围攻”的斗争进行得非常激烈。先是七七二团阻击由鲍店镇向张店北进的2000多名日军，竟激战5个小时，连续击退了敌人的4次攻击。再有十七团在张店一带痛击敌人，战斗从白天打到晚上，敌人筋疲力尽，被迫撤退。此路日军一撤，其他各路日军也就先后撤退了。此役陈赓采用阵地战和游击战相结合的战法，三八六旅健儿苦战三昼夜，终于歼敌500余人，获得了粉碎日军五路“围攻”的胜利。

正当太岳部队在陈赓指挥下向日本侵略军浴血苦斗的时候，阎锡山的六十一军二〇八旅旅长高金波率三团兵力和魏立功部600多人，于1940年6月分两路东渡汾河，占领太岳区所辖洪洞县的大小里宕，并继续向太岳部队发动进攻，企图夺取洪洞、安泽地区，建立他们的“汾东根据地”。与此同时，洪洞、赵城各据点的日军为配合六十一军的行动，出动了700多人向东进攻，白晋线上的日军是向西进攻。

为了回击阎锡山顽固军和日本侵略军的进攻，陈赓指挥三八六旅和决一旅进入汾（洞）赵（城）地区。

1940年7月4日，六十一军二三百人进犯安泽县晋家山地区十七团的阵地，洪洞、赵城的日军也分三路向广胜寺、蒿围子（洪洞东约40里）和石门峪进犯太岳部队。太岳部队二十五团在打击阎军的同时，有力地抗击出犯的日军。7月5日，六十一军向十七团阵地连攻10余次，均被击退，阎军伤亡惨重。

1940年7月6日拂晓，六十一军在日军的配合下猛攻晋家山。陈赓为了让敌人麻痹大意，指挥部队主动后撤，只派了一个连在晋家山御敌。7月6日晚，六十一军派出1000余人向十七团的一个连进攻。该连且战且退，诱敌深入。7月9日，在陈赓的指挥下，太岳部队七七二团、十七团、三十八团、二十五团、四十二团以全力向六十一军反击。经过四个小时的激烈战斗，进犯之六十一军二〇八旅1300多人被歼。旅长高金波被俘，残部逃向临屯公路以南。阎锡山从此不敢再轻举妄动。各路日军听到阎军败走的消息后，在各地游击队的骚扰打击下，也纷纷退守原防。此次晋家山战斗不仅给予阎锡山进犯军以歼灭性的打击，同时也有力地打击了配合阎锡山军队作战的日本侵略军，保卫了太岳革命根据地。

陈赓进入太岳区后，1940 年 5 月担任了太岳军区司令员。第二年，根据八路军总部的命令，以三八六旅、决死一纵队（后改为决一旅）、二一二旅组成太岳纵队。陈赓任纵队司令员，薄一波任纵队政委。并由太岳纵队的领导机关兼太岳军区。这样，太岳区的武装力量就统一在陈赓和薄一波的领导之下。其武装力量包括：三八六旅的七七二团、十六团、十七团、十八团；决一旅的二十五团、三十八团、五十七团、五十九团、四十二团；洪赵支队；二一二旅的五十四团、五十五团及第一、二、三、四军分区和各县的游击大队。陈赓指挥这些武装力量战斗在同蒲铁路与白晋铁路之间，为巩固与扩大太岳革命根据地做出了卓越的贡献。

三

陈赓指挥的晋家山战斗刚刚结束，八路军前方总指挥彭德怀和左权参谋长就研究决定，要在华北发动一次大规模的进攻战役，以打击日本侵略军实行的“囚笼政策”①，争取华北战局更有利的发展，并影响全国的抗战局面，克服国民党的投降妥协危险。参加这次战役的有太岳、太行的部队，还有晋绥、晋察冀的部队。共有 105 个团，故称此次战役为“百团大战”。

按照一二九师师部的部署，百团大战第一阶段的正太铁路破击战是由陈赓和陈锡联指挥的。1940 年 8 月 20 日，当时针指向晚 8 点的时候，随着一道道划破夜空的红色信号弹醒目的闪光，各路破击部队快速扑向正太铁路沿线的车站和据点。此时，由太岳部队组成的左纵队在周希汉的指挥下，十六团在寿阳县芦家庄战斗中只用了半个小时的时间就攻克了敌人的四个碉堡，炸毁芦家庄至段廷之间的全部铁路，歼敌 70 余人。这是百团大战开始后第一个报捷的战斗。与此同时，二十五团攻击马首车

① 所谓“囚笼政策”，就是以铁路为柱，公路为链，据点为锁，辅以封锁沟和封锁墙，把抗日根据地分成若干小块，构成对根据地的网状包围圈，然后分别进行“扫荡”和“蚕食”。

站，三十八团攻击上湖车站及和尚足据点。8 月 21 日，上湖车站、和尚足据点和马首车站都被攻克。盘踞在翼家垣的敌人企图偷袭驻在大洛坡的二十五团指挥所，但苏鲁团长指挥所部奋力反击，经过短兵相接，白刃格斗，拼杀 40 多分钟，将敌大部歼灭，敌人带队的小队长也被击毙。与此同时，由陈赓亲自指挥的中央纵队中的七七二团攻克了平定城西的冶西敌据点。至此，寿阳以西，榆次以东之正太铁路除段廷外，已全部被太岳部队控制。

这一系列胜利的战斗大大地振奋了参战民众、敌占区人民和铁路员工。他们潮水般地涌向铁路，同部队一起进行破路活动。经过 12 个昼夜的紧张战斗，正太铁路就完全从地面上消失了。

日军开始时被打蒙了，惊得目瞪口呆。过后才从榆次、阳泉、寿阳、辽县等地抽调了七八千人，分兵五路，从背后迂回，企图合击八路军的指挥机关和部队。为了掩护指挥机关和群众转移，太岳区的七七二团、十六团、三十八团、二十五团等部队坚守阵地，顽强阻击敌人，拼死出击，给敌人迎头痛击，完成了掩护指挥机关和群众转移的任务。至此，历时 18 天的百团大战第一阶段遂告结束。

1940 年 9 月 22 日，一二九师师部根据八路军总部的指示，发布百团大战第二阶段榆辽战役的作战命令。太岳部队在榆辽战役中的任务，是以三八六旅和决一旅的两个团作为左集团，攻取榆社县城和沿壁、王景两据点。遵照一二九师师部命令的规定，榆辽战役于 9 月 23 日全线打响。此时，陈赓、周希汉指挥太岳部队七七二团和十六团首先发起强攻榆社县城的战斗。至 9 月 25 日，经过连续四次巧妙的猛攻，终于收复了榆社县城，全歼日军 200 余人和大批伪军，缴获了大量武器、弹药和粮食。与此同时，二十五团和三十八团也分别歼灭了沿壁、王景之敌。9 月 30 日，七七二团、二十五团、三十八团与兄弟部队一起设伏武乡县红崖头地区，将由武乡县城出发东援之日军 600 余人包围起来。经过两天激战，歼敌 300 余人，胜利地完成了阻击任务。至此，百团大战第二阶段的榆辽战役宣告结束。

在百团大战的第一阶段和第二阶段，太岳区的内线部队由王新亭指挥，在广大群众的支援下，同蒲线上冲进了霍县车站，袭击了富家滩车站，掩护群众破坏了霍县至富家滩段的铁路。后又配合地方武装和群众破坏了洪洞至霍县段的铁路以及洪洞至永乐段的铁路，并击毁两列火车。在白晋线上也多次进行了破击。

1940 年 10 月 6 日，日军纠集重兵两次“扫荡”太行区，于是百团大战进入了第三阶段，即反“扫荡”阶段。陈赓率所部参加了太行区的反“扫荡”斗争。

在太行区的第一次反“扫荡”斗争中，陈赓奉命指挥部队掩护驻在武乡砖壁的八路军总部转移。由于陈赓指挥有方和部队英勇阻击，日军在三天里只前进了 20 多华里。加之由于日军的运输队在外线遭到了八路军的不断打击，所以日军于 10 月 17 日分路撤退。可见日军的第一次“扫荡”是以失败告终的。

1940 年 10 月 20 日，日军又纠集万余兵力第二次“扫荡”太行区。扫荡的重点仍然是捕捉八路军总部和太行区的党政领导机关。在这次反“扫荡”斗争中，陈赓所部参加了有名的“关家垴歼灭战”。双方激战两昼夜，歼敌 400 余人。接着，11 月 3 日，太岳区七七二团、十六团、三十八团和太行区部队一起，在武乡温庄、风垴顶等地阻击进犯八路军总部驻地砖壁之敌。这就是有名的“砖壁保卫战”。

1940 年 11 月 13 日至 14 日，“扫荡”太行之敌回到各自的据点，太行区的反“扫荡”斗争宣告结束。

当陈赓率领参加百团大战的部队返回太岳区后，恰逢日军四十一师团、三十六师团和独立第九混成旅团出动 7000 余人，在伪军的配合下分十路“扫荡”太岳区。日军沿途大杀、大烧、大抢，无恶不作。为了粉碎日军的这次“扫荡”，由王新亭指挥太岳区的内线部队和地方武装节节阻击敌人，主力部队则根据陈赓的指示适时转移到日军合击圈外，攻打交通线上敌人空虚了的据点。这样，敌人合击扑空，又屡遭打击，位于交通线上的老巢因兵力空虚频频告急，只得在 1940 年 11 月底分路退走。至此，太岳区的反“扫荡”斗争胜利结束，整个百团大战也画上了句号。

总的来讲，百团大战从 1940 年 8 月 20 日发动以来，到 12 月 5 日结束，八路军各部队连续作战三个月又十五天。总计进行大小战斗 1824 次，毙伤日伪军 25800 余人，摧毁日伪据点 2993 个，破坏铁路 940 余里，公路 3000 余里，缴获了大量武器弹药。在百团大战中，陈赓智勇双全地指挥战斗，是立了大功的。

四

1940 年冬天日军的报复“扫荡”使太岳区遭受了空前的浩劫。广大群众缺吃、少穿、无房住。部队和机关的供应也发生了困难。1941 年以后，冈村宁次出任日本华北方面军司令官。他在此后不到两年的时间里就连续五次在华北推行“治安强化运动”，强化其“囚笼”政策。加之自然灾害严重，所以 1941 年和 1942 年，直到 1943 年，是太岳革命根据地最为困难的时期。在这个时期，日本侵略者慑于百团大战的威力，认识到八路军和抗日根据地是其吞并中国的最大障碍，于是就把主要力量用来对付八路军和根据地。而在这个时期，国民党顽固派和阎锡山则加紧进行反共活动，这就更加重了太岳革命根据地的困难。

面对这种状况，陈赓和薄一波在太岳区首先加强了党的一元化领导，认真实行减租减息，改善群众生活，提高广大军民的抗日积极性。对军队和党政机关实行精兵简政，进行开荒种地等生产自救活动。与此同时，陈赓仍然积极指挥部队作战，大力发展区县地方武装和民兵队伍，广泛地开展游击战争，很快就在克服困难和对日作战方面取得了进展。

这期间，日本侵略者对太岳区进行了多次“扫荡”。举其要者有：1941 年 9 月的“铁壁合围大扫荡”，1942 年 2 月和秋季的“辗转抉剔扫荡”，1943 年 10 月的“铁滚式三层阵地新战法扫荡”。日军每次“扫荡”出动的兵力少者七八千人，多者两三万人。

对于日军的“扫荡”，陈赓经过认真思考和总结经验，提出的反“扫荡”作战方针是：以分割指挥为原则，采取三线作战。即：一是在腹地，以基干部队一部，领导与结合地方游击队与民兵，强化县区游击集团，进行独立战斗，发动广泛的、坚强的群众性的游击战争；二是以基干部队（主力）转移外线，摧毁敌人补给线，缩小和限制其“扫荡”区域，视情况如何采取适当的和可能的运动战方式，突然奔袭其据点；三是以基干部队的一部转移到敌占区，破坏袭击敌人的交通线与据点，进行声势浩大的、此起彼落的政治攻势，在未被“扫荡”的地区，则继续开展原来进行的各项工作，作战则采取对自外向内“扫荡”之敌进行打击。

这个方针也就是我们常说的“敌进我进”的作战方针。这是对付敌人“囚笼政策”的很有效的作战方针。根据这个方针，在1941年日军大“扫荡”开始以后的一年多里，太岳根据地虽然曾经一度缩小，但是随着太岳军民反“扫荡”斗争的开展，不但根据地原来的控制区得到恢复，而且还得到了大的扩张。

陈赓在太岳区写下浓墨重彩的一笔，就是组织和领导了沁源围困战。那是在中国抗日战争史上创造的一个奇迹。

沁源位于太岳区的腹心地区。其北部是沁河的源头，此河流到沁源城关就已成为一条清澈的大河。当年太岳区的党政军领导机关都驻在沁源。沁源的阎寨被太岳军民称作“小延安”。日本侵略者虽然对这个美丽富饶的地方垂涎已久，但多次“扫荡”都被粉碎，不能占领。

但在1942年的秋季“扫荡”中，日军的铁蹄于10月20日第六次踏上这片土地后，将全县80%以上的村庄烧毁，把群众的财产、粮食、牲畜、家禽掠夺一空。尤其是在占领沁源县城后，立即分兵在城东之阎寨、城西之中峪、城北之交口等地建立起据点，宣称要把沁源作为“山地剿共实验区”。

在这次“扫荡”之后，从“扫荡”部队中留下了日军六十九师团之伊藤大队和一些伪军，驻扎下来就不走了。其目的是要在太岳区的腹地长期占领沁源，实施“驻剿”“奔袭”和进行特务活动，诱骗群众维持，企图逐步把实验区变成敌占区，以实施其“山地剿共实验区计划”。

怎么办？陈赓和薄一波、安子文等领导同志立即研究对策。他们分析了沁源地区敌我力量的对比和我方的有利条件，认为如果集中太岳区的主力部队进行强攻，是肯定可以把沁源城关夺回来的。但是在敌强我弱的总形势下，夺回沁源是要付出巨大代价的，而且夺回来也还有失去的可能。我们要坚持持久抗战，就不能把自己积蓄下的力量一下子拼光，而是要扬长避短，发挥优势。对沁源的敌人要断其路，绝其粮，采取围困战的办法，强迫敌人撤走。

后来，陈赓专门召见三十八团团长蔡爱卿时更明确指出："我们太岳太行和晋察冀等山区根据地都是插在华北敌寇心脏上的尖刀，冈村宁次在我们沁源搞'剿共'实验，急于总结出经验，然后再去摧毁其他根据地。""但是我们沁源绝不能使他们如意。我们要千方百计把他们赶走。当然，在敌人还强大的情况下也不硬打，要用围困的办法把他们赶走。"①

怎么围困呢？陈赓命令以三十八团作为围困沁源的骨干。由三十八团带领地方武装和民兵，发动群众，打一场人民战争。

很快，围困沁源的指挥机关，即沁源围困指挥部成立了。指挥部由三十八团团长蔡爱卿兼任总指挥（后由三十八团参谋长李懋之担任总指挥），中共沁源县委书记刘开基为政委，沁源县长张学纯和县游击大队大队长朱秀芝为副总指挥。

沁源围困指挥部成立后，陈赓提出的围困对策是：其一，加强宣传教育，说明抗日政府的政策，指出维持日军就是养活敌人，敌人有了饭吃就会赖在沁源不走了。其二，镇压首要分子，孤立胁从，转移并善待他们的家属，尽力争取他们。其三，组织群众彻底空室清野，把群众转移到远离县城和交通要道的地方。他说："策略必须灵活。要掌握流氓、地痞、抽大烟的，让他们远离敌据点，防止他们被敌人利用。要召开士绅会，解决他们的困难，吸收他们工作，鼓励其情绪，并注意表扬他们中的好人好事。"

根据陈赓等领导同志的指示，沁源围困指挥部积极动员和组织群众空室清野。沁源城关和交通要道上各村的群众，共有2300多户，16000多

① 弓世懋编著:《围困沁源》，山西人民出版社1988年版，第39—40页。

人，在几天之内就全部转移进大山里。这不仅打破了敌人建立维持会的愿望，而且给敌人留下了一个“没有人民的世界”。接着，围困指挥部根据地形条件把全县划分为 11 个战区，并由三十八团等部队结合地方基干队和民兵，组成了 13 个游击集团，开展群众性的围困沁源敌人的斗争。他们伏击敌人的运输队，深夜大闹敌据点，夺取敌人的资财、武器、弹药等军用品。

在围困斗争中，民兵发挥了重要作用。从 1942 年 10 月 20 日至 1943 年 1 月 24 日，沁源民兵共作战 872 次，毙伤日伪军 444 人。缴获大牲口 123 头，羊 1000 多只。被围困的敌人四面楚歌，胆战心惊。

沁源的围困斗争一直在坚持，但如何安排好转移群众的生活成了个大问题。为此，陈赓和太岳区党委的同志作了研究，及时地向干部和群众指出了围困斗争的长期性和艰巨性，必须下大力气安排好转移群众住的问题和吃饭问题。

为此，围困指挥部决定：在住的方面，按照自愿原则把转移群众作适当疏散，有的到外县外区，有的投亲靠友，进行适当安置。同时组织转移群众在山沟里打窑洞，仅在一个春天就打了 5000 多孔窑洞，解决了 12000 多人的居住问题。在吃的方面，政府调来部分公粮，再发动群众互借，加上地方党政机关和部队号召干部和战士节约粮食，把节约出来的粮食捐给群众。这样就初步解决了转移群众的吃饭问题。

后来，有些群众在民兵的掩护下，夜里摸进城里和敌人据点里，取出自己转移前埋藏的粮食供给目前食用，以至后来发展为“劫敌”运动。就是说，干脆利用夜里敌人不敢出来活动的机会，进到沁源城和其他敌人据点里去把被敌人抢去的粮食和物资夺回来，把捕去的人解救回来。到后来，更是在民兵和地方武装、正规八路军的支持下，到敌人碉堡附近去抢种、抢收。

当时，陈赓不但指挥围困武装力量的军事行动，而且关心解决围困斗争中的各种问题。他深入部队中、民兵中看嘘寒问暖，表扬他们建立的功勋，鼓励他们坚决战斗下去，把自己锻炼成钢铁战士。他还访问了转移到山沟里的群众，赞扬他们坚持民族气节，不怕困难，顽强斗争的英雄本色。

陈赓还及时地指示部队和民兵要加强对敌人据点的围困，要打交通战，断绝敌人的粮源和水源，使日军拿我们的一草一木、一滴水都要付出生命的代价。

按照陈赓的指示，围困指挥部调整了部署。根据敌人据点供给日益困难的状况，决定坚决打击敌人的运输队，切断敌人的交通线。在井中填进死猫死狗，断其水源。逼得敌人只好收缩阵地，放弃了阎寨、中峪等据点，全部敌人都龟缩在了沁源城关和交口两个据点里。

1943 年，调来新组建的山崎大队接替斋藤大队驻守沁源。这期间，部队和民兵继续打击敌人。三十八团指战员和民兵同吃同住同战斗，用冷枪战、地雷战、袭扰战把敌人搞得天天心惊肉跳。

1943 年 9 月，陈赓在去延安准备参加党的七大之前，和围困指挥部的总指挥李懋之以及其他同志一起研究了今后如何进行围困斗争的问题。他指出："沁源围困斗争，意义很大。它不仅巩固了太岳抗日根据地，打破了日军创造'山岳剿共实验区'的狂妄计划，又锻炼了我们的党和军队，提高了广大人民群众斗争的勇气，也密切了党群关系和军民关系。这场斗争必须坚持到最后胜利。"他还对李懋之交代："在围困斗争中还要大摆'地雷阵'，扩大'麻雀战'，巩固'树哨'和'烽火哨'。在战术上要不断创新。县基干队和民兵集团的战斗力已经有了很大提高，现在沁源城的山崎大队出扰不多，战斗力也弱，因此，决定围困沁源的主力部队只留下一个营，但是围困战的任务决不能因为部队减少就放松了。要特别防止发生麻痹松懈思想，要继续积极斗争下去，争取最后胜利。"①

在陈赓离开太岳区后，沁源围困战又取得了许多胜利。1945 年 3 月，在围困指挥部的统一指挥下，沁源军民实行总动员，向敌人发动了最后的围攻。4 月 11 日，弄得粮断弹绝，没有水喝的日本侵略军在沁县千余日军

①《陈赓传》，当代中国出版社 2013 年版，第 180 页。

的接应下被迫撤离沁源城。至此，沁源围困战获得了全胜，沁源县城重新回到了人民的怀抱。

沁源围困战胜利的消息传到延安。正在延安准备参加中共七大的陈赓和薄一波、安子文同志以及曾在太岳区战斗过的同志欢呼雀跃。此前，延安《解放日报》已发表了题为《向沁源军民致敬》的社论，将沁源人民的斗争誉为“太岳抗日民主根据地的一面旗帜”，“敌后抗战中的模范典型之一”，它“放出了万丈光芒的异彩”。在沁源围困战中，陈赓将军建立的功勋将永载史册。

五

1945 年 4 月 23 日至 6 月 11 日，中国共产党在延安召开了第七次全国代表大会。陈赓在代表大会上听取了毛泽东作的政治报告、朱德作的军事报告和刘少奇作的关于修改党章的报告，以及周恩来作的关于统一战线的重要发言。他在这次代表大会上被选为候补中央委员。

中共七大刚刚开完，就传来了美国在日本扔了两颗原子弹，苏联对日宣战，苏联红军出兵中国东北，日本无条件投降的消息。坚持了 14 年之久的中国抗日战争终于胜利了。

饱受战乱之苦的中国人民都热切地希望和平的生活，好好地建设自己的国家。可是，在日本宣布投降的第二天，阎锡山就命令他的第十九军军长史泽波指挥晋绥军 17000 多人向晋东南上党地区进攻，很快就在晋东南占领了以长治为中心的六座县城，企图进而分割和摧毁太行、太岳解放区，抢夺人民的胜利果实。

此时，陈赓和刘伯承、邓小平、薄一波等晋冀鲁豫边区的领导同志还在延安。他们闻讯后急忙坐了一架美国的运输机返回晋东南。刘伯承、邓小平、薄一波和陈赓等人一下飞机，就立即召开军事会议，决定集中太行、太岳和冀南的主力部队，组织上党战役。作战的指导思想是：针对敌人孤军深入和分散守备的弱点，以及我军的作战能力，确定首先逐个夺取长治外围被敌占据的各个县城，并吸引驻守长治的史泽波主力出援，力求在运动中歼灭史泽波的主力。

这个军事会议一完，陈赓就快马加鞭返回太岳区，把分散在各军分区作基干团的部队集中起来，恢复了三八六旅和决一旅的建制，决定以三八六旅之七七二团、二十团、士敏独立团和决一旅之二十五团、三十八团、五十七团参加上党战役。十七团配置在豫北，继续对日伪军开展攻势和迟滞国民党军队北上。

这时，太岳区的民兵和群众也踊跃参军参战，担负了上党战役中的后勤供应和运送武器弹药、抬送伤员、押送俘虏、传递信息的任务。更有民兵和自卫队员踊跃参加轮战队，轮流随同正规部队投入战斗。因此战役开始后从前方阵地到后方的供应线，到处是往来穿梭的民兵和自卫队员的洪流。

在上党战役中，陈赓指挥太岳部队于9月18日攻克了长子县城，全歼守城之敌。接着，攻下了长治北关。当阎锡山派他的第七集团军副总司令彭毓斌率两万兵力从太原出发，到达沁县准备援救困在长治县城的史泽波部时，太岳军区二十团团长楚大明奉命于10月4日率部奇取被彭毓斌部据守的老爷山（此山在襄垣和屯留之间）后，又深夜急行军在襄垣县土落村截住彭毓斌带着准备逃跑的太原援军，并和从后面赶上来的七七二团、二十五团、士敏独立团紧紧地把彭毓斌部包围在“口袋”里。敌人反复冲锋，妄图突围，均未成功。10月6日战斗结束。彭毓斌率领的两万援兵全军覆没，他本人也在负重伤后丧生。至于十九军军长史泽波，在援军被歼后就率所部一万余人弃守长治向西逃跑，准备回到临汾驻守。这支逃敌在沁河以东的桃川地区被太岳部队和太行部队堵住，于10月12日被歼。此役，太岳部队俘敌14000余人。史泽波也被决一旅五十七团活捉了。

当上党战役正在激烈进行之时，国民党军队纷纷沿平汉、同蒲、津浦等铁路线北上，准备向解放区发动更大规模的进攻。为了阻碍和迟滞国民党军队北进，控制铁路就尤为重要。因此，陈赓奉命率领太岳四纵队于1945年10月26日发起了同蒲战役。一面在控制灵石至洪洞段铁路之后，发动群众广泛开展破击作战，将这段铁路全部拆毁；一面以主力部队在曲（沃）翼（城）地区作战。先后解放了赵城、翼城、侯马、高显、蒙城、东镇等城镇，控制了同蒲铁路南段曲沃县蒙城至夏县水头镇之间110多公里的地带，切断了国民党军队的南北联系。这对于堵住华北的南大门，迟滞国民党军队北进起了重要作用。

六

陈赓在国共两党签订停战令后，出任国共两党和美国三方组成的军事调处执行部临汾执行小组和太原执行小组的共方代表。在谈判桌上和国民党的代表斗智斗勇，按照“针锋相对，寸土必争”的方针，一次又一次地揭露了国民党假和平真备战的阴谋。他在谈判期间见到不少国民党的军政大员和黄埔军校的老同学。这些人请他吃饭，送他礼物，他一概谢绝。他穿着一身土布军装，胸前和肩膀上端正地佩戴着布质的八路军标记，一直保持着人民军队艰苦朴素的本色。这一点就连同在一个执行小组工作的美国人也感到钦佩。

1946年6月26日，国民党蒋介石撕毁在本年1月签订的停战协议，大举进攻中原解放区，从此发动了向各个解放区的全面进攻。同年7月，胡宗南的六个旅北渡黄河，在阎锡山军队的配合下，从山西南部向太岳解放区发动了进攻。企图在一个月内打通同蒲路，在洪洞、赵城地区聚歼太岳区的主力，然后与阎锡山部队会攻上党地区。

面对胡宗南部队和阎锡山部队的联合进攻，陈赓指挥太岳四纵队和太岳军区部队于1946年7月13日发起了闻（喜）夏（县）战役。在这次战役里，陈赓运用集中主力打敌一部和对敌军各个击破的办法，在十天的时间里歼灭了胡宗南的一个整旅另加三个营，共5000多人，打了一个很漂亮的奇袭战。此后胡宗南军队一改刚入山西时的骄恣麻痹状态，把各旅收缩在一起，白天并肩前进，夜晚猬集宿营，并且构筑工事，加强警戒。一时间很难再把胡宗南的军队撕开“各个击破”。

在这种情况下，陈赓遂率部转移，隐秘北上到达临汾以北地区，寻求阎锡山守备较弱的同蒲铁路上去作战，发起了同蒲中段战役。

在同蒲中段战役中，1946年8月13日，太岳军区二十四旅在行军途中与正准备去偷袭太岳一分区新七团的阎军第六十九师相遇。经过四个小时激战，歼敌一个团，缴获了四门山炮。由此拉开了同蒲铁路中段战役的序幕。8月14日，陈赓下令同时向洪洞、赵城之敌进攻。8月16日解放洪洞，全歼阎锡山的地方部队1000余人。8月17日解放赵城，歼灭阎锡山的一个师。8月23日，解放霍县县城，歼敌2000余人。8月28日，解放灵石县城。8月29日，又在吕梁部队的配合下解放了汾西县城。

太岳四纵队和太岳军区部队在同蒲中段战役中共计解放县城5座，攻克据点52个，控制铁路270余里，歼灭阎锡山第三十九师全部，第六十九师、四十四师各一部，加上消灭的保安团等地方部队，共计歼灭阎锡山部队官兵12000余人。这个战役不仅再一次重创了阎锡山的实力，破坏了同蒲铁路南段的交通，切断了胡宗南部和阎锡山部的联系，而且使太岳区和吕梁区连成了一片，为以后歼灭继续进犯太岳区的胡宗南部队开辟了广阔的战场。

正当陈赓指挥同蒲中段战役进入高潮时，国民党第一战区司令长官胡宗南由西安飞抵运城召开军事会议，决定增派“天下第一旅”等四个旅从黄河以西调入晋南，并沿同蒲铁路北上，与阎锡山军队两面夹击和消灭陈赓部队。为了实现这个战略意图，胡宗南决定把防守中心设在临汾，由其第三十八集团军总司令董钊负责指挥，期于本年10月打通同蒲路。

这时，陈赓遵照中央军委和毛泽东关于“对北犯胡军应集中主力给予坚决打击，以歼其一个旅为目标”的指示，确定在胡宗南军队北进时，在临汾、浮山地区寻机歼敌一个旅或两个旅。于是在9月22日发起了临（汾）浮（山）战役。

在临浮战役中，陈赓先是派二十四旅北上灵石、平遥间阻击阎锡山军队南下，再以十旅、十一旅、十三旅集中在洪洞东南地区寻机打击胡宗南的一个旅或一个团。而且从敌人的报话机里得知，胡宗南的“天下第一旅”第二团正沿着临浮公路东来，准备在公路中段的浮山县官雀村驻防，以维护这条公路的交通顺畅。有了这个信息，陈赓就决定先干掉这个胡宗南的“天下第一旅”第二团，然后引诱第一团出来增援，在运动中也把第一团拿下。

这“天下第一旅”是蒋介石的王牌部队，是胡宗南的发家老本。它整编前是一个师的编制，其第一任师长就是胡宗南。因此胡宗南对它十分宠爱。部队中老兵多，全部是美国装备，旅长黄正诚是中将，两个团的团长都是少将，部队战斗力是很强的。

陈赓命令第十一旅旅长李成芳带领全旅指战员将官雀村的敌人分割包围，准备夜间发起攻击，把它歼灭。另以十三旅阻击可能由浮山来的援军；以十旅阻击由临汾来的援军。总之，是要集中三个旅的兵力，用两个旅打援，用一个旅来歼灭天下第一旅的第二团。

事实上，陈康旅长指挥十三旅阻击的浮山援敌是两个旅。9 月 23 日，浮山之敌集中全力西援。十三旅在阻击过程中以血肉之躯紧紧地咬住敌人，不准敌人前进一步。有两个营伤亡过半，仍坚守在阵地阻挡着敌人。班长赵小龙子弹打光了，就赤手空拳跳出战壕，夺过敌排长手中的美造武器继续战斗。二营长何光全在机枪射手牺牲后，跳过去抓住机枪猛烈地向敌人射击。就是这些最可爱的人付出的生命代价，保证了阻击任务的完成。

再说担任阻击临汾援敌任务的第十旅后来接到情报，是“天下第一旅”旅长黄正诚，要亲自带领第一团前来救援。这可是个天大的好消息。9 月 23 日，第十旅三十团首先与“天下第一旅”的第一团接上了火，敌人在飞机、大炮的掩护下连续六次向三十团冲击，均被击退。第十旅二十九团本来是作为预备队的。当他们正要投入战斗与第三十团并肩战斗时，突然接到陈赓司令员的电话，让这个团插到临汾附近的公路上去阻击临汾可能要出来援救“天下第一旅”的敌人。但这个团一口气跑到离临汾只有五六里的地方，仍未看见国民党的一兵一卒。于是他们转过身去打“天下第一旅”第一团，要活捉黄正诚。

接近黄昏时，二十九团走在一个高坡上发现前面一支国民党军队正准备进陈堰村宿营固守。团政委吴效闵意识到这肯定是黄正诚率领的“天下第一军”第一团。于是他命令部队立即冲进村里，打黄正诚个措手不及。当二十九团的健儿正与黄正诚激战时，旅长周希汉指挥的二十八团和三十团已经赶到陈堰村。于是三个团打一个团，很快就把黄正诚的部队压缩到三个院子里。用刚缴获的山炮抵近轰了一下，又投了一排手榴弹，龟缩在一个屋里的 100 多个敌人就举起双手出来投降了。其中就有“天下第一旅”的旅长黄正诚。

至于被十一旅包围在官雀村的“天下第一旅”第二团，左等右等也见不到援军。他们感到情况不妙，士气也开始低落了。9 月 23 日下午 5 时，十一旅向“天下第一旅”第二团发起总攻。经过激战、爆破和拼刺刀，在午夜全歼敌人，结束了战斗。

1946 年 9 月 26 日，延安新华广播电台播放了《解放日报》就临浮战役的胜利发表的题为《向太岳纵队致敬》的社论。社论指出这次胜利“对于粉碎蒋介石进攻，争取国内和平民主，有其不可磨灭的功勋”。[①] 在电台广播时，陈赓正在筹划下一步的行动，准备接受新的战斗任务。

本来，中央军委和毛泽东最初是准备让陈赓率部到陕北保卫党中央的。后来情况有变，陈赓率领的太岳四纵队就留在了吕梁，和王震一起参与指挥吕梁战役。从 1946 年 11 月 17 日至 12 月 12 日，在吕梁连续解放了隰县、离石、中阳、大宁、蒲县、永和、石楼、汾西 8 座县城，全歼阎锡山守军 8000 余人。

吕梁战役结束后，太岳四纵队返回太岳区。他们利用休整的机会评选在战斗中立了功的英雄模范，开展了群众性的总结经验和练兵运动。还召开了追悼大会，通过对烈士英雄事迹的宣传和介绍，使广大指战员受到了一次深刻的革命英雄主义教育。

当人民解放战争进入 1947 年的时候，国民党由于战场上的失败只好放弃了对解放区的全面进攻，而改为向陕北和山东的重点进攻。这时，胡

---

① 山西省地方志办公室编:《太岳革命根据地史》，山西人民出版社 2015 年版，第 248 页。

宗南从晋南战场上抽出了一部分兵力去进攻延安，从而导致了晋南兵力的减弱。

趁此机会，陈赓和王新亭指挥的太岳纵队和太岳军区部队从 1947 年 4 月起发动了晋南战役。在 20 多天的时间里就攻克县城 25 座，解放了晋南的 300 万人民。使晋南三角地带仅余运城一座孤城。

至此，胡宗南和阎锡山在山西的防御体系已被打得落花流水。它直接威胁了陕北胡宗南军队的后方，有力地配合了人民解放军在西北战场上的作战。

七

由于太岳军民和人民解放军在全国各个战场上取得的胜利已为人民解放军转入战略进攻创造了条件，所以中共中央当机立断，不等完全粉碎敌人的战略进攻，就转入了全国性的反攻。1947 年 6 月，刘邓大军强渡黄河，率先打到外线，揭开了人民解放军战略反攻的序幕。

1947 年 7 月，陈赓应邀参加了中共中央在陕北靖边县小河村召开的前委扩大会议。会议决定以陈赓为首组织一个集团，继刘邓之后再次强渡黄河，挺进豫西，在外线打击敌人。进而创建豫陕鄂根据地，以此吸引一部分在陕北的胡宗南军队和在大别山围攻刘邓的国民党军队，从而减轻刘邓和陕北的压力。同时，又决定命令陈毅、粟裕的部队挺进豫东。这样，三路大军在战略上就形成了“品”字形阵势，互为犄角，彼此策应，在南至长江，北至黄河，东至黄海，西到汉水的中原大地上机动歼敌，向国民党军队展开大规模的进攻。

小河会议结束后，陈赓返回太岳区。遵照中央军委的命令完成了“陈谢集团”的组编工作，成立了以陈赓为书记的陈谢集团的中共前方委员会。8 月上旬，在太岳区的首府阳城召开了陈谢集团的前委会议，陈赓在会上传达了小河会议的精神，宣布由太岳四纵队（司令员陈赓，政委谢富治，副司令员韩钧。辖十旅、十一旅、十二旅、十三旅）、太行九纵队（司令员秦基伟，政委黄镇。辖二十五旅、二十六旅、二十七旅和一个炮兵营）和三十八军（军长孔从周，政委汪锋。辖十七师、五十五师共四个团）组成陈谢集团，总兵力八万人。集团所属的后勤司令部由孙定国任司令员，裴孟飞任政委。确定了强渡黄河，挺进豫西的军事计划和新解放区要实施的各项政策等问题。此后就积极地进行渡河的准备工作。

在陈谢集团准备渡河南征的日子里，太岳区的广大群众热情为部队服务。例如临靠黄河渡口的济源县，据 5 个区统计，参加服务的群众就有 44500 人。其中有准备随军远征的民兵、民工 6700 人。全县给部队供应了白面 200 万斤，柴禾 300 万斤。还有大批的船工水手，夜以继日，不怕疲劳，不怕牺牲，英勇地把大批的部队、干部、民工一船一船地送到黄河彼岸，是立下了汗马功劳的。

1947 年 8 月 23 日，陈谢集团的四纵队和三十八军等部队分别从平陆县茅津渡和济源县的官渡、青河口强渡黄河，并抢占了陇海铁路的陕县会兴镇火车站。次日，陈谢集团的九纵队各部也分别从济源的官渡、李河沟、西窝渡口胜利渡过黄河。

在陈谢集团渡过黄河进入豫西的同时，中共太岳区党委副书记裴孟飞和太岳军区副司令员孙定国率领党政干部数千人和支前民工万余人随军南下。太岳民兵也组织了 20 多个野战连队，远征豫西。

陈谢集团突破国民党军队的黄河防线进入豫西后，随即腰斩陇海铁路，东逼洛阳、郑州，西叩潼关。接着又依托伏牛山在豫西展开。到 10 月中旬，已连克新安、渑池、洛宁、灵宝等县城，歼敌 4 万余人，解放了豫西和豫陕边的广大地区。

当时，每逢陈谢集团解放一座县城，就从太岳区的南下干部中配备一套县区领导干部的班子，把这个县的县区党政机构建立起来。后来，又在豫西地区正式成立了中共太岳五地委、五专署和第五军分区，领导已解放的各县地方武装和民兵消灭当地的土匪武装和国民党残匪，攻破地主围寨，进行党政建设和财经工作，稳定社会秩序和进行土地改革。使豫西人民翻身解放，过上了新的生活。

与此同时，留在太岳区的部队组建了以王新亭为司令员的第八纵队。

其任务是全力牵制运城、临汾之敌，不使该敌增援豫西，保证陈谢集团的后方安全。后来八纵队更出击临汾外围，二打运城和三打运城，使驻守此处的胡宗南军队自顾不暇，进退维谷，为陈谢集团在豫西的胜利创造了有利条件。

1947 年 12 月，根据中共中央和中央军委的指示，陈谢集团的作战区域划归中共中原局的管辖范围，一切地方工作也受中共中原局领导。

1948 年 1 月，随军南征的太岳区民工全部凯旋归来。他们归来时，陈谢集团各部队都进行了热烈的欢送，并赠送了多面“太岳光辉照中原”的锦旗。许多民工都获得了战斗功劳状和许多奖励品。他们在春节以前安抵家乡。

此后，陈赓率领着主要是由太岳子弟组成的陈谢集团参加了淮海战役和渡江作战，参加了解放南京、上海的战斗，后来又进军江西、两广、云南、西康，征战的足迹遍及大半个中国。在新中国成立后参加了抗美援朝战争和援越工作。

陈赓在新中国成立后曾任中国人民志愿军副司令员，后受命组建了中国人民解放军军事工程学院，担任院长兼政委，并任中国人民解放军副总参谋长。1955 年授大将军衔。他积极地参与了组建我国的导弹研发机构和导弹、火箭武器的研发工作。

1961 年 3 月 16 日，陈赓因心脏病突发，抢救无效，在上海英年早逝。这是中国人民和中国军队的巨大损失。但是他在中国革命斗争和建设事业中建立的丰功伟绩，中国人民是不会忘记的。同样地，他为巩固和发展太岳革命根据地进行的英勇斗争，也会永载史册，万世流传。

安子文同志永远活在太岳人民的心里*

宋荐戈　李茂盛　赵　晶

安子文1909年出生于陕西省绥德县双湖峪镇。1925年在北京参加了中国共产主义青年团，两年后由团转党。在第二次国内革命战争时期，安子文除在爱国将领吉鸿昌部队里做过一段时间的政治工作外，后来就一直在白色恐怖的环境里从事党的秘密工作。他出生入死，历尽艰辛。

抗日战争爆发后，安子文来到山西，和薄一波、陈赓一起创建、发展和巩固了太岳革命根据地。在长期的革命斗争中，安子文锻炼成了一个有胆有识的、非常成熟的无产阶级革命家。他1943年到延安，进入中共中央党校担任二部副主任。1945年参加中共“七大”。

“七大”以后从1945年8月起，安子文在中共中央组织部担任领导工作长达21年，成为中国共产党杰出的组织活动家。而在太岳革命根据地的那一段斗争经历，也是他革命征程中极其辉煌的一章。

和薄一波一起创建太岳抗日根据地

抗日战争全面爆发以后，安子文作为中共北平地下党的主要负责人之一，在北平沦陷前后，首先组织市委机关和其他单位的革命同志安全转移，然后他巧妙地躲过了日军的层层盘查，绕道数千里，辗转到达太原向中共北方局报到。北方局把安子文留在组织部工作。很快又派他和其他几

* 节选自《中共杰出的组织活动家安子文》。此文收入刘琼主编:《山西青年革命先驱》下卷，中共党史出版社2011年版。安子文时任中共太岳区党委书记，新中国成立后曾任中共中央组织部部长。

个同志去临汾建立后方，以便一旦太原失守后把北方局搬到那里。安子文在临汾县刘村为中共北方局找下了办公地点，解决了生活供应中的许多棘手问题，为中共北方局迁到临汾准备了很好的条件。

还是在太原失守的前夕，山西著名共产党员薄一波遵照朱德总司令的指示，通过统战关系，率领着实际上是在中国共产党领导下，由爱国青年知识分子组成的决死队一总队（后组建为决死一纵队）到达晋东南地区。就在太原失守的同一天，即 1937 年 11 月 8 日，薄一波在沁县正式就任第三行政区行政主任，其后又兼任了第三行政区的保安司令，开始了在太岳山区创建抗日根据地的斗争。

为了完成创建太岳抗日根据地的任务，中共北方局书记刘少奇特地找安子文谈话，让他随北方局组织部长彭真到沁县，和薄一波一起开展党的工作。

1937 年 11 月底，安子文和李成芳、史健、刘竞雄等同志随同中共北方局组织部长彭真从临汾出发，经过安泽、沁源到达沁县。根据工作的需要，彭真在沁县筹建起中共太岳工委以后，便转赴晋察冀边区，留下安子文担任中共太岳工委书记，领导白（圭）晋（城）路以西，同蒲路以东，平遥、介休以南，曲（沃）高（平）公路以北广大地区党的工作。从此，安子文就参加了太岳抗日根据地的创建工作，成了太岳人民爱戴的群众领袖。

太岳抗日根据地创建之初，政治环境是相当复杂的。当时，太岳区没有八路军的正规部队，也没有阎锡山的晋绥军。薄一波率领的决死一纵队和驻扎在该区的国民党军队相比，无论是在数量上还是在装备方面都处于劣势；县、区、村政权还是阎锡山的旧班底；各种反动会道门都有一定的势力。而且日军占领太原之后，在直取南同蒲铁路沿线各县的同时，正准备与河南日军配合起来进攻晋东南地区，以完成其对山西的占领。在这种形势下，怎样才能把广大群众发动起来和组织起来，坚持敌后游击战争，坚持抗日民族统一战线，推动国民党军队抗日和逐步改造阎锡山的旧政权，这需要很大的勇气和足够的谋略。

为了更加顺利地在太岳地区发展共产党的力量和开展党的活动，安子文运用当时八路军名震全国，人民敬仰的威望，经上级批准，在没有八路军驻扎的太岳区，将党的太岳工委挂上了八路军联络处的牌子。有了这个合法的名义，就有了很大的力量。它既可以在上层同国民党军队以及地方政权搞统战工作；又可以在基层发动群众。利用这个合法的名义，哪里有群众受迫害，受摧残，共产党就可以亮出八路军联络处的牌子到哪里去保护群众，向国民党军队和阎锡山的旧政权进行面对面的巧妙的斗争，从而使共产党很快地就在群众中建立了很高的威信。

安子文担任了中共太岳工委书记以后，不久又兼任了中共冀豫晋省委委员和统战部部长的职务。并根据中共冀豫晋省委的决定，将太岳工委的机构挂上了省委办事处的牌子，以他为办事处主任，代表省委领导太岳区党的工作。这期间，他协助薄一波在太岳山区大抓建设根据地的各项工作。

为了掀起轰轰烈烈的“抗战动员”热潮，安子文协助薄一波从牺盟会和决死队中抽调了大批干部，在共产党组织的统一领导下，组织民运工作队深入广大农村，与八路军一二九师派来的工作团相配合，采取开会讲演、写标语、散传单等形式，宣传抗日救国、民主政治、减租减息和合理负担等进步主张，号召群众“有钱出钱，有粮出粮，有力出力”，支持抗战事业。

这样，一方面为抗日军队筹集了充足的粮草；另一方面由于一批又一批的青年农民和工人踊跃参军参战，使决死一纵队不仅组建了新的团队，而且组建了许多支游击队，在各村各乡还普遍建立了自卫队、“青抗先”（青年抗日先锋队）和游击小组，而且使决死一纵队中原来那几个以爱国青年知识分子为主体的团队，也转变成以青年农民和工人为主体的部队了，从而大大地提高了部队的战斗力。与此同时，民运工作队还常常同那些残害人民、压制抗日的顽固分子进行面对面的斗争。通过广泛地发动群众，民运工作队和一二九师工作团在各地协助牺盟会由下而上地建立了农民抗日救国会、工人抗日救国会、青年抗日救国会、妇女抗日救国会和文化界抗日救国会等抗日的群众团体。从此，太岳区“抗战动员”的热潮日趋高涨。

此外，安子文还同阎锡山以及太岳区境内国民党驻军的高级将领冯钦哉、高桂滋、武士敏等人进行统战工作，力争团结尽量多的军队和各界人士参加抗日斗争。有一次，国民党一六九师挑起事端，把机关枪架到了决死一纵队司令部的门口，剑拔弩张地要“兵戎相见”。安子文闻讯后立即协助薄一波同国民党一六九师师长武士敏（后任国民党九十八军军长）谈判，晓以团结抗日的大义。在安子文和薄一波那种诚挚态度的感召下，武士敏承认了自己的错误。此后，武士敏一直和太岳军民并肩战斗，最后壮烈地牺牲在反击日军“扫荡”的战场上。

1938 年春，八路军朱德总司令、彭德怀副总司令和左权参谋长率领八路军总部经安泽、浮山进驻沁县。这时，安子文经常向他们请示和汇报工作，在总部首长的直接领导下，安子文协助薄一波着力于进行统战工作和通过实行合理负担解决部队的粮食供应问题。而要顺利地解决这些问题就必须以掌握各级地方政权为前提条件。

为了把各级政权确实地掌握在共产党的手中，薄一波和安子文利用日军准备进攻晋东南地区，阎锡山在当地的各级旧政权处于土崩瓦解状态的有利时机，及时地派遣共产党员去担任抗日的县长和区长。在这项工作开始时，有些共产党员存在着一种“左”的幼稚病，认为县长、区长是反动政权的象征，他们宁愿到抗日前线战死沙场，也不愿意到地方上去当“官”。例如第一批调出来担任县长的史怀璧、欧阳景荣、邓肇祥等同志都有这些思想顾虑。后来经过薄一波和安子文的耐心开导，才使他们认识了掌握政权的重要性，愉快地背起背包走进了政府“衙门”。

正当太岳区掀起“抗战动员”热潮，群众刚刚发动起来和组织起来的时候，华北日军集中三万多兵力，于 1938 年 4 月向晋东南地区发动了“九路围攻”，企图消灭这个地区中国军队的主力，一举摧垮日益成长着的晋冀豫抗日根据地。

为了粉碎敌人的围攻，安子文和薄一波按照八路军总部的统一部署，在一二九师刘伯承师长和邓小平政委的直接指挥下，通过党政军系统和各抗日救国团体进行了一系列反“围攻”的政治动员和战前准备工作。他们指示太岳区各县，在敌人来到之前，要以村为单位，举行群众大会，宣传进行反围攻斗争的重要意义，揭露日军的欺骗伎俩和残酷暴行；并且要组织好担架队、运输队，安排好粮食、蔬菜供应，做好肃清汉奸、捉拿奸细、破坏敌人交通、为部队带路、送情报等项工作，以便保证抗日军队在反围攻作战中行动自如，耳目灵通，后方支持及时。为了给进犯日军制造更多的困难，安子文和薄一波还指示各地，要发动和组织群众实行“空室清野”，把粮食入窖，把牛羊骡马赶走，把锅盆碗碟藏好，拔出磨心，掩埋水井，不给敌人一粒粮，一块肉，一滴水，让敌人得不到必要的生活物资，甚至饿死、渴死。由于地方上做了充分的支前准备工作，所以八路军、决死队和部分爱国的国民党军队经过 20 多天的奋战，歼灭日军 4000 多人，收复了晋东南的 19 座县城，粉碎了敌人的这次“九路围攻”，为太岳和太行抗日根据地的创建奠定了基础。

在粉碎日军“九路围攻”的前后，驻在晋东南的八路军总部和部队后方医院在粮食、柴草的供应方面遇到了很大困难。安子文知道这个情况以后，立即和薄一波同志一起，指示沁县县长史怀璧，要充分保证八路军总部的物资供应。安子文还亲自带着史怀璧去八路军总部的驻地沁县小东岭村，会见了朱德总司令、彭德怀副总司令和左权参谋长，决定用合理负担和发动富人募捐钱粮的办法来解决八路军总部和后方医院的粮食和副食品供应的问题。此后经过史怀璧等人的共同努力，做了许多艰苦的工作，为八路军总部和后方医院筹措了几百石粮食、500 双军鞋、一批鸡羊和其他副食品。还特意筹集了几石“沁州黄”小米，供总部首长招待客人和医院伤病员食用。这就解决了八路军总部初到沁县时在粮食供应方面的燃眉之急。

为了在敌后建设坚强巩固的抗日根据地，安子文按照中共北方局和冀豫晋省委的指示，在太岳区狠抓党的建设工作。

原来，太岳各县的党组织经过抗战以前阎锡山的多次摧残破坏，保存下来的基层党组织和共产党员极少，远远不能满足抗战开始后形势发展的需要。因此，安子文在建立中共太岳工委以后，就立即着手进行重建各级党组织和发展新党员的工作。他首先以八路军工作团的名义建立了以史健为书记的中共沁县县委，接着又亲自去沁源，与当地的共产党员张潮、李庭芝、刘广征等同志进行联络，并对共产党的组织建设和抗日救亡工作作了指示。很快中共沁源县委也以八路军工作团的名义建立起来了。后来平遥也建立了共产党的县委。此后，建立党的区分委和党的基层支部以及发展新党员的工作提上了议事日程。经过安子文等同志的努力，党的组织建设工作进展很快。截至 1938 年 10 月，太岳区已经建立了沁县、沁源、长子、屯留、平遥五个县委，还建立了安泽和介休两个县共产党的领导机关，浮山也建立了共产党的特别支部。总计全区建立了 260 多个共产党的支部，共有共产党员 3840 人。不久，又接受了汾河以东赵城、洪洞、灵石、霍县的共产党组织，使中共太岳特委管辖的范围扩大到 12 个县。

1939 年 1 月，以安子文为书记的中共太岳特委作出了《太岳全区的工作总结与计划》。这份文件指出：目前太岳区的工作已经前进了一大步。其主要表现是：党的力量迅速发展和群众运动的开展，而且逐步实现了统一的与集中的领导。全区的工作开始走上了巩固的阶段。要求各级党的组织不仅对党的工作，而且要对政权、武装、民运等项工作实行全面领导。党的中心任务是：在巩固中发展党与壮大党，把巩固与教育、整理与健全当作现阶段的主要工作；要加强政权工作，坚决执行抗日法令，动员和组织群众，巩固与扩大各种群众团体；加强脱产自卫队和公安局武装中党的工作，保证共产党对地方武装的掌握。

为了适应工作发展和完成以上任务，这个文件特别强调了加强共产党领导的问题。要求各级党组织改变过去手工业式的和事务主义的领导方式，要加强原则性的领导，扩大党内民主，培养各县独立工作的能力，制定严格的工作计划，并为实现工作计划而斗争。为此，中共太岳特委举办了党校，着手训练党的基层干部。还要求各县党的县委和区分委开办党员训练班，普遍轮训党员，使每个共产党员都能懂得党的基础知识，在各项工作中起模范带头作用。

1939 年 2 月，根据中共六届六中全会的决定，中共太岳特委改称中共太岳地委，仍由安子文任书记。

正在这个时候，日军已经制定了对晋东南进行所谓“一号作战”的计划。日军企图通过这次“一号作战”，即第二次九路围攻。首先打通白晋路和从临汾经屯留到黎城的公路，然后再以这个十字架为基础，进行分区“扫荡”，逐步缩小八路军、决死队在这个地区的活动范围，进而捕捉和消灭抗日部队的主力，摧毁这个抗日根据地。

针对这种形势，安子文和薄一波根据八路军总部和一二九师师部的指示，继续对决死一纵队进行军事政治训练，抓紧建立和巩固各村的游击小组，动员群众参战，加速改造各级旧政权，进行了紧张的备战活动。

1939 年 7 月，日军的“一号作战”开始了。这时候，根据地的主力部队灵活机动地转移到了外线，开展交通破击战，寻机打击敌人。根据地各县以共产党的县委为核心，成立了临时指挥部，发动群众进行游击战争。他们利用境内七梁八沟的险要地势，进行了历时一个多月的反围攻斗争，终于迫使敌人退出了根据地。但是，由于日军在“一号作战”中占领了白晋路沿线包括沁县县城在内的所有城镇，打通了白晋路。这样就把晋东南根据地的太岳区和太行区割裂为二。此后，安子文和薄一波率领中共太岳地委和决死一纵队的领导机关由沁县转移到沁源。于是沁源就成了太岳抗日根据地的中心。

1939 年下半年，国民党顽固派掀起了抗日战争时期的第一次反共逆流。山西的局势愈加紧张。当时，阎锡山在秋林会议之后大造反共舆论，妄图把薄一波等共产党员掌握着领导权的山西新军和牺盟会消灭掉。

面对日益严重的形势，山西各地的共产党组织按照中共中央和毛泽东主席制定的正确方针，开始了粉碎反共逆流的斗争。在太岳区，薄一波多次主持召开决死一纵队和第三行政区的会议，部署和落实应付突然事变、实行自卫反击的各项措施。安子文除了协助薄一波的工作之外，还在 1939 年 11 月主持召开了太岳地区共产党的代表大会。这次代表大会讨论了如何开展群众游击战争，坚持敌区工作以及反顽斗争等问题。研究了克服投降危险应付突然事变的事项，要求各地的共产党的组织“发动广泛持久的反投降运动”，使广大群众都了解当时的形势，都团结在共产党的周围，坚决反对和彻底粉碎反共逆流。

这次党代表大会以后，太岳各地的共产党组织除在党内加强组织工作和思想教育工作外，还组织和发动群众举行各种集会，谴责、声讨蒋介石、阎锡山的反共投降活动。同时还广泛动员群众参军参战。为此，各县都组织了青年随军服务队。还把留在村里的男女老少都组织起来，积极进行除奸活动和禁毒活动。这样就在太岳抗日根据地筑起了一道坚固的钢铁长城。

因为安子文和薄一波做了以上防变的思想准备和组织准备工作，所以阎锡山发动十二月事变时，太岳地区没有受到严重损失。抗日政权和抗日军队仍然掌握在共产党的手里，太岳抗日根据地仍然坚固地岿然屹立着。

开展坚决的对敌斗争

1940 年 1 月，陈赓将军奉命率领八路军三八六旅进入太岳区，并由他统一指挥太岳区的部队。陈赓把部队布置在临屯公路的北侧，有效地制止了盘踞在岳南的国民党军队和阎锡山晋绥军进犯太岳区的企图。从此，陈赓将军就参加了创建和巩固太岳抗日根据地的斗争。不久，中共北方局为了加强共产党对太岳区的领导，决定将中共太岳地委升级为中共太岳区党委，以安子文为书记。并且成立了太岳军政委员会，由薄一波担任书记。陈赓和安子文都是军政委员会的领导成员。他们为了把太岳区的共产党组织建设好，充分发挥党组织在各项工作中的领导作用和核心作用，所以按照中共中央的指示，在全区范围内进行了一次整党运动，清除了一批混进党内的投机分子，处理了一些犯有严重错误的党员，这样就纯洁了和巩固了共产党的组织，并且也使全党同志受到了一次深刻的党性教育。通过整党，在党的组织建设方面严格了发展党员的手续，个别、慎重地发展党员，并且健全了党的组织生活制度，使共产党的组织真正地成了坚强的战斗堡垒。

在“百团大战”以后，日本侵略军对华北敌后抗日根据地实行“三光”（烧光、抢光、杀光）政策，对太岳区进行了惨绝人寰的报复“扫荡”。使成百个村庄化为焦土，房屋为墟，成千成万的抗日群众惨遭杀害，因此群众情绪一度低落，粮食、生活用品、劳动工具、房屋住舍无一不成为严重问题。

面对这种现实，安子文通过总结对敌斗争的经验，严肃地指出：“我们对敌人的“‘三光’政策估计不足，斗争不得法，是造成损失的重要原因之一”。他认为要保卫和巩固抗日根据地，就必须根据毛泽东的人民战争思想，狠抓武装建设。不但要扩大正规部队，加强游击队，而且要广泛建立民兵和自卫队。

开始时，有些人觉得，在日军现代化的武器装备面前，民兵和自卫队的土制武器是没有什么作战能力的，因此对于组织群众武装信心不足。为了用现实的例子来教育干部和群众，中共太岳区党委把沁源县绵上村民兵药炎明空手杀敌夺枪的英雄事迹作为典型，广泛地进行了宣传。安子文还亲自为《太岳日报》写了关于开展学习药炎明杀敌立功运动的文章，告诉大家在敌人血与火的烧杀中，只有像药炎明那样下定“拼死命，换活命”的决心，通过英勇斗争才能克敌制胜。他还指示报纸对药炎明的事迹要用连环画等形式进行多样化的宣传。同时，在太岳区参议会上，他又一次讲了开展药炎明运动的意义。这样就使药炎明这面群众武装斗争的旗帜树立起来了。它鼓舞了太岳区的广大群众。此后，一批又一批的青年自动报名当民兵，表示要以药炎明为榜样，为保卫家乡、保卫根据地英勇杀敌。于是很快就在太岳区掀起了群众性的以地雷为主要武器的爆炸运动，有些民兵还使用破旧武器，硬是凭着苦学苦练，成了百发百中的神枪手。

在开展药炎明运动初见成效后，安子文和薄一波、陈赓又狠抓了群众情绪低落的转变工作。在他们的指示下，太岳区抽出了一大批干部，深入各村帮助群众总结在敌人报复性“扫荡”中遭受巨大损失的惨痛教训。这些干部一面向群众揭露敌人的残暴，一面教育大家只有团结起来同敌人进行斗争，才有出路。他们号召群众实行“空室清野”；发动各界人士对被敌人杀害的群众采取各种形式进行悼念；号召党政民干部节衣缩食捐款捐粮，帮助遭受敌灾的群众解决生产和生活中的实际困难，通过工农青妇各群众团体和冬学教育群众，大大地激发了广大群众杀敌复仇的斗志。于是，广大群众以勇敢地开展对敌斗争的实际行动代替了因敌人杀掠而造成的消极悲观情绪。

和太岳军民一起度过艰苦的战斗岁月

1941 年和 1942 年，由于日军的残酷“扫荡”和水旱灾害的严重袭击，太岳区进入了一个非常困难的时期。在这个时期，作为区党委书记的安子文坚决执行中共中央和北方局制定的政策，认真实行减租减息、合理负担、精兵简政、建立“三三制”政权、开展生产救灾、互助互济、优待军烈属等政策来渡过难关。

在这个极端困难的时期，安子文和普通干部一样，住土窑洞，上山种地。他与区党委机关干部同灶吃饭，常常吃野菜，很长时间也见不到一点肉，致使他的身体日益消瘦。他爱人刘竞雄当时在延安，得知这个情况后就把自己从家中带出来的衣服、毛毯等物品变卖，将所得 4000 元边币（陕甘宁边区发行的货币）托人从延安捎来，让他买点有营养的食物补补身体。但安子文接到钱后，除交了 1000 元党费和留下一小部分供领导同志夜班加餐使用外，其余的钱都交给了机关，供大家改善伙食。还有，当他发现一个干部在敌人“扫荡”时丢了被子时，就毫不犹豫地把自己的皮大衣送给了那个同志。许多同志一提起这件事就十分感动。

在这个极端困难的时期，随着日军的“扫荡”和“蚕食”，太岳根据地日益缩小。边沿地区大都被敌人“蚕食”了，就是在根据地的腹心地区也安上了敌人的据点。这种新的形势给对敌斗争在策略上提出了新的问题。这就是，当日本侵略者采取高压威胁政策，强迫游击区各村庄组织“维持会”时，群众应该采取什么对策？最初，有些同志出于仇恨敌人暴行的心情，坚决反对“维持”，要把“维持”敌人的人一律以汉奸论处。但是，在敌我双方如此尖锐对立而又是敌强我弱的情况下，一些游击区的群众为了生存组织“维持会”是迫不得已的。那种把这些群众也轻易地以“汉奸”论处的做法，不仅不能有效地阻止敌人推行“维持”政策和敌占区的扩大，而且还会脱离群众，给革命带来危害。安子文为了正确地解决这个策略问题，就和高扬文、卫恒等同志深入沁县等地的许多游击区村庄进行调查研究，从实际出发，提出了在游击区要采取符合当时敌我斗争形势的“两面政权”的策略。按照这个策略，就是在游击区要把村政权实际地控制在共产党的手里。它表面上以“维持会”的形式应付敌人，但实际上却是共产党领导下的抗日政权。这个政权应付敌人的办法是：当日军威胁群众成立“维持会”的时候，群众开始只是口头答应，而实际上不予维持；这叫“拖延”。一拖再拖，实在不能再拖延时，就勉强地“维持”起来，这叫“从拖延到维持”。在日军误认为群众已经成了“良民”的时候，就又拖延起来。敌人要求送的东西不送，敌人要求办的事情不办，这叫“从维持到拖延”。当日军逼得紧了，就应付式地送几个鸡蛋、几斤油，或者干脆挑个空担子去，说是送的东西被八路军“劫”走了，这叫“拖延中有维持，维持中有拖延”。如此敷敷衍衍，虚与周旋，一旦时机成熟，就把日军的据点连根拔除。这个既有原则性，又有灵活性的对敌斗争策略，容易为群众所接受，而且实行起来大见成效。

为了粉碎日军的残酷“扫荡”，安子文和薄一波、陈赓等同志不断地总结反“扫荡”斗争的经验，根据毛泽东的人民战争思想，愈来愈有效地组织和指挥全区军民进行反“扫荡”斗争。

1941 年日军进行秋季“扫荡”时，中共太岳区党委和太岳军区机关率领十六团、二十五团和五十九团等主力部队在向北转移途中被数以万计的敌人包围在沁源马森以北、程壁以南的大林区。形势是十分危急的。搜山的敌人甚至进到离安子文和薄一波的隐蔽处只有十几丈远的山梁上。恰在这时，隐蔽在附近的一匹战马惊叫起来。饲养员为了保护安子文等首长的安全，毅然跳出隐蔽处，追着马向前疾跑，把搜山的敌人都吸引过去了。这样，安子文和薄一波等同志才转危为安。尽管情况如此紧急，但薄一波和安子文等同志临危不乱，他们指挥部队凭着有利的地形和敌人血战两昼夜，然后将部队化整为零，乘着黑夜从敌人的缝隙处突围，到外线去进行斗争。还有一次，安子文和高扬文、郭钦安等太岳区党委同志在沁源县阳泉村与“扫荡”根据地的大队日军遭遇。这时，安子文沉着指挥大家利用有利的地形地物迂回撤退，终于化险为夷。此后，每逢敌人进入根据地进行“扫荡”时，太岳部队除留下一小部分主力配合地方武装和民兵在内线吸引住进入根据地的敌人外，大部分兵力都转移到外线活动，出其不意地打击敌人的补给线，摧垮敌人的据点和碉堡，消灭留守的敌人，迫使进入根据地“扫荡”的敌人撤兵回救，从而一次又一次地粉碎了日军采用“铁壁合围”“分进合击”以及“铁滚”“篦梳”等战术进行的“扫荡”，使太岳区的斗争形势不断地好转起来。

决策进行“沁源围困战”

沁源地处太岳根据地的腹心，日军几次试图侵占沁源县城，但都被太岳军民赶出去了。1942 年 10 月，日军又分兵七路“扫荡”太岳区，第六次占领了沁源县城，并且扬言说他们不走了，要在这里建立“山岳剿共实验区”。

这时候，安子文和薄一波、陈赓分析了沁源地区敌我力量对比的状况，认为共产党在沁源有雄厚的群众基础，有战斗力很强的正规部队，加上沁源境内沟多山多，具备坚持对敌斗争的有利条件。基于这种认识，他们决定沁源的对敌斗争要采取“围困战”的战术，要断其路，绝其粮，强迫敌人撤走。绝不能允许敌人长久地占领沁源县城。

在安子文和薄一波、陈赓等同志的决策下，沁源县成立了“围困指挥部”。以太岳纵队决一旅三十八团团长蔡爱卿为总指挥（后由该团参谋长李懋之继任），中共沁源县委书记刘开基为政委。他们把沁源县城和交通要道两旁 23 个村镇的居民有组织地疏散到群山之中，使沁源县城的周围和交通要道两旁成了一个约长百里，宽十里的“困敌区”。

在这个地区，群众统统把粮食“坚壁”起来，猪羊牲口也全部转移，水井中填进污物，使敌人吃饭喝水都十分困难。而转移在附近山沟里的群众，白天隐蔽起来对付搜山的敌人；晚上组织起来回去劫敌资财，抢种抢收。当地的民兵、游击队则在三十八团的配合下，巧布地雷阵，打冷枪袭扰敌人，把敌人打得措手不及。他们还掩护群众不断地破击敌人的交通运输，隔断沁源敌人和外界的联系。硬是这样，沁源的八万军民把敌人围困了两年半，终于迫使敌人于 1945 年 4 月夹着尾巴从沁源撤走了。

“沁源围困战”是敌后抗战中的典型战例之一。它充分地发挥了人民战争的威力。“沁源围困战”所以能够取得如此辉煌的胜利，是安子文和薄一波、陈赓等同志善于观察和分析形势，多方面进行组织领导工作的结果，也是同他们在过去长期扎实工作奠定的群众基础分不开的。

在围困沁源的过程中，安子文和薄一波、陈赓对于转移到山沟里的群众非常关心。他们曾多次指示中共沁源县委和抗日县政府要认真安排好群众的生活，想方设法解决群众的吃饭问题、穿衣问题和居住问题。安子文还深入疏散群众的山沟，了解情况，热情慰问。他号召全太岳区的党政军民工作人员，每人每天节约一两粮食，支援沁源群众。这就更加密切了干群关系和军民关系，坚定了沁源广大群众坚持围困斗争的信心。

1943 年春，安子文奉调离开太岳区赴延安。但是，他在四年多的对敌斗争中，已经和太岳军民结下了深厚的情谊。他回到延安后，心里仍然一直惦记着正在同日军进行艰苦斗争的太岳区广大军民。他及时地向中共中央汇报了太岳军民开展对敌斗争的情况，并把新华社太岳分社副社长董谦（江横）写的许多篇关于围困沁源的通讯交给《解放日报》（中共中央机关报）陆续发表，从而使“沁源围困战”这一斗争奇迹传遍了各个抗日根据地。

王新亭将军在太岳区的战斗岁月*

宋荐戈　霍临春

王新亭，湖北省孝感县城北王家岗村人。他1908年出生在一个贫苦农民家庭。1930年春天参加中国工农红军。

王新亭入伍的第三天，就参加了对敌作战。他1930年秋天参加中国共产党。土地革命战争时期，他在鄂豫皖苏区和川陕苏区英勇作战，屡建战功。从当战士、当班长起步，长征到陕北时担任了红三十一军政治部主任。

全国抗日战争爆发后，国共实行第二次合作，红三十一军和一部分陕北红军合编为八路军一二九师。王新亭一度调任一二九师政治部组织部长，不久就奉命担任三八六旅政治委员，成了陈赓将军的好搭档。

1940年1月，三八六旅奉命在陈赓旅长和王新亭政委的率领下进入太岳区，由此开始，直到1948年秋天太岳区全境解放，王新亭将军一直战斗在太岳区。他为巩固和扩大太岳革命根据地做出巨大贡献。

现在，让我们怀着感恩的心情回望一下王新亭将军在太岳区的战斗岁月。

一

抗日战争开始后国共两党实行第二次合作，当年的红军被改编为国民

* 撰写本文采用了王新亭之子王万里同志提供的材料和《陈赓传》《抗日战争中的一二九师》《太岳革命根据地纪事》《太岳革命根据地史》中的材料。

革命军第八路军。王新亭所在的红四方面军第三十一军编入八路军一二九师。因为改编后旅以下的政治机关和政委制度被取消了，所以王新亭改任一二九师政治部组织部长，并让他带着几个政工干部组成工作组，到三八六旅做政治工作。三八六旅旅长陈赓见到王新亭十分高兴，经研究，决定让王新亭到由红三十一军改编成的七七二团，负责这个团的整顿工作和建设工作。

王新亭到七七二团后立即找新老战士谈话、找党支部骨干和连排干部谈话，并和团里的领导干部交换意见。他还为七七二团的各个连队培训党支部骨干。依靠支部骨干和党员发动群众，教育群众，很快就在这个团里恢复和健全了共产党的各种制度和加强了党委和党支部的建设。通过党内教育和在部队中进行的思想政治教育，使部队的精神面貌焕然一新，可见政治工作的威力是很大的。

当八路军一二九师奉命转战晋东南以后，1937 年 11 月 13 日在和顺县石拐镇召开了干部会议。这次会议决定一二九师的主要任务是坚持独立自主的山地游击战争，以太行太岳为依托，要分兵发动群众，扩大队伍。会议还决定：由王新亭和宋任穷、刘志坚等同志分别率领工作团，到晋东南各县开展群众工作。其目的正如刘伯承师长所说："晋东南是毛主席选定的下棋的'眼位'，我们一定要把这个'眼'做起来。"①

石拐会议后，王新亭带着由三八六旅七七二团三个连组成的工作团到长治地区开展工作。他在工作中冲破了阎锡山地方政权的重重阻碍，向长治地区各县派出了工作组。这些工作组在屯留、长子、高平、襄垣、长治、壶关、潞城等县的城关和农村进行了大规模的宣传活动，他们发动群众建立抗日政权和抗日自卫队，恢复各地党组织。经过一个月的艰苦工作，群众的抗日情绪高涨起来了，一些开明的商人和绅士慷慨解囊捐钱、捐粮、捐物，工人、农民和学生纷纷报名参军入伍，尤其是上党乡村师范的教务主任王中青，亲自带着一大批学生参加了部队。这在当时的长治地

①《王新亭回忆录》，解放军出版社 2008 年版，第 48 页。

区影响很大。就这样，王新亭带着这个工作团在长治地区扩充新兵 1000 多人。把他带来的七七二团三个连，扩充为一个补充团。这年年底，王新亭带着这个补充团高高兴兴地回到了一二九师师部驻地，受到了刘伯承师长和陈赓旅长的夸奖。

1938 年初，八路军恢复了政治委员制度。王新亭被正式任命为三八六旅政治委员。他带回来的补充团也编入三八六旅，改称第十七团。此后，王新亭和陈赓并肩率领三八六旅指战员在刘伯承师长和徐向前副师长的指挥下，在长生口伏击战、神头岭伏击战和响堂铺伏击战中取得了“三战三捷”的重大胜利。这三次伏击战一次比一次打得漂亮。它不仅沉重地打击了日本侵略军的嚣张气焰，大量地牵制了日军的行动，而且极大地提高了共产党和八路军在人民群众中的威望。

1938 年 4 月，日本侵略军为了拔掉一二九师在晋东南的这个钉子，出动 3 万兵力，采用“牛刀子战术”，分九路向晋东南进行围攻。为了粉碎日本侵略军的这次围攻，根据一二九师师部的决定，由陈赓率三八六旅主力向东转移，隐蔽待机破敌；王新亭则率领一个营和一部分干部二进上党。在长治地区去发动群众，多方游击袭扰敌人和进行扩军与筹集资财的工作，以配合主力部队粉碎敌人的围攻。此次王新亭在上党地区通过进行广泛深入的宣传发动工作，广大人民群众的抗日信心倍增，于是很快吸收了 1000 多名新战士，还筹集了大批部队急需的物资。其间，在一进上党时参军的王中青因为熟悉本地情况，所以对于到哪里筹集棉花，到哪里筹集布匹，到哪里筹集药品知道得一清二楚。他在这项征集资财的工作中起了很好的作用。

当王新亭在上党地区发动群众扩充兵源和筹集资财时，陈赓率三八六旅主力已抓住战机，在襄垣县长乐村咬住了日军参加“九路围攻”的主力苫米地旅团。经过半天激战，不仅将这个日军旅团大部歼灭，而且还击退了前来增援的两个日军联队。

长乐村之战是反日军“九路围攻”的一次决定性的战斗，它使参加围攻的各路日军闻风丧胆，全部动摇。这年 5 月初，参加“九路围攻”的各路日军纷纷退走。三八六旅和兄弟部队一起在反“九路围攻”中共歼敌4000余人，收复了晋城、襄垣、潞城、黎城、辽县等19座县城，把抗日大旗牢牢地插在了晋东南这块土地上。

在粉碎日军的“九路围攻”之后，为了扩大根据地，王新亭和陈赓一起，奉命在徐向前副师长的统一指挥下，率部于1938月6月南下进入冀南平原去发动群众开展游击战争，扩大根据地。

其间，陈赓和王新亭指挥三八六旅主力，于1939年2月10日在威县香城固打了一个诱伏战。此战三八六旅以伤亡50余人的代价，毙敌大队长以下250余人，生俘8人。战后刘伯承师高兴地说：香城固战斗“敌我伤亡的比例是四比一，我们的代价是小的，是赚钱的生意。这是个模范的诱伏战，应当表扬。”①

此次诱伏战后，香城固一带的群众编了一首民谣来歌颂三八六旅和香城固战斗：

三八六旅好儿郎，领导是陈、王。

沙滩布下口袋阵，香城固四面撒罗网。

大汽车冒火光，日本鬼子见阎王。

解了咱们心头恨，保住咱们好家乡。

香城固战斗结束后的第二天，日军出动5架飞机和70多辆汽车，满载2000多名日军，在大炮、坦克的配合下到香城固地区要“专打三八六旅”。但此时三八六旅已经返回晋东南进行休整。日军只好垂头丧气地退回原防。

二

1939年12月，在国民党发动的第一次反共高潮中，阎锡山率先发动“晋西事变”向山西新军和牺盟会开刀。他命令他的晋绥军在晋西一面夹攻决死二纵队，企图消灭这支受共产党领导的部队；一面用武力解决了大

①《陈赓传》，当代中国出版社2013年版，第149页。

宁、永和、阳县、临汾、洪洞、赵城等县的抗日县政府、自卫团、牺盟会和各个抗日救国团体；与此同时，决死三纵队中的反动军官赵世铃等人策动叛变，拉走了四个团的兵力，阎锡山委派的地方长官孙楚也发动“晋沁阳事变”，先后摧毁了阳城、沁水、晋城、浮山等县的抗日民主政权和当地的抗日民众团体，逮捕和屠杀共产党员、进步分子200余人。当时，只有在薄一波、安子文主持工作的太岳地区，由于采取的应变措施得当，及时保住了这个地区仍然在共产党的领导之下。但是，蒋介石竟然下达命令，要求太岳区和太南地区的八路军、决死队一律撤到白晋路以东、邯长公路以北地区[①]。据此，国民党的中央军和阎锡山的军队从南面向太岳区、太南区步步逼进，太南的大部分地区已由国民党的中央军控制，太岳区也处在危险之中。

当此反共逆流十分猖獗的危急时刻，八路军、决死队按照中共中央的指示，一面坚决拒绝执行蒋介石的命令；一面加强自己的力量。正是在这样的形势下，八路军朱德总司令和彭德怀副总司令致电一二九师刘伯承师长和邓小平政委，命令陈赓、王新亭率领三八六旅主力和八路军总部特务团进入太岳区，与薄一波领导的决死队会合，形成强有力的拳头，保卫太岳区，使反动派企图消灭决死队，摧毁太岳抗日根据地的企图化为泡影。

三八六旅进入太岳区后奉命兼任太岳军区，以陈赓为太岳军区司令员，王新亭为军区政委，统一指挥太岳区的部队。担负起保卫和建设太岳抗日根据地的任务。

三八六旅进入太岳区后，按照共产党的统一战线政策，一方面采取积极行动，从军事上反击国民党军队和阎锡山军队的进犯，制止了他们向临屯公路以北推进的行动；另一方面以决死一纵队副纵队长牛佩琮为代表，与国民党军队进行谈判。通过这样的军事反击与和平谈判，国民党和阎锡山不得不与我们达成暂时的划界协议。议定双方以临（汾）屯（留）公路为界，界南为国民党军队驻防区；界北为决死队和八路军的驻防区。从

① 中共山西省委党史研究室:《太岳革命根据地纪事》，山西人民出版社1989年版，第158页。

此，太岳区这块根据地就确定在同蒲路、白晋路、临屯公路之间的三角地带。有了这块根据地，就为共产党领导下的抗日军民继续开展抗日游击战争和进行反对以国民党蒋介石、阎锡山为代表的顽固派进行斗争打下了基础。

太岳区的形势刚刚稳定下来，日本侵略军就纠集了6000兵力，于1940年3月底向太岳区发动了“五路围攻”。当太岳部队的反“围攻”战斗进行到4月1日中午时，王新亭考虑到需要防备南北日军对我军形成夹击态势，建议陈赓将部队中的一些机关和后勤方面的大行李转移到安全地区，以便主力部队能够更加机动地寻机歼敌。陈赓当即同意了王新亭的建议，决定由旅政治部主任苏精成组织机关和后勤方面的大行李立即转移，而主力部队这天下午就在张店镇以北的梧桐柏迎头痛击敌人，到4月2日下午结束战斗时，已毙伤日军500余人。在这次反日军“五路围攻”的战斗中，三八六旅充分发挥了阵地战与游击战相结合的优势，最大限度地使用兵力，所以仅用两三天的时间就取得了胜利。

紧接着，王新亭在参与白晋战役和百团大战的指挥工作发挥了重要作用。特别是在由彭德怀副总司令统一指挥的百团大战中，按照一二九师前线指挥所的布置，在百团大战中是由陈赓、陈锡联、谢富治按照八路军总部和一二九师师部的部署，统一调动和指挥太岳、太行和冀南各参战部队来对日作战的。因此此次陈赓不但要指挥三八六旅和太岳部队作战，还要通盘考虑其他部队的使用和指挥问题。其间，三八六旅参谋长周希汉单独率领三个多团的兵力，承担了正太战役和榆辽战役的作战任务。他们在这两次战役中先后进行战斗189次，沉重地打击了日本侵略军。

与此同时，按照八路军总部的命令，留在太岳区域内的部队，包括三八六旅的十七团、决死一纵队的五十七团、五十九团、四十二团和二一二旅以及各军分区的部队，是由王新亭指挥，在广大人民群众的支援下，分别向同蒲铁路和白晋铁路展开破击作战的。这些部队在广大群众的配合下，在同蒲铁路线上曾冲进霍县车站，对洪洞至霍县、霍县至富家滩矿区、霍县至南关、灵石至洪洞段的铁路进行了破坏，还击毁了一列军用列车，袭击了许多敌人的据点。在白晋铁路和白晋公路线上，对南关、沁县、漳源、屯留的日军据点进行袭扰，并组织群众破击白晋铁路和白晋公路。在两个多月的时间里，王新亭指挥太岳区内线作战的部队在同蒲、白晋两线总计进行战斗 132 次，毙伤日军 622 人，伪军 89 人，俘虏伪军 64 人，炸毁铁桥 6 座，木桥 13 座，石桥 14 座，并且把同蒲线上灵石至洪洞，白晋线上漳源至分水岭和权店至虒亭间的铁路彻底破坏了，把大量的铁轨和枕木运到了根据地。这就有力地牵制了日军的兵力，直接配合了主力在正太线上和榆辽地区的作战行动。

1940 年 10 月上旬，日军对晋东南地区连续进行报复性的“扫荡”。日军先是“扫荡”太行区。接着从同年 11 月 17 日至 30 日出动 7000 余人（不包括伪军），分十路对太岳区进行惨绝人寰的毁灭性的大“扫荡”。日军在这次“扫荡”中实行烧光、杀光、抢光的“三光”政策，手段极其残酷毒辣。据不完全统计，在这次日军的报复性“扫荡”中，全太岳区共损失房屋 12 万间，公私粮食 12 万石以上，群众死伤达 3600 人。[①]

为了粉碎日军这次报复性“扫荡”，王新亭指挥留在太岳区的部队结合当地人民武装在内线开展游击战，机动灵活地袭扰清剿之敌，积极寻机打击敌人。其间共进行大小战斗 23 次，击毙日军 700 余人，伪军 60 余人。当中共太岳区党委发出《关于反“扫荡”结束后善后工作的通知》后，王新亭立即指示军区各部队积极参加对群众的宣传解释工作，帮助群众挖窑洞、盖草棚，先解决群众的过冬问题，动员军区干部捐出一个月津贴救济难民，协助地方政府做了大量的日军“扫荡”善后的群众工作。

1940 年 12 月下旬，王新亭率三八六旅直属队一部由太岳区回到涉县三八六旅旅部，和陈赓所率主力部队会合后在一起欢欢喜喜地过了个新年。不久，王新亭调到中共北方局党校学习。结业时刘伯承、邓小平给他做了一份书面鉴定。鉴定的原文是：“政治坚定，党性很强，执行指示命令坚决，个人模范作用好。”

① 中共山西省委党史研究室：《太岳革命根据地纪事》，山西人民出版社 1989 年版，第 210 页。

三

1941 年 8 月，奉八路军总部和一二九师命令，王新亭担任太岳纵队兼太岳军区政治部主任。此时，在中条战役中原驻在太岳山南部和中条山地区的国民党军队除武士敏将军指挥的九十八军外，都纷纷退到黄河以南以西地区，于是岳南地区包括冀氏、沁水、长子、高平、浮山、临汾、襄陵、曲沃等县就成了日军后方的一个空虚地带。

当此之际，为了民族利益和进一步扩大抗日根据地，太岳区先是派以孙定国为旅长的二一二旅和五十九团、十六团进入岳南地区开展活动。接着，八路军总部就指示太岳区组织一支由三八六旅参谋长周希汉担任司令员，聂真同志任政委的南进支队到岳南地区打开局面。他们经过一次反“扫荡”斗争后继续进行开辟新区的工作，在岳南建立了一个军分区和六个抗日县政府，为进军中条山地区恢复晋豫区创造了有利条件。

中条山地区与岳南地区相接。抗日战争初期，八路军唐天际支队和决死三纵队曾在这个地区开展游击战争。但是十二月事变后这一地区成为国民党军队的驻防区。中条山战役后这个地区沦陷敌手。日军在此建立了 140 多个据点，普遍建立了伪政权，流散此地的国民党散兵和土匪武装到处抢劫民财，残害群众，使当地的人民群众处于水深火热之中。

面对这样的形势，八路军一二九师师部于 1942 年 1 月命令重新组建由王新亭和聂真领导的南进支队。执行开辟中条山地区，重建晋豫区的任务。

这支南进支队由太岳区十七团、十八团、五十七团和中共晋豫区党委干部共 2600 多人组成。这支南进支队进入中条山地区后，以营、连为单位分散开展活动，打击敌顽，发动群众，发展地方武装，建立抗日政权，发展党的组织，开始了重建晋豫区抗日根据地的斗争。在半年多的时间里，南进支队各营连对日、伪、顽、匪作战共 56 次，粉碎了日军的 5 月“扫荡”，在军事上取得了一连串的胜利，开辟了南北百余里，东西 300 余里，有人口 20 多万的广大地区，并在中共晋豫区党委的领导下，组建了以刘忠为司令员的晋豫联防区和选举产生了晋豫联合办事处的政权机构。这样就使晋豫区初具规模。

对于中条山根据地的开辟和晋豫区的恢复，一二九师的刘伯承师长和邓小平政委都十分关心和重视。尤其是邓小平政委曾亲自来这个地区视察，他听了王新亭和聂真的汇报以后高兴地说："我军南下，确是救人民于水火，军队进入中条后，严格执行纪律，保护人民利益，人民群众对我军印象极佳。"[①] 邓小平政委的这个评价，也是对王新亭这段工作的肯定和鼓励。

晋豫区后来根据中共中央在1942年10月的决定，与太岳区合并为统一的太岳革命根据地，1943年3月完成了合并工作。从此，晋豫区就成了太岳革命根据地的一部分。

在1942年前后，太岳区是处在一个极端困难的时期。出现这个困难局面的原因，主要是日本侵略者推行所谓"治安强化"运动和疯狂的"扫荡""蚕食"以及残酷的烧光、杀光、抢光的"三光"政策，造成了根据地成千上万的干部群众被杀，房屋被烧，粮食衣物被抢，根据地缩小，面对"敌进我退"的严重形势。加上受自然灾害的影响，农业生产歉收，根据地群众缺吃少穿，而敌占区和国民党统治区的饥民又成千成万地拥进根据地来逃荒，这就更加重了太岳区的困难。

面对这样困难的局面，王新亭作为太岳部队的主要领导干部以身作则，同时要求部队指战员发扬艰苦奋斗，与人民同甘共苦的优良传统，省出粮食救济灾民，当时，王新亭和大家一样挖野菜，采树皮，把小米、咸盐掺和在一起做野菜粥吃，还把采来的橡子压成粉，做成窝窝头，按人分吃。偶尔吃一顿小米饭，也是数量有限。同志们见王新亭工作劳累，担心他吃不饱，把身体拖坏了，有时就让炊事员做点面条送来，但王新亭就立即让警卫员把面条端给病号吃，可见在困难时期王新亭和大家一样，充满了团结友爱的战友情谊。

---

①《王新亭回忆录》，解放军出版社2008年版，第153页。

与此同时，太岳部队还响应党中央、毛主席的号召，开展了“自己动手，丰衣足食”的大生产运动。当时，王新亭在军区政治部进行了生产动员。接着他和广大指战员一起，立即行动起来，自己解决镢头、扁担、箩筐等工具缺乏的问题，上山开荒种地。大家边劳动边谈笑，忘记了疲劳，取得了丰硕的劳动成果。据统计，仅在 1943 年，太岳军区各部队就开荒种地 6300 多亩，生产粮食 1000 多石，生产蔬菜 83 万多斤。[①]1944 年，部队生产的规模又有大的发展，而且不仅是发展了农业生产，同时还普遍地养猪、养羊、养鸡，还进行了榨油、制粉、腌菜、磨面、纺织、造纸，以及采集山货等生产。王新亭和陈赓此时经常到这些生产场所参加劳动，和战士们一块干活。这些生产活动不仅补充了部队粮食和副食品以及日用品的不足，改善了部队的生活，克服了物资方面的困难，而且减轻了人民的负担，增强了军民之间的团结，同时在部队建设方面也起了积极的作用。它为迎接抗日战争的胜利奠定了很好的物质基础。

为了减轻群众的负担和提高部队的战斗力，太岳军区按照中共中央和毛主席的决策和八路军总部与一二九师师部的决定，从 1942 年春季开始把“精兵简政”工作作为中心任务之一。在“精兵简政”的过程中，太岳各部队实行了“精兵主义”，减缩和编并机关，认真充实连队。精简的结果是机关精干了，连队充实了（每连 120 人），部队独立作战的能力和机动性大大提高了。同时在整编过程中调出大批干部加强地方武装和民兵，仅敌后武工队就配备干部 200 多人。还把精简下来的老弱人员安排到经营生产事业单位或从事学艺生产。这也在很大程度上减轻了群众对部队的负担。

接着，从 1944 年冬季起，太岳部队遵照中共中央的指示，开展了军政大整训。整训的目的是要提高部队的军事技术和改造部队的思想作风。整训的内容包括军事和政治两个方面。就政治整训的效果而言，王新亭在一次军区政治部召开的会议上明确指出：这次政治整训“实质上是部队整

① 《王新亭回忆录》，解放军出版社 2008 年版，第 208 页。

风运动的继续，是一个：更广泛、更普遍的群众性的整风运动。我太岳军区各部队经过此次政治整训以后，军阀主义和旧军队的一些不良风气，受到了严肃的批判，上下级之间、官兵之间的关系得到了极大的改善，全体指战员们心情舒畅，团结一致，意志风发，更加激发了革命的积极性，提高了取得抗日战争最后胜利的信心。同时，在思想作风方面，实事求是，联系群众的良好作风得到了很好的发扬，使部队广大干部战士，成为充满阶级友爱、官爱兵，兵尊干，亲如兄弟的革命大家庭的一员，部队的精神面貌发生了重大的变化。”①

这个时期，在中共北方局和八路军总部的领导下，中共太岳区党委成立了对敌斗争委员会。这个委员会的常委会由安子文、牛佩琮、陈赓、毕占云、王新亭五人组成，并由王新亭任书记，负责日常工作的领导。其下各地委、县委都成立了各级对敌斗争委员会，由各级党委书记负责，统一党政军的力量，领导群众的对敌斗争。区县两级还成立了敌伪工作委员会，军区和军分区在若干地区建立了敌工站，加强了对以游击战争为中心的综合的全面的对敌斗争。在对敌斗争委员会的具体组织下，主要是做了以下事情：

第一，在根据地进行了反奸防特工作。1942 年 1 月至 6 月，太岳区公安系统预审汉奸和特务的案件有 800 多件，还组织公审大会威慑敌人，教育群众。同年 6 月，太岳一分区公安机关破获了活动猖獗的反动组织“长毛道”，依法枪决了“长毛道”首脑分子王明川、魏燕忠等人，道徒自首者仅沁县就有 1000 余人。在绵上县破获了汉奸组织“还乡道”，道徒自首者有 700 多人。在平遥县破获了汉奸组织“天义大会”阴谋暴动案。同年 8 月至 10 月，太岳军区以孙定国、李明如为正副指挥，率部对盘踞霍山的土匪进行围剿，剿灭了这股残害人民数十年的土匪。此外，在根据地还对日伪实施的毒化、赌化、淫化政策进行了斗争。

第二，大力开展对敌政治攻势，瓦解伪军、伪组织。通过发传单、写

①《王新亭回忆录》，解放军出版社 2008 年版，第 205 页。

标语、开座谈会、开讲演会、上夜课、喊话、写信、口头宣传等形式和发动敌占区的人民群众，把宣传工作深入到敌人的阵营之中，教育日本士兵开展反战运动，争取伪军、伪人员投向光明。仅在1942年5月的政治攻势中，在沁县、屯留两县就摧毁了敌人的维持会50余个。同年8月中旬太岳区又开展了为期两个月的政治攻势，动摇和瓦解了更多的伪军、伪组织。其中最有名的霍县师庄伪工程队140余人举行了暴动，灵石南关伪自卫团与张壁伪军30余人宣布反正。与此同时，太岳区还坚持“敌进我进”的方针，组织武工队和边沿区游击队，在党政机关的配合下，把各种斗争形式结合起来，在边沿区开展反“蚕食”斗争，在敌占区进行游击战争，广泛深入地向敌人“挤地盘”，一个据点一个据点地把敌人挤出去。

第三，配合反“扫荡”斗争，寻机痛击敌人，消灭敌人。例如，1942年冬日军向岳北发动冬季“扫荡”后，从10月20日到11月8日，太岳军民共作战61次，击毙日伪军670余人，俘虏伪军140余人。日军虽然在沁源建立了所谓的“山岳剿共实验区”，但沁源军民立即在太岳军区和中共太岳区党委的领导下进行围困斗争，最后赶走了敌人。1943年10月，日军纠集2万余兵力对太岳区进行所谓的“铁滚扫荡”。此时，周希汉指挥太岳二分区二十团、七七二团各一部五六百人，在长子地方武装的配合下，乘机攻打日军大堡头据点，当日、伪军六七千人前来救援时，他们掩护主力部队跳出日军的合击圈后，又歼敌460多人胜利突围。就是此次跳出敌人包围圈的太岳二分区十六团，在王近山司令员的率领下于开赴陕甘宁边区途中，根据洪洞县武委会转来的情报，打了一个著名的“韩略伏击战”，歼灭了日军的“战地观战团”。当此次“铁滚扫荡”转到中条地区后，太岳四分区十七团和十八团在地方武装和民兵的配合下，一度袭入沁水县城，夺回牲口百余头。由于日军的扫荡处处扑空，损失太多，只好于11月13日开始从根据地撤退，到22日已全部退走，“铁滚扫荡”由此结束。此后，日军也就没有能力再向太岳区发动大规模的“扫荡”了。

这里还应指出：太岳区民兵在对敌斗争中是发挥了很大作用的。当时，王新亭兼任太岳武委总会主任。他主张把民兵工作变成群众运动，大力发展民兵组织。在他主持制定的《民兵工作纲领》中，提出民兵要配合正规军作战，坚决打击敌人。因此，沁源民兵在沁源围困战中配合正规军组成 13 个游击集团，用“麻雀战”“冷枪战”“地雷战”等方法，开展了一场全民战争。这期间，沁源民兵从 1942 年 10 月到 1944 年底，共作战 2730 次，毙伤日伪军 3078 人，俘敌伪特汉奸 245 人，地雷爆炸 589 次，炸死炸伤日伪军 940 人，解救被俘群众 1745 人。[①] 官军村民兵英雄郑士威、李德昌领导的民兵在二沁大道上一年内埋雷 150 余次，杀伤日伪军百余人。还有阳城县民兵英雄夜明珠（李银宝），组织几个村的民兵实行情报联防，出击联防，四天内打退 1000 多名日军的多次进攻。此外，民兵还担负着为部队侦察敌情、送信带路、捕捉逃敌、押送俘虏、打扫战场以及参加护粮斗争等任务。事实上，民兵作为主力部队的主要助手，在抗日战争时期已经成为开展游击战争的一支重要力量。

1944 年，鉴于国际反法西斯战场上的节节胜利，日军加强了其在太平洋战场上的防御，以及为了向国民党统治区的豫、湘、桂等省发动新的战略性进攻，从华北战场上调走了相当一部分有作战经验的老兵，而以一些新编成部队接替其防务。这样日军在华北的战斗力就相对地减弱了。而华北抗日根据地由于坚决贯彻党中央制定的方针政策，经过广大军民两年多的奋力拼搏，已经克服了困难，政治经济形势都明显好转。在这样的形势下，八路军总部遂命令各区乘日军撤退据点、集中兵力之机，适时出击日伪据点，迫其撤退。于是，太岳区为了进一步扩大根据地，缩小敌占区，对日军发动了攻势作战，展开了局部反攻。

当时太岳区的情况是：薄一波、陈赓、安子文等主要领导同志和一大批党政军负责干部都已去延安准备参加党的“七大”和去中央党校学习，留在太岳区的许多县团级干部也集中在区党委党校和整风学校里参加整风。这样，坚持工作的王新亭等领导同志肩负的责任就更加繁重了。王新亭虽然为此在向陈赓、薄一波并转刘伯承师长等领导同志报告工作时讲了

① 中共山西省委党史研究室:《太岳革命根据地纪事》，山西人民出版社 1989 年版，第 486 页。

干部缺乏、请求调些同志回来的问题，但在这个请求还未实现的时候，王新亭是一个人干着几个人的工作，在派遣部队开辟条西和豫北、抽调两团兵力组成豫西抗日游击支队渡过黄河在新安等地开辟根据地，以及在历次反攻作战和反顽斗争中做了大量工作。据统计，仅在1944年，太岳区就进行了七次局部性反扫荡作战和两次反顽战役。截至同年11月底，全区共进行大小战斗2256次，解放沁水县城等据点38处，逼退敌据点52处，毙伤日伪军1884名，伪军10215名，生俘日军12名，伪军3947名。[①]很显然，在取得的这些成绩中，都倾注了王新亭的心血。

到了1945年，在沁源八万军民坚持两年半的围困斗争之后，困守之敌于4月11日狼狈逃窜，沁源县城获得了解放。紧接着，陷于四面楚歌的阳城城内之敌也于4月13日逃往晋城，阳城全县获得解放。4月27日，晋城之敌也逃走了。5月2日，安泽县城获得解放，5月22日，高平县城获得解放。与此同时，太岳部队还组织了闻（喜）绛（县）作战，把太岳四、五专区连成了一片。5月24日，太岳军区部队发起条西攻势作战，兵锋进抵黄河北岸。7月2日至10日，太岳部队对侵入稷王山地区的阎锡山部队发动了攻势作战，击溃阎军两个团。由此可见，此时太岳区的形势已大为改观。

1945年7月26日，同盟国发表波茨坦公告，促令日本无条件投降。8月6日和9日，美国先后在日本的广岛和长崎投下原子弹，显示了一定的威慑作用。8月8日，苏联发表对日作战宣言。8月9日，苏联红军从东、西、北三面进入中国东北，对日本关东军大举进攻，加速了日本法西斯的覆灭。同日，毛主席发表《对日寇的最后一战》的重要文告，吹响了大反攻的号角。8月10日，刘伯承师长和邓小平政委根据朱德总司令发布的反攻命令，电令各军区迅速反攻。同日，太岳军民在士敏县郑庄召开欢庆反攻阶段到来大会。王新亭和太岳区党委、太岳军区、太岳行署的其他首长一起出席了大会，并发表了讲话，号召全区军民立即行动起来，打好反对

① 中共山西省委党史研究室编:《太岳革命根据地纪事》，山西人民出版社1989年版，第485—486页。

日本侵略者的最后一仗。同日，太岳军区发布对日伪反攻的命令，并向辖境内的日伪军发出通牒，要求其无条件投降，否则即坚决歼灭。8 月 15 日，日本宣布无条件投降。此后，太岳行署和太岳军区联合发出面向前线、面向战争的紧急动员令，太岳武委总会也发出全区民兵配合主力收复城市的号召，太岳军区则制定了反攻作战方案，开始了全区军民的大反攻。

在抗日战争实行“大反攻”期间，从 1945 年 8 月 10 日至 10 月 10 日，太岳区主力部队作战 74 次，收复据点 94 处，解放夏县、平陆、垣曲、济源、孟县、屯留、长子 7 座县城，毙伤日伪军 1400 余人，俘日军 25 人，伪军 4386 人。[①] 另据士敏、高平、长子、屯留、襄漳、沁县、青城、冀氏、翼城、阳城等 10 县的不完全统计，在大反攻期间参战民兵有 8592 人，毙伤敌伪 87 人，俘虏正副师长以下官兵 1845 人，取得了辉煌的战绩。这些战绩的取得，也是和包括王新亭在内的太岳区党政军领导同志的正确领导和指挥分不开的。

四

抗日战争胜利后，正当太岳军民和全国人民一起欢庆胜利，准备进行和平建设的时候，阎锡山的军队却入侵上党地区。针对这一形势，中共中央指示晋冀鲁豫军区集中太行、太岳和冀南的主力部队进行上党战役。在上党战役中，太岳部队指战员和太岳区的民兵、游击队在陈赓司令员和王新亭政委的指挥下不仅在襄垣县土落村截住了北逃之敌，与太行、冀南部队一起，歼敌 18000 人，而且在士敏县之将军岭、桃川地区基本上歼灭了阎锡山的十九军，活捉了军长史泽波。这个上党战役缴获了大量的战利品，所以毛主席称赞上党战役“缴获山积，可为范例”。上党战役粉碎了阎锡山摧毁太岳、太行根据地的企图，鼓舞了解放区军民战胜国民党军队的信心。同时它加强了毛主席在重庆谈判斗争中的地位，促成了国共两党《双十协定》的签订，迫使国民党政府接受了中国共产党提出的和平建国

① 中共山西省委党史研究室:《太岳革命根据地纪事》，山西人民出版社 1989 年版，第 575 页。

的基本方针。

上党战役结束不久，根据晋冀鲁豫军区的决定，太岳军区的主力部队编为晋冀鲁豫野战第四纵队（通称太岳纵队），以陈赓为司令员，王鹤峰为政委。太岳纵队成立后，太岳军区的领导班子经过调整由王新亭担任了军区司令员，聂真为政委，孙定国为副司令员，裴孟飞为副政委。

这项组建工作刚刚完成，太岳纵队和太岳军区部队就遵照中共中央军委的指示，在陈赓和王新亭的指挥下，于 1945 年 10 月 26 日开始在霍县、赵城地区联合作战，几天以后就控制了同蒲铁路灵石至洪洞段。并在人民群众的支援下，开展大规模的破击，将灵石以南、洪洞以北的铁路全部拆毁，斩断了同蒲铁路南段，阻止了国民党军队继续北上的企图。

但是，国民党军队和阎锡山的军队此后仍连续不断地向太岳区发动进攻。面对这种形势，陈赓指挥的太岳纵队和王新亭指挥的太岳军区部队也给予坚决的反击。直到 1946 年 1 月国共两党签署停战令后，太岳纵队和太岳军区部队才胜利结束同蒲战役，把已攻上曲沃城头的部队在停战令生效前果断地撤下来，把到手的胜利放弃了。而阎锡山和国民党的军队在停战期间却并不老实，继续向太岳区发动进攻。陈赓和王新亭也不示弱，立即还击，迫使入侵者退回原防。并由陈赓率随行干部在军调处临汾执行小组和太原执行小组（均由国共双方和美国军事人员组成）中的进行有理、有利、有节的斗争。而太岳四纵队和王新亭领导的太岳军区部队包括民兵在内，都开展了整军工作。其间，各部队和民兵在普遍进行忆苦教育、形势教育、纪律教育和战备教育的基础上，掀起了大练兵热潮，以加强部队和民兵的战斗力。为迎接新的战斗作好了准备。

1946 年 6 月，国民党公开撕毁停战协定，发动了空前规模的全面内战。当时，晋南地区是国民党进攻解放区的战略方向之一。胡宗南的 6 个旅和阎锡山的部队南北呼应，声称要在一个月内打通同蒲铁路南段，寻歼陈赓的太岳纵队和王新亭指挥的太岳军区部队。

当此之际，陈赓和王新亭奉中央军委之命，于 1946 年 7 月率太岳纵队和太岳军区部队在 10 万支前群众的支援下，发起了闻（喜）夏（县）

战役。闻夏战役历时十多天，歼灭胡宗南部6300多人。接着中央军委又命令太岳纵队和太岳军区部队进行同蒲中段战役。此役从8月14日开始至9月1日结束。历时17天，歼灭阎锡山部12000人，控制铁路270余里。连克洪洞、赵城、霍县、灵石、汾西5座县城和村镇据点52个，它使太岳和吕梁两区连成了一片，为以后继续歼敌开辟了广阔的战场。①

正当王新亭和陈赓指挥部队进行闻夏战役和同蒲战役的时候，胡宗南的部队于1946年9月中旬陆续抵达临汾地区。其中包括了其精锐王牌军"天下第一旅"。这"天下第一旅"是一支全部美国机械化装备的国民党军队，不但武器精良，而且部队中老兵多，指挥官的军阶也比其他部队普遍高一级。战斗力是很强的。这支部队来到临汾后，按照驻在临汾的胡宗南部三十八集团军总司令董钊的部署，以三个旅进占与临汾相距不远的浮山县城，要求阎锡山驻在平遥、介休的部队向南进攻，让"天下第一旅"北上，与阎锡山南下部队会合后夹击太岳四纵队和太岳军区部队。

陈赓和王新亭从敌人的报话机中得到了这个信息，立即上报。很快中央军委就指示太岳纵队和太岳军区部队发起临（汾）浮（山）战役。

在临浮战役中，王新亭指挥的太岳军区部队负责阻击阎锡山部队南下，并派出部分地方武装和民兵深入敌后积极开展游击活动，以迟滞、疲惫胡宗南的军队，从而迫使敌人拉长了战线，分散了兵力，为陈赓指挥的太岳四纵队歼灭"天下第一旅"创造战机。从9月22日至24日，陈赓指挥的四纵队与敌激战三天，全歼了胡宗南的"天下第一旅"，旅长黄正诚也被活捉。为此，延安《解放日报》发表题为《向太岳纵队致敬》的社论。指出这一战役"有其不可磨灭的功绩"。

1946年10月，国民党军队攻下张家口后很快召开了伪国大。由此国民党蒋介石更加嚣张，竟想进攻陕甘宁边区和延安。

对此，王新亭在11月21日对《新华日报》（太岳版）记者发表谈话说：延安是民主中国的首都，是中共中央所在地，蒋介石悍然部署对延安

① 中共山西省委党史研究室：《太岳革命根据地纪事》，山西人民出版社1989年版，第669页。

及陕甘宁边区发动进攻，表示他决心消灭中国的民主势力及中国共产党。处在与陕甘宁边区隔河相望的太岳解放区，应立即行动起来，配合陕甘宁边区进行保卫战。王新亭号召太岳区的正规兵团、游击队和民兵开展一个广泛的歼敌运动，寻找一切机会，歼灭敌人的有生力量。[①] 在王新亭将军的号召下，太岳武委总会要求太岳全区民兵开展杀敌立功竞赛运动，争取12月份完成杀敌八百的任务。

在这为期一个月的杀敌立功竞赛运动中，太岳区民兵毙伤俘敌副团长，营长以下官兵2032名，平均每日杀敌65名以上。[②] 经过这次杀敌立功竞赛，太岳区收复了广大的平原地区，把敌人挤到了碉堡里，甚至在碉堡林立的格子网里，敌人也时常被消灭。这就大大地增强了太岳军民的斗志，打击了敌人的凶焰。

1947年3月，蒋介石集中23万兵力向陕甘宁边区发动进攻，其中，胡宗南指挥的15个旅14万人企图直取延安。面对这种情况，毛主席、党中央于3月13日决定主动撤离延安，并于3月18日电令陈赓和王新亭，率部迅速向临汾以南禹门口、风陵渡方向进攻，坚决打击胡宗南背部，以配合陕北作战。

王新亭和陈赓接此电令后立即向太岳区军民发出保卫党中央、保卫毛主席、保卫陕甘宁边区的号召，并决定集中太岳军区和太岳纵队的五万兵力，在134个民兵连和6万民工的支援下，发动晋南战役，以坚强的斗志、充沛的信心和强大的攻势，狠狠打击敌人，以此牵制向陕甘宁边区进攻的敌人。

这个晋南战役于在1947年4月5日发起后声势浩大，席卷汾河两岸。在第一阶段作战中，王新亭率领的太岳军区部队首克翼城县城，接着攻克稷山、万泉、猗氏等县城，太岳三分区的部队收复了绛县和浮山。而陈赓指挥的太岳纵队也攻克了侯马、新绛、河津、荣河和禹门口。其后，王新

① 中共山西省委党史研究室:《太岳革命根据地纪事》，山西人民出版社1989年版，第698页。

② 中共山西省委党史研究室:《太岳革命根据地纪事》，山西人民出版社1989年版，第701页。

亭和陈赓共同指挥，由太岳军区部队和太岳纵队合力攻取曲沃县城。由于曲沃敌人的城防坚固，战斗十分激烈。最后由太岳军区二十三旅在东门和南门爆破成功，炸开城墙缺口攻入城内，经过巷战才全歼守敌，夺得胜利。在第二阶段作战中，太岳军区二十二旅和二十四旅配合太岳纵队十一旅于4月21日进击驻守猗氏西南嵋阳镇，全歼增援运城之胡宗南部号称“御林军”的第十旅二十八团。

当5月12日晋南战役结束时，太岳军区部队和太岳纵队已在晋南地区歼敌22000余人，收复、解放县城25座及侯马、禹门口、风陵渡等要点多处，解放晋南300万人口的广大地区，控制了同蒲铁路南段460华里，将残敌压缩于运城、安邑、临汾三个孤立据点之内，使晋南局势起了根本变化，给国民党胡宗南部造成后顾之忧，直接配合了西北战场的作战行动，奠定了晋南前线部队向黄河以南转入战略进攻的基础。[①]

正当晋南战役进行之际，毛主席于1946年4月26日电令王新亭和陈赓应乘胜相机夺取运城和以一部兵力进入吕梁地区扩大战果，以继续威胁陕北之敌的侧翼。接此电令后王新亭和陈赓研究决定，由陈赓率部“一打运城”；王新亭则率部西出吕梁，在晋绥部队的密切协同下先后解放了乡宁、蒲县、汾城、襄陵四座县城，扩大了晋南战役的成果，并给进攻陕北的敌人造成了一定的威胁。

完成这个任务后，王新亭又率部返回运城前线，参加“一打运城”的战斗。不久因陈赓接到中央命令，率太岳纵队等主力部队组成陈谢集团，准备南渡黄河，挺进豫西，执行战略反攻任务，于是围攻运城的多数部队主动撤离。但王新亭指挥一部分太岳军区部队仍在晋南担任围困运城，牵制敌人的内线作战任务。

五

1947年7月，晋冀鲁豫军区为了适应战争形势的需要，决定扩大野

① 中共山西省委党史研究室:《太岳革命根据地纪事》，山西人民出版社1989年版，第748页。

战部队。为此将太岳军区部队组建为晋冀鲁豫野战军第八纵队，以王新亭为司令员兼政委，周仲英为副政委（未到任），张祖谅为参谋长，桂绍彬为政治部主任。同年 8 月 1 日，八纵队在山西襄汾成立。下辖二十二旅、二十三旅和二十四旅。

在此年的“八一”前夕，王新亭将军发表谈话称：爱国自卫战争的一年，是太岳部队迅速发展壮大的一年，数量已 5 倍于前。这正是执行毛主席“集中优势兵力，各个歼灭敌人”方针的结果，是实施一面战斗，一面建军方针的结果，是经过土地改革的贫苦农民积极踊跃参军参战的结果，同时也是大大发扬群众路线带兵方法、普遍开展立功运动、诉苦追根、开诸葛亮会等领导方法的结果。[①] 此后，王新亭将军就率领八纵队全体指战员继续战斗在解放太岳区全境的战场上，在解放运城、解放临汾和解放晋中的战役中又立新功。

在二打运城之前，当 1947 年 9 月 8 日王新亭发现胡宗南正准备将运城守敌空运到豫西时，就立即命令二十四旅的一个团奔袭运城飞机场。这个团赶到飞机场附近时，看见敌人的运输机正在装人准备起飞。于是一阵猛烈的炮击，敌机升空逃跑，已经集结在机场的敌兵只好又龟缩到城内。于是这个飞机场就被八纵队完全控制了。

9 月 3 日，经晋冀鲁豫军区副司令员徐向前提议，中共中央军委批准了进行运城战役（即“二打运城”）的计划和部署。10 月 8 日，遵照中央军委和晋冀鲁豫军区的指示，王新亭指挥八纵队并太岳军区部队和吕梁军区独三旅，从东、西、北三面包围了运城。到 10 月 30 日，由于运城前线部队英勇作战，扫除运城外围据点的作战进展得十分顺利。但是 11 月 3 日胡宗南的四个旅突然在钟松的指挥下北渡黄河准备增援运城。见此形势，王新亭遂奉命撤围打援，与王震指挥的西北野战军第二纵队一起在平陆境内与敌激战后，毙俘敌 3700 余人。最后钟松主力只好跑掉。但此时运城守敌已破坏了我军的攻城阵地，这样二打运城的战役就被迫停止了。

---

① 中共山西省委党史研究室：《太岳革命根据地纪事》，山西人民出版社 1989 年版，第 775—776 页。

二打运城是八纵队成立后打的第一个战役。此役虽未将城攻下，但对部队锻炼很大。此后两个月，部队进行了针对性的军事训练、政治教育和组织上的调整与兵员补充，因此士气高昂求战心切，加之晋南地区党政军民都表示要全力支援为解放自己家乡的战斗。上级又指示让正在晋南休整的西北野战军二纵队（司令员为王震）也参加三打运城作战。这样，根据晋冀鲁豫军区的决定，组成以王新亭为司令员，王震为政委的运城前线指挥部，以八纵队、二纵队及吕梁独三旅、太岳军区的四个基干团为主力共4万余人，对运城四面包围，准备三打运城。

1947年12月16日晚，攻城部队各以一个团的兵力先伸进到距运城半日行程的地方隐藏起来。17日黄昏，以突然奇袭的手段向运城城郊各据点发起攻击，20日夜，我军扫除外围据点初步成功。23日晚，攻城部队已直插运城北门外壕，二十三旅和二十四旅爆炸了外壕内外的护城碉，二纵队攻占了运城西关。这样，我军就扫除了北西两面的登城障碍。

本来，原来是计划12月25日开始攻城的。但23日接到情报，说胡宗南的四个旅又准备北渡黄河增援运城。为了抢在援敌到来之前破城，王新亭和王震决定将攻城的时间提前一天，要在24日接敌，拂晓前突上城头，主要是靠夜战，使用跳板和云梯登城。但此次攻城失利。25日再次攻城，又一次失利。失利的主要原因是登城的云梯太笨重、太短。

怎么办呢？王新亭和王震、张祖谅三位首长在26日冒着空中乱窜的流弹和满天飞舞的雪花，到二十三旅去开诸葛亮会想办法了。

这个二十三旅在攻打曲沃时曾坑道爆破成功，所以王新亭等首长鼓励他们担负起在很短的时间内把坑道挖到城墙下边，用爆破城墙攻入城内的任务。这时，胡宗南的援兵距运城只有一天的路程了。从外壕向城墙挖一千多米的炕道只能在这一天的时间里完成。

谁都知道在天寒地冻的枪林弹雨中挖坑道，真是困难极了。但是该旅的黄定基旅长坚定地表示："我代表全旅指战员请战：有勇气，有信心，竭尽全力完成这一光荣任务。"王新亭随即高兴地鼓励他们："对的，有决心，有信心，再加上细致的组织指挥和战士们的勇敢精神，就一定能克服困难，完成作战任务。”[①]

这个挖坑道的任务最后落实到六十九团第七连，由刘明生排长和战士车元路等九名同志来执行这个艰巨的任务。他们接受这个任务之后连夜出发，深入到外壕里分作三个小组，在大雪飘飞的战火中轮流挖坑道。有的同志身上五处负伤，仍以惊人的勇气和毅力坚持作业。终于在指定时间内把坑道挖到了城墙下边，还挖了一个可容 3000 公斤炸药的药室。

12 月 27 日晚，爆破队仅用 40 分钟时间就完成了 3000 公斤炸药的传递和装填任务。只听一声巨响，运城的城墙被炸开 20 多米宽的口子。六十九团团长张国斌亲自带领突击队迅速突入城内，不料敌人的火力紧紧地封锁了被炸开的突破口。这时，黄定基旅长立即组织后续部队勇猛反击。王新亭又命令二十四旅旅长王墉率部加入争夺突破口的战斗。很快，二十三旅和二十四旅的猛虎们夺回突破口，随后二纵队的健儿也攻入城内。经过激烈的巷战，于 28 日清晨结束战斗。

运城战役胜利结束后，王新亭和大家一起，欢欢喜喜地迎来了 1948 年元旦。他并且作为晋南人民解放军司令部的发言人，在元旦这一天向新华社记者发表了重要谈话。还在八纵队营以上干部的会议上对运城战役作了全面总结。不久，新华社发表社论《祝运城之捷》，指出运城战役的胜利“有力地配合了刘邓、陈粟、陈谢三路大军对平汉、陇海两路的破击战，同时也证明了我大军打到外线后，我内线兵力还要强大。不但能拉住它（指国民党军队），而且能反攻并消灭它”。[②]

运城战役刚刚结束，中央军委就决定要发起临汾战役。为此，晋冀鲁豫军区成立了前方指挥所（简称“前指”），由徐向前兼任司令员，负责临汾战役的指挥工作。1948 年 2 月 20 日，徐向前率“前指”到达八纵队进行整党整军运动的驻地翼城，亲自向部队进行政治动员，并作出临汾战役的部署。

---

①《王新亭回忆录》，解放军出版社 2008 年版，第 261 页。

②《王新亭回忆录》，解放军出版社 2008 年版，第 266 页。

3月7日，由徐向前统一指挥的临汾前线部队发起了临汾攻坚战役。这次战役经过了扫清外围、夺取东关、攻城歼敌三个阶段。历时72天。于5月16日解放临汾。在这个战役中，王新亭指挥的八纵队起了很重要的作用。特别是八纵队的二十三旅作战出色，尤其是他们挖掘的坑道爆炸成功，为临汾攻城作战打开了胜利的通道，因此荣获中央军委授予的“临汾旅”的光荣称号。

在临汾解放前夕，晋冀鲁豫解放区与晋察冀解放区正式合并为华北解放区。临汾解放数日后，中央军委和华北军区命令：由八纵队、十三纵队和太岳军区部队（后组建为十五纵队）组成华北野战军第一兵团。以徐向前为第一兵团司令员兼政委，直接指挥解放全山西的战役战斗。

此时，人民解放战争已进入第三个年头，全国形势一片大好。我军在临汾战役后士气正旺。而晋中地区的阎锡山军队则人心惶惶。他们正准备趁麦子已熟的机会抢粮进太原固守。为了保卫夏收，6月初徐向前召开兵团会议对晋中战役作了具体部署。王新亭出席了这次会议。会后王新亭召开八纵队党委会议。他在会上作发动晋中战役的报告时指出：“我们到晋中去的主要任务是保卫麦收。使阎锡山抢不到粮食，抓不到壮丁，缩小其地盘，为将来攻取太原创造条件。”①

晋中战役分为歼灭亲训师、北上创造战场和总攻歼灭赵承绶集团三个阶段。②

关于歼灭亲训师，其实是一场很偶然的遭遇战。

那是6月19日，王新亭率八纵队已隐蔽进入晋中平原。当时按照徐向前司令员的意图，是让八纵队到祁县以南地区伏击阎锡山三十四军的。但三十四军没能进入伏击圈。6月20日，王新亭命令二十三旅改道去平遥南北三狼一带去截击三十四军，并让原在铁路上设伏的二十四旅七十一团也随后跟进。此时已经入夜，且大雾迷漫。他们走着走着，到6月21日

①《王新亭生平大事年表》，第79页。

② 山西省地方志办公室编：《太岳革命根据地史》，山西人民出版社2015年版，第287页。

九点多钟时走到平遥曹村地界时雾气稍散。这时，担任侧翼警戒的七十一团一营模模糊糊地看见几十米距离内有人马走动。再进行搜索，发现左边铁路上、公路上有支黑压压一片的队伍正与七十一团并行。从行军的态势上看，这肯定不是兄弟部队，但敌人的三十四军不是改道了吗？那这又是哪个部队冒出来了呢？反正不管三七二十一，这是敌人的部队。于是一营营长李元当机立断，对不期而遇的敌人只能先敌开火并抢占铁路高地。不管敌人有多少，先把它冲乱，为前面的部队争取先机，以保证整个部队背后的安全。

就这样，李营长命令两个连的战士上刺刀向铁路上冲去，把全营的机枪、小炮集中起来火力掩护。战斗打响后，七十一团团长北沙立即率领第二营、第三营就地放下背包赶到现场投入战斗。于是数千敌人被挤压到方园不到五华里的麦地里，正面已经堵死，西边是汾河不能涉渡，已被我占领的铁路高地他们争夺不下来，敌人的二十四门山炮也被冲垮，不能占领阵地架炮发射显示威力。而七十一团的三个营已把敌人切成豆腐块，趁敌混乱之机架起轻重机枪猛烈射击，手榴弹也像雨点一样在敌人的队伍中开花。敌人死伤无数。

当王新亭在部队行进中接到平遥曹村一带正在恶战的报告后，立即命令二十四旅首先发起冲击，又分别命令二十三旅迂回包围，二十二旅向南堵击该敌逃窜。于是全纵队的三个旅迅速展开，以排山倒海之势向敌人发起进攻。打得敌人只顾逃跑，顾不上还击。据《平遥县志》记载：当时“在八纵队三个旅的猛烈射击和波浪式冲锋下，亲训师死伤甚多。上午 10 时起，战斗进入高潮，亲训师混乱不堪，人稠地窄，互相践踏，凡枪炮子弹着落处，非死即伤，激战三小时，消灭亲训师大部及亲训炮兵团的 5 个连，死伤 3000 余人，俘 2400 余人，缴获七五山炮 24 门，其他轻重武器 4000 余件，号称‘王牌军’的万余官兵覆灭。”①

这亲训师即阎锡山的七十二师。这个师的人员组成都是经过阎锡山精

---

①《平遥县志》，中华书局 1999 年版，第 600 页。

心挑选出来的。其武器装备在阎锡山军队中算是最好的，并且是由日本教官运用武士道精神训练出来的。可以说，亲训师是阎锡山军队中的“王牌”。它在晋中战役的首战中被歼后，大大地鼓舞和激发了我军将士英勇杀敌的信心和勇气，对晋中战役的整个过程起了“战役性的作用”。徐向前司令员对八纵队歼灭亲训师也作了高度的评价和鼓励。但是徐司令员也觉得，阎锡山的三十四军因为开战后竟然乘机躲走未被消灭，总有些遗憾。他决心要捕捉战机，把三十四军尽快消灭掉。

阎锡山对亲训师在晋中首战中被歼并不甘心。蒋介石也鼓励阎锡山要“大胆决战”，死保晋中。[①] 于是，阎锡山把其野战部队的主力三十四军、三十三军和由受降后的日军官兵组成的第十总队全数押上，以第七集团军总司令赵承绶为山西野战军总司令，企图在祁县以南与我军决战。

在晋中战役的第二阶段作战中，八纵队和兄弟部队在徐向前司令员的统一指挥下，没有立即发动对赵承绶集团的围歼，而是在敌人守备薄弱的榆次、太谷、徐沟、祁县地区摆开战场，一边保卫麦收，断敌粮源；一边拦头切断赵承绶集团逃往太原的通道。准备在运动中歼灭敌人。6 月 29 日，太岳军区部队（即十五纵队）和北岳区部队一起，奉命破击榆次、太谷段铁路，切断了敌人北撤的退路。赵承绶发现这一情况后急于 6 月 30 日率部北移祁县东观镇和太谷境内，沿同蒲铁路北撤。7 月 3 日，太岳军区部队在太谷东北的董村构筑工事，阻敌北撤。赵承绶集团以重兵向太岳军区部队进攻，太岳军区部队在董村阻击三天三夜，与敌反复拼搏，阵地岿然不动。7 月 7 日，王新亭指挥八纵队攻克祁县县城后立即奉命北上参加围歼赵承绶集团的战斗。这样，八纵队到达后就和十三纵队、十五纵队（即太岳军区部队）及北岳区部队从四面把赵承绶集团的 3 万人马包围在太谷县大常镇、小常村、西东村、南庄一带东西 10 公里，南北不足 5 里的狭小地区，成了瓮中之鳖。

7 月 10 日拂晓，在徐向前的统一指挥下，晋中战役的第三阶段正式打

① 山西省地方志办公室编:《太岳革命根据地史》，山西人民出版社 2015 年版，第 287 页。

响。经过三天激战，在大常镇全歼阎锡山三十四军，重创由日军组成的第十总队。这个第十总队作战很是顽强，死不缴枪。但八纵队的突击部队也是愈战愈勇，尤其是战斗英雄赵满家，竟然带着战友冒着敌人强大的炮火冲进敌团部，活捉了敌团长佳刚义一（日本军人），还在敌团部的院子里缴获了一门山炮。7 月 16 日，晋中前线部队攻克小常村，活捉了赵承绶，全歼敌三十三军等部共 1 万余人。在此期间，八纵队和兄弟部队先后收复了平遥、介休、汾西、孝义、文水等县城，歼灭阎锡山的四十三军、十九军、六十一军各一部。7 月 18 日，榆次县城解放；7 月 21 日，忻县县城解放。至此，晋中战役胜利结束。

在晋中战役中，俘国民党阎锡山部将领 14 人，击毙师长以上军官 7 人，歼敌 75000 千人，解放县城 14 座。在这次战役中，王新亭指挥的八纵队打得不错。因此，徐向前在做晋中战役总结时说："八纵队的几个旅在战役后期的战斗中，都以小的伤亡取得很大的胜利，如二十三旅打敌九总队，二十四旅在汾河西堵击，都打得不错。"①

王新亭在晋中战役结束后，即率部参加解放太原战役。太原解放后，他率部进军西北和西南，参与指挥扶眉、秦岭的战役和成都会战。征战的足迹遍及大半个中国。

新中国成立后，王新亭历任西南军区政治部副主任、副政委兼政治部主任，在邓小平和贺龙同志的领导下为剿灭西南匪患和巩固边防、加强部队建设做出了重大贡献。

王新亭后来历任济南军区代司令员兼第二政委、中国人民解放军副总参谋长，并担任过中央军委副秘书长。他还先后担任军事科学院副政委兼政治部主任、政委和顾问。

王新亭是党的八大代表、九届中央委员，还被选为第一、二、三届全国人大代表、第五届全国政协常委和中共中央顾问委员会委员。1955 年被授予上将军衔。因病医治无效，1984 年 12 月 11 日在北京病逝。

---

①《王新亭回忆录》，解放军出版社 2008 年版，第 304 页。

王新亭的一生，是革命的一生，战斗的一生。在抗日战争和解放战争时期，他为巩固和扩大太岳革命根据地，为山西的全境解放功勋卓著。他受到太岳人民和山西人民的广泛爱戴。他永远活在太岳人民和山西人民的心中。

聂真同志谈在晋豫区和太岳区的战斗历程*

卢海明　整理

抗日战争时期，我先后在中共直鲁豫省工委、中共晋豫特委、晋豫地委和中共晋豫区党委以及中共太岳区党委工作。参加了创建晋豫区和巩固、扩大太岳革命根据地的伟大斗争。现将这段难忘的岁月追忆如下：

一、中共直鲁豫边省工委时期

1937 年全民族抗日战争开始以后，我从已经沦陷了的北平带着黄敬同志给我的组织关系，辗转来到太原向中共北方局报到。在太原听了周恩来同志的形势和任务的报告。安子文同志代表中共北方局接见了我，并分配我到中共平汉线省委李菁玉同志处工作。中共平汉线省委又分配我参加中共冀南特委做组织部长的工作。当时冀南特委驻在河北省磁县彭城镇，特委书记是张玺同志。我到那里不久，上级指示将中共冀南特委改为中共冀南省委。组织上决定让我代表省委到冀南、鲁西和豫北去整顿党的组织。这样，我从磁县出发，到邯郸、成安和永年，经过大名、清封、南洛到鲁西的濮县、范县，又到濮阳、滑县，一路上向各地的同志传达了中央的路线政策。然后又到了豫北的焦作，见到了中共北方局军委书记兼代表朱瑞同志。他的公开身份是八路军驻第一战区司令长官部联络处主任，唐天际

* 本文是根据聂真同志 1984 年 8 月 8 日在太岳革命根据地史座谈会上的讲话和有关的档案资料、报刊资料，由卢海明整理，并经聂真同志审定后，在中共山西省委党史研究室编的《山西革命回忆录》第四辑（山西人民出版社 1987 年版）上发表的。聂真时任中共晋豫区党委书记、中共太岳区党委书记。新中国成立后曾任全国政协常委，中国人民大学第一副校长。

同志是副主任。他们和国民党进行统战工作。我在焦作向他们汇报了工作后，朱瑞同志对我说："你不要回去了，参加这里快要成立的中共直鲁豫省工作委员会的工作吧。"不久，在 1937 年 9、10 月间，在焦作成立了中共直鲁豫省工作委员会，对外称"八路军驻第一战区司令长官部联络处训练部"，我担任了省工委的组织部长。

中共直鲁豫省工委是省委一级的组织，以张萃中为书记，王卓如任宣传部长，薛迅任青年妇女部长，敖纪民（即高锦明）任军事部长。下设三个特委：一是豫北特委（原属中共河南省委领导，后改由北方局领导，此时转属直鲁豫省工委领导）由我兼任书记，王新波同志任组织部长、程明升同志任宣传部长、方升普同志任军事部长、朱凝同志任青年妇女部长。二是中共冀南特委，由朱则明同志任书记，这时王从吾同志还在大名监狱里关着，尚未出来。另外还有个鲁西特委，我去那里接过一次组织关系。以后鲁西特委就由山东省委黎玉同志那里管辖了。

1937 年 11 月，中共直鲁豫省工委在焦作扶轮小学开办了一个有 30 余名共产党员参加的、为期一个月的党员干部训练班。训练班学习的主要内容是党的基本知识、中国革命的战略和策略、抗日民族统一战线、游击战争的战略战术等。党的基本知识由薛迅讲，中国革命的战略和策略由我讲，张萃中同志讲统一战线工作，方升普同志讲游击战争的战略战术等。另外，还办了个"豫北师管区军政干部训练班"，这是由朱瑞同志创办的，刘子超同志任训练班的班主任。训练班是由 9 月底开始招生的。原在新乡，后迁到晋城改为"华北军政干部训练所"，简称"华干"。"华干"的学员主要是开封的学生、冀南大名师范的学生和豫北各界的青年知识分子，此外还有平津流亡来的学生。训练班的课程是仿照延安抗日军政大学开设的。讲课的人除朱瑞、刘子超、庄林、周志远外，省工委的同志也到训练所讲过课。从"华干"毕业的学员，被分配到河南和山西等地开展工作。当年的"华干"学员，例如黄维、王照、苏平、邢真、焦起等后来都成了党的重要干部。有许多人成了晋豫区干部。

中共直鲁豫省工委为了互相了解各自的经历，我们自己搞了一次历史审查。在审查时，张萃中说他在开封监狱时，根据狱中党支部的决定，发表过一个反共宣言。当时，我们认为他的狱中党支部自己做的决定是不算数的。这个问题很严重，是个政治变节行为，便报请朱瑞同志批准，停止了他的党籍，撤了他的书记职务（后来张萃中又经过组织解决了党籍问题）。以后，就由王卓如同志担任书记，我仍任组织部长，薛迅同志任宣传部长，敖纪民同志任军事部长。

1938 年初，朱瑞同志召集中共豫北特委全体成员在博爱举行了一次会议，研究新乡、焦作沦陷后的工作问题。会议决定特委成员要立即深入农村，组织武装，团结上层，建立政权，开展敌后抗日斗争。会后不久，特委成员程明升在焦作北山组成抗日自卫队（由李秉才领导的 20 多人的铁路警备队和收编的部分散兵组成），刘聚奎在家乡博爱以“学武堂”为基础组织起了抗日游击队，王毅之等在沁阳组织了豫北人民抗日游击第三支队。

1938 年 2 月中旬，因日军已准备向豫北进攻，直鲁豫省工委便决定由焦作向晋城转移。当我同王卓如等率领省工委、豫北特委和豫北游击第三支队走到沁阳县紫陵镇时，在紫陵镇小学还开了一个会。在开会时，我说这里环境不安定，薛迅、朱凝两位同志最好今晚不要在这里住，现在就先向晋城走，今晚住到山上。于是他们两个人就先走了。我们在紫陵小学住了一晚，第二天（2 月 21 日）进仙人口，到了仙人庙里正在吃早饭时，反动的红枪会就来袭击我们。红枪会沿山沟中走，并从山上打了进来，大家连饭也没有吃完就立即从仙人庙的后门出去上了山。我们还带了点武装，一面走一面抵抗。这时王毅之同志负了伤，并牺牲了两位战士。

仙人庙事件后，中共直鲁豫省工委机关就向晋城转移。在路上遇见了薛迅和朱凝同志，我们一同到了晋城。2 月底，直鲁豫省工委又同朱瑞等同志从晋城转移到了阳城。

中共直鲁豫省工委机关到达阳城时，阳城县县长李敏之、县公安局长张月川等（都是共产党员）不仅深入农村广泛宣传，发动群众积极开展抗日救亡运动，而且组建了一支 500 多人的人民武装自卫队。由于日军正在进攻阳城，因此，朱瑞、唐天际、省工委以及阳城县政府、县自卫队就转移到阳城西南山中的横河镇和下寺坪。

1938 年 3 月 5 日，朱瑞同志致电中共中央毛泽东、张闻天及中共中央北方局刘少奇、杨尚昆等同志，报告了晋豫边的形势及工作布置情况。他在报告中说：决定以阳城县人民武装自卫队和县公安局的武装作为基础，开展以阳城为中心区域的晋豫边游击战争。报告中提出组织晋豫边军政委员会，由朱瑞负责。中共豫北特委、晋东南的中心县委书记、阳城县长李敏之及八路军驻第一战区长官司令部联络处副主任唐天际参加，执行秘密领导。并提出以阳城县长李敏之兼任晋豫边区游击司令，以县公安局、自卫队及豫北共产党领导的武装编为一、二、三支队。还提出以沁水、翼城、曲沃、垣曲、济源、博爱、晋城地区为游击区域。次日，毛泽东同志就朱瑞的报告，对开展晋豫边游击战争的问题，做了重要指示。毛泽东同志认为朱瑞同志的“部署甚妥”。指出晋豫边地区甚为重要，希望有计划地布置沁水、翼城、曲沃、垣曲、济源、博爱、晋城地区之游击战争，配合主力在西北两方面行动。毛泽东同志还指出：为了搞好统一战线工作，应令阳城李县长将布置七县游击战争及自任晋豫边游击司令的计划，派人绕道送至吉县阎锡山处求其委任和接济枪支弹药费用。根据毛泽东同志的这一指示，我们迅速将阳城县自卫队正式改编为晋豫边游击纵队，由李敏之同志兼任司令员，张月川同志任副司令员，王佐（王兴让）同志任政治代表。纵队共 500 余人，经常活动在阳城县境内，军纪严明，秋毫无犯，随时打击敌人，维护地方治安，保护人民的生命财产。

二、中共晋豫边特委和地委时期

1938 年 3 月，朱瑞同志在阳城县下寺坪召开了有中共直鲁豫省工委负责人，八路军驻第一战区司令长官部联络处副主任唐天际同志，阳城县县长李敏之等参加的党的会议。朱瑞同志代表中共中央北方局，决定撤销中共直鲁豫省工委、曲沃特委、河东特委、豫北特委，成立中共晋豫特委。由我任书记，薛迅同志任组织部长，李哲人同志任宣传部长，敖纪民同志任军事部长，贾寄尘（嘉康杰）同志、阎子祥（后调延安学习）同志、温建平同志、唐天际同志等为特委委员（后唐天际同志并参加中共冀豫晋省委）。这次会议之后，确定中共晋豫特委受中共冀豫晋省委领导。活动范围是曲高公路以南，黄河以北，同蒲路以东，白晋路以西地区，负责晋城、沁水、翼城、曲沃、绛县、夏县、闻喜、平陆、芮城、虞乡、安邑、沁阳、济源、孟县、阳城、垣曲、运城等17个县党的工作。晋豫特委成立后，立即确定中心任务是建立党领导的人民武装，整理与接受河东、晋城、曲沃等地党的关系，恢复政权机构，开展群众工作和发展共产党的组织。

为了尽快开辟晋豫边抗日根据地，根据毛泽东的指示和中共晋豫特委通过的《关于建立共产党领导的人民武装的决定》，我们于1938年3月下旬在阳城县下寺坪千峰寺召开了军民大会，成立了八路军晋豫边抗日游击支队，又称唐支队（原称八路军晋豫边抗日游击队），唐天际同志任司令员，方升普同志任参谋长，敖纪民（高锦明）同志任政治部主任（后为政治委员兼政治部主任），杨伯笙同志任副主任。

晋豫边抗日游击支队兵员的主要来源，一是从李敏之同志领导的游击纵队中抽调了200名精壮战士和一批较好的武器，二是杨伯笙同志从豫北济源县杜八联带来的约200人枪；三是冯精华同志从沁阳带来一部分地方武装；四是各地共产党组织通过组织动员扩充的兵员；五是经过思想教育收编了河北民军钟苏阁的部下“清丰民团”的200余人及其他杂牌部队的爱国官兵；六是杨志坚同志从闻喜带来的一个大队；七是贾寄尘同志和金长庚同志从夏县带来的一个大队；八是李声炎同志带来的一个中队；九是垣曲的一部分武装和同蒲铁路铁工队的部分队员。

1938年4月28日，在济源县邵源乡黄楝树召开了声势浩大的八路军晋豫边抗日游击支队的誓师大会，并决定正式将这一天定为游击支队成立的纪念日。这个游击支队直属八路军总部领导，后为中共晋豫特委领导。开始编为三个大队，后扩充为七个大队。各大队的主要负责人是：一大队大队长为汪友渔（后为王职秋、冯精华），教导员为杨希孔（后为张清洁）。二大队大队长为李景良（后黄建秋），教导员岳彪（后为姬光仁）。三大队长为冯精华（后为邹顺卿）、教导员为任小峰。教导队（亦称轮训队）大队长为张干呈（后为陈浩）、教导员为袁训家（后为朱一民）。1938年底建六大队，大队长为金长庚、教导员为李声炎。七大队大队长为贾寄尘（嘉康杰）。在十二月事变前，晋豫边游击支队发展到近3000人，成为开辟晋豫边抗日根据地的一支相当大的基干武装。

在晋豫边游击支队创建的前后，我们恢复了与中条地区各县共产党组织的关系。我还亲自到翼城、绛县、曲沃、夏县接通了党的关系。并按照方便领导，利于斗争的实际情况，先后成立了4个中心县委。即：夏县中心县委，包括夏县、闻喜、平陆、芮城、虞乡、安邑、运城等7县，由温建平同志以特委委员驻夏县兼任夏县中心县委书记；翼城中心县委，包括翼城、曲沃、绛县等3县，吴云夫同志任中心县委书记；沁阳中心县委，包括沁阳、济源、孟县等3县，王新波同志任中心县委书记，王毅之同志任副书记；晋城中心县委包括晋城、沁水等两县，赖若愚同志任中心县委书记。阳城、垣曲为特委的直属县委。此时，我们还筹建了中共阳城县委工作委员会，由薛迅同志兼任工委书记，成员有刘刚（刘祖障）、魏健等同志。

1938年5月，中共晋豫特委在阳城县司上巷旧中学召开了首次活动分子会议。中共冀豫晋省委组织部长何英才同志参加了这次会议并讲了话。这次会议总结了晋豫特委成立以来的工作，开始了集中的党的领导，确定了当时的工作方针，即:（一）扩大党组织、发展党员、教育党员为首要工作;（二）扩大武装，巩固政权，加紧根据地的建设工作;（三）广泛地开展民运工作。

这次会议以后，开始了晋豫边区共产党的发展阶段。共产党员扩大了两倍、普遍建立了农会，开展了工会工作，并成立了晋南总工会，极大地巩固了翼城、夏县、阳城的抗日政权，奠定了共产党的工作基础，共产党领导的部队继续扩大与增强，相当地扩大了共产党的政治影响。

1938年6月，中共阳城县委正式成立，刘刚同志任县委书记，胡晓琴同志任县委副书记兼组织部长，赵明任宣传部长，魏健任县委秘书。我在同阳城县委的领导成员研究安排好工作以后，抵达济源县黄连树，并在邵原镇会见了杨虎城将军的部下、国民党三十八军军长赵寿山同志，和他商谈了配合作战问题。

此时日军正向豫北进攻，晋豫边抗日游击支队就配合赵寿山的三十八军在阳城、济源交界的王屋山对敌进行了反击。敌人退走后，我们折回阳城。唐支队司令部驻在城内的开福寺。晋豫特委驻在南底村。

我们在南底村时，创办了特委机关报《大众报》。《大众报》的稿件基本上都是由我们自己动手写的。这些文章，宣传了党的方针、政策、路线和各地的抗日斗争新闻。《大众报》虽然只是32开的油印小报，但一直发至黄河以南，产生了相当大的政治影响。

1938年7月，中共晋豫特委的组织机构基本上健全了。特委机关由席松涛同志任秘书长，秘书处下设秘书科、印刷科、事务科、交通科；组织部下设组织科、训练科、统计科；宣传部下设宣传科、编审科；军事部下设军事科、政治科。此外，还建立了工委和青委。特委机关还配备有五六十人的警卫队。此时，还成立了晋豫特委党校，专门负责训练党员干部。同时还建立了巡视团，分头深入各县检查工作和促进工作。

1938年7月3日，徐海东和黄克诚同志指挥八路军三四四旅六八七团、六八八团和一二九师三八六旅七七二团一营、二营，在晋豫边抗日游击支队及阳城县、区、村自卫队的配合下，在阳城北部芦苇河畔的町店地区，对由陇海路北上之日军第二十五师团一个机械化联队进行了截击。经过24个小时的激战，击毙日军600余人，击伤300余人，击毁汽车30余辆，缴获战马100余匹，机枪30余挺。町店战斗结束以后，三四四旅等部队到沁水县端氏镇休整。7月15日，重庆《新华日报》以《町店浴血战》为题，报道了这次战斗。町店战斗的胜利，再次打破了日军不可战胜的神话，极大地鼓舞了晋豫边区军民的斗志。

1938年7月底，朱德总司令在视察驻在沁水县端氏镇的三四四旅后，从古堆出发，经端氏、窦庄等地到达阳城。我同薛迅等同志到朱总司令的驻地（阳城西关的西池院内，即现在的文化馆）向朱总司令汇报了工作，朱总司令指示我们说：要积极慎重地发展共产党员，壮大党的力量，建立群众武装，放手发动群众，积极主动地开展游击战争，坚持持久战，并明确指出凡是过去的党员，入党后因种种原因丢失组织关系时间不太久的，经过审查，只要没有自首叛变的，都应恢复其组织关系，让其在工作中发挥作用。

1938 年 9 月下旬，彭德怀副总司令到达阳城，并在各界群众欢迎大会上讲了抗日持久战的三个阶段。他明确指出：日军进犯中原，意在吃掉华北。号召军民团结，为保卫华北做不懈的努力。随后，邓小平同志也到达阳城，听取了我和薛迅同志及阳城县委书记胡晓琴同志的工作汇报。邓小平同志以生动的事例阐述了共产党在抗日战争中的地位和抗日战争的路线、方针与政策。他还对晋豫特委和阳城县委的工作做了具体的指导。他们都是到延安或从延安回前方路过阳城的。

1938 年 9 月 18 日，我们参加了阳城县召开的声势浩大的纪念大会。在这次大会上处决了阎锡山的秘书处长大汉奸樊次枫。

1938 年 9 月 25 日至 29 日，中共晋豫特委在阳城县南底村召开了第二次党的活动分子会议。参加会议的共 50 多人。除我之外，特委委员李哲人、薛迅、温建平等同志也参加了会议。会议除讨论了一般工作外，还准备讨论的问题有:（一）特委的工作报告。（二）统一战线问题。（三）国际形势问题。（四）托派问题。（五）根据地问题。（六）发动群众和统一民众组织问题。（七）彻底转变工作作风的问题等。但由于敌人的突然袭击，只讨论了统一战线问题及转变工作作风的问题。会议决定在晋豫边区大张旗鼓地宣传抗日政策，团结一切愿意抗日的力量，加强民族统一战线，大力发展地方武装，有效地进行敌后游击战争。会议还决定了放手发动群众，实行合理负担，支持抗日战争和开展敌后建党活动及在实际斗争中培养和发展共产党员的问题。

1938 年 11 月中旬，彭德怀同志在参加中共六届六中全会之后路经阳城，住在唐支队司令部驻地开福寺中。彭德怀同志向中共晋豫特委的同志传达了中共六届六中全会的精神。参加会议的有我和薛迅、李哲人、唐天际、敖纪民、赖若愚以及胡晓琴等同志。会后，我们还和彭副总司令一起合影留念。

1938 年 12 月中旬，中共晋冀豫区委召开了传达与贯彻中共六届六中全会精神的会议，各特委和主要县委的负责人参加了这次会议。这次会议根据中共六届六中全会的精神，检查和总结了各区的政权工作、统战工作、敌区工作、民主民生斗争以及组织工作和民运工作方面的经验和问题，同时还根据中共六届六中全会的精神，通过讨论提出了新的任务。新的任务主要是：加紧紧急动员工作，在准备与迎接战争的情况下，加速统一全区的民运工作，建立农救、青救、妇救、工救、文救和各界总救联，培养大批民运干部，充实和改善政权工作及战时经济、政治、文化等的建设工作，统一基干武装的领导等。在这次会议上，我也作了发言。

此次会后，中共晋豫特委在阳城县下交村召开了传达中共六届六中全会精神的工作会议。我和唐天际同志分别在会上作了报告，批判了王明的“一切经过统一战线、一切服从统一战线”的新投降主义路线和张国焘分裂党和叛变党的罪行。强调了个人服从组织、少数服从多数、下级服从上级、全党服从中央的组织原则。严厉地驳斥了国民党顽固派的摩擦活动，强调了对国民党顽固派必须作针锋相对的斗争。我还分析了本地区复杂的斗争形势，强调统一战线中必须坚持独立自主的原则，并号召全体共产党员在抗日民族解放战争中起模范作用。

通过对中共六届六中全会精神的传达和贯彻，晋豫区各级党组织和广大干部更加明确了共产党在抗日战争中的领导责任和在统一战线中坚持独立自主原则的重要性，以及放手组织人民抗日武装斗争和巩固敌后抗日根据地的迫切性。从而推动了巩固晋豫边抗日根据地各项工作的全面开展。

1938 年 11 月，中共晋冀豫区委还组织巡视团到晋豫区，同特委一块巡视了晋豫边各县党的工作。在区委巡视以后，我们提出了“使全区工作走上更深入巩固平衡发展的更高阶段”的要求。在具体工作方面提出要从巩固中发展共产党的组织，大批训练党员和干部，开展群众工作，扩大区基干队，建立县干队，推动政权确实执行抗日法令，实行合理负担与减租减息，开办无利或低利借贷所，优待抗属，改善人民生活，开展经济建设，提倡与实行统制贸易，缴公粮，收租谷、累进税，囤积粮食等工作，以准备应付战争局面的到来。

此后，在中共晋冀豫区委和晋豫特委的巡视、检查与具体指导下，建立了新的革命的领导方法和工作作风，更加卓有成效地实现了共产党对根据地建设工作的领导，大大地推动了晋豫边区的工作，使之大踏步地前进和向平衡的方向发展。

下交会议后，1939 年 2 月，根据中共六届六中全会把特委改称地委的决定，晋豫边特委遂改称中共晋豫边地方工作委员会（简称晋豫地委）。

当时，粉碎了敌人又一次“扫荡”后，地委机关又回驻阳城县南底村附近的侯庄。此时有个国民党三十三军团地方工作队与我们寻衅闹事，搞摩擦。我们指导着阳城县委书记胡晓琴同志和县牺盟特派员魏永生、郭藏同志领导群众与其进行了针锋相对的斗争。他们发传单破坏我们搞的游行示威，我们就发动群众搞更大规模的游行示威！他们殴打我们的区干部茹玉珍同志，我们就发动群众和自卫队把他们赶跑。结果他们失败了，不得不派人与我们和谈。在和谈时我们和他们进行了说理斗争，取得了胜利，并争取和团结了进步分子和中间分子，孤立和打击了顽固分子。我们胜利后作了个反摩擦斗争的总结。薛迅同志在北方局召开的会议上为此事作了个报告，得到了与会同志的赞扬。

1939 年 6 月间，中共晋豫地委在阳城县城召开了党员代表大会。到会的代表有 100 多人。我代表地委向党代会作了工作报告，提出了今后的工作方针。大会重新选举了地委领导班子，我任地委书记、薛迅同志任组织部长、李哲人同志任宣传部长、敖纪民同志任军事部长、贾寄尘（嘉康杰）、唐天际、胡晓琴、吴云甫、薛涛、席荆山等同志为地委委员。十二月事变前，晋豫边区的共产党员已发展到 8000 多人。

1939 年秋，敌人再次向阳城进攻。我和冯精华同志带领一个大队 400 多人的队伍转战到济源。敌人退走后，我们又回到了阳城。大约是在 1939

年10月，有一天彭德怀同志通知我和黄克诚（三四四旅政委）、何长工（抗大分校校长）三人到晋城县大阳镇西北的一个叫金苗寨的小村里开了个小会。彭德怀同志首先在会上分析了当时的政治形势，说反共逆流可能就要到来了，一定要提高警惕，作好准备以防止突然事变的发生。如果顽固派发动进攻，三四四旅、抗大和晋豫边地委要配合行动，进行坚决的斗争，粉碎反共逆流。

此次会后我回到了阳城，立即向地委机关、阳城县委机关传达了这次会议的精神。我指出：国民党顽固派已经开始搞反共摩擦，我们要保持清醒的头脑，提高革命的警惕性，随时准备粉碎敌人的突然袭击。会后，晋豫边地委根据时局的发展趋势，一面巩固党组织，向广大党员进行革命气节教育和斗争策略教育；一面在根据地中心的阳城组织秘密县委、区委和支部。同时又成立了一个中条地委，由李哲人任书记、吴云夫任组织部长、薛涛任宣传部长。领导垣曲、夏县、平陆、闻喜、翼城、曲沃、绛县一带的工作，并布置全区凡是已公开的不能隐蔽下去的共产党员都调出来参加游击队，准备坚持武装斗争。

这时，在晋东南地区的阎锡山派来的第三行署主任孙楚，率先向决死三纵队和五专署及所属各县开了刀。

决死三纵队、五专署和长治牺盟中心区的领导机关，原来都驻扎在长治。在日军发动所谓“晋东作战”占领长治后，他们即分为两部分（另组织了五专署路东办事处），分别领导路西的沁水、阳城、晋城、长子、浮山六县和路东的长治、平顺、潞城、壶关、陵川、高平六县的工作。当时孙楚及其所部驻扎在阳城、沁水、高平一带，他和他的第三行署驻在离阳城50华里的岩山村。虽然其军事力量没有决死三纵队强，但这一带驻有大量的国民党军队。在白晋路西，有刘戡的九十三军和范汉杰的二十七军，陈铁的十四军驻在浮山、沁水、阳城、翼城、长子一带，在阳城驻有李默庵的三十三军；在白晋路东，孙殿英的新五军驻在壶关、陵川、林县，庞炳勋的四十军驻在陵川、高平两县之间；在晋城驻有川军（四十七军）李家钰部，在大阳镇有国民党的黎明游击队，在平陆有赵寿山的三十八军。为了对付突然事变的发生，我们地委机关、唐支队撤出了阳城县城，转移到了离城40里的郭峪村。接着阳城县委、县政府、县牺盟会以及浮山、沁水的部分人员也先后到达郭峪。当时的反共顽固派在形式上是先向牺盟会、决死队开刀的。

1939年12月4日，晋东南第三行署主任孙楚与晋西的陈长捷遥相呼应，指使国民党三十三军团砸抄了阳城的《新生报社》，逮捕了编辑王良。12月9日，国民党十四军八十三师以武力攻打阳城县抗日县政府，并由其政训处主任李英樵强行夺权，当了阳城县长。抓走了抗日县政府一科长张健民和县公安局长赵养锋，并到处捕杀抗日干部和牺盟会员，阳城处于一片白色恐怖之中。此时，我们一面加强防卫，一面通过地下党的交通线保护地方干部转移到靠近唐支队的郭峪等地。

在这个紧急时刻，彭德怀副总司令又到沁水县小柿庄一带决死三纵队队部开会，研究应付突然事变的问题。经过研究，决定成立一个由安子文和我及董天知同志三人组成的党的工作委员会。安子文同志为工委书记，决死三纵队要服从这个工作委员会的领导。彭德怀同志临走时留下话，让通知安子文和我去三纵队开会研究反顽斗争的具体布置。我接到开会通知后，从阳城县郭峪村出发，穿过国民党军队的防区，走了两天才到了沁水小柿庄，见到了董天知同志。安子文同志未来，捎来一封信，说："因为路太远，不好走，不来了，事情由你们商定了就行。"于是我和董天知同志就一起分析了三纵队的情况。我提出：现在形势已很紧急，先下手为强，旧军官是靠不住的，最好召集他们开个会，或请他们吃顿饭，宣布把他们调出去，送到抗大学习，然后把三纵队拉向靠近三四四旅的驻地。董天知同志开始时有些犹豫，说那些旧军官都是牺盟会员，不至于叛变吧。我批评他糊涂，说他们要叛变，还要你的牺盟会干什么！要求他坚决这么干。于是董天知同志同意这么干了，我就回去了。

我回到郭峪后，等了几天不见董天知行动的消息，于是随着唐支队和地委机关转移到了阳城东南的章训村。接着决死三纵队七总队也到达郭峪，我一问情况，才知道总队长还是旧军官张仲舟，根本没有撤换什么人。我听到这个消息后，非常着急，急忙又到沁水县小柿庄去见董天知同志。路途很远，中间还要在国民党军队的防区住一夜。我赶到时，已是晚上，董天知正在理发。我问他为什么没有采取行动。他一边理发，一边对我说：“我刚从岳北安子文同志那里回来，因为安子文同志是书记，我要和他商议一下。”并说：一波同志和子文同志也都说了他，让他赶快回部队。我听到后很生气，严厉批评了他。我说：路这么远，时间这么紧，还商议什么？时机都让你给耽误了。正在我批评他的时候，有人来报告：小柿庄附近的一个团已经叛变了。于是我告诉董天知：让他赶快收拾没有叛变的部队，向三四四旅的黄克诚靠近。说完我就回阳城章训了。12 月 23 日，决死三纵队八总队总队长孙瑞琨和副总队长袁士琏，在沁水县苗沟村总队部驻地叛变，把部队拉向国民党四十七军驻扎的晋城地区；同日，决死三纵队一九七旅旅长赵世铃策动旅部和九总队叛变，投奔孙楚。12 月 24 日，决死三纵队七总队总队长张仲舟，副总队长靳福忠与国民党十四军八十三师相配合，在阳城郭峪村叛变，把部队拉到八十三师驻地。同时，决死三纵队游击十一团被顽固派军官拉走了一个营，游击十二团在向高平撤退途中，在沁水郑庄被国民党九十三军包围，解决了一个营。这时，决死三纵队其他各部，坚决同反共顽固派作斗争，突出重重包围，进行了安全转移。游击十团在团长雷震同志率领下，越过临屯公路北上，同决死一纵队会合，游击十一团、十二团各一个营，由纵队党组织负责人带领，在八路军三四四旅的支援下，越过白晋路，集结在高平以东地区。五专区保安司令部九团、十团，由于靠近八路军，只有一个连叛变。1940 年 3 月，以游击十团和保安司令部九团、十团为基础，加上游击十一团、十二团保留下来的部队，重新组成了决死三纵队。

在阳城“郭峪兵变”发生之后，地委机关、唐支队也由章训转移到了离土岭不远的高会村。这时，我们将分散的晋城、阳城、沁水三县的干部组织起来，成立了“晋沁阳军民联合办事处”。由宋乃德（晋城县长）担任办事处主任，副主任为魏永生（阳城县牺盟特派员）和宋筠（沁水县长）。此外，我们还决定除条西一带各县的党组织和县大队继续由李哲人、薛涛、吴云夫同志领导进行活动外，中共晋豫地委所辖的其余各县的武装一律编入唐支队，由唐天际同志统一指挥。

当时，我们在高会村召开了一次地委会议，研究了形势。我在会上提出：咱们现在应采取游击活动，一个地方不应待得太久，今天就应率领部队及晋沁阳办事处转移到新的地方，大家都同意。但个别同志提出军队还有一天粮食没吃完，最好明天再走。翌日，即1940年1月4日，叛变了的决死八总队和国民党四十七军五二三团伪装成决死纵队夜行军七十华里，从晋城偷袭了土岭村。土岭村是晋沁阳三县联合办事处的驻地，其中还有沁阳中心县委的领导机关，名义上是八路军工作团。当时，晋城县牺盟特派员丁文法同志顽强抵抗，掩护一部分干部突围，但因寡不敌众，除少数人突围和战死外，大部分被俘，丁文法同志也壮烈牺牲。是为"土岭事件"。当天拂晓我们一听说土岭被袭击时，我立即找到唐天际同志，我说我们部队应当立即还击，唐天际出外观察了一下阵地，他说不行，没法还击，地形很不利，一切高地都被敌顽占领了。我说那就赶快派人去交涉，向他们提出抗议，就说其中有我们八路军的人，你们不能打我们。当时派了徐力之同志去和他们联络。徐和他们联络后回来说，他们说了：其中如果有你们八路军的人，随后请你们开个名单过来，都给放回。事后，我们即派八路军驻晋城县办事处的邢真同志以八路军代表的身份拿着我们开的名单（当时我们把所有被俘干部都写成八路军的干部）到四十七军联系，要求放人。四十七军结果全部释放。这样被捕的人就被营救出来了。

三、中共晋豫区党委时期

"土岭事件"后，我们离开高会向别处转移时，中共北方局来电通知，把晋豫地委升级为晋豫区党委。我任晋豫区党委书记并兼组织部长，调来魏晓云同志任宣传部长。薛迅同志被调走参加太北区党委。当时，朱总司令曾来过一个电报说：八路军一方面要坚决支持牺盟会和顽固派斗争；一方面也不要轻易参加进去，但该参与的还是要参与。根据这个精神，经过我们和唐天际同志研究，认为现在是应该坚决还击顽固派的时候了。于是我们率领新编成的新一旅（唐天际支队和三四四旅的六八八团组成），就在晋城县大阳镇打了国民党军队的黎明游击队，从拂晓打起到当天下午，就把这支反动武装消灭了。随后又转移到高平西南，消灭了阎锡山独八旅的一个团。

这时，中共北方局和八路军总部经过研究认为：晋豫区与别的根据地区不同。这个地区国民党顽固派的力量十分强大，因此决定晋豫区的部队要主动撤退到太行或太南的平顺和林北地区。于是我们把正规部队和各县游击大队以及已经暴露了的党员干部一律撤到太行和太南区的平顺、林北地区。我们撤军是有计划有组织的，是一种一面斗争一面撤退的办法。虽然有的单位如牺盟会和县政府受过袭击也有一些损失，但损失不大，被俘的干部又都以八路军的名义要回来了，能隐蔽的就隐蔽下去，不能隐蔽的首先撤退出来，连同军队、干部、党员约5000人，撤到了太南和太行的根据地中。有的党员干部入了北方局党校及区党委党校学习，有些干部在太北区分配了工作。游击队则分别补充进了正规军各部队。

1940年3月，我们到达平顺县后，立即到北方局给八路军总部、彭副总司令、中共北方局书记杨尚昆同志汇报了晋豫区党委的工作和斗争的经过情况。此时，为了使反顽斗争适可而止，以争取蒋介石继续抗战，中共中央和毛泽东同志命令我军停止对朱怀冰等残部的追击，并派代表与国民党第一战区司令长官卫立煌进行谈判，双方休战，共同抗日。以后我军与卫立煌议定以临屯路和长治、磁县一线为界，该线以南为国民党军驻防区，该线以北为八路军及我党领导的各抗日部队驻防区。遵照这个协议，漳河以南的（不包括平顺县、壶关里北部及河南省林县北部）我党政军机关和部队陆续退出了太南地区的陵川、林县、长治、壶关、高平、晋城、阳城及豫北一带的大部分地区。同年5月，我军与国民党军队订约，以漳河为界划分了作战线。

1940年4月初，中共北方局决定晋豫区党委和太南区党委合并为晋豫区党委，我任区党委书记，王孝慈同志任组织部长，张晔同志任宣传部长，李超同志任秘书长。原太南区党委书记张玺、原晋豫区党委宣传部长魏晓云同志先后调到冀鲁豫边区工作。

晋豫区党委机关常驻平顺县寺兴村。这时，合并后的太南、晋豫区党委领导的地区包括平汉路以西、黄河以北、同蒲路以东、长治到临汾公路以南，是一个更大的晋豫边区区党委。下设一个公开地委和六个秘密地委。公开地委叫太南地委，是根据地区，有公开的政权，包括平南、平北、壶关、林北、潞城、长治，地委书记由王孝慈同志兼任，副书记兼组织部长史向生，副部长王林，宣传部长任伦元，专员王兴让，军分区司令员石志本。唐天际同志的新一旅也驻在这个地区。当时太南地委的主要工作是发动群众，减租减息，发展生产，实行民主选举，改造政权，动员群众参军，壮大抗日力量。当时发动群众减租减息，一方面还对地主讲统一战线。平顺县委还作过一个工作经验总结。在 1941 年春中共北方局召开的干部会议上，我把经验总结报送会议。大家认为这些经验是符合又团结又斗争，以斗争求团结的政策的。其余六个地区，都在国民党的区域，党只能搞秘密工作，执行的是“精干隐蔽、积蓄力量、长期埋伏、以待时机”的方针。

当时秘密一地委机关驻在林县北部地区，地委书记是刘乐山同志，副书记兼组织部长是刘刚同志，宣传部长是刘青训同志。领导的地区包括安阳、林南、汲县、汤阴、辉县。秘密二地委书记是米光华同志，组织部长是武人文同志，宣传部长是范华同志。领导的地区包括修武、博爱、新乡、武陟、晋东、获嘉。秘密三地委书记是王一飞同志，组织部长是马纪民同志，宣传部长是盛振强同志，领导的地区包括晋北、高平、陵川、沁水、阳北等县。秘密四地委书记是王毅之同志，组织部长是耿精一同志，宣传部长是刘锋同志，领导的地区包括阳南、晋南、沁阳、济源、孟县。秘密五地委即条东地委，地委书记是杨蔚屏同志，组织部长是党永立同志（后是席炳午同志），宣传部长是董奥林同志，领导的地区包括曲沃、翼城、垣曲、绛县。秘密六地委即条西地委，地委书记是柴泽民同志，组织部长是席荆山同志，宣传部长是阎家德同志，地委委员还有金长庚同志（条东条西这两个地委是在李哲人的中条地委 1941 年春撤回后成立的）。

在秘密工作时期，我们专门培训了一批政治交通员，挑了20来个精干的同志，由区党委亲自训练，一方面组织他们学习政治理论；另一方面组织他们学习秘密工作的方法，让他们把中央文件和区党委文件用脑子背熟。下去不带文件，因而敌人也检查不出来。到地委、县委后，就用口头传达，人们称为“口头文件”。同时还有少数党员干部打入了伪组织内部，成立了好几支游击队。开辟中条后，所有埋伏的干部和领导机关都未遭受破坏，在开辟晋豫区时起了很大作用。因而根据地一开辟出来就有了地方武装配合。

1941年春，李哲人等同志率领中条地区及豫北、垣曲兵站的党政军干部约3000人到达北方局，后来李哲人同志调晋豫区党委任宣传部长，张晔同志调往山东省工作。

1941年5月，国民党的20万军队在中条山战役中被日本侵略军打垮，基本上被消灭了。这时中共北方局决定，晋豫区党委要回去，重新开辟晋豫区。于是我到中共北方局汇报了晋豫区的工作情况。彭德怀同志认为工作得很好，让我写了一个工作经验总结，登载在北方局的党刊上。

1941年8月1日，根据中共北方局的决定，把三八六旅的十七团、十八团和决一旅的五十七团编在一起，成立了一个太岳南进支队，由周希汉同志任司令员，我兼政委。8月初，我们晋豫区党委机关出发到太岳区。临行前，北方局给了我一个任务，让我代表北方局检查一下太岳区党委的工作，检查后决定将王一新同志调走。由薛迅同志代替王一新做太岳区党委组织部长。接着我们晋豫区党委机关和太岳南进支队越过临屯公路，到达岳南。岳南地区当时有武士敏占着，他和我们关系还好，愿意留在敌后抗战，和我们岳北的军队也有联系。但武士敏的九十八军是国民党的军队，算是友军，他占的地方我们也进不去。我们只好在沁河西边，住在冀氏县马壁一带的几个村子里。沁河东的山上是武士敏的军队，开始时，我们打算经过这里，再下到翼城、阳城。可这时（9月22日）同蒲、白晋西线日军的三十六师团、四十一师团，独立混成十六旅团、独立混成第四旅团、第九旅团各一部共两万余人开始向岳南地区“扫荡”。首先进攻我们的是从西边来的几路敌人。我们一面派小部队与敌人接触，边打边退；一面派人与武士敏的部队联系，说明敌人“扫荡”来了。为了共同抗敌，请他们将沁河东边让给我们一块地方，我们好过河与敌机动作战。他们同意了。于是我们边打边退，过了河上了沁河东边的大山上。敌人一直追着，我们与敌人从黎明打到当天下午。敌人还有六七架飞机轮番轰炸。敌人的炮弹也一直往我们的阵地上落。到天黑的时候，我们决定转移到外线。这时我还给武士敏写了封信，说咱们已遭到敌人的包围，你的驻地东西峪也在敌人的合击圈内，要他们赶快向北突围到岳北与我们的军队靠近。当时武士敏也同意了。但武士敏带着部队向北走了几十里就犹豫起来，又返回了东西峪。后来敌人合围东西峪，武士敏带着部队向外突围，但已经晚了。武士敏在突围中受了重伤后牺牲了。他的部队九十八军也被消灭了。

当敌人几路向我们进攻时，我们研究不能向南或向北转移，因为如果那样转移，不碰到这一路就会碰到那一路，最好是采取敌进我进的办法，从敌人的空隙中向西转移到敌人后边的浮山地区。我们就这样转移了。于是敌人对我们进行合击时就扑了个空。待敌人退走后，我们返回沁河东边的东西峪，替武士敏打扫了战场，开始重建岳南抗日根据地。晋豫区党委机关和太岳南进支队司令部就住在东西峪。于是成立了岳南地委和专署，由马佩勋同志（后韩柏）担任地委书记，时逸之同志任专员。唐方雷同志任地委组织部长，解玉田同志任地委宣传部长。地委还创办了《大众日报》作为机关报。

岳南地区开辟出来以后，中共北方局和八路军总部决定由我兼任三八六旅政委，在东西峪召开了三八六旅的党代表大会，我在会上作了报告，作了南下中条的动员讲话。

1942 年 1 月，正当阳历年关时，我们率领太岳南进支队继续南下中条。这次周希汉同志没有去，是王新亭同志和我一起下去的。我们和陈康、高德西同志的十七团，闵学圣、金世柏的十八团从东边顺沁河经阳城东向南进攻，黎锡福、曹普的五十七团从沁水西边进攻翼城，然后再往东向阳城打，到黑龙村和析城山与我们会合。

王新亭和我带着直属队和晋豫区党委机关及十七团、十八团先后从沁水县东西峪出发往南走，经过郭壁、润城，一夜之间到了阳南独泉附近，打下了独泉。我们到了独泉后，部队再向西打青龙。当时青龙驻有土匪游击队，他们不抗日，尽压迫欺诈老百姓，我们就把他们打走了。当地群众对我们的爱戴欢迎之情，确实难以形容。当时正闹春荒，群众生活非常困难，但还主动把自己家里的一点救命粮送给部队，并反复叮咛说：你们这次回来可不能再走了。老百姓双手捧着军粮送到战士手里，老百姓哭，战士们感动得也在哭。群众对我军为什么有这样高的爱戴之情呢？主要原因就是当初晋豫区驻在阳城期间，领导群众进行了合理负担斗争，并打开粮仓救济贫民，号召团结抗战。由于群众基础好，党的地下活动从未间断，加之地方武装的发展，所以大军一到，在地方武装的密切配合下，很短的时间内就肃清了当地的土匪武装及国民党的散兵游勇，安定了社会秩序。

我们到了阳城南部，就和阳城的县大队配合，开辟了以阳城为中心，东连晋城南部、沁阳西北部，南连济源、王屋北部，西连沁水南部、翼城、夏县东部的晋豫边区抗日根据地。晋豫区开辟出来以后，下设三个地委：一地委，辖沁阳、济源、孟县、晋城、阳南等县，地委书记王毅之同志、副书记兼宣传部长席国光同志、组织部长马纪民同志；二地委（亦称条东地委）辖翼城、垣曲、绛县、曲沃等县，地委书记杨维屏同志、组织部长党永立同志、宣传部长董奥林同志；三地委辖阳北、王屋、沁南，地委书记李超同志、组织部长戴苏理同志、宣传部长陆达同志；四地委（亦称条西地委）辖夏县、平陆、闻喜、运城等县，地委书记柴泽民同志、组织部长席荆山同志、宣传部长阎家德同志。并成立了豫晋边区人民抗日联合行政办事处（简称豫晋联办），主任郭清文同志，副主任刘裕民同志和刘北斗同志。

我们打开晋豫区局面站住脚跟后，立即恢复各地党组织、建立抗日政权。当时，阳城县的抗日民主政府在桑村成立，县长是魏维良同志。晋城县长是范俊瑞同志，沁阳县长是田时凤同志，济源县长是孙竹泉同志，王屋县长是刘仁道同志，绛县县长是史可道同志，垣曲县长是张培民同志。

1942 年 4 月，中共晋豫区党委奉上级指示，成立了豫晋边区抗日联防区。刘忠任司令员，我兼任政委。原太岳南进支队各团及各县的地方武装都归联防区统一指挥。豫晋联防区下设三个军分区：一军分区司令员闵学圣，政委王成林。二军分区司令员黎锡福，政委曹普。三军分区司令员陈康，政委高德西。并有原来党利用合法形式成立的王维岳（党员）支队，约六七百人枪；马同山（党员）支队约六七百人枪、王仁道（党员）支队，约四五百人枪。通过统战工作争取过来的酒同伦（非党）支队，约四五百人枪，还有樊岗（党员）工作队。与此同时，结合实际需要，还成立济源、王屋、沁阳、翼城、阳城、沁水等县的抗日大队。

1942 年 5 月，日军发动了所谓“第二期驻晋日军总进攻”，出动第三十六师团、独立第十六混成旅团共 7000 余人“扫荡”岳南及晋豫边抗日根据地。5 月 7 日，邓小平政委在王新亭同志陪同下视察中条山地区的工作，到达了中共晋豫区党委机关驻地阳城县黑龙村附近的暖辿村。当时我们已经接到日军要袭击区党委机关的情报，但考虑到邓小平同志长途跋涉十分疲劳，就没有向他汇报。我们为了掌握情况一夜未眠，让部队黎明就吃过早饭，准备迎接“袭击”。

次日拂晓，日军分东西两路向晋豫区党委机关驻地夹击而来，村东先响起枪声，我和邓小平同志带领二三百人马便向村西突围。这个村西边也是个大凹坑，我们刚到村西口，就发现日军正在绕山凹向村里扑来。小平同志问我：“这是我们的人还是日本人？”我说：“是日本人。”小平同志拿起望远镜看了看，很有风趣地说：“日本兵很能打仗。”接着又说：“我们怎么行动好？”我说：“往南走，上析城山，保险没事。”我熟悉这里的地理情况，知道出村口往南走就是圣王坪（析城山），坪顶树木成林，地势宽阔，方圆 100 多里，四周是悬崖峭壁，只有四个山口可以进山，只要把住山口那就是一夫当关、万夫莫开之势了。我把圣王坪的情况向小平同志介绍后，便率领部队一起顺羊肠小道从北口上了圣王坪，敌人绕过一个大凹坑来到山下后，无可奈何，只好眼睁睁地望着我们走去。

我们上了析城山后，与敌人打了一阵，用机关枪向敌人扫射一阵，敌人虽然耗费了不少弹药，却扑了个空。我们从坪顶先向南走，后向西转，到达阳城西南的一个大村子住下。此时，孔祥祯也从赵寿山部队所在的黄河南过来。在这里，我代表区党委向邓小平同志汇报了开辟中条山根据地的斗争过程和工作开展情况。

邓小平同志肯定了晋豫区党委的工作成绩，赞扬了我们开辟岳南中条时的进军部署和共产党组织所采取的“精干隐蔽、利用合法”的斗争策略，并指出要继续巩固这个地方，要进一步发动群众，反奸清霸，减租减息，扩大武装，整顿队伍，安定群众生活，并经常派一些以班排为单位的小型武装或武工队配备少数政工干部，深入游击区、敌占区活动，打击汉奸，宣传党的政策，监视敌人行动。

中共晋豫区党委认真研究和讨论了邓小平同志的指示，随即召开了各地委、县委负责同志会议，主要内容是根据邓小平同志的指示精神，肯定成绩，总结经验，寻找差距，纠正缺点，分析形势，动员全区干部和群众完成所布置的任务。邓小平同志在会上也讲了话，对今后的工作任务作了客观的具体的分析，并提出了正确的指导意见。

这次会议刚完，敌人就“扫荡”过来了。于是我们立即组织各地委、县委的同志迅速撤离，往西转移到雪圪坨一带，然后到达煤坪，当夜住在煤坪。黎明前，日军又从东西北三个方向包抄过来，南面没有路，只有一条草木茂密能通往柴李圪坨的深沟。邓小平同志和我分析了敌情后，认为只能带领部队顺沟向南转移。这条沟既深又长，树林茂密，共有 40 多里，沟的出口处就在柴李圪坨。我们走了大半天到达南头的沟口时，日军已占据了两面山头，子弹像雨点般地射来。我们借沟口里的巨石作掩护，顺利突出了山口到达路南的高山上。事后我和小平同志说，日本兵虽然很能打仗，但怕拼刺刀，甩手榴弹，这点与我们的军队是无法相比的。若是我们堵住山口，实行肉搏战，肯定日军一个也跑不掉。我们从路南的高山上再往西进入了沁水、阳城、翼城交界的大鹤山。大鹤山比圣王坪更大，山上保留了很多原始森林，还有好多叫不出名的大树。山上抬头是树木参天，遮天蔽日，低头是落叶铺地，不见路迹。这种环境日军是无论如何不敢冒犯的。我们放心大胆地慢慢西行，在一个小村里停驻了好些天，小平同志和我住在一起，然后又返回阳城的黑龙村一带。

1942 年 5 月下旬，我们在阳城西南距董封十多里的上河村召开了县级和营级以上干部会议。这次会议的目的是讨论进一步开辟晋豫区的大政方针，统一部队和地方干部的思想。在这次会议上，邓小平同志又作了指示。他说晋豫区是一个有重要战略意义的地区，地形好，群众条件好，是我们的好立足点。它是太岳区南部、太行区西部的屏障，南进可以开辟豫北和进入豫西，开辟晋豫根据地已经取得了显著成绩，这是一个好的开端和可喜的局面。今后无论遇到多大困难都要设法坚持下来，并把根据地巩固扩大下去。今后的中心一环就是大力发动群众。我根据小平同志的指示精神，向会议作了一个发动群众反奸清霸、减租减息的报告。日军在会议进行中又来“扫荡”。于是会议结束，部队立即进入反“扫荡”的战备状态。我们从上河出发，转移到黑虎、白毚等地，然后到沁水县的东川。这时日军已到西川，于是我们和邓小平同志又带领部队从东川撤退，再向东转移了。

此次邓小平同志在阳城停留了一个多月。敌人“扫荡”告一段落后，6 月 20 日，我们派人护送他过了曲高公路封锁线，他经过沁源县阎寨，6 月 24 日顺利地返回了太行。

邓小平同志走后，我们根据他的指示精神，于 1942 年 7 月 5 日在吉德召开了有各县县委书记参加的中共晋豫区党委扩大干部会议。在会上，我作了一个《发动群众开展减租减息工作》的报告，进一步推动全区范围内的减租减息的群众斗争走向高潮。

会后不久，日军又来“扫荡”。我和刘忠同志率领部队与区党委机关从阳城南山一带往西转移，夜间经过大林区到达翼城的曹公。这次我们是采取敌进我退，敌驻我扰，敌退我打的方法，领导群众进行了反“扫荡”斗争。经过这一段艰苦的斗争，日军几次的反复“扫荡”，皆被我机动灵活的战略战术所粉碎。晋豫抗日根据地就这样不断地巩固和发展起来了。

1942 年秋，彭德怀副总司令来电要我到中共北方局汇报工作。到达北方局后，见到从华东经太行到延安去的刘少奇同志。我将晋豫区的反“扫荡”斗争以及发动群众减租减息的情况向彭副总司令、刘少奇等同志作了汇报。彭总说：要你来，一来是汇报工作，二来是请你陪同少奇同志到太岳区去。刘少奇同志在北方局作了好几天理论性的讲话，有《中国革命的战略和策略》《发动群众的理论原则和方法》《根据地的发展规律》《人的阶级性》等。他讲得深入浅出、具体生动，使干部的思想认识有了大的提高。

不久，刘少奇同志由我陪同从北方局出发，经黎城、武乡过白晋铁路后到达太岳根据地的沁源。在路上他问了我参加革命后的主要经历和开辟晋豫区的情况，以及过去党的秘密工作政策执行的详细情况。刘少奇同志听了我的回答之后说：你们的工作和武装斗争的方针正确，方法对头，讲究策略，特别是秘密工作经验很好，很有创造性。过去王明的极“左”路线破坏了我们党在白区的工作，使党组织遭到严重损失。那时要有你们这样一套工作方法就好了。你们根据实际情况运用灵活机动的战略战术，不仅能使党组织保存下来，还能利用合法形式开展斗争，使工作有了相应的发展。我说这是因为中央的指示正确和具体，工作都是下边同志做的。此外，在路上刘少奇同志根据自己几十年工作的丰富经验，还给我讲了许多问题，使我受益很大，受到了一次深刻的思想政治教育。在太岳区，适遇到敌人“扫荡”。刘少奇同志又和一波、子文同志在一起住了些时候，谈了许多问题。我就先回晋豫区了。 后来由解学恭同志带领一支小部队护送少奇同志过同蒲路经晋西北到延安去了。

四、中共太岳区党委时期

1942 年 10 月，中共北方局决定太岳区党委和晋豫区党委合并，合并工作于次年 3 月完成。合并后称中共太岳区党委。由薄一波同志任区党委书记，我任副书记；薛迅同志任组织部长，郭钦安同志任副部长；顾大川同志任宣传部长，后来赵守攻同志任副部长；牛佩琮同志任太岳行署主任，裴丽生同志任副主任。同时合并成立了太岳军区，陈赓同志任太岳军区司令员，薄一波同志兼政委、王新亭同志任政治部主任，毕占云同志任参谋长、党委秘书长为王利宾同志、调查研究室主任为李超同志。原太岳南进支队取消，十七团、十八团归三八六旅建制，五十七团归决死一纵队建制。三八六旅旅长王近山，我仍兼任政委。

不久划分了地委和军分区。一地委（一分区）辖沁源、沁县、安泽、屯留、绵上等县，地委书记由顾大川同志担任，组织部长彭德同志，宣传部长刘植岩同志。军分区司令员李成芳同志，政委顾大川同志兼任，副政委周仲英同志，政治部主任刘有光同志，专员周义中同志。二地委（二分区）辖沁水、士敏、阳城北部、晋城西北部、高平、长子等地，地委书记薛迅同志，副书记兼宣传部长席国光同志，组织部长唐天雷同志。军分区司令员刘忠同志，政委由薛迅兼任，专员魏健同志（即魏振武）。三地委（三分区）辖浮山、沁水西部、襄宁、临汾、绛县、曲沃等地，地委书记是刘聚奎同志，副书记王旭同志，组织部长刘尚之同志，宣传部长祁果同志，司令员孙定国同志，专员时逸之同志。四地委（四分区）由原晋豫区的三个地委合并，辖阳城南部、晋城、沁水南部、翼城、济源、王屋、沁阳、孟县等地，地委书记李哲人同志，副书记王毅之同志，组织部长马纪民同志，宣传部长杨蔚屏同志，军分区司令员唐天际同志，政委由李哲人兼任，专员郭清文。五地委（五分区）辖夏县、平陆、闻喜、虞乡等地，地委书记柴泽民同志，组织部长席荆山同志，宣传部长阎家德同志，军分区司令员先是康俊仁同志，康牺牲后为王墉同志，政委柴泽民兼任。专员金长庚同志。

太岳区和晋豫区合并以后，区党委的主要工作就是发动群众。区党委由一波同志根据少奇同志的指示精神，总结全区经验，并在各地采用诉苦、算账等方法与地主进行说理斗争，清算其剥削罪恶。开始时先成立减租减息委员会，训练骨干分子，充分发动群众，实行减租减息，根据群众检举揭发，镇压证据确凿的汉奸、特务。同时武装群众，组织民兵联防，动员群众参军，壮大正规部队，在游击区以武工实等形式开展工作。

1943 年 7 月，八路军野战政治部主任罗瑞卿同志到太岳区视察工作。

他跑了很多地方，对各地的政权建设、武装斗争、发展生产、战胜灾荒以及如何打破敌人的经济封锁等方面提了不少宝贵的意见和建议。他还到了阳城，对阳城的工作作了很高的评价。他说："阳城的工作做得好，群众发动得快，完成了历史任务。"

1943 年八九月间，薄一波同志到延安准备参加党的七大，由我代理太岳区区党委书记，组织部副部长郭钦安同志主持组织部工作，宣传部副部长赵守攻同志主持宣传部工作。

1943 年秋季，日军六十二师团、六十九师团、三十六师团的 16 个大队配合伪军 2 万余人在华北驻屯军总司令冈村宁次的亲自指挥下对太岳区进行了所谓的"铁滚大扫荡"。什么是"铁滚大扫荡"呢？就是东从白晋路西到同蒲路，日军和伪军摆成三层队伍，从岳北往中条滚着走，要求中间不留空隙地，从北往南向中条山进行"扫荡"。日军到处宣传"铁滚大扫荡""三层阵地新战法"是新战术，是最严密的，这一次就要把太岳区"扫荡"垮了。并且还从全国各地抽调日本军官，从北平坐车到太岳区参观，名叫战地军官观战团，到太岳区参观"铁滚大扫荡"的现场。

中共太岳区党委为了进行反"扫荡"斗争专门开会进行讨论。我们决定在根据地中心只留以班排为单位的小部队，掩护群众转移和与敌人周旋，伺机打击敌人。敌人口称很严密，但他们不可能没有一点空隙。至于各个主力兵团都转移到外线，转移到敌占区去，到敌后活动，那里是大空隙，在那里要大肆活动，打击伪政权，消灭伪军，拔掉敌人的据点。当日军"扫荡"完后，疲劳回归时，再相机打击日军退却的部队。

这一切事情布置好以后，我就同陈赓同志、郭钦安同志带着太岳区的领导机关和直属队顺着日军从北往南推进，我们也从北往南走。我们从桑曲向南走，然后沿着沁河东岸走，从晋城、高平交界处渡过沁河到了西边，准备到阳城去。因为阳城根据地森林茂密，便于隐蔽。当时，钦安同志身体有病，坐着担架，也过了沁河西边。这时，我便同陈赓同志商量，阳城根据地虽好，但仍然在日军合击圈内，我们不如转移到白晋路东，就是晋城、高平的东边，那里有我们的秘密工作，消息灵通，情况了解，没有什么敌人和国民党的正规部队，然后沿公路东边往北走，到岳北去，绕到敌人的后边跳出日军的合击圈。陈赓同志也同意这一计划。钦安同志说：“我身体不好，就留在阳城吧，不去路东了。”于是，我们又渡河回到沁河东边，到了白晋路东后再往北，顺利地到了岳北的沁县、长子一带。日军在中条捕捉我们的领导机关扑了个空。而我们埋伏在根据地周围的部队却取得了很大的胜利。楚大明的二十团是在大“扫荡”前从冀南、冀鲁豫一带新调来的，在长子县与敌人进行了白刃肉搏战，打败了敌人后，又拔掉石哲镇的据点，然后又打进长子县城。另外，在同蒲线上，我们埋伏的部队由王近山同志指挥的十六团，适遇到日军的“军官战地观战团”，一举把他们歼灭得干干净净，临回去时都变成了骨灰。这次“铁滚大扫荡”就是这样粉碎的。

在这次反“扫荡”中，长子县抗日县长王一飞同志和太岳日报社社长魏奉璋同志壮烈牺牲。这是敌人最大的一次，也是最后的一次大“扫荡”。从此以后，敌人便江河日下，再也组织不起这样大的“扫荡”了。

1943 年秋季“扫荡”以后，陈赓同志就离开太岳区赴延安了。1943 年冬末和 1944 年春初之际，彭德怀同志为参加中共七大，也从太岳区路过一次，住在桑曲以北几十里外的一个村中。我去向他做了一次发动群众工作和反“扫荡”等对敌斗争情况的汇报，还汇报了全太岳区地方党的党员总数，一共是 16000 多人。

1944 年，太岳区开展了大规模的整风、审干运动。在整风过程中区党委机关和军区搬到士敏县的郎壁村，行署驻在郑庄。这时王鹤峰同志从延安回来担任区党委副书记兼整风审干小组组长，王新亭同志和谢富治（谢从太行调来，任太岳军区副司令员）参加整风审干小组。在太岳区党委的领导下，总的来讲整风审干工作进行得是很好的，取得了很大的成绩，大家都在整风审干中提高了思想觉悟，改进了党的领导作风。在整风审干的具体工作过程中，即便部分发生了一些工作中的缺点，也都随时作了纠正，所以能够最终完成任务，取得很大的成绩。

1944 年夏，太岳区进行了对敌斗争的夏季攻势。并由刘聚奎、闵学圣、金世柏、席松涛等同志组成豫北工委，以十八团为主力打到济源南岭。第二年消灭了济源、孟县的顽伪政权，解放了济源，建立了孟县抗日县政府。此后，中共太岳四地委下山进驻济源县城，豫北地区基本上掌握在了太岳军民的手中。

此后，以十八团、五十九团为主力组成豫西抗日支队，仍以刘聚奎同志为司令员兼政委，南渡黄河参加了开辟豫西根据地的斗争。后又加进了晋绥的一支部队，这两支部队合并后，以韩钧为司令员、刘聚奎为政委。

1945 年 1 月 1 日至 23 日，太岳区在士敏县郑庄召开了“群英会”。出席会议的劳动英雄、战斗英雄和各种先进模范工作者共 250 余人。行署主任牛佩琮同志在会上作了一年来开展大生产运动的报告。军区副政委王新亭同志作了一年来对敌斗争成绩的总结报告。我作了响应毛主席的号召，组织起来，开展互助合作运动的报告。在群英会上奖励了石振明、李德昌等英雄人物，树立了标兵，确定了今后的奋斗方向。会议期间，还举办了生产和战绩展览。来太岳区指导工作的“集总”副参谋长滕代远同志也在“群英会”上发表了重要讲话。

在召开“群英会”期间，中共太岳区党委在士敏县郎壁村召开了扩大会议，制定了 1945 年全区的工作计划。其要点是:（一）扩大解放区，开展边沿区工作，加强对敌斗争;（二）继续检查减租减息，进一步发动群众;（三）加强经济工作，开展大规模的生产运动;（四）扩大正规军与游击队;（五）开展城市工作，建立城市工作的机构;（六）发展和改进文教卫生工作;（七）改进领导作风和领导制度。区党委召开的这次会议对于迎接抗日战争的最后胜利作了思想上、物质上和组织上的准备。

1945 年 3 月 3 日，晋冀鲁豫边区太岳区参议会在士敏县郑庄举行（因为战争关系晋冀鲁豫边区第二届参议会分别在太行、太岳、冀鲁豫三个地方举行）。3 月 6 日至 7 日，行署主任牛佩琮同志在太岳区参议会上报告了政府工作。他在报告中指出：太岳根据地在 1942 年时有四个专区、22 个县，到 1945 年春已有 5 个专区、36 个县，人口扩展至 273 万。3 月 13 日，太岳区参议会举行隆重会议，选举边区政府和太岳行署的领导人。参议会选举我为晋冀鲁豫边区第二届参议会副议长，牛佩琮同志为太岳行署主任，裴丽生同志为副主任。

1945 年 8 月日本无条件投降后，中共晋冀鲁豫中央局成立，邓小平同志为书记，薄一波同志为副书记。

中共晋冀鲁豫中央局任命我为中共太岳区党委书记兼军区政治委员。太岳军区司令员由王新亭同志担任，副司令员由孙定国同志担任，副政委由裴孟飞同志兼任，政治部主任为桂绍彬同志，副主任为高德西同志，参谋长为邓仕俊同志，副参谋长为喻缦云同志。并组建了晋冀鲁豫野战第四纵队（即太岳纵队），由陈赓同志任司令员，谢富治任副司令员，王鹤峰同志任政治委员。

这个时期还对太岳区的行政区划作了新的调整：一、四专区中除沁阳划归太行外，基本未动。撤销了二专区，将二专区所属各县分别划归一、四专区。三专区改为二专区，五专区改为三专区。由于合并和改划了几个县，所以太岳区的总县数变为三十四个。其中：一地委（一专署、一分区）管辖沁源、安泽、屯留、沁县、平遥、介休、灵石、霍县、赵城、长子等县。地委书记为刘植岩同志，副书记为刘开基同志，专员为郭述尧同志，司令员为苏鲁同志。二地委（二专署、二分区）管辖冀氏、洪洞、浮山、绛县、临汾、襄曲、翼城、曲沃、沁南等县。地委书记为刘尚之同志，副书记为吴云夫同志，专员为史怀璧同志，司令员为张祖谅同志。三地委（三专署、三分区）管辖安邑、夏县、平陆、闻喜、稷山、稷麓、新绛等县，地委书记为柴泽民同志，副书记为李志敏同志，专员为金长庚同志，副专员为张呼晨同志，司令员为王墉同志。四地委（四专署、四分区）管辖晋城、高平、士敏、垣曲、济源、王屋、孟县、阳城等县，地委书记由薛迅同志兼任，副书记为王毅之同志，组织部长为马纪民同志，司令员为郭庆祥同志，军分区政委由各地委书记兼任。

接着就进行国共两党的和平谈判和解放战争。陈赓同志以及我和王新亭同志都参加了解放上党的战役。1946 年四五月间，太岳全区进行了土地改革运动。这时，我调到晋冀鲁豫中央局任民运部长。太岳区党委书记兼军区政委的工作由王鹤峰同志接任了。

牛佩琮同志和太岳革命根据地的开创与建设*

宋荐戈

牛佩琮生于1909年，山西省定襄县人。他在清华大学读书时参加了革命组织，1934年加入中国共产党，曾任中共清华大学党支部书记和中共北平市工委委员。后返回山西，以“总司令办公室秘书”作掩护，利用合法身份为红军情报处做情报工作。

全民族的抗日战争全面爆发前后，牛佩琮参与了牺盟会和决死一纵队的领导工作。从1941年9月太岳行署成立后到1949年夏天，牛佩琮一直担任太岳行署主任，从事太岳革命根据地的行政领导工作。他在开创和建设太岳革命根据地的过程中贡献了自己的心力。他的功绩将会永远留在太岳革命根据地的史册中。

协助薄一波开展牺盟会工作和建立山西新军

20世纪30年代，日本帝国主义继占领中国东北以后，把侵略的触角伸进了华北。“华北之大，已经安放不下一张平静的书桌了。”在这样的形势下，由北平爱国学生首先奋起，于1935年在中国共产党的领导下发动了一二九运动，把抗日救国运动推向了新的高潮。不久，在中共中央举行的瓦窑堡会议上明确提出了建立抗日民族统一战线的政治路线。

根据瓦窑堡会议的精神，在山西的共产党员杜任之、宋劭文、牛佩琮

* 牛佩琮离开太岳区后，曾任河南省副省长、中南财委副主任、国务院财贸办公室副主任、全国政协常委。写作本文时，牛佩琮的长子牛林、次子牛二林和儿媳郭新华提供了材料。

等人利用阎锡山“在存在中求生存”的心理，顺应抗日潮流，喊出了“守土抗战”“牺牲救国”的口号，并在阎锡山允许的范围内，先成立军政训练班和民训干部教练团，再于 1936 年 10 月 18 日成立了山西牺牲救国同盟会。牛佩琮曾任军政训练班政治指导员和民训干部教练团政治部副主任，后来作为牺盟会的发起人之一，被选为牺盟会的执行委员。

1936 年 12 月，薄一波回到山西接办了牺盟会的工作。他利用阎锡山的语言，贯彻中共中央建立抗日民族统一战线的路线。牛佩琮倾心尽力地协助薄一波努力扩大牺盟会的影响力和号召力，使山西抗战出现了新的局面。

抗日战争爆发后，薄一波根据中共中央关于组织民众、武装抗日的一贯主张，向阎锡山提出组织山西新军的建议。在阎锡山同意之后，薄一波就着手组建“山西青年抗敌决死队”，最初决定组建一个团。当这个决定公布之后，在牛佩琮等共产党员的带动下，军政训练班和民训干部团首先发起组织“敢死队”，请缨开赴前线杀敌。仅在 1937 年 7 月 23 日晚上，就有 300 多人在发起书上签了名。不到两昼夜，在军政训练班和民训干部团里等单位的各个连队，就有 1500 人签名响应。在这个基础上，1937 年 8 月 1 日正式成立了“山西青年抗敌决死队”。此后，因为很快成立了多支“决死队”，所以 8 月 1 日在太原成立的这支决死队就命名为“决死一总队”。决死一总队的队员中有大学生、高中生和初中生，还有 100 多个参加过红军东征的“红小鬼”。他们多是怀有爱国壮志的青年，都有很高的抗日热情。

决死一总队由薄一波担任政委，牛佩琮担任政治主任，杜春沂和徐积璋这两位旧军官先后担任总队长。由于决死队实行政委制，政委是部队中的最高首长，对于部队中的一切军政事宜有最后决定权，所以总队长是要受政委领导的。而政委薄一波是由中共北方局直接领导的。可见决死队名义上是阎锡山的军队，实际上是一支由中国共产党领导的人民抗日武装。

牛佩琮坚决卫护薄一波政委对决死队的领导。他以自己是总队政治主任的身份，依靠部队中由共产党员担任的各级政治工作干部和士兵群众，与担任各级军事干部中的阎锡山旧军官进行了巧妙的斗争。

有一次，部队在开赴晋东北五台路经盂县上社镇时，有苏策、王承鸿、崔玉申三名战士因体力不支而掉队了。这本来在部队里是一件经常发生的小事情，可是总队长徐积璋却利用这件小事大做文章。想以此打击部队中的进步力量和树立他个人的威严，竟然趁薄一波不在部队的机会，依靠一些旧军官的支持，在军人大会上说什么三个队员是“夜不归宿”“违反军纪”，“要按军法处理，就地枪毙”。这当然引起了广大青年战士的严重不满和极力反对。牛佩琮也明确表示了自己的不同意见。但徐积璋仍然坚持己见。

见此情况，牛佩琮便召集政治工作干部商议，决定如果徐积璋还顽固不化，坚持他的做法，就组织几个连队战士开火，给他点厉害看。与此同时，牛佩琮在一大队政治指导员廖鲁言的配合下，与徐积璋进行了面对面的斗争，明确地告诉他：当时部队中多数人反对枪毙决定，情绪很不稳定。如果闹出事来，要完全由他负责。徐积璋见部队中反对意见如此强烈，政工干部如此上下一致，就被迫同意把“就地枪毙”改为“记名枪毙”，也就是不枪毙了。

牛佩琮把对苏策等三人“记名枪毙”的决定向广大官兵宣布后，紧张的局面就逐渐缓和下来了。当薄一波回到部队后，对支持徐积璋的旧军官进行了严肃的批评，并且取消了对苏策等人的“记名枪毙”处分，随后把徐积璋也调离了部队。

在这起事件中，徐积璋的威风没有要成，而牛佩琮和广大政治工作干部的行动却打动了人心，这就大大地提高了政治工作干部（多数是共产党员）在广大官兵中的威信。对于提高共产党在部队中的领导地位起了很好的作用。

1938 年 6 月，决死一纵队（由决死一总队和决死四总队合编）从介休沿同蒲铁路南下，在介休至临汾间进行破击战。这支部队对义棠、两渡、大小胡麻、甘亭火车站和临汾火车站进行了袭击，获得许多胜利。当此之际，纵队长鲁应麟（旧军官）趁薄一波政委刚从秋林回到沁县，还未到达部队之际，坚持要不惜一切代价，让决死一纵队攻打有坚固设防，易守难攻的临汾县城。牛佩琮识破了鲁应麟企图削弱新军的阴谋，就和周仲英、刘有光等政治工作干部一起向鲁应麟进行针锋相对的斗争。

一方面，牛佩琮以纵队政治主任的身份，撕破脸皮直接出面同鲁应麟进行交涉，指出未经政委批准，他就调动部队去打仗是错误的。这种命令不能执行。并且明确指出他这是居心不良，是要消灭决死队。另一方面，为了防备旧军官闹事，由周仲英、刘有光直接掌握了一个连的兵力，预防不测事件的发生。如果部队里的旧军官动手，就立即解除他们的武装。到后来，由于牛佩琮等政治工作干部的理由充足，力量强大，旧军官中间也没人敢闹事。决死一纵队被牛佩琮完整地带回了沁县。

时隔不久，鲁应麟眼见自己势单力孤，只得带着一批亲信（都是旧军官）脱离决死一纵队他去。鲁应麟当时在决死一纵队里是旧军官的首领。他的出走，大大地削弱了决死一纵队中的旧势力，进一步巩固了共产党对决死一纵队的领导。

当时，牛佩琮对于阎锡山派来的大多数旧军官是采取了团结、教育和斗争的办法。有些旧军官通过团结和教育也走上了革命的道路。例如纵队部的电台台长李嘉瑞，他本来是阎锡山的铁杆支持者，他收发电报又快又准，但有个抽大烟的毛病，一发起瘾来就满地打滚。对于李嘉瑞，牛佩琮一方面教育他，让他知道抽大烟的害处；另一方面也给他找点大烟，在瘾发时用用。李嘉瑞因此对牛佩琮十分感激，于是他就把阎锡山发来的电报和纵队长鲁应麟、参谋长梁述哉发出去的电报都先交给牛佩琮过目。这样就使共产党能够及时地掌握对方的动向，事先作出必要的防备。后来这李嘉瑞也改掉了抽大烟的毛病，走上了革命的道路。

1939 年 12 月，阎锡山在国民党蒋介石发动的第一次反共高潮中率先出手，发动了名噪一时的“晋西事变”。其实，阎锡山的反共行径早在 1939 年 3 月召开的秋林会议上已经露出了凶恶的面孔。当时，参加会议的共产党员薄一波、韩钧、雷任民等人就已经识破了阎锡山的图谋，并与他进行了斗争。薄一波从秋林回来，就在决死一纵队和政府机构三专署中采取了一系列防变的措施。其中最重要的措施，就是要牢牢地掌握住军队。

为此，薄一波指示牛佩琮与刚刚由参谋长提升为纵队长的梁述哉进行个别谈话，摸摸梁述哉对十二月事变的看法。薄一波和牛佩琮本来是想把他争取过来的，但梁述哉在谈话中表示他会严守中立，谁也不得罪。牛佩琮认为当时情况紧急，是不能让这种三心二意的人来掌握部队的。于是就按照薄一波的交代，在谈话中先发制人，果断地亲自缴了梁述哉的手枪。接着很快就将在决死一纵队中担任军事领导职务的旧军官全部控制起来。另由八路军派来的军事干部（游击教官）和新军中派到八路军中接受军事训练回来的干部接任了决死一纵队中的各级军事领导职务。由薄一波担任了决死一纵队的纵队长兼政治委员，牛佩琮担任了决死一纵队的副纵队长。这样就使共产党牢牢地掌握了军队的指挥权，保证了太岳区在十二月事变中没有遭受大的损失。

在十二月事变中，牛佩琮还办了一件大事。那就是：在 1940 年八路军三八六旅进入太岳区和决死一纵队实行“岳北会师”后，根据中共中央和毛泽东关于与国民党阎锡山进行有理、有利、有节的斗争，在适当时期休战的指示，他奉命与国民党军队的代表进行了划界谈判，议定双方以临（汾）屯（留）公路为界，界南为国民党军队的驻防区；界北为太岳区的驻防区。从此，太岳区的管辖范围就暂时确定在临屯公路以北、白晋公路和同蒲铁路之间的地方了。

牛佩琮在担任决死一纵队政治主任和副纵队长的时候，十分注意发动群众的工作和部队的思想建设与组织建设。

例如，当决死一总队组建后向晋北开进的时候，牛佩琮在政治部里组织了工作队，沿途发动群众和组织群众，向群众宣传抗日救国的道理。当部队行军到五台县东冶镇时，牛佩琮还亲自带上妇女工作队到附近村庄进行抗日动员，使当地的老乡对决死队有了正确的认识。他在路上遇见两个流浪孩子，向他们讲了决死队是抗日的队伍后，那两个孩子就铁了心要跟着决死队走。这两个孩子后来都成了很好的革命干部。

再如，当部队到了沁县后，牛佩琮就派出工作队到农村发动群众反奸反霸，进行减租减息的工作。对于民愤极大的恶霸地主，就坚决进行镇压。但对于要镇压的人，是必须经过纵队政治部掌握政策，核实情况，加以批准的。

有一次，沁县的群众准备镇压一个民愤大、民怨深的恶霸地主，这个恶霸地主请他熟悉的省民政厅厅长邱仰浚向薄一波求情，想逃过被镇压这一关。薄一波把这件事推给了牛佩琮处理。牛佩琮经过反复查实，知道这个恶霸地主确实是一个罪恶累累的坏人，就回绝了邱仰浚的求情，依然召开公审大会，把那个恶霸地主镇压了。这次公审大会一结束，群众就兴高采烈地奔走相告，都认定决死队是为人民作主的军队。于是立即在沁县掀起了群众自愿参军的热潮。

那些年，牛佩琮和政治部的其他同志一起，带领着工作队在晋东南各县进行发动群众、推行减租减息、坚决镇压恶霸地主的工作。这对于巩固抗日根据地，动员群众参军参战，补充决死队的兵员是起了很大作用的。

牛佩琮十分重视部队中的思想政治工作。为此，他组建了部队文工团，在连队成立了民革室，运用文化娱乐的形式向部队指战员和群众进行抗日宣传。为了指导部队指战员的学习和工作，纵队政治部创办了《行军日报》和《战旗》刊物，进行时事报道和宣传抗日救国的道理，同时也报道部队中的好人好事和进行军政教育的情况，对部队指战员进行树立革命人生观的教育。

那时，阎锡山为了标榜他的进步性和独立性，用一套自己的“山西语言”来嫁接共产党的政策主张。如共产党号召“抗日救亡”，他则改为“抗敌救亡”，共产党提倡“抗日民族统一战线”，他则改为“民族革命统一战线”。为了有利于在部队内开展经常的思想政治教育工作，薄一波根据共产党关于“形式上可适当让步，实质上决不能妥协”的指示，提出了决死队的三大任务。即：进行民族革命战争；实现民主共和国；建设人人劳动、人人享受的“按劳分配社会”。牛佩琮完全拥护薄一波提出的“三大任务”。并以此为内容，在部队中普遍地进行了实现“三大任务”的教育。

决死一纵队初建时，部队中也存在着一些旧军人常有的坏作风。特别是在行军时常常强迫群众替他们扛运行李和弹药，这和国民党的拉伕性质相似，群众是十分反感的。为了杜绝这种现象，牛佩琮专门召开了一次政治工作会议，请大家讨论和制定解决办法。大家一致主张采取断然措施，建立革命纪律，不许随便拉伕。凡违反纪律者，必须严肃处理。谁知开完会后不久，当部队转移到洪洞和临汾之间的下鲁村时，群众反映说：部队中又有人强迫群众替他搬运东西了。经过调查，原来这件事是牛佩琮自己的炊事员干的。为了严明纪律，牛佩琮不讲私情，严肃地处理了他。这件事在部队内外震动很大，不但部队的纪律有了明显的改善，而且群众拍手称快，称赞决死队是人民自己的队伍。为此，洪洞县的抗日县长杨少桥专门向牛佩琮报告："现在决死队的纪律严明，秋毫无犯，军民关系密切，军民关系非常好。"此后，牛佩琮和政治部的同志把八路军的"三大纪律八项注意"改动了一些不损害实质内容的字句，教育部队严格遵行，这样就在决死一纵队中很少出现那种旧军人的坏作风了。

为了把决死一纵队建设成一支革命化的军队，牛佩琮还非常重视干部培训工作。从 1937 年底到 1938 年上半年，决死一纵队在沁县仁胜村驻地办了几期政治训练班。负责办班的干部是纵队政治部的南静之、张凤阁和赵征夫等同志。参加培训的是各大队的积极分子。当时，训练班请八路军总部特务团的政委李志民讲八路军的政治工作和游击战术，牛佩琮本人也给训练班的学员讲了关于树立革命人生观的问题。要求部队干部必须有原则性、斗争性；要冲锋在前，退却在后；要先天下之忧而忧，后天下之乐而乐。他的这些讲话给参加训练的部队干部留下了深刻的印象。

从 1938 年至 1939 年，当决死一纵队进行"西林整军"的时候，除了由八路军总部为决死一纵队连以上干部举办训练班外，决死一纵队政治部还组织了几期干部学习班。在第一期干部学习班上，由薄一波讲辩证法，牛佩琮讲社会发展史。在第二期学习班上，主要是由牛佩琮讲政治经济学。直到 30 多年后，还有当年参加过学习班的同志表示："当时的干部经济方面的知识很少，听了牛主任讲课，大家的收获是很多的。"

在1938年下半年以后，牛佩琮曾多次带领决死一纵队政治部的主要干部到八路军总部学习做政治工作的方法和经验。特别是学习了八路军进行除奸工作和瓦解敌军工作的经验。有一次，牛佩琮带领政治工作干部去参观学习时，八路军总部还召开了一个欢迎大会。朱德总司令致欢迎词，牛佩琮致答词。八路军政治部主任傅钟介绍了红军和八路军做政治工作的经验。政治部宣传部部长陆定一专门介绍了战斗前如何进行宣传动员的问题。回到决死一纵队后，在一次代表大会上，牛佩琮向与会同志专门介绍了这次参观学习的情况和收获。与此同时，八路军总部的同志也常来决死一纵队讲课和做政治报告。有一次彭德怀副总司令来决死一纵队做完政治报告后，还特意到政治部参加政治工作干部的座谈会。在座谈会上大家提出了许多如何做政治工作的具体问题，彭老总都尽其所能作了回答。所有这些决死一纵队和八路军的互相交往都促进了决死一纵队的八路军化，对于提高决死一纵队的政治工作质量是起了重要作用的。

担任太岳行署主任，为争取抗日战争的胜利做了大量工作

1941年3月，根据中共北方局的提议，冀南、太行、太岳行政联合办事处通过了成立晋冀豫边区参议会，按照“三三制”的原则产生边区政府的决定。1941年7月7日，在各地推举参议员的基础上，召开了晋冀豫边区临时参议会（开幕时改为晋冀鲁豫边区临时参议会）。临时参议会选举杨秀峰为晋冀鲁豫边区政府主席，薄一波、戎伍胜为副主席，牛佩琮也被选为边区政府行政委员。不久，又任命牛佩琮为晋冀鲁豫边区政府太岳行署主任。同年9月1日，太岳区各界在沁源县召开拥护晋冀鲁豫边区政府成立大会。薄一波、牛佩琮宣誓就职。表示“誓以至诚服从人民监督，执行临时参议会的决议，为保卫边区、坚持华北抗战，实现边区政府施政纲领而斗争”。同日，太岳行署在沁源县赵寨村成立。牛佩琮正式离开部队，转业从事地方行政工作。此后，他和太岳行署的副主任裴丽生就一直是太岳行署一正一副的老搭档，在一起工作了十多年。

太岳行署成立后，抓的第一项工作就是继续进行村选。其实，在太岳

抗日根据地开辟以后，就对区、村政权进行过自上而下的初步改造，后来又在群众运动的基础上选举过村长村副。所以此时大部分村政权已为共产党员和进步分子所掌握。但是在不少地方还没有形成真正的统一战线的村政权，也有些地方还有土豪劣绅、地痞流氓把持村政权的情况。为了改变这种状况，从 1941 年春天开始，太岳区就开展了广泛的村选运动，要求在村选运动中贯彻“三三制”的原则，选出坚决执行抗日进步法令、代表抗日人民意志、维护抗日人民利益、办事公道、作风正派的村民担任新的抗日村长和村副。

为了搞好村选工作，在太岳行署成立之前就培训了 1000 多名宣传工作骨干深入各村各乡进行宣传发动工作。并派张天乙、梁东初带领工作组到沁源县北石村进行村选试点，以便总结经验普遍推广。本来进行村选工作是由裴丽生副主任分工负责的，但牛佩琮也十分关心村选运动的开展情况。因此他不但多次参加有关村选工作的会议，而且到北石村了解村选后的情况，帮助张天乙等同志总结村选工作的经验。到 1942 年村选运动结束的时候，太岳各地通过选举产生的抗日村政权，绝大多数已经成了真正吸收各阶层代表参加，能够代表各阶层利益的统一战线性质的民主政权。

太岳行署成立不久，日本侵略军就开始了对岳北抗日根据地进行的“铁壁合围”大“扫荡”。1941 年 10 月 7 日，当太岳行署和中共太岳区党委、太岳军区等太岳区的首脑机关由驻地出发转移到大林区时，7000 多名日军就从韩洪、程壁、郭道、李城等多地出动，向大林区压缩包围过来。牛佩琮和一些非战斗人员在包围圈里忍饥挨饿隐藏了两天两夜，最后才跟随一支战斗部队突出重围。但薄一波和安子文等同志却被包围在一个东西四里、南北八里的狭长地域里与敌人兜圈子，直到几天以后才在外线部队的接应下转危为安。

此次反“扫荡”斗争结束以后，太岳区召开了一次药炎明式的群英大会。药炎明是绵上县绵上村的一个泥瓦匠，他在 1940 年敌人冬季大“扫荡”时用木棍和敌人搏斗，打死打伤日军各一名。他的杀敌事迹当时就鼓舞了太岳区的广大群众，在全区范围内掀起了以药炎明为榜样群众性的杀敌立功运动，又在群众中、民兵中涌现出了一大批杀敌英雄。仅出席这次群英大会的，就有来自太岳区各县的27位英雄。这些英雄都在会上报告了自己的杀敌事迹。牛佩琮也在会上讲了太平洋战争爆发后中国抗日战争的当前形势，还热情洋溢地指出：我们太岳区的民兵，今后更要开展石雷运动，提高军事技术，用各种武器到处袭扰和打击敌人。在这次大会上，牛佩琮和薄一波、陈赓、安子文一起，给英雄们颁发了奖章和奖品。这次大会以后，很快就在太岳区掀起了一个群众性的练兵习武，以石雷为主要武器的杀敌热潮。

1941年和1942年，太岳区出现了严重困难的局面。造成这种困难局面的原因，一是日军在一次又一次的“扫荡”中实行“烧光、杀光、抢光”的“三光”政策，根据地的群众被大量杀掳，房屋被烧，粮食、衣物被抢，使相当多的群众缺吃、少穿、无房住。二是连续两年久旱少雨，灾情严重。而河南等地敌占区的灾民也纷纷逃难到太岳区，更加重了太岳区的困难。

面对这种形势，牛佩琮除带头节衣缩食，要求政府机关的干部把多余的衣服和从伙食中节省下来的粮食赈济生活困难的群众，从公粮内也拨借一部分粮食救济困难群众外，还发动群众之间进行互助，受灾较轻的地区救济受灾严重的地区，有余粮的富户借粮给缺粮户。为了解决群众没房居住的问题，牛佩琮以太岳行署的名义号召各地的村政府要调剂未损毁的房屋，组织同村人或者通居，或者发动群众打窑洞，或者先用高粱秆、玉米秆搭起临时住房，以救急需。对于从河南逃难进入太岳区的灾民，太岳行署也制定了《难民临时救济办法》，规定难民均受抗日公民之同等待遇。号召各地群众发扬同舟共济的民族友爱精神，要替灾民找房子住、找家具用，要动员富户出借存粮存款，同时政府也要拨粮急赈，帮助灾民解决生活困难，使灾民的生活安定下来。

为了从根本上解决群众的困难，牛佩琮提出要大力提倡生产救灾，因为只有发展生产，多打粮食，才能从根本上扭转困难的局面。为此，在他签署发布的太岳行署《春季反“扫荡”后告同胞书》中，向广大群众提出了“积极进行春耕，增加粮食生产，为完成三十万石粮食任务而努力 ”的要求。

1942 年 3 月 31 日，太岳行署在沁源县城召开了有 3000 多人参加的进行生产动员、奖励劳动英雄的大会。牛佩琮在大会上讲话说：今年春耕中要不闲一个人，不歇一头牛，肥要上得足，地要耕得深，种要选得细。希望在生产战线上涌现出更多的劳动英雄。在这次大会上，牛佩琮亲自为安泽县老劳动英雄常恒初等全区各县选举出来的 13 位劳动英雄发放了奖品。因为常恒初是全区劳动英雄中的冠军，所以奖给了他一头大黄牛。这一年，尽管太岳区还是十分困难，但群众情绪稳定，在战争的环境里坚持进行了各种生产事业。在政府财政上也基本上做到了自给自足，基本上保证了军需民用。

正当太岳军民努力克服严重困难的时候，中共中央于 1941 年 12 月发出了关于“精兵简政”的指示。1942 年 1 月，晋冀鲁豫边区政府响应中共中央的号召，决定边区政府首先实行简政，并要求各行署通知县区村，缩编后应保证“三三制”原则之执行。为此，太岳行署在 1942 年 3 月召开专员县长会议讨论了简政问题。牛佩琮和裴丽生在会上分别做了 1942 年施政方针和 1941 年工作总结的报告。决定要采用合并县，减少区和设置中心村的办法来减少脱产人员。到 1942 年 7 月，太岳区的各级政府机构已经完成了机构裁减工作，全区共裁减各种工作人员 1/2，节约经费达 200 万元，粮食 3 万石。这就极大地减轻了人民群众的负担。1943 年，太岳行署又进行了第二期简政工作。此次简政的原则是紧缩行署，充实专县，加强区，深入村。这样一来，不仅减少了工作干部，而且还加强了基层工作。对行政工作的运转起了很好的作用。

这期间，太岳区开展了减租减息运动和整理了合理负担，绝大部分地区实行了二五减租和分半减息。纠正了过去合理负担不平衡、不公正的现象，基本上做到了村与村公道，户与户合理。这样就增进了各抗日阶级内部的团结，调动了各阶层群众的抗日积极性和生产积极性。到 1943 年，尽管太岳区仍有旱灾、蝗灾和日军的频繁“扫荡”，但太岳军民在共产党的领导下终于开始扭转困难局面。1944 年，太岳区开展了大生产运动，使农业生产和各种副业都有了很大的发展，群众、干部和部队的生活都有了很大的改善。

1945 年 3 月，太岳区在士敏县郑庄召开了太岳区参议会。牛佩琮在参议会上做了政府工作报告。他在报告中兴奋地指出：目前太岳区已经有 58% 的行政村进行了减租减息和交租交息的工作，并且贯彻了发展生产的政策。全区已有 9000 多个互助组，1944 年开荒 246497 亩，扩大了耕地面积，增产粮食 140 万石。不仅度过了灾荒，而且为抗日战争的胜利奠定了一定的物质基础。

在抗日战争中，太岳区和其他抗日根据地一样，也开展了伟大的整风运动。在整风运动中，牛佩琮按照中共太岳区党委的安排，主持召开了太岳行署整顿政风大会，要求行署各部门都要成立检查委员会，用三个月的时间学习文件，掌握政策，检查工作，改造政风。其后，由他签署了《关于整顿政风的指示》发给专、县、区、村各级政府。要求各级政府由行政负责人亲自领导，成立检查委员会或检查小组，在学习文件的基础上深入揭发政风不正的事实，作为检查工作的材料。这样，太岳区的各级行政机关通过整顿政风，达到改造思想、改进工作的目的。

在太岳区的整风运动中，牛佩琮自己认真学习了中共中央规定的 22 个整风文件。在阅读整风文件的基础上认真检查自己的工作和历史。通过整风运动，牛佩琮的思想认识有了很大提高，革命斗志更加旺盛，以更加饱满的革命热情，为争取抗日战争最后的胜利积极工作。

1945 年 8 月 6 日和 9 日，美国先后在日本的广岛和长崎投下了原子弹。8 月 8 日，苏联政府宣布对日作战,8 月 9 日，苏联红军进入中国东北，向日本关东军大举进攻。同一天，毛泽东发表《对日寇的最后一战》的声明。8 月 10 日，日本政府照会中美英苏四国，表示要无条件投降。

那几天，牛佩琮一直处在兴奋之中。他和裴丽生副主任一样，天天到行署各部门传达抗战胜利的最新消息。8 月 10 日晚上，太岳区数千军民在太岳行署所在地士敏县郑庄举行了欢庆抗日战争中反攻阶段到来的群众大会。当时笔者有幸参加了这次群众大会。只见主席台上的首长和台下的群众一样兴高采烈，虽然台上挂着的汽灯发出的光芒并不显亮，但大家的心里是十分亮堂的。那一晚，牛佩琮和其他几位首长都发表了讲话。牛佩琮在讲话中激昂慷慨地说：抗日战争最后胜利的时刻来到了！我们要立即行动起来，打好反对日本侵略者的最后一仗。

解放战争中完成了党交给的各项任务

抗日战争胜利后，牛佩琮继续担任太岳行署主任。为了接收日伪军的投降，牛佩琮和太岳军区的首长一起发出紧急命令，要求全区军民总动员，面向前线，面向战争，向敌占的各城镇挺进，迫使日军及一切伪军、伪组织缴械投降。

正在这时，国民党蒋介石和阎锡山的军队在美国的支持下抢夺抗战胜利果实，悍然派军队到太岳解放区来“收复失地”。面对这种形势，根据中共中央和毛泽东主席的指示，太岳、太行、冀南的主力部队和地方部队一起发动了上党战役，其后太岳四纵队和太岳军区部队又投入了霍（县）赵（城）地区作战，都取得了胜利。这期间，牛佩琮一方面以行署的名义组织群众参战支前，号召全区人民立即动员起来，在粮食上、财力上、柴炭上、军需运输上、抬送伤病员上，努力帮助军队作战。另一方面还要维护好根据地的社会秩序，严防特务的破坏活动。他还号召全太岳区人民在生产互助合作上要学习劳动英雄石振明，努力支援前线与在后方生产变工，做到劳力与武力的统一。

1945 年 11 月 2 日，牛佩琮和太岳行署副主任裴丽生为了慰劳在上党战役和霍赵作战中有功的太岳部队，特地代表太岳区人民向作战部队赠羊 336 只，让部队指战员好好地吃了一顿庆功宴。11 月 9 日，牛佩琮又在太岳区群众庆祝苏联十月革命节的纪念会上，十分愤慨地谴责美国武装干涉中国内政，号召全区人民坚决反对国民党发动内战，坚决地保卫抗战胜利果实。1946 年 1 月 1 日，太岳区在士敏县郑庄召开万人大会，隆重庆祝抗日战争胜利后的第一个新年。在这个大会上，牛佩琮和太岳区党委书记聂真、太岳军区副司令员孙定国都发表了讲话。他们在讲话中一致指出：全太岳区的军民都要为制止内战、争取全国的和平民主而斗争。号召全区军民戒骄戒躁，使1946年的工作获得更伟大的成就。当时，牛佩琮的工作重心是放在支援前线和领导后方生产上的。

转眼间冬去春来。1946年的春耕季节来到了。这时，牛佩琮根据晋冀鲁豫边区政府的指示，签发了《太岳行署关于春耕工作的指示》(简称《指示》)。《指示》中说：目前全国已经进入和平建设的新阶段。抗战八年来人力、物力消耗极大，战争疮痍满目，百废待举。只有大力发展公私生产，才能渡过难关，恢复元气，改善生活。《指示》强调指出：今年全区生产工作的总方针是以农业为主，工业运输业为辅。要争取做到耕三余一。这一年，太岳行署为了苏息民力，发展生产，还减免了全区人民负担小米81000石，并且完全减免了秋季的合理负担。加之由于开展了反奸清算和以实现“耕者有其田”为目标的土地改革运动，所以人民群众的生产积极性普遍高涨。以农业为例，已经出现了“男妇老幼齐出动，不闲一个人，不闲一头牛，不荒一亩地”的新气象。因此继夏粮丰收以后，1946年的秋粮又获得大丰收。全区700多万亩秋禾可收获秋粮678万石。全区300万人口，平均每人收获秋粮两石以上。农业的丰收为保证军需民食创造了条件，也为进行自卫战争奠定了物质基础。

1947年2月19日，在中共太岳区党委发出关于开展大规模生产运动的指示以后，牛佩琮立即签发了太岳行署《关于今年大生产运动的计划》(简称《指示》)。《计划》要求各地根据全区的计划和当地的特点，制定具体的生产计划予以实施。除要求各级政府要拿出90%的力量领导生产，向翻身农民发放生产贷款外，牛佩琮还在机关干部生产动员大会上号召全体干部“生产节约，迎接光明，开展立功运动”。在这次动员大会上，牛佩琮在讲话中还指出：今年开展机关生产的重要意义在于减轻人民负担，给大生产运动带头，支援前线胜利。因此，机关应在后方照顾前方，地方照顾部队的原则下，逐步做到除粮食被服外，其余全部自给。机关生产的方针是农业、手工业、副业并重，要纠正只经营商业的偏向。为了搞好机关生产，牛佩琮建议各机关要成立生产委员会，实行大家生产、大家管理、大家监督、大家享受。不许可机关有一个闲人，不许可浪费公家一元钱。要建立两小时生产的制度，并厉行节约，取消一切不必要的开支。这一年，尽管太岳区的生产是在参战支前任务十分繁重，自然灾害十分严重的情况下进行的，但由于全区干部群众团结奋斗，还是战胜了困难，有许多地区做到了“耕三余一”。

1946 年 6 月，国民党蒋介石发动了全国规模的内战。蒋介石命令胡宗南的部队渡过黄河进入晋南地区，配合阎锡山的部队向太岳区大举进攻。当此之际，陈赓指挥太岳四纵队和太岳军区部队先后发起闻夏战役、同蒲中段战役、临浮战役，给予进入山西的胡宗南部队和阎锡山部队以沉重打击。当胡宗南部队准备进攻延安的时候，太岳四纵队和太岳军区部队又发动了吕梁战役和汾孝战役，以拖住在山西的胡宗南部队，减轻我军在西北战场上的压力。1947 年 4 月，为了进一步配合西北人民解放军作战，陈赓和王新亭指挥的太岳四纵队和太岳军区部队又发动了晋南战役。

为了支援晋南战役，牛佩琮主任和裴丽生副主任于 1947 年 4 月 11 日签发了动员干部群众参战的重要命令。命令指出：凡政民干部及男女公民，均有直接参战及支援前线之义务。要求每个干部和公民都要发挥高度的自觉性，按时完成一切战勤任务，不得借故推延和对抗。1947 年 5 月 15 日，太岳行署又颁布了动员民力的办法，规定各村除村长、教员和一、二、三等荣退军人外，其余所有人员都要支差或交支差米，做到人人支差，人人参战。

根据太岳行署的命令和支差办法，太岳各地掀起了支前热潮。在阳城，翻身农民和 3400 多名民兵由县长张天乙亲自率领，走上晋南战场支前；屯留县的担架队由劳动英雄葛河堂率领奔赴前线。总计晋南战役参战的民工有 52645 人（包括担架队、运输大车和部队战地动员的 15000 人），参战民兵有 12000 人。他们组成远征野战连随同部队行动，出色地完成了参战支前的任务。

在解放战争中，太岳人民是立了大功的。据牛佩琮 1947 年 7 月 7 日对《新华日报》记者发表谈话时讲，这一年来太岳区直接参战群众（包括民兵在内）就有 334059 人。参加拆城、破路、破碉堡的群众为 1699558 人。后方运粮、运被服军鞋、运盐、照看伤员、运送资财等的群众有 2090582 人。由此，牛佩琮明确指出：我们所以能够克服困难，战胜国民党军队，造成今天的新局面，除部队发挥了高度的为人民服务的新英雄主义精神外，最主要的是因为我们打的是人民战争，发扬了全区 400 万人民的积极性，全力支持前线。今后，在行将到来的反攻形势中，我们更要发扬人民战争的特点，全力动员，群策群力，迎接爱国自卫战争的最后胜利。此后，太岳区在随同陈谢兵团强渡黄河，挺进豫西的外线作战中，在三打运城的战斗中，在临汾战役和晋中战役、太原战役中，都动员了数十万民工随军服务，为打倒蒋介石，解放全中国建立了功勋。

这期间，太岳区开展了轰轰烈烈的土地改革运动。为了保证土地改革运动的顺利开展，牛佩琮签署了由太岳行署发布的一系列布告、通告和命令，运用政权的威权保护翻身农民的利益，严惩地主、富农破坏土地改革的行为。同时，牛佩琮也在发布的指示中规定了专县政府不得批准杀人，凡判处死刑者只许执行枪决，不得用其他任何办法。有了这些规定，就制止了在土改初期斗争地主时乱打乱杀的现象。

1948 年 10 月 10 日，牛佩琮签发了太岳行署的布告，宣布全区的土地改革业已完成，工作重点应由土地改革转向生产建设。并决定在秋收后以户为单位，由县政府审核，向农民颁发土地证确定地权。这时，太岳区已经全境解放，把领导群众生产，支援全国解放战争作为太岳区党政军民各部门的中心任务。

1949 年 5 月 10 日，牛佩琮奉命南调。在他告别太岳区的那一天，太岳区的干部群众数千人在驻地阳城东关外的大道两旁热烈欢送。中共太岳区党委的全体委员与他合影留念，热烈地预祝他在新的战斗岗位上再建新功。

追怀史健同志*

高扬文　焦善民　宋洁涵　李石生　李　纯

史健离开我们已经九年了。但是，他的音容，他那高尚的品德、大无畏的精神，团结同志、深入群众的作风，至今清晰地留在我们脑海，引起我们对他的思念。

史健（李维略）1917 年生于河北省宣化。他在学生时代，就投身革命斗争的洪流。九一八事变后，他积极参加张家口各业联合救国会组织的抗日救亡活动。在吉鸿昌、方振武、宣侠父的思想和行动影响下，共产主义理想逐渐在他心中扎根。1934 年，他转入北平河北十七中学读书。不久，学校以“思想左倾，行动越轨”为由，将他开除。1935 年冬，他又转入宣化二中，在林枫、张苏指导下，组织了时事问题研究会，成立了救国会。当北平爆发一二九学生运动时，他组织了宣化学生罢课示威的活动，又被学校开除。随后他返回北平，隐蔽在私立镜湖中学，从事学生运动，还参加了抗议当局迫害郭清致死的抬棺游行。他在一系列革命活动中，经受了考验，于 1936 年加入了中国共产党。

随后，他受党组织的派遣，到东北军张学良卫队营学兵队做地下工作。西安事变时，他奉命防守城门，防止宪兵捣乱，保证押扣蒋介石的东北军顺利通过。事变后，东北军内部发生小的分裂，他所在连连长受人指使，将各连政工人员关押起来。他当时是特务团党总支组织委员，马上召集党小组长开会，决定反击。经据理力争，在士兵的支持下，取得了斗争

---

* 原载《人民日报》1986 年 2 月 16 日第五版。

的胜利。此后，他到延安抗日军政大学、中央党校学习，任抗大四大队九队指导员。毕业后任中央苏维政府埃政府内务部秘书长，协助董必武部长工作。

1937 年七七事变后，党中央派遣大批干部随八路军开赴山西开展游击战争。11 月，安子文受命组建中共太岳工委，史健任工委秘书长，协助薄一波、安子文开辟太岳抗日根据地，成为太岳抗日根据地的创建者之一。这时他刚满 20 岁，才智出众，勤奋工作，无私无畏，平易近人，给人留下深刻的印象。以后，他到沁县兼任县委书记。这时沁县是晋东南抗日根据地的中心，八路军总部和山西青年抗敌决死一纵队总部都驻扎在这里。史健在沁县虽只有短短几个月，但他大刀阔斧地开辟工作，主持特委的党员训练班，为沁县、沁源、屯留等县培养了一批党的骨干，打下了开辟这一地区工作的基础。1938 年秋，他被调任介休县委任书记，仅用半年时间，就组建了 4 个区委，并在 20 多个村庄发展了大批党员，开辟了介休的工作。

在这期间，他还正确处理了在决死队中是否发展党组织的问题。为了统一战线的关系，党中央曾有过不在友军中发展党组织的通知。有的同志错把党领导下的“决死队”也看作友军，要史健向决死一总队政治部主任周仲英传达中央的决定。他一面传达，一面感到决死队不是友军，不属于中央规定的范围，便和周仲英商量，搜集意见，向上级反映。经安子文请示上级，1938 年 4 月，北方局通知重新恢复决死队中党组织的活动。

1939 年春，史健任沁源中心县委书记，领导平遥、介休、灵石、霍县、沁源五县的工作。沁源驻有国民党的两个师，不断和我们闹摩擦。同蒲沿线的四个县城被日寇占领，日军不时进犯我根据地。在这个地区工作，斗争是复杂的。史健掌握斗争策略，对国民党军晓之以团结抗日的大义，一次又一次救出被他们扣押的群众和干部。有一次我方机要交通员被国民党军扣押，大家都担心机要文件会被抢走。史健立刻前往交涉，圆满解决了问题。他笑着对大家说：“他们有武力，我们既有武力，又有马列主义，他们不能不认输。”这年春，日寇攻占了沁源北部门户王和镇，在我根据地安上了钉子。史健组织军民把敌人围困起来，迫使敌人龟缩在碉堡内，这次斗争，为以后对敌人进行围困斗争积累了经验。这年秋，阎锡山准备发动消灭山西新军——决死队的政变，中心县委面临严峻的形势。史健根据上级指示，做好了配合军队迎战的准备。“十二月事变”期间，阎锡山的亲信崔道修指使其党羽，妄图夺取沁源县区政权，捣毁了一区公所，绑架了我区长。史健领导军民立即反击，在万人大会上公审了为首的反动分子，处死了三名头目，大长了革命群众的志气，捍卫了革命政权。这一年沁源工作大踏步前进，建党工作和群众运动深入开展，巩固了太岳区根据地。这年秋，太岳区领导机关也移驻沁源，在这里领导全区的斗争。

1940 年 1 月，史健任中共太岳区二地委书记兼军分区政委，领导沁源、安泽、洪洞、赵城、临汾、襄陵、浮山等县的工作。安泽是太岳根据地西南部门户，是对敌斗争的前哨阵地。史健坐镇安泽，积极开展减租减息，扩大地方武装，发动群众参军参战，生产自救、筹集公粮公款，对残留霍山的土匪实行剿抚结合的政策，很快肃清了隐患。“十二月事变”期间，阎锡山教导师占领了洪洞、赵城，史健刚到二地委便面临着重新开辟洪赵、恢复和建立地方党组织和抗日政权的任务。区党委和军区为收复洪赵，派周希汉率二十五团和四十二团到安泽。史健、周希汉、郝可铭、苏鲁等布置了这一任务。4 月进行了李宕战斗，6 月在陈赓将军指挥下，在史健组织的 1600 余名民工支援下，进行了晋家山战役，打开了洪赵局面，重新建立了洪洞、赵城县委。这两个县委在国民党、阎锡山和日伪政权同时存在的情况下，始终坚持对敌斗争，赢得广大群众的拥护。二地委所属地区，是敌人进攻的重点，1940 年 11 月起，日寇多次实行残酷的扫荡，阎锡山军队也配合敌人进攻，但都被我军民粉碎。1942 年 10 月，日寇占领沁源县城以后，扬言要建立“山岳剿共试验区”。鉴于我们在沁源既有雄厚的群众基础，又有有利的地形，敌军深入，补给线长，兵力分散，区党委和军区决定对敌人进行“围困战”。

史健对沁源的斗争十分关注，多次和沁源县委书记刘开基一起布置沁源的斗争，参与了沁源围困战前期的决策和组织领导工作。他帮助县委将城关12000余人全部撤离县城，疏散到山区。在县城周围，在“二沁大道”两旁形成了一个长约百里，横宽数十里，面积约千余平方里的困敌区，我军民对县城敌人断其路，绝其粮，开展游击战，长期围困，逼迫敌军逃走。延安《解放日报》为此发表了《向沁源军民致敬》的社论，称赞“模范的沁源，坚强不屈的沁源，是太岳抗日民主根据地的一面旗帜，是敌后抗战中的模范典型之一”。

中条山战役后，区党委派史健、行署派时逸之率领两个工作团随太岳南进支队赴岳南开辟工作。在二地委原来工作的基础上，在史健的帮助支援下，从二地委辖区划出浮山等数县作基地，建立了以焦善民为书记的岳南地委，从此太岳区由三个地委扩大为四个地委。1942年春，一二九师邓小平政委抵岳南，指挥了浮（山）翼（城）战役。二地委对浮翼战役进行了有力的配合，仅安泽一县就动员支前民工1500余人，受到太岳军区表彰。

1942年春，史健得知日寇企图抢劫广胜寺“赵城金藏”。他意识到这是一场保卫中华民族文化遗产的斗争，必须采取果断措施，先敌之手将藏经拖运回来。因事关宗教政策，他立即向区党委安子文请示，经区党委批准后，史健做了周密的布置，将任务交给军分区政治部主任张天珩和赵城县委书记李溪林执行。分区基干营和赵城县游击大队、地委机关同志与群众密切配合，夜入广胜寺，从日军的虎口下夺经。大藏经有4000多卷，全部人背马驮，安全运抵地委机关。还未来得及运交区党委，便碰上日军大“扫荡”。反“扫荡”出发前，史健宣布了纪律：“人在经卷在，要与经卷共存亡。”于是这些宝物随队伍与日军周旋。后在薄一波、陈赓、牛佩琮等领导的关注下，历经六次转移，于1949年4月运抵北平，经当时华北局书记薄一波批准，交给北平图书馆保存。“赵城金藏”在版本方面和校勘方面，都有重大的价值，国务院古籍整理出版规划小组决定以稀世珍本“赵城金藏”为影印底本，重编“中华大藏经”。当今世界上已成孤本的“赵城金藏”，以其历史悠久和卷目完整而成为中国的珍贵文物。史健在战火纷飞的年代为保卫中华文化遗产立下的功绩，将永远记在人民的心中。

1943 年 4 月，史健在整风和审干中，由于有在白区工作的经历，受了不白之冤。然而他面对错误的做法，刚直不阿，没说过一句假话。他怀着对党的无限忠诚，始终实事求是。1945 年 5 月，不白之冤得到平反，他从正面总结了经验教训，对审查过他的同志，没有任何怨言，许多同志都为之感动。

此后，他历任中共宣化市委副书记，察哈尔省委党校副校长。可是由于长达两年的精神和肉体的折磨，他的身心健康受到极大损伤。1948 年 5 月，终于病倒在石家庄市委秘书长的岗位上。这样一位优秀干部，过早地失去为党工作的能力，使我们十分惋惜。1977 年 1 月，史健默默离开人世，更令我们万分痛心。

史健同志为党为人民立下的功绩，将永远铭记在我们心中，铭记在太岳区老根据地人民的心中。

中条山十一年革命斗争的回顾*

柴泽民　口述　　赵　晋　整理

中条山抗日根据地，是经过长期曲折的道路，经过艰苦斗争逐步形成的。

中条山背靠黄河，西向同蒲，北通太岳。它在战略上具有重大意义，是蒋阎必争、日本帝国主义花大力气要侵占的要地。我们党为了坚持抗战，建立反攻基地，创建人民民主政权，也必须积极地进入这个地区。因此，在抗日战争时期，中条山地区的斗争是非常激烈的、复杂的。国民党在中条山上摆了20万大军；阎锡山紧紧抓住政权不放，设立了两个专署，派了各县县长，还派孙楚率重兵驻扎；日军不断“扫荡”，并在中条山上建立了许多据点，分割穿插，使蒋、阎活动受到限制。我们开始时力量虽小，但有人民支持，见缝插针，经过严酷的斗争，我们的力量终于发展壮大了。

从1937年抗日战争全面开始到晋南全部解放，共11年。这是一个漫长的时期。在这个时期，晋南共产党组织的领导机构几经变换，由河东特委到晋豫地委、中条地委（又分公开的和秘密的两届地委）、条东地委和条西地委、五地委、三地委。各个地委的负责同志也多次更迭，有的现已故去，有的现在分散在各地。我虽然从抗战一开始就在这个地区工作，但开始时只是在一个县，对全区的情况并不了解。以后负责中心县委的工

* 原载《山西党史通讯》1984年第4期。1979年中美建交后，柴泽民为中华人民共和国首任驻美国全权大使。

作，进而负责全地区的工作。由于时间已久，又缺乏文字记载，多已遗忘。现在只能简略地加以概述。如有挂一漏万之嫌，或有张冠李戴、前后颠倒之处，特别是时间上的错误，在所难免。请大家给予补充、改正。

现将这 11 年的历史，根据各个时期的不同特点，分三个阶段来谈。这三个阶段是：从抗战开始到十二月事变；从十二月事变后到 1941 年条西地委建立；从条西地委建立到五地委和三地委的建立以及晋南全部解放。

一、抗战开始到十二月事变

在这段时间内，河东各县的共产党组织由恢复、建立到发展。共产党积极发动，领导群众参加抗日救亡运动；扩大抗日民族统一战线，建立和发展武装力量；改造旧政权，建立抗日民主政权；反对分裂和倒退，加强了对日本侵略军的斗争。

九一八事变后，国民党政府实行不抵抗政策，使日本侵略者得寸进尺，从东北到热河再到长城各口，继而冀东、察北先后沦于敌手。《何梅协定》后，华北主权丧失殆尽。接着日军又进逼绥远，直接威胁到阎锡山在山西的统治。这时，中国共产党提出建立抗日民族统一战线的政策，坚决主张全民抗战。在此推动下，全国掀起了抗日救亡运动的高潮。形势所迫，使阎锡山不得不接受抗日主张，提出“牺牲救国”“守土抗战”的口号，并于 1936 年成立了“山西牺牲救国同盟会”。随着日本侵略军的步步进逼和中共对阎锡山的耐心工作，山西终于成了全国抗日的前进基地。

1937 年初，牺盟总会向各县先后派出牺盟特派员，其中不少人是共产党员。但各县党的组织，由于遭受过多次破坏，已处于瘫痪状态。原有的共产党员有的被敌人逮捕，有的流落在外，有的暂时隐蔽起来，也有的为白色恐怖吓破了胆，不敢革命了。于是，在抗战开始后不久，中共山西省委派原河东特派员阎子祥同志回到河东地区，恢复、整顿、建立和发展共产党的组织，以适应抗战形势的需要，推动与领导晋南的抗日救亡运动。这时，被阎锡山关在反省院里的共产党员都陆续释放出来了，分散在外地的共产党员也陆续回来了，隐蔽潜伏起来的共产党员也都出来工作了，同时发展了一批新党员，因而各县的共产党组织也逐渐恢复和建立起来了。共产党通过牺盟会这个统一战线的组织形式，在山西开展了动员、组织、武装群众的轰轰烈烈的抗日活动，河东地区的抗日救亡运动也空前地活跃起来了。

当太原失守后，刘少奇同志在临汾的一次会议上作了重要报告。这就是有名的“胡服报告”（少奇同志当时化名胡服）。根据“胡服报告”的精神，河东地区的共产党组织着重抓了三件大事，即：

（一）恢复和发展共产党的组织；扩大抗日民族统一战线；改善人民生活；发动和组织各阶层群众参加抗日斗争。

（二）组织抗日武装，并把这些武装的领导权尽可能地抓在自己手里。

（三）通过统战工作委派和推选牺盟特派员、秘密共产党员和进步人士担任县长、区长，改造旧政权，积极建立抗日民主政权。

由于各县共产党组织在中共河东特委的领导下，按照中共中央和山西省委的指示努力地工作，所以在上述三个方面都作出了显著的成绩。

在改造政权方面，首先建议将一些顽固不化或临阵脱逃的旧县长予以撤换。改派牺盟特派员李涛、张天珩、陈捷弟、景思闵、王宿人、张呼晨、张培民分别担任了夏县、猗氏、稷山、闻喜、平陆、虞乡、垣曲等县的县长。

在建立抗日武装方面，各县共产党组织都进行了大量的工作。当时，阎锡山打着“守土抗战”的旗号，命令各县都组织抗日武装自卫队，并派了自卫队的总队长和指导员。乘此机会，党派了许多共产党员负责组织或参加自卫队，力争掌握领导权。只要有了武装，一切都好办。各县共产党组织都紧紧地抓住了这个关键，在日军入侵晋南时，中共河东特委（书记阎子祥，组织部长温建平，宣传部长李少白）指示：一旦日军入境，沿中条山各县就把自卫队、牺盟会、县政府撤到中条山上坚持对敌斗争。因为河东特委和牺盟中心区都撤到中条山了，这样便于领导。而阎锡山却命令河东各县的自卫队、公安局、县政府撤退到稷王山一带，靠近西山，以便他能直接控制。为此，阎锡山还派了一批旧军官到各县担任自卫队总队长、副总队长，直接掌握部队。

当时，河东各县的自卫队虽然枪械极少，但人数不少。其中，夏县、闻喜、平陆、芮城、垣曲、永济及汾南各县的自卫队基本上是由共产党掌握的。夏县的共产党组织有基础，县长也是共产党员，河东特委和牺盟中心区也撤到了那里，故这个县的自卫队发展到六七个中队，近千人。闻喜县有三个中队共 300 余人，其他各县也大致相同。

各县抗日武装的发展，以闻喜县为例，就可看出共产党是如何重视掌握武装了。

1937 年底，我和席荆山等由外地回到闻喜后，经中共河东特委批准恢复了闻喜县委。根据中共中央的精神，县委把主要力量投放到抓武装方面。决定县委书记席荆山任自卫队总队政治部工作员，王震东（党员）任副总队长，县委宣传部长任保家任自卫队一中队指导员，县委组织部长柴泽民任二中队指导员，县委民运部长沈全成任三中队指导员。刚从延安回来的马炎任自卫队游击战术教官，加强了对部队的训练。闻喜自卫队二中队中队长杨志坚，是西北军赵寿山部的一个班长，是共产党员，很能打仗。他的部队在忻口被打垮后，路经闻喜。席荆山在陕西时认识了他，就把他留下了。他还带有几个战士，打仗都很勇敢，分别担任了中队的分队长。因此，二中队就成了闻喜县自卫队的骨干。

原计划在日军兵临县城时，由二中队首先收缴县公安局的枪支，然后胁迫县长同其他两个中队一起到中条山上去。但是，阎锡山的旧县长关征祥和自卫队总队长成德也担心我们这个中队不好驾驭，于是命令二中队先撤到中条山；其他两个中队和公安局在日军到来前，他们都带到了稷王山。那两个中队的中队长和指导员同县委书记席荆山等都到中条山来了。留在那两个中队里的几个党员曾计划夺权，后遭失败，牺牲了几个同志，部队也垮了。闻喜自卫队就只留下了二中队百余人的兵力，但党的干部都集中到这里了。

为了扩大和发展部队，中共闻喜县委决定以二中队为基础，仍按照阎锡山的“统一规定”，成立“闻喜县抗日游击支队”。由于县长、自卫队总队长都在稷王山，为了照顾与阎锡山的统一战线关系，便由自卫队总队指导员李化民（党员，系由牺盟总会派来的）担任支队长，二中队原中队长杨志坚为副支队长，县委书记席荆山为政治部主任。原拟让我任参谋长，但我觉得自己是一个书生，不会打仗，就让从西北军下来的一个文书上士李宗敏（党员）做参谋长，我做参谋，主要是做党的工作，掌握部队（以后席荆山调到夏县中心县委任组织部长，由我接任政治部主任，任保家任县委书记）。游击支队下设三个大队：一大队队长由杨志坚兼任，指导员沈全成；二大队队长曹孟孝，指导员马炎；三大队长 ×××，指导员王震东。还有一个宣传队，由中共闻喜县委宣传部部长任保家负责。闻喜县抗日游击支队成立后，就发动青壮年群众参军，并收编了一些国民党军队中溃退下来的散兵游勇，很快就把部队扩大到了 800 余人。

其他各县武装力量的发展过程都大同小异，只有少数县，由于共产党组织的力量薄弱或缺乏经验，部队为阎锡山派来的总队长掌握了，这些部队也就被阎锡山的旧军官拉走了。

日军打通了同蒲线以后，中共山西省委为了便于领导、便于工作，决定撤销河东特委，同蒲线以东划属中共晋豫特委领导。并成立了“八路军晋豫边抗日游击支队”。以唐天际为司令员，敖纪民为政委。

“八路军晋豫边抗日游击支队”是由各县抗日游击队各抽调一个大队组成的。闻喜县委决定派杨志坚带领他们那个大队去参加“晋豫边抗日游击支队”。夏县、垣曲等县也各抽调了一些部队作为晋豫边抗日游击支队的基础。1938 年后半年，嘉康杰和金长庚在夏县一带也发展了一支部队，叫第九中队，金长庚为中队长。以后由荣河拉过来一部分武装，改编为“晋豫边抗日游击支队”第六大队，教导员是老红军李生颜。

1938 年冬，阎锡山把稷王山地区各县抗日游击队中一部分为旧军官掌握的武装改编为“爱乡团”，另一部分进步武装升编为政卫一支队。政卫一支队以孙定国为支队长，稷山县长陈捷弟（共产党员，曾在闻喜县任牺盟特派员）为政治主任。中条山地区各县游击队升编为政卫三支队，以王清川（共产党员）为支队长，夏县县长刘裕民（共产党员）兼政委，夏县牺盟特派员霍钟秀为政治部主任。夏县游击队改编为政卫三支队一大队，平陆为二大队，芮城为三大队。1939 年七八月间，政卫三支队改编为二一三旅五十九团，以张文达为团长，刘裕民兼政委。政卫一支队改编为二一二旅，孙定国为旅长，王成林为政委，朱佩瑄为政治部主任。

闻喜县抗日游击支队当时活动于同蒲线以西的闻喜北垣一带，接近政卫一支队。所以，孙定国、陈捷弟很想收编它。当时，中共闻喜县委既没有接到上级的指示，又对孙定国的面目不了解，只知道孙定国是阎锡山军官教导团出来的旧军官，因此经过县委研究，为了保证共产党的武装力量不被阎锡山的势力所吞并，所以除给县政府留下一个中队作警卫外（当时的县长景思闵是共产党员），闻喜县抗日游击支队的其他大队全部拉到了夏县，找到中共夏县中心县委（书记薛滔，组织部长席荆山，宣传部长周逸，领导闻喜、垣曲、平陆、芮城、虞乡、解县、永济、安邑九县）和地委代表温建平，决定将部队交给嘉康杰，编为“晋豫边抗日游击支队”第七大队，由嘉康杰任大队长。李化民、李宗敏及原支队部的其他同志都送往延安学习。当时，地委决定把平陆、芮城、解县、虞乡、永济从夏县中心县委划出来，另成立平陆中心县委。我被调到平陆中心县委任组织部长，书记为王一飞，后换为董奥林，宣传部长张邦良。闻喜县委作了调整，任保家仍回闻喜任县委书记，组织部长王建兑，宣传部长王恩祥。由于我们将闻喜县抗日游击支队编入了八路军，阎锡山说共产党破坏了统一战线，将县长景思闵撤了职，改派平陆县长王宿人到闻喜任县长。

晋豫边抗日游击支队到 1939 年底改编为新一旅。旅长是韦杰，政委是唐天际，副旅长是方升普。

1939 年 5 月，根据中共晋豫地委决定，调我担任夏县中心县委书记。组织部长是宁毓俊，宣传部长是周逸。席荆山任翼城中心县委书记。夏县中心县委的公开名义是八路军办事处，住在韩家岭，有一支警卫部队，有个合作社，还有个制造八响手枪的兵工厂。党的经费来源就靠合作社和兵工厂的收入。

为了适应新形势，1939 年 8 月间中共晋豫地委撤到太行山南部与太南地委合并，升格为中共晋豫区党委。另成立中共中条地委，书记是李哲人，组织部长薛滔，宣传部长董奥林，青年委员李西木，地委机关设在平陆县三区龙潭沟。

不久，山西的形势开始逆转，阎锡山准备进行反共政变，投降妥协的危机已很严重。1939 年 11 月，嘉康杰同志要去延安，在由夏县到平陆途中的武家坪被国民党第三军的特务杀害了。1939 年 12 月初，阎锡山发动了晋西事变，命令所部向新军大规模进攻；晋东南的孙楚（阎部）、丁树本（吃摩擦饭的国民党武装）同八路军打起来了；决死三纵队中的旧军官率部叛变了，在中条山地区也随时有发生事变的可能。

在这种情况下，中共中条地委决定，凡是已经暴露了政治面目的共产党员和牺盟会的干部全部撤退到晋东南根据地去。我当时向中共中条地委建议，根据夏县的情况，我认为还能够坚持下去。其理由是：山西新军二一二旅和二一三旅五十九团在稷王山地区活动，夏县中心县委可率领警卫部队下山，到交通线以西，靠近二一二旅和五十九团。这样一方面可以发展部队开展抗日斗争；另一方面也可以坚持地方工作，发动群众和开辟游击根据地。可以一举两得，所以还是不撤退为好。中共中条地委经过研究，批准了我的计划，同意把我和金长庚、周逸留下来坚持斗争。中条区其他各县的干部，除留下能够秘密坚持斗争的干部外，一律撤退。中共中条地委机关也将撤到垣曲县八路军兵站去。

在我返回夏县时，形势已十分严竣。阎锡山第七专员公署派人包围了夏县县政府，县政府秘书车范轩已被扣押，牺盟会也被砸了（牺盟特派员和县长随同五十九团已下山靠近二一二旅，幸未被害），夏县中心县委的合作社经理杨天觉也被国民党军队一六九师抓去了。在此十分紧张的情况下，我一面派人到闻喜，要该县县长王宿人（共产党员）即来夏县，以便由县委警卫部队掩护下山；一面亲自到国民党一六九师去交涉要人。经过一番辩论，一六九师终于将我合作社经理杨天觉释放了。但闻喜县长王宿人因故未来夏县，不久即被阎锡山的七专署派人配合一六九师把他和公安局长周铭新（共产党员）抓起来，带到平陆县涧阳镇七专署后枪杀了。王宿人同志是东北人，东北大学毕业，是一个很好的同志。在十二月事变中，中条地区就牺牲了他一个县长和一个公安局长。

1940年2月初，我带着中共夏县中心县委的警卫部队七八十人，穿过国民党第三军的防区，进入敌占区，通过交通线，经过一夜的急行军，到了稷王山区。我找到了五十九团后，同刘裕民、王竟成（牺盟中心区秘书）见了面。我把在我将要下山时交通员送来的八路军总部要我转给刘裕民和孙定国的电报交给了刘裕民。拆开看后，才知道中共北方局和八路军总部分析了晋南的形势，认为阎锡山可能派部队到稷王山区消灭二一二旅和二一三旅五十九团。在孤立无援的情况下，怕部队遭受损失，因此要孙定国率领二一二旅和五十九团迅速撤退到太岳根据地与决死一纵队会合。孙定国接到电报的第五天召开了誓师大会后，就沿着中条山的边缘，在国民党军队和日军的夹隙中穿过去，经过十数天边打仗边行军，终于到达了太岳根据地。

二一二旅和五十九团撤走后，晋南地区就只留下了夏县中心县委所领导的这支小小的警卫部队坚持斗争了。以后这支部队逐渐扩大到近300人，成为武器优良的八路军部队。这支部队本来是中心县委的警卫部队，对外没有番号。为了便于活动和纪念嘉康杰同志，就把部队命名为八路军康杰支队。康杰支队既没有支队长，也没有政委，大家依过去的习惯称我为主任。这支部队在十二月事变后，远离上级领导，在中心县委领导和广大群众支持下，独立地坚持了半年的抗日反顽斗争。

二一二旅和五十九团北撤后，阎锡山马上派三十四军来到稷王山地区。他们来后到处搜索二一二旅遗留人员，因此经常和康杰支队发生遭遇。由于三十四军没有群众基础，又是大集团活动，既怕日军，又怕遭受康杰支队的袭击，所以他们不敢到交通线附近活动，也不敢到我军活动地区活动，一般是沿着稷王山麓转圈子。但是这样也给康杰支队造成了严重威胁。我军活动地区只有闻喜四区和夏县四区两个区，下临交通线，上有阎锡山的三十四军，中条山上国民党的军队也经常过来。我军在上下夹缝中依靠群众和地形的有利条件，坚持同日军、阎顽进行斗争。

1940 年 4 月，中共中条地委组织部部长薛滔和青年委员李西木（现名刘希文）从中条山下来找到了康杰支队。中心县委向他们汇报了当地形势和康杰支队坚持斗争的情况。薛滔同志说，他的意见还是继续坚持下去。因薛滔是军官学校毕业，懂军事，就直接负责部队工作，我专做地方工作。李西木也隐蔽在农民家里进行秘密工作。但不到半个月，薛滔同志就支持不住了，吐了血。这时，他感到继续坚持下去有困难，遂决定将部队和干部都撤退到根据地去。经过研究，只有通过驻扎在平陆、夏县之间的国民党三十八军的防区，先到垣曲八路军兵站与地委机关会合后再决定行动路线。三十八军是西北军赵寿山的部队，赵寿山同我友好，他下边的许多军官也都是倾向革命的。在十二月事变后，平陆、夏县许多牺盟会的干部和暴露了身份的共产党员都是在这支部队的掩护下，先后转移到根据地去了。因此，从他们的防区通过是比较安全的。薛滔同志与三十八军有关系，于是决定由他先去联系，有结果后即通知我们，以便行动。但薛滔同志走后，因病过河到洛阳八路军办事处休息去了，过了两个多月没有消息，而形势对我们越来越不利，大家都很焦急。

薛滔走后不久，国民党第三军派了一个搜索连到康杰支队活动的地区进行侦察，准备派部队过来消灭当时唯一存在于晋南的这支八路军部队。这个搜索连纪律很差，人民群众深恶痛绝，于是康杰支队在当地群众的强烈要求下，决定消灭它。1940 年端午节，我们让当地群众给搜索连送了许多酒肉，趁着他们大吃大喝、疏于防范的时候，康杰支队突然冲了上去，很快就把这个搜索连全部消灭了。

国民党第三军为了进行报复和完成消灭康杰支队的任务，立即准备派两个团的兵力来聚歼康杰支队。在获得情报之后，我们分析，我军面临着上有阎锡山的三十四军，下有日伪军，迂回地区小，处于被敌人围攻的危险处境。为了保存实力，免于被敌人消灭，中共夏县中心县委立即决定部队连夜向中条山三十八军防地转移。急行军走了一天一夜，当我军到达三十八军军部时，军参谋长要我军马上离开，说他们政治部那班人经常找他们的麻烦，说他们私通八路。因此劝我们快走，免出意外。因为部队一天一夜没吃饭、没休息了，三十八军送给了我部四袋大米，就在军部对面的山梁上埋锅造饭。饭后天已黑了，大家也疲惫不堪，倒头便睡。次日天一明，我们爬起来继续行军，向垣曲方向前进。在行军途中得悉垣曲八路军兵站已经撤离了，中共中条地委也不知去了哪里。

我们应向何处去？只知道八路军在晋东南，我们既没有地图，周围又都是国民党军队，还要通过许多日军封锁线，怎么走法？我真是一筹莫展，焦急万分。这里又不能停留，只好赶到邻近黄河的一个村庄，那里住着三十八军的一个补充团，这个团的团长思想很进步，他也听说垣曲的八路军兵站已经撤走了，他要我部暂住在他们对面的村子——胡家凹，然后派人前往垣曲了解情况。

这天晚上，我真像伍子胥过昭关，愁得一夜未入眠。因为我们不但带着一支300多人的部队，而且还有从闻喜、夏县撤退出来的一批干部。现在处在20万国民党军队的圈子里，如果发生意外，就会给革命造成重大损失。在夏县中心县委开会讨论时，有的人主张返回敌占区，有的人主张把枪埋起来，部队解散。这两种意见都不是万全之策。为了保存共产党的武装，为了保护干部的安全，究竟该怎么办？大家当时都想不出什么好主意。

次日天刚明，中共平陆县委书记白锋从垣曲回来，给我们带来了好消息。他说八路军兵站和中条地委虽然已经撤走了，但还留下两个人在等民夫运输物资。既然情况已明，我们就立即出发向兵站奔去，一口气走了120里。天黑赶到垣曲八路军兵站，果然还留有两个人。兵站还剩有一些军装、军毯。于是，康杰支队的干部战士都换上了整齐的八路军军装，佩上臂章，俨然成了一支八路军的正规部队了。

我们在八路军兵站获悉，中条地委书记李哲人和兵站人员已撤到豫北济源县境内，准备从那里经过晋城到太行山去。这样，我们第二天即整装出发，向豫北济源县前进。路经邵源镇，这里的八路军兵站也还有些物资未运走。他们征集了100多个民夫，每人担着两口行军锅，还有两个外国医生带了一批医药，也同我们一道走。我们成了一支四五百人的队伍，浩浩荡荡地向豫北前进。在通过封门口时，吃摩擦饭的国民党军队丁树本有一个营占据着这个山口，他们听说八路军过来了，马上集合部队拉到两面山头上。我们在沟里走，形势很危险。我们马上将部队和民夫拉开距离，使对方看不到我们部队的头和尾，不知道我们有多少人。我们沉着行进，使国民党军队不敢对我轻易下手。过了封门口，我们很快就和中条地委及八路军兵站的人员会合了。

在济源这里，集中了中共中条地委和八路军兵站的人员，还有八路军总部供给部长周文龙，三八五旅的一个连，他们是护送朱总司令到洛阳并领取国民党发给八路军的最后一批经费的。这里共有近 2000 人，组成了一个司令部。周文龙任司令员，中条地委书记李哲人任政委，八路军洛阳办事处主任袁效贤（后叛变）沿途与国民党军队进行联络。我与地委会合后就病倒了，走路都要人扶着。但李哲人仍要我带领康杰支队。康杰支队和三八五旅的那个连都是有战斗力的。行军中一个作前卫，一个作后卫，保护着大队人马经过晋城、阳城、沁水、高平、襄垣，通过了好几道日本人和国民党的封锁线，行军近一个月，到达了武乡县中共北方局和八路军总部的所在地。八路军总部决定将康杰支队编进总部特务团，我和周逸、金长庚、阎家德（闻喜县委书记）就到中共北方局党校学习去了。

二、十二月事变后到 1941 年条西地委的建立

这个阶段时间不长，共产党的组织完全处于秘密状态，斗争十分困难。

在中共中条地委书记李哲人和康杰支队离开晋南后，中条地区的共产党组织完全处于地下斗争状态。当时，中条山上约有 20 万国民党军队盘踞着，同蒲铁路两侧平原地区完全沦为敌占区，稷王山及汾南地区亦为阎锡山军队所控制。共产党八路军完全处于非法地位。此时另行组建了一个秘密的地下地委，以席荆山为书记，杨蔚屏为组织部长，董奥林（化名王守义）为宣传部长。席荆山住闻喜，杨蔚屏住绛县，董奥林住永济，分别

坚持斗争。李哲人到太南与聂真、王孝慈等会合后担任了中共晋豫区党委的宣传部长。

在这一段时间内，共产党组织虽然处于秘密状态中，但对敌顽的斗争并没有停止过。在永济县雪花山一带，共产党派景秋岳同志打入阎锡山七专署保安司令部任参谋主任，并领导一个补充营。派杜白石同志在保安十四团内任营长。在峨眉岭一带，共产党领导的秘密游击小组十分活跃。他们昼伏夜出，镇压汉奸走狗，袭击特务顽伪，搞得轰轰烈烈。另外，马彦俊同志被派到土匪杨振邦部队里工作，争取这支部队能靠近我们。总之，这个时期条西地区的形势还是朝着有利于我们的方向发展。

1941 年 2 月，我和金长庚等人从中共北方局党校结业出来，到太南的平顺县向中共晋豫区党委报到。在这里，我们学习了晋豫区党委作出的《关于敌占区工作方针、任务的决定》。这个决定的主要内容，是要求在敌占区活动时，要采取“荫蔽精干，长期埋伏，积蓄力量，以待时机”的方针，要利用合法的形式，并建立灰色的、伪装的、秘密的武装，甚至会道门也可以利用。党的干部必须有职业掩护，取得合法存在，思想上要作长期准备，防止急躁、盲动情绪。在平顺，我们学习了两个多月。

为了便于开展工作和便于领导，中共晋豫区党委决定把中条地委分为条东、条西两个地委。条东地委由杨蔚屏任书记，解玉田任宣传部长，席斌午任组织部长；条西地委由柴泽民任书记，阎家德任组织部长，董奥林任宣传部长。席荆山调回区党委到北方局党校学习。

工作定下来以后，我就和阎家德、金长庚、解玉田等一起离开平顺，路经太岳区准备回到条西地区。但是太岳区党委书记安子文把我们留了下来，让我们跟着五十九团南下开辟岳南工作。在岳南工作了十几天以后，我们就急着回去开展条西地区的工作。因为当时正当日军“五月大扫荡”之后，中条山上的 20 万国民党军队全部被打垮了，中条山形成了真空，这是大好时机，机不可失。经安子文同志同意后，我们即分三路星夜赶回晋南。

三、从条西地委建立到晋南全部解放

在这个阶段，我们在条西地区发展灰色武装，逐步形成强大力量；建立了抗日民主政权，发动群众，建设抗日根据地，打败了日本侵略军、消灭了国民党的军队，赢得了彻底解放。

在日本侵略军 1941 年 5 月“扫荡”后，中条山上到处是散兵游勇，游击队名目繁多。当时，夏县有个人数较多的游击队，司令叫冯胡林，有千余人。不久冯胡林死了，又由王文海当了游击司令。国民党特务贾真一在闻喜山上建立了一个野战军，声势很大。阎锡山也派人组织部队和收编各股游击队。国民党也由河南派人过来组织了许多小股武装，多的千余人，少的百余人。真是“司令如牛毛，队长遍地飞”。

我们回到晋南时，已是 1941 年 7 月，失去了一些有利时机。此时条西地委决定要迎头赶上。于是阎家德同志即去平陆、芮城与董奥林联系。康俊仁去夏县王文海的游击队里当了个中队长，准备在这里发展共产党的武装，同时对王文海开展思想工作，争取他转向革命。又为了加强对康俊仁中队的领导，我们派了崔晓涛去做指导员。这个中队也就成为我们在条西地区武装力量的基础。

1941 年八九月间，国民党贾真一的特务武装“野战军”收编了王文海的游击队。王文海由于和我党接触较多，思想上已逐步转变，倾向了革命。贾真一察觉后，借点名发饷的机会，把王文海的部队集中到闻喜的上下横榆，全部缴械，王文海也被杀掉了。康俊仁的这个中队，我们没有允许前往，怕上当受骗，所以未受损失。王文海被杀后，他的部队被编进贾真一的“野战军”；后来队员们都陆续逃跑回来，参加了康俊仁中队。这样，康俊仁中队迅速扩大，遂整编成为支队，下设六个大队，即一、二、三、五、七、八大队。我们便把这个支队叫作“康支队”，以康俊仁为支队长。“康支队”和“康杰支队”后来有许多人闹混了，其实这是两支部队，不是一码事。

此外，夏县的县南三区，原区牺盟会秘书杨德山向党提出要搞武装。

我们给了他一支短枪，两支长枪。他靠着这三支枪很快拉起了一支部队。此时，国民党派来一个“中条山抗日挺进纵队”，司令是景行之，他委任平陆县的一支地方部队领导人吴仲六为前敌总指挥。吴仲六的这支部队番号为四支队。当时为了合法存在和争取吴仲六，就把杨德山这支部队的番号改称为十支队，实际上仍保持着自己的独立性，直接由共产党领导着。

这时阎锡山的七专署在永济雪花山也搞了两个团，即保安十三团、十四团。我党党员景秋岳、杜白石分别掌握了两个营。这支部队在日军“扫荡”时被打垮了，剩下的一部分人由董奥林率领，经过芮城来到平陆，同中共平陆县委掌握的一支地方武装合并，与吴仲六联系编为五支队。支队长是薛勤，薛勤牺牲后改由张鸿波（化名刘永祥）担任支队长。“康支队”五大队长的大队长樊马义经常在闻喜四区活动，同闻、夏交界的泊头村的共产党员宋振山组织的一支部队经常配合行动。当时，中共条西地委考虑，为了开展闻喜的工作，需要统一行动，于是决定把这两支部队合并，命名为九支队。由于工作的开展，我们将稷王山的闻喜四区和夏县四区划为稷麓县，派原夏县四区区长赵宜轩为县长，他也组建了一支部队，叫县支队。（1943 年底，我们条西地委直接领导的，共有五个支队。即康支队、五支队、九支队、十支队、县支队，有两三千人。我们还建立了五个县政权，即夏县、康杰县、稷麓县、平陆县和安邑办事处。）

在我们回到晋南后，开始时为了执行中共晋豫区党委“秘密隐蔽、长期埋伏”的方针，每个地委委员都要有个职业掩护。最初，我在夏县四区，开了个蒸馍铺，我做管账先生。但这种职业把自己束缚太死，如果经常外出，就容易引起别人的怀疑。后来我到了夏县李庄，在中共夏县县委书记宁毓俊同志开的粉房（兼木厂）里当伙计。这种职业也不便于经常外出，同时要装什么就是什么，我干不了出力的活，也没有那么多的时间。这时，程震山、白涛在夏县兴南庄开了个医院，建议我也以做医生为掩护。当时我不会看病，临时就在程震山胳膊上试着打了一针静脉注射，第二天就到张庄接管了一家医院当了医生。我这个医院共三个人，除我之外，还有程震山的一个姐夫管杂务，还有个护士。我这时的化名叫王富贵，大家叫我王医生。我后来打针的技术提高了，不久名气就出去了。我每月只要打够五针“六零六”，就够我们三个人的饭钱了（一针“六零六”只几毛钱，可以从运城买来，但打一针要收费五块钱），而且当医生日本人不注意，抓民夫也不抓医生，活动很方便。此后我就每天提着药包骑上自行车以行医为名到处巡视工作，指导游击队的活动。

当时，由于各支游击队一直在敌占区分散活动，所以慢慢地滋长了自由散漫、纪律松懈的作风，甚至有的干部脱离部队、生活腐化，这是很危险的。也因此不断发生部队被敌人包围、干部被俘虏或被打死等情况。如果长此下去，部队就会垮掉。为了加强和巩固部队，在 1942 年五六月间，中共条西地委决定把部队轮流调上山去进行整训。于是我也以“康支队”副支队长的名义公开露面了，当时化名李敏之，人们都称我为李支队副。

部队集中起来以后，就需要集中领导、统一指挥，需要建立根据地，需要一个公开的、有权威的领导机构。当时没有干部，也没有经验，为了便于公开对外行使职权，将条西地委机关命名为“建中部”，并出版小报来指导工作。这时，席荆山也由中共北方局学习回来了，担任条西地委副书记兼组织部长。阎家德同志调回区党委学习。中共条西地委决定由席荆山着重负责地方党务工作和政权建设工作，金长庚负责巡视、联络工作，董奥林负责指导平陆、芮城、永济、安邑的工作，我则着重抓武装斗争和部队建设。

此时，为了扩大统一战线，为了争取中条山上的杂牌抗日武装和委任人员成立新的游击部队，决定成立一个“中条山抗日联军司令部”。但是因为没有干部，所以也没有做出成绩来。

这时，聂真率领三八六旅到了阳城、翼城一带，开辟晋豫区的工作。我赶到阳城向聂真同志汇报了条西武装发展的情况。聂真对条西的局面很高兴，决定派一批干部给我们。到 1942 年底，太岳区和晋豫区合并为太岳区，派了 8 个干部来条西。但这些同志不认识路，走到了闻喜县贾真一的活动地区，8 个人都被贾真一抓住杀害了。这是开辟条西工作的一大损失。

1943年初，中共太岳区党委和太岳军区决定在条西成立太岳第五军分区，由康俊仁担任司令员，我兼任政委，拟另派刘志超同志来担任副司令员。第五军分区成立不久，就赶上敌人“扫荡”。康俊仁同志在敌人“扫荡”时，带了一些人下山去敌占区隐蔽。敌人退走后，他们都穿戴着日本人的大衣和军帽又回根据地来了。那天天刚亮，哨兵看不清楚，要他们站住，他们置之不理。哨兵在慌忙中开了枪，恰巧一枪便把康俊仁同志打死了。康俊仁死后，太岳军区决定派刘志超同志任司令员。1943年8月，太岳军区命令第四军分区参谋长冯精华率十七团和七七二团，一面护送刘志超同志来第五军分区就职，一面协助第五军分区歼灭贾真一匪帮。遗憾的是，第四军分区的部队过来不到五天，日军即对我第四军分区的部队发动进攻。在战斗中刘志超司令员不幸牺牲。这时，第五军分区司令部尚未正式建立，就牺牲了两个司令员。这说明条西地区形势的恶劣和斗争的残酷。

1944年2月，大岳军区派王清川、王观潮两位同志来条西。分别担任第五军分区参谋长和政治部主任，并带来一个基干团（四个连）和一部电台。不久，又派来一批干部，分别担任各支队的政治部主任和参谋长等职。由于康俊仁去世，另派李明如同志任康支队支队长。太岳行署任命金长庚为五专署专员，张学纯为副专员，张呼晨为秘书长。于是，太岳五分区就逐步健全起来了。

1944年6月，阎锡山的猗氏县县长董警吾，因为他的共产党员身份暴露了，报经中共晋西南工委同意，他带领县公安局等部门的300多个武装人员起义。他的部队被命名为八路军汾南支队，董警吾为支队长，公安局长秦尚武（共产党员）为一大队队长。以后又建立了二大队，赵川任二大队队长。他们经常活动在汾南万泉、猗氏一带。董警吾和汾南地区阎锡山的十五专署专员兼保安司令吴哲之是亲戚。董警吾虽将部队拉过来了，但他们仍经常秘密通信。后来吴哲之通过董警吾给我写过几封信，我亦复信劝勉他认清形势，投靠人民。吴哲之答复我准备起义，并与我约定了会面地点，以便协商具体起义事项。我们把这件事报告了中共太岳区党委和太岳军区。中共太岳区党委和军区决定同意吴哲之起义。

为了策应吴哲之起义，太岳军区于 1945 年初派孙定国为第五军分区司令员，五十四团团长王墉为副司令员，让他们率领五十四团和二十五团来到汾南。并决定吴哲之起义后在汾南地区建立军分区，以吴哲之为司令员，王墉为副司令员，五十四团留在汾南作为骨干力量。

我和孙定国带着五十四团和二十五团先到稷王山下，到预先约好的接头地点寻找吴哲之。但吴哲之没有如约前来，通过进一步了解才知道：阎锡山因为董警吾的起义已对吴哲之产生了怀疑，此次准备起义也被阎锡山察觉，因而把他扣起来了。吴哲之被扣以后，汾南各县县长都很恐慌（因都是吴哲之委派的），都各自躲避起来了，因而各县武装也都散了。这时，阎锡山派了七十三师护送新派专员薛克俭来到汾南。我们只好撤退到我方根据地稷麓县。当阎锡山的七十三师进逼到我区边沿上庄、小村一带时，我们为了打击其气焰，决定采取打蛇先打头的战术，避开他的战斗部队而集中力量消灭他的师部。经过两小时的战斗，我们消灭了七十三师师部。仅师长一人逃跑了。从此，阎锡山的七十三师即退缩到汾河流域，再也不敢过来了。

吴哲之起义未成，二十五团仍回第一军分区，五十四团留在第五军分区。1945 年 5 月，第五军分区的部队把贾真一的“野战军”全部消灭，贾真一也被打死。从此，除绛垣公路为日伪控制外，条西、条东和四分区完全连成了一片。

日本投降后，太岳五分区部队进行了整编，共编为四个团。五十四团保留原番号；由康支队与原基干团四个连合编为五十六团；九支队、县支队、五支队合编为五十五团；十支队和吴仲六的四支队（已争取过来）、安邑县大队合编为五十八团。四个团共五六千人。我们打下了由日本人占领的夏县县城和平陆县城，并且扩大了根据地。

这时，五分区有七个县政权：夏县、平陆、安邑、康杰、稷麓、闻喜、万泉。中共太岳区党委和太岳军区根据形势的发展，决定调整各地区划：一、四分区基本不变，二、三分区合并为二分区，五分区改称三分区。孙定国调任太岳军区副司令员，王墉提升为第三军分区司令员。中共三地委书记柴泽民，副书记李志敏，组织部长贾启允，宣传部长张铁民，民运部长韩鸿宾，城工部长白涛，专员金长庚，副专员张学纯。

1945 年底，五分区部队包围了闻喜县城。1946 年初，军调处临汾小组由一个美军上校来军分区司令部和闻喜县城进行调处。经过数天的斗争，没有结果。于是，陈赓司令员率四纵队过来，用山炮攻破县城，全歼守敌。此时，闻喜、夏县、平陆等广大地区连成一片，开展了声势浩大的反奸反霸清算运动。中共中央的“五四指示”下达后，太岳五分区的群众运动又进入了一个新的高潮。

1946 年六七月间，胡宗南派六个旅渡过黄河向我太岳三分区进犯。乘敌立足未稳，陈赓司令员指挥太岳四纵队在夏县堰掌镇一举歼灭了胡宗南的一个旅（三十一旅）。胡军旋即龟缩到运城去了。接着，胡宗南的部队经过几个月的整顿和补充，增至 11 个旅，于 1946 年 11 月齐头并进又向太岳区压过来。胡宗南除留一个旅对我第三军分区进行“扫荡”外，其余部队继续北犯。这时，太岳四纵队主力北上抗敌，我第三军分区由参谋长樊执中率领一个团在平陆执行任务，另外三个团随主力北上，待机歼敌。

这时，三分区只留有特务连的两个排由我指挥，保卫地委、军分区、专署、群众团体等机关的安全。在胡宗南的军队向我大举进攻时，有些人主张撤退到老根据地去。但中共太岳三地委决定敌进我进，敌人进入我区，其后方必然空虚，我军亦可进入敌区。我们下决心坚持，所以胡宗南的军队一个旅在三分区“清剿”了一个月毫无所获，不得不撤退了。太岳军区为我们三分区坚持敌区斗争，粉碎了敌人的“围剿”“扫荡”，发来了嘉奖的通令。

胡宗南军主力进到临汾后，太岳区部队由陈赓司令员指挥，在临汾、浮山地区一举消灭了胡宗南的王牌部队天下第一旅和另外一旅的一部，取得了辉煌的胜利。这次胡宗南的主力受挫后，大为惊慌，不得不龟缩到主要城市和交通线上。这就为我军广泛出击、攻克城镇、消灭匪顽、收复晋南的广大地区创造了良好条件。

1946年10月，三分区奉太岳军区的命令，要我们派出一个团，过黄河到河南伏牛山地区给中原军区（新五师）的郑位三部送去电台、密电码及一部分款项。我们当即选船，并由军分区参谋长樊执中和五十八团团长北沙率领五十八团，由三门峡与茅津渡之间偷渡黄河，穿过陇海线，进入河南尉氏县境内与新五师部队会合。五十八团完成任务后于1947年1月平安返回三分区。

粉碎胡宗南军队的进攻以后，太岳解放区是扩大了。形势也比较稳定了，但是阎锡山的正规军和地方部队仍然到处流窜和控制着一些城市，运城仍在敌人的手里。黄河南边的胡宗南军队仍然随时可能渡河过来。汾南地区仍然处在拉锯状态中。群众思想还很动荡，害怕变天。汾南的经济状况也与老区不同，因此，如何进行土地改革，是搬老区做法，还是根据新区、边缘区、拉锯区的情况来制定新的政策？这是我们当时考虑的一个问题。

恰在这时，中共太岳区党委宣传部部长李哲人同志来到分区。我们向他汇报了情况，共同认为新区土改应该区别于老区，尤其是形势还不稳定，群众还有变天思想的情况下，步子要慢一些，政策要宽一些，斗争方式要缓和一些，不能机械地搬用老区土改的一套办法。按照这个基本思想，由李哲人同志向全区干部作了动员报告。全区土改就这样普遍地开展起来了。但是，在中共晋冀鲁豫中央局于1947年冬召开的冶陶会议上，我们的做法却被有些人指责为“和平土改”“地富路线”。许多县委书记虽有不同意见，但当时谁也不敢讲话。

冶陶会议结束时，中共太岳区党委宣布三地委进行改组。调原中共一地委书记刘植岩到三地委任书记，原地委组织部部长贾启允任副书记兼组织部长，委派张学纯担任专员。原来的地委成员除留了贾启允和韩鸿宾外，其余的都调回太岳区党委另行分配工作。

冶陶会议期间，当时的闻喜县委书记留在县内搞土改的布置。他别出心裁，搞了一套极“左”的东西，说什么“贫雇农坐天下，说啥就是啥”，“农会高于一切”，完全不要党的领导。结果有些村的农会为坏人掌握，乱斗、乱杀，严重地侵犯了中农，破坏了工商业政策。冶陶会议结束后，我们回到闻喜，群众连话都不敢和我们说了，情绪非常低沉。

关于太岳三分区的土改问题，现在看来已经很清楚了。写党史，要正确总结经验教训，要正视我们工作中的错误。

孙定国——从将军到学者*

宋荐戈

孙定国（1910—1964），山东省牟平县（今所居村划归文登市）人。1934年离家到山西考入晋绥军军官教导团学兵队。1936年经薄一波介绍参加山西牺牲救国同盟会（这实际上是共产党领导的抗日统一战线群众组织）。抗日战争爆发后，在山西新军中历任教导第三总队总队长、政卫一支队支队长、二一二旅旅长，率部在晋西汾南地区坚持抗战。1939年12月阎锡山发动反共的十二月政变后，孙定国毅然站到革命的立场上，宣布“反顽抗日”，奉命率部进入太岳区，并且坚定了“战死在马克思主义旗帜下”的信念。

孙定国1941年1月参加中国共产党。历任太岳军区二一二旅旅长、决一旅副旅长、太岳军区第三军分区和第五军分区司令员、太岳军区副司令员、陈（赓）谢（富治）集团后方司令部司令员。中华人民共和国成立后开始从事理论教育工作，任马列学院研究员、哲学教研室副主任、中央高级党校党委委员。1955年被聘为中国科学院学术委员会委员、《哲学研究》杂志编委。

革命战争年代，孙定国是一员驰骋疆场的杀敌勇将。在协助薄一波、陈赓和王新亭诸将军发展和巩固太岳根据地的斗争中做出了很大贡献。

在抗日战争时期，孙定国在1941年5月率部与太岳区南进支队一起

* 原载《牺盟会·决死队研究》2008年第4期。写作本文时参考了樊子琚著《孙定国传》和孙定国长女孙健生的口述资料。

越过临（汾）屯（留）公路，挺进岳南开展游击战争，开辟了岳南抗日根据地。当时有一股近 200 人的土匪武装盘踞在霍山内桑林圪塔、井沟、乔麦坪一带。这股土匪以国民党军队的溃兵为骨干，经常勾结日伪军袭扰太岳区的安泽、灵石地区。他们捕捉抗日干部，威逼当地群众，帮助日军建立“维持村”，是日军向根据地进行“蚕食”的帮凶。为了打掉这股土匪，孙定国在 1942 年 9 月率领决一旅三十八团一部前去清剿。他在掌握土匪的活动规律之后，军事打击和政治瓦解双管齐下，仅用一个多月的时间，就以很小的代价毙匪 10 余人，俘匪 50 多人，匪徒自首者 100 多人。至此彻底消除了霍山匪患。不久，孙定国和三十八团团长蔡爱卿又指挥部队突袭同蒲铁路沿线的霍县辛置火车站，在霍县芦家庄设伏，选用有利地形把敌人打得晕头转向，经过两小时激战，击毙日军 320 余人。

1944 年，孙定国作为太岳区三分区的司令员，在新开辟的岳南根据地多次打击向根据地进犯的日伪军，还指挥太岳三分区的主力部队参加了两次青浮战役。这两次青浮战役歼灭了东渡汾河到太岳区“开展政权”的阎锡山部队 7000 余人，巩固和扩大了太岳区在岳南开辟的根据地。

1945 年初，在对日本侵略军实行局部反攻的形势下，孙定国奉命出任太岳军区第五军分区司令员。他率领太岳区五十四团和二十五团挺进中条山和晋西南的三角地区，先后歼灭了依附日军的贾真一、解保盛、张同文三股土匪汉奸武装，在反击作战中打垮了与日本侵略军勾结起来向太岳五分区大举进攻的阎锡山部队，拔除了祁（家河）夏（县）公路和黄河沿岸的十多个敌伪据点。

当日本宣布无条件投降以后，孙定国奉太岳军区之命，率部在同蒲铁路南段和黄河沿岸展开强大攻势。仅用一周的时间，就占领了运城盐池，解放平陆、夏县及黄河重要渡口茅津渡，横扫了同蒲铁路南段东侧的多个敌伪据点，获得了辉煌的战果。

1945 年 10 月，孙定国升任太岳军区副司令员。在解放战争时期，孙定国根据太岳四纵队司令员陈赓将军和太岳军区司令员王新亭将军的部署，指挥部队在晋南战场上攻城略地，屡建战功。1947 年 8 月，陈谢集团强渡黄河后，孙定国作为后勤司令部（后称后方司令部）司令员，和中共太岳区党委副书记裴孟飞（任后方司令部政委）一起，率领太岳区党政干部数千人和支前民工二万余人随军渡河，负责对野战军进行后勤支持。此时，孙定国团结广大干部战士在极端困难的环境里保证了豫西新解放区的社会安定和前方部队的后勤供应。他无论在什么时候总是豪放乐观地向干部战士进行宣传教育工作。他讲话极富鼓动性，因此人们口口相传："再苦再累都不怕，只要孙司令员来讲话。"

1948年，孙定国根据组织决定，结束了戎马疆场的生活，进入中共中央直接领导的马列学院（后改称中共中央党校）第一班学习。结业后留校任教，从此就一直战斗在理论战线上。

孙定国在从事理论工作后，坚持早起晚睡，利用一切可以利用的时间刻苦攻读马列毛著作和各种有用的理论书籍。每月工资中的大部分是用来买书的。他从1949年起，除在中央党校讲课外，还应邀到北京市和全国的许多城市、许多单位讲授哲学课、政治课和社会发展史，他给天津工人讲哲学时联系实际，生动通俗，后来天津人民出版社将他的讲稿整理出版，书名定为《跟工人同志谈学哲学问题》。他给黑龙江富拉尔基北满钢铁厂的同志讲了毛泽东的《实践论》，"讲的深入浅出的例子令人念念不忘，给同志们留下了深刻的印象"。他给北京建筑工人讲课，听讲者近万人。他在北京中山公园音乐堂给对外贸易部4000余名干部讲过课，给北京大学的外国留学生讲过课，也给中国人民大学哲学系的学生讲过毛泽东的《实践论》。

孙定国给工人群众做报告深入浅出，大家都爱听；他给干部和知识分子讲课，有理论，有实际，讲得清楚，讲得生动，理论和实际联系得十分自然。他讲课的效果在社会上的影响很大，连著名京剧大师梅兰芳听了他的报告后都表示佩服。因此，他很自然地受到了毛泽东的关注和肯定。1958年10月，毛泽东亲自接见孙定国，听取他对开展学术讨论的意见。毛泽东对孙定国给予了称赞和鼓励，并且风趣地对孙定国说："久闻其名，未见其人。"孙定国也表示："愿做主席的学生。"岂料此后不久，他受陈伯达和康生的陷害，竟于1964年含冤去世。

孙定国一生刚正不阿，坚持实事求是的作风。他在太岳革命根据地工作时，就经常为《新华日报》(太岳版)、《新华日报》(华北版)、《北方杂志》、《新文艺》、《太岳文化》等报刊写诗、写文章。当他从事理论教育工作以后，在《人民日报》《哲学研究》《学习》等报刊上发表了数十篇极有见地的理论文章。其中如《人民群众和个人在历史上的作用》《批判实用主义对“真理”和“实在”的观点》等都有极高的现实意义和学术价值。他撰著的《跟工人同志谈学哲学问题》《必须正确对待群众运动和新生事物》等书曾多次印刷出版。由于他在思想理论方面有极高的造诣，所以我国著名的马克思主义学者、原中央党校校长杨献珍称孙定国是一位“颇有名气的理论家”。

卫恒同志在太岳区农救会*

郭学旺

卫恒（1915—1967），1938年10月参加中国共产党，新中国成立后曾任山西省政协主席、省长、省委第一书记。"文革"中被迫害致死。

多年来，卫恒领导山西人民改天换地、治穷致富的业绩和他那廉洁奉公、严于律己的高尚品德，一直被山西的广大干部和群众敬佩着和传颂着。但是对于卫恒早年投身革命，战争年代带领群众出生入死地顽强斗争的经历，却鲜为人知。本文呈献给读者的，是抗日战争时期卫恒担任太岳区农民救国总会主席时的片段事迹。

年轻的农会主席

1915年5月，卫恒出生在山西省陵川县附城镇沙伯池村的一个贫苦农民家中，1936年，他在陵川县第一高小附设简易师范学校毕业后，几经周折，谋得了一个小学教员的职位。

1937年10月，八路军一二九师在刘伯承师长的率领下抵达晋东南抗日前线，以太行山为依托，进行抗日游击战争。这个时期，中国共产党的抗日救国主张和各项具体政策的实施感召了卫恒。他后来在《自传》中写道："抗日战争开始，八路军到达我们县里，革命军队为国为民的实际事实，宣布了阎锡山欺骗宣传的破产，使人们对共产党有了正确的认识。"于是，卫恒毅然绝然地投笔从戎，于1938年4月参加了抗日部队，被分

* 原载《山西革命根据地》1990年第4期。

配到共产党领导的山西新军担任一个中队的政治指导员，从此开始了他的革命生涯。

不久，卫恒被选派到了晋城、高平、陵川三县共同开办的牺盟会训练班学习。学习结束后被分配到山西省第五行政区保安第二支队工作，先后担任政治指导员和宣教科长。1938 年 10 月，卫恒在晋城县保安队政治处的办公室里，站在党旗前，高举拳头庄重宣读入党誓词，光荣地加入了中国共产党。1938 年 12 月，共产党组织派卫恒到中共晋冀豫区委党校学习，时间虽然只有三四个月，却给这位青年干部注入了新鲜的血液。

1939 年 3 月，卫恒在中共晋冀豫区委党校结业后，被派到晋东南农民救国总会工作。晋东南地区的民众团体，包括农救会、工救会、妇救会、青救会、文救会等，都是 1939 年春天在山西沁县成立的。其中，农救总会的主席是池必卿，副主席是曹汉勇、郝茂德。卫恒担任晋东南农救总会的组织部长。

1939 年 7 月，日本侵略军纠集五万余人，对晋东南进行所谓"一号作战"。7 月 5 日，日军占领了沁县县城，白（圭）晋（城）公路也被打通了。从此，晋东南的太行区和太岳区形成为两个战略单位。与此相适应，晋东南的各群众团体也都一分为二。有一部分干部留在太行区，而卫恒和郝茂德等人分配在太岳区农救总会。由郝茂德任太岳区农救总会主席。卫恒担任太岳区农救总会一分会主席。

1942 年 10 月，日军三万余人对岳北实行"铁壁合围大扫荡"。郝茂德在一次反"扫荡"斗争中英勇牺牲。于是卫恒继任为太岳区农救总会主席。这年卫恒年仅 26 岁，是太岳区各群众救国团体中最年轻的领导人。

农民群众的指路人

在抗日战争的相持阶段中，不但华北日军连续五次实行"治安强化运动"，多次向抗日根据地进行"烧光、杀光、抢光"的残酷的"扫荡"。而且国民党顽固派在 1939 年 12 月发动了第一次反共高潮。在这次反共高潮中，阎锡山率先出手，发动了"晋西事变"和"晋沁阳事变"。面对日军的“扫荡”和国民党蒋介石、阎锡山的猖狂反共，太岳军民在薄一波、陈赓和安子文的领导下，坚持斗争，反对投降，组织了多次反击，巩固和发展了太岳抗日根据地。这期间，卫恒领导的太岳区农救总会，积极动员农民群众参军参战，组织农民群众转移隐蔽，帮助农民群众进行生产。特别是在开展减租减息的运动中，卫恒和他领导的太岳区农救总会更是起了重要的作用。

发动农民群众减租减息，开始时并不是一帆风顺、一呼百应的。这是因为农民群众长期受着封建意识的束缚，阶级觉悟最初不是很高。同时，他们对实行减租减息也有顾虑：一方面，他们觉得土地是地主的，农民租种地主的土地、交租交息是天经地义的；另一方面，农民也害怕共产党和农救会走后地主会打击报复。因此，对于农救会的干部，农民群众起初是不愿意接近的。

为了给农民群众指出翻身解放的光明道路，提高农民群众的阶级觉悟，改善农民群众的生活，使农民群众成为抗日的主要力量，卫恒带领太岳区各级农救会的干部深入到广大农村。他们每到一村，就采取开大会、开座谈会、在冬学讲课、读报、刷写标语、散发传单、表演文艺节目等各种形式，宣传党的抗日救国主张和实行抗日民族统一战线的方针，号召群众“有钱出钱，有力出力”，支持抗战事业。积极参加农救会，开展减租减息运动。

后来，卫恒和农救会干部更是深入到村里的各家各户，与群众一边劳动，一边拉家常，同吃同住，促膝谈心，帮助农民群众算细账，启发农民群众的觉悟。通过他们做过细的思想政治工作，就使广大群众认识到：实行减租减息。一方面要减轻地主对农民的封建剥削，使他们的生活有所改善；另一方面也要交租交息，使占有土地的地主也能有所收益。这对农民和地主都有好处，因此就能增进彼此的团结，为打倒日本侵略者共同奋斗。当农民群众明白了这些道理以后，就解除了思想顾虑，积极地要求实行减租减息。

随着农民群众思想政治觉悟的提高，卫恒和各级农救会干部就分头行动，以村为单位，把佃户组织起来，共同去找地主算账，要求地主减租减息。同时，在春季青黄不接的时候，卫恒和农救会的干部还领着群众向地主借粮，帮助政府筹措公粮，这样就使广大群众认识到共产党和农救会是为群众着想的，是广大群众的贴心人。通过减租减息，农民群众减轻了经济负担，改善了生活。他们十分感激地说："共产党、农救会让我们翻身得到解放，我们只有积极抗日，赶走日本侵略者，才能获得真正的解放。"

就地主的态度来说，他们对减租减息起初是不同意的。但是农救会把农民群众发动起来了，组织起来了，又有抗日政府和农救会的支持，所以他们也就不敢再收取高额地租和放高利贷了。况且，实行二五减租和分半减息后，地主和农民的矛盾缓和了，收租收息也容易些了，所以地主也就觉得满意了。

在开展减租减息，尽力减轻农民群众经济负担的同时，卫恒领导的太岳区农救总会还积极组织和发动农民群众参军参战。在抗日战争中，太岳区的部队不断扩大，新兵源源不断地补充进部队，这与农救会的努力工作是分不开的。在抗战初期的两年里，太岳区动员了两万多名农民参加了八路军和决死队，其中农救会会员占了绝大多数。有些地方的农救会，简直成了招兵处。如沁县的故县镇，就是卫恒同志亲自培养的减租减息和参军参战的典型。这村有个王老汉，他和三个儿子租种着地主十亩地，不但难以糊口，而且负债很多。卫恒几次去王老汉家嘘寒问暖，讲述革命道理，解放了他的思想，提高了他的觉悟。在减租减息以后，王老汉生活有了改善，于是他亲自把两个儿子送到农救会要求当兵。在王老汉的带领下，故县镇掀起了父送子，妻送郎，好男儿勇敢上战场的热潮。

1942 年夏天，日本侵略军根据其"第二期驻晋日军总进攻"的计划，对太岳区进行了一次疯狂的"扫荡"。为了对付敌人，卫恒和太岳区各级农救会的干部配合政府走村串户，动员和组织群众离开村子转移到山里，把粮食埋藏好，把牛羊骡马都赶走，甚至把锅碗瓢盆等用具都带走了。由于实行了这样的坚壁清野，所以敌人进村后四壁空空，找不到人，也找不到粮，真正是进了一个"没有人民的世界"。再加上民兵、游击队从四面八方放冷枪，跳出敌人合围圈的正规军又在外线攻打敌人的碉堡，破击铁路，没过多少天，扫荡的敌人就退出了根据地。在这次反“扫荡”斗争中，太岳区的各级农救会起了很大作用。受到了各级党委的表扬和广大群众的称赞。许多群众说：共产党领导的农救会，不但领导农民群众减租减息，使农民的生活得到了改善，而且领导农民打日本，保卫农民的利益，真正是成了农民群众的“救命会”，农救会的干部就是农民群众的“指路人”。

艰苦朴素的好干部

卫恒后来在担任中共山西省委领导工作的岗位上，人们常常异口同声地赞扬他艰苦朴素，平易近人。其实稍微了解一点卫恒的人，都知道卫恒这种崇高品德是在革命战争的年代里形成的。是啊，笔者在走访和卫恒在一起工作的老同志时，他们对卫恒在农救会艰苦朴素的工作作风更是赞不绝口。

在革命战争年代，太岳区的生活条件很差，经济十分困难。卫恒住的宿舍和办公室，是他和同志们挖的窑洞。但他们也很少停留在机关，只是开会时回来作短暂的休息。卫恒他们吃的是亲手打柴烧的小米加野菜的“和子饭”。卫恒身上穿的，夏天是一件补了又补的土布衫，冬天是一件破棉袄，从来没有替换的衣服。卫恒工作忙，加上他又不太讲究穿戴，所以和农民坐在一起，很难认出他是一个大干部。至今一些老同志还记得，卫恒和他们在一起边谈工作边抓虱子的有趣情景。

1940 年冬，日军在八路军发动“百团大战”给予重创之后，对太岳区实行了惨绝人寰的报复“扫荡”，在“扫荡”中许多村镇化为焦土，数以万计的抗日群众惨遭杀害，群众刚收回来的粮食被敌人抢走了。在这段极端困难的日子里，有些群众的情绪低落，很需要政府的组织和引导。恰在这个时候，卫恒身上生了疥疮，遍体溃烂，行动都很困难。而且根据地缺医少药，没有好的治疗方法。这时，同志们都劝他休息，以免招风受凉。但卫恒爽朗地说：“群众有困难，正需要我们去帮助，我怎么能躺在床上休息呢！”他从窗户上撕下几片破纸贴在疮口上，就和农救会的同志们一起，到群众中进行安抚工作和帮助群众解决实际困难去了。

由于日军的不断“扫荡”，太岳区的党政领导机关曾多次搬迁。1942年秋，太岳区的各个民众救国团体都从沁源搬到安泽县境内了。有一次，组织上派卫恒去沁县指导工作，从安泽到沁县，要走200多里的山路。由于长期的风风雨雨，使卫恒的腿患了关节炎。这次长途行走，又遇大风，逆风而行腿疼得厉害。但他硬是凭靠着顽强的意志坚持走下去，一直走到了目的地。

卫恒就是这样，他以苦为荣，以苦为乐。他为了革命不怕苦和累，总是在勤勤恳恳地工作着。他是以党的事业为天职的。

光荣的“七大”代表

1942年10月，刘少奇赴延安路过太岳根据地时，对太岳区的反“扫荡”斗争、减租减息和其他各项工作都作了重要指示。对太岳区的减租减息工作给予了充分的肯定。太岳区农救会工作的成绩，也得到了刘少奇的高度赞扬。

1943年9月，卫恒被推选为太岳区出席中共七大的代表，奔赴延安。他在延安参加了中国共产党的整风运动和第七次全国代表大会。他亲耳聆听了毛泽东主席、朱德总司令和刘少奇等同志的报告。1945年7月，卫恒肩负着共产党组织的重托，豪情满怀地回到了太岳根据地，担任了中共太岳区党委的秘书长。他以优异的工作成绩，迎来了抗日战争的胜利。

被记错籍贯的烈士——武健事略*

宋荐戈　张荣珍

1943年4月17日拂晓，日军从阳城、沁水、高平出发，分三路合击士敏县（后并入沁水县）端氏地区。正在端氏发动群众进行减租减息斗争的太岳区合作工作队被敌人包围。在突围战斗中，合作工作队指导员武健同志壮烈牺牲。

这次敌人合击端氏的行动十分诡秘，直到敌人摸到村边时，合作工作队的同志才发现村子已经被敌人包围了。在这危急时刻，已有八个月身孕的共产党员武健同志镇定自若。她和合作工作队的其他领导同志一起研究了突围计划，然后指挥干部和群众从敌人的缝隙中分路向外突围。许多男同志看见武健同志挺着个大肚子行动不便，就要保护着她一起向外冲，但武健同志果断地表示："要减少不必要的牺牲，你们能走的先走，我来断后。"当大部分干部和群众离开村子撤退到安全地方后，她才和一个叫石如玉的女同志一起隐蔽着向磕山方向转移。

武健同志和石如玉一前一后地在敌人的包围圈里回旋着撤离。当撤到旋风沟时，她让石如玉在坡下隐藏，自己上坡去侦察敌情。她刚爬到坡上，就被隐蔽在不远处的敌人发现了。几颗子弹射来，武健同志从坡上滚了下来。在枪伤处鲜血直冒、疼痛难忍的情况下，武健同志和石如玉把身上带的文件和手枪隐藏起来。当敌人追来时，武健躺在血泊中已经气息奄奄了。敌人向她问话，她拒绝回答。敌人气急败坏地狠狠踢了她几脚，就

---

* 原载《山西革命英烈》1987年第3期。

押着石如玉走开了。武健同志清醒过来后，忍着剧痛用尽全身力气向前爬，经过之处鲜血染红了道路。她爬呀爬呀，一直爬到了生命的尽头。

武健同志牺牲后，当地政府用柏木棺材装殓了她的遗体。把她和在这次战斗中牺牲的合作工作队副队长杨文采的遗体放在同一眼窑洞里。但是，当时谁也不知道武健是哪里人氏。有人回忆起武健说过，她原来姓岳，是晋南什么县的人；也有人说，武健同志讲她很快就要去平遥她姐姐家里生孩子。那么，她大概是平遥人吧？

抗日战争胜利后，中共太岳区党委、太岳行署、太岳军区在阳城县修建了太岳烈士陵园，立碑记载八年抗战中牺牲的烈士芳名。武健烈士的名字也被刻在了纪念碑上，注明她的籍贯是山西省平遥县。

1972 年 2 月，杨文采烈士的弟弟从晋南老家去端氏收取兄长的遗骨，顺便也将武健烈士的棺木拉了回去，安葬在运城烈士陵园。杨文采烈士的弟弟在武健烈士的登记表里，把籍贯填成了“安邑县”。

其实，这两个烈士陵园都把武健的籍贯弄错了。直到前几年，武健同志的姐姐岳侠（抗日战争时期曾任平遥县妇救会秘书）和姐夫王炯（抗日战争时期曾任中共平遥县委书记）从北京回山西重访旧迹时，经过他们的介绍才把武健同志的籍贯弄清楚：

武健，原名岳润清。猗氏县（现并入临猗县）牛杜镇人。幼年家贫，只读过两年书。刚满 16 岁就和姐姐岳侠、弟弟岳恒会一起参加了抗日工作，曾任稷王山西区妇救会的负责人。1939 年 10 月加入中国共产党。十二月事变后随山西新军二一二旅离开晋南，北上太岳区腹心的沁源县。1940 年 3 月，武健同志受组织派遣到驻在太行区武乡县的抗大总校第六期学习。在抗大，武健如饥似渴地学习文化、学习政治、学习军事，亲耳聆听过彭德怀、罗瑞卿等同志讲课。1941 年初，武健同志从抗大结业后重返太岳区，先在太岳区职工学校做政治教育工作，后来担任了太岳区合作工作队的指导员。

在太岳师范中二班的日子里*

宋荐戈

1948 年放秋假的时候，我从晋豫中学开出了转学证明，打算转学到设在阳城县润城镇的豫北中学读书。可回到阳城家中才知道，豫北中学刚刚和太岳政民干校的高师部合并为太岳师范，校址设在王曲，离父亲工作单位所在的阳城城关只有十里地。这样，我要是转学到太岳师范读书，每个星期日就都能回家，因此心里十分高兴。

过了几天，我去太岳师范办理了转学手续。教导处的老师采用“随到随考”的办法，出了几道题考了一下我的文化程度，就把我分在了中学部第二班。秋假以后，我到中二班报到上课，在这里度过了一段难忘的岁月。

一、学习条件还很艰苦

创办太岳师范的时候，华北解放区已经连成一片。作为太岳区党政军领导机关所在地的阳城成了比较安定的后方。在这里读书，比战争年代的学习环境是好得多了，但和现在中学、师范的学习条件比较，还是很艰苦的。

当时，我们中二班和中一班住在离王曲还有半里多地的峪则（窑沟村）。中二班有 40 多个同学，住在一个四面都有二层木板小楼的四合院里。教室在北楼上，楼下住着房东一家。班主任南曲和班里的女同学分别

* 本文收入政协阳城县文史资料研究委员会 1996 年编印的《阳城文史资料第九辑·太岳师范》。

住在楼上的小偏房里，还有教数学的解平福老师也和我们住在一个院里。全班的男同学按小组分别住在楼上、楼下比较大一点的房子里。

我记得，好像南老师和解老师睡的是用几块长木板拼成的单人床。至于同学们，无论男女都是睡在地上。冬天取暖的火炉是同学们自己用砖砌的；教室里没有课桌课椅，同学们用砖砌个底座，上边铺上木板，高的当桌子，低的大约有三个砖高，就做了凳子。黑板也是在木板上涂上黑煤烟制成的。

中一班和中二班是在一个伙房吃饭。两个炊事员忙不过来，就由同学们轮流帮厨。吃饭的时候，两个班的同学按组排队，在帮厨同学为每个组分饭分菜的时候，同学们就唱歌或者由负责的同学讲时事新闻。饭菜分好后大家就分散在院子里的空地上吃饭。早晚两顿以稠米粥为主，中午可以吃顿干米饭。菜里见不到油，只是放点盐。除非过节，平时是根本吃不到肉的。尽管如此，大家还是吃得有滋有味。

太岳师范没有礼堂，开全校大会就集中在王曲的大庙里。听报告时许多同学还把膝盖支起来记笔记。那时，同学们的笔记本都是把用过的废纸翻过来使用的。墨水是自己用颜料配制的，钢笔也是自制的。如果某个同学有一支买来的自来水笔，就会让许多人羡慕，觉得那真是太珍贵了。

为了开展体育活动，先是在老乡的打谷场里安个简易的篮球架，作为上体育课和同学们课余时间进行体育活动的场所。后来校部发动和组织全校师生一起劳动，借用老乡的工具，利用课余时间平整了一大块大车道旁边的河滩，这就是学校的大操场。操场建成后，同学们又按照学校的规划自己安上篮球架、单杠、双杠，挖了跳高池、跳远池。此后，每逢下午课外活动时，河滩的操场里就十分热闹。打球的、玩单双杠的、跳高跳远的，还有拔河的、跑步的……我们当时都不太会做体操，每天早晨起床后的唯一运动就是跑步。总之，学校的运动器械很少，运动场所也不规范，但大家充分地利用当地的条件，天天都要进行体育锻炼。

二、开始走上正规化

太岳师范创办不久，华北人民政府就召开了中等教育会议。会议认为培养大量的具有中等文化水平的知识分子是具有头等重要政治意义的政治任务。要求中等学校加强文化科学知识的基础教育，建立正规制度。会议还制定了适用于老区和半老区的普通中学和师范学校的暂行实施办法。

这次中等教育会议的精神由高首善校长向全校师生做了传达后，在师生中进行了热烈的讨论。当时，大家对按课程表上课，课后留作业，期末要考试，既感到新鲜，也受到鼓舞。因为通过讨论大家都认识到，全国解放以后就要进行大规模的经济建设，没有文化科学知识就不能在经济建设中发挥更大的作用。这样，大家的学习劲头就更足了。

按照华北中等教育会议的精神，学校克服了许多困难，为各班安排了各种课程。在我们中二班，每周六天上课，每天上四节课或五节课，还有三个小时是自习时间。我们是按初中一年级的课程表上课的。教材是老师们自己编的，是用蜡纸刻印的油印讲义发给同学们的。当时，我们班的国文课、政治课由班主任南曲老师教。那时南教师才 20 多岁，在同学们中间威信很高。数学课由解平福老师教，他讲过整数、分数和小数的四则运算，好像还讲了点代数。生理卫生由李觉生校医教。他上课时拿过一张人体解剖图，我们看着图上课，觉得很新鲜。教生物的是马中骥老师。他早年毕业于东北大学，抗战时期在晋南当伪县长。日本投降后被八路军俘虏。他本应作为汉奸受到惩处，但因为他民愤不大，又有文化，就从监狱里放出来当了教师。他讲课很生动，也有风趣，所以同学们都愿意听他讲课。教音乐的是白歌昕老师。他春天常常穿着一身白制服，戴着银边眼镜，上课时一边教歌，一边拉手风琴伴奏。他还教同学们识简谱，让同学们看上简谱自己就能把歌词唱出来。总之，当时每个老师在课堂上都要向同学们灌输新的知识，是他们把同学们引进了知识的海洋。

老师上完课都要留作业。自习时间有时是利用下午的空堂，但多数是安排在晚上。上晚自习时，三四个同学共用一盏麻油灯，算是个学习互助组。自习开始后，起初每个人都在各自做作业，有的同学做得快点，有的同学做得慢点。在做作业的过程中，程度高的同学主动帮助程度低的同学。有时同学们相互研究作业的答案，有时大家也对教学的内容进行讨论，甚至争得面红耳赤。通过这种形式的自学和讨论，同学们加深了对各科教学内容的理解，学得更扎实了。

期末举行考试。虽然同学们在教室里坐得很挤，但都是各做各的题。即使有的考题答不出来，也不交头接耳，左顾右盼。考试完毕，大家总想早一点知道评分情况，于是就三三两两地到任课老师住的宿舍里看老师阅考卷、打分数。尤其是教数学的解老师就和我们班的同学住在一个院子里，大家更是一批接一批地去看解老师是怎么阅卷评分的。解老师在同学们看他阅卷的时候，还给答错题的同学讲扣分的理由。这样，同学们对那些数学题的印象就更深刻了。

经过一年多的文化学习，同学们奠定了比较牢固的文化知识基础，因此我们班的同学在进城以后都考进了很好的学校。例如，我 1950 年到北京后，通过参加考试插班进入了北京五中初一年级。中学毕业后考入北京大学历史系；牛林（太岳行署主任牛佩琮的长子）到武汉后考入实验中学，后来留学苏联。同班的日本籍女同学南条纯子（后入中国籍，改名苏真）在北京考入北京师大附中一部，中学毕业后考入北京师范大学教育系。又如孟丽云、李国玺、崔吉斌都在太原考入了太原中学或进山中学。设想如果没有在太岳师范中学班一年多的正规学习，进城后是不可能和城市学校接轨的。

三、大家都要求进步

太岳师范中二班是一个团结进步的集体。班里的同学中，张子甲、武功华都已结婚成家，有 20 多岁了。而牛林、孟丽云和我还是十四五岁的娃娃。我们中间，有干部子弟、干部家属，也有农民子弟，还有南条纯子、南条君子这两位日本同学。大家的年龄有差异，经历不相同，但在一起相处得却如兄弟姐妹一样。

尤其使人难忘的，是大家在政治上都要求进步。无论是谁有了错误缺点，大家就会当面批评指出。同样地，无论是谁有了优点，有了进步，都会受到表扬和鼓励。

我们班每周都要以小组为单位开一次生活检讨会。在会上，每个同学都要讲讲自己一周来的优缺点，进行自我批评；接着大家互相提意见，表扬好的，批评错的。就是对老师有意见，也可以在会上进行批评。这样，同学之间，师生之间就没有一点隔阂，关系十分密切。

大约是在 1949 年四五月间，太岳师范的共产党组织公开了。我们中二班的张子甲、吴功华都是共产党员。他们学习努力，事事带头。他们被同学们当作大哥哥、大姐姐，威信很高。他们是共产党员，更使同学们对共产党有了感情。党组织公开后，接着就在学校建立新民主主义青年团的组织。班里一批平时表现好的同学，如孟丽云、王文理等入了团。这件事对同学们的触动很大。我就是在那个时候暗下决心：一定要更严格地要求自己，要更自觉地靠近党团组织，将来参加青年团和共产党。

虽然我在太岳师范中二班没有入了团，但进城后不久，1950 年 5 月我就在北京五中参加了中国少年儿童队。1951 年 10 月参加了中国新民主主义青年团。后来又参加了中国共产党。这几十年来我一直在共产党的教育下努力工作，这是和在太岳师范中二班受到的教育分不开的。

四、尾声

1949 年 9 月，在中华人民共和国成立的前夕，我离开了太岳师范中二班，随父母先到天津，再到北京。此后几十年里，我总是思念着原来在中二班学习过的同学和教过我的老师。

我 1960 年在北京大学毕业后，被分配到山西大学工作。恰巧南曲老师就是山西大学的团委书记。后来我调到山西师范大学工作，南曲老师又在运城地区担任教育局局长。几次相见，曾畅谈当年的人、当年的事。从他那里，我知道了张子甲回老家山西省翼城县当了小学教员，而武功华则是在山西省介休县的一个工厂里工作。

我在太原工作时，见过同班的孟丽云同学，她在山西省手工业管理局当处级干部。她爱人邓峰是中一班的，在山西省公安厅当处长。

在北京，我经常和牛林见面。他是二机部一个研究院的局级工程师。还有王文理，他是武警部队副司令员，少将军衔。日本同学南条纯子已入中国籍，改名苏真，在北京师范大学教育系当教授。至于南条君子，已回日本去了，但她也多次来中国。她已把太岳区和山西省作为第二故乡，对中国的感情很深。我在北京还经常去吕绍明家里。他是中一班的，在中一班就入了团。父亲是老革命干部。他在抗美援朝时参了军，现在已退休了。虽然因为患中风，说话和行动都不方便，但他很乐观，每天还练习书法。还有中一班的卫体义是在首都钢铁公司当工程师。

我现在是在中央教育科学研究所工作，今年就满 60 岁了。自问几十年来自己虽然没有做出过什么惊天动地的成绩，但也没有虚度年华。我始终记着自己是革命根据地学校里培养出来的学生，一定要一生忠于党，忠于人民，一生为党为人民工作。活到老，革命到老。

临汾——风云一时的华北抗战中心*

赵 晶

抗日战争全面爆发后，在中国共产党的倡议和推动下，形成了以国共合作为基础的抗日民族统一战线。这时，长征到达陕北的工农红军改编为国民革命军第八路军（后又称第十八集团军），开赴山西参加对日作战。而在山西，著名共产党人薄一波等按照中共北方局的指示，接受了山西地方实力派阎锡山的邀请，接管了牺盟会，并由牺盟会派出得力干部（多数是秘密共产党员）深入山西各县的工厂和农村，广泛发动群众、组织群众和武装群众，组建了各个抗日救国团体和决死队、政卫旅、工卫旅等山西新军，形成了轰轰烈烈的抗战局面。

此时，蒋介石和阎锡山的军队面对日本侵略军对山西的大举进攻，也在八路军的配合下组织忻口战役进行了英勇抵抗，给予日本侵略军以很大的杀伤。尤其是八路军一一五师进行的平型关战斗，一举歼敌 1000 余人，从而打破了日军不可战胜的神话。但是由于国民党实行片面抗战的方针，日军终于从东面和北面两路进逼，在 1937 年 11 月 8 日占领太原。太原的失守正如毛泽东所说：它标志着“在华北，以国民党为主体的正规战争已经结束，以共产党为主体的游击战争进入主要地位”。①

在太原失守前夕，中共北方局和八路军驻晋办事处已从太原移驻临汾县刘村镇。八路军（又称十八集团军）总部驻在洪洞县马牧村，中共山西

---

* 本文收入李孟存等著:《平阳史话》，山西人民出版社 1987 年版。

①《毛泽东选集》第二卷，人民出版社 1991 年版，第 388 页。

省委、山西省牺盟总会、决死二纵队和一二九运动后成立的中华民族解放先锋队总部都会聚在临汾。阎锡山和他的军政机构也移驻临汾。阎锡山的晋绥军和国民党的中央军从前线败退下来的部队驻扎在临汾附近。这样，临汾这里人来人往，显得十分热闹，成了名噪一时的华北抗战中心。

最初，由于太原失守后日军继续进攻，阎锡山和国民党的部队一败再败，山西的半壁江山已沦于敌手。在这样的形势下，阎锡山的军政要员个个唉声叹气，到处散布亡国言论。他们的这种态度传递到社会上，就使得人心惶惶，社会动荡。

为了扭转这种失败情绪迷漫的局面，刚刚从太原移驻临汾地区的中共北方局和八路军总部及时地提出了“坚持华北抗战，誓死不过黄河”的口号。在1937年11月16日召开的临汾地区党政军民联欢大会上，周恩来副主席即席发表了《目前抗战危机与坚持华北抗战的任务》的重要讲话。他在讲话中反复阐明“只有全体民众起来抗战，抗战才能持久；只有坚持抗战，才能最后战胜敌人”的道理，他在讲话中还列举了大量事实，说明华北抗战将以游击战为主体，游击队将在持久战中壮大自己，武装人民，收复失地，消灭敌人，最后驱逐日本侵略者出中国。周恩来在讲话中提出了在华北坚持持久战的的四项任务。即：改造军队，开放政权，开放民运，肃清汉奸。他的讲话使参加联欢大会的群众十分振奋，于是大家集资把这个讲话稿铅印了数万份广泛散发，在社会上产生了积极的影响。

这期间，刘少奇也以陶尚行的笔名在报纸上发表了《抗日游击战争中的各种基本政策》的重要文章。这篇文章把中共中央在洛川会议上提出的《抗日救国十大纲领》更加具体化，向抗日军民宣传了中国共产党的抗日主张、方针和办法。接着，中共北方局在临汾通过了《关于目前形势和党的任务的决定》，制定了共产党在华北坚持抗日游击战争的基本政策。同时，周恩来副主席、朱德总司令、彭德怀副总司令和刘少奇、彭雪枫等共产党在临汾生活和战斗的主要领导同志，这时也利用一切机会进行统战工作，批驳各种亡国论的错误观点，以振奋爱国军民坚持抗战的信心和决心。中共北方局、八路军驻晋办事处和牺盟会、决死队中的共产党员还通过各种渠道进行抗战动员，对于开展抗日工作进行各方面的部署。这样就使临汾地区的抗日救亡运动如火如荼地开展起来了。

在抗日救亡运动的高潮中，名闻全国的“七君子”之一李公朴先生在临汾创办了“全民通讯社”。在他主编的《全民周刊》中，向国内外读者热情地宣传抗日和民主，影响很大。与此同时，史沫特莱等外国记者也来临汾报道抗日新闻。国际慰问团、华侨慰问团相继来临汾进行慰问。于是，临汾一时间成了世界瞩目的地方，在这里，抗日的旗帜到处飘扬。

为了培养抗日的干部人才，中共北方局和八路军驻晋办事处这时在临汾办了个学兵队。一大批抗日爱国、追求进步的知识青年到学兵队参加了军事训练和政治训练。他们经过短期训练后分配到八路军和决死队中担任政治工作干部和军事工作干部，后来都成了坚持抗战的重要骨干。

此时，阎锡山也在临汾办了个“民族革命大学”，由他自己担任这个大学的校长。为了争夺这个大学的实际领导权，中共北方局通过牺盟会把共产党员杜任之和杜心源派进去担任学校的政治处主任和教务处主任。此后，“民大”邀请李公朴、侯外庐、江隆基、陈唯实、徐懋庸、施复亮、何敬思、周巍峙等进步学者和教授到民大讲课，把马克思主义的唯物辩证法、政治经济学、社会发展史都搬上了课堂。使数千名学生在这里接受了革命的启蒙。其中绝大部分学生后来都走上了革命道路。

在中共北方局和八路军的直接领导下，这时临汾地区的“抗战动员”工作也卓有成效。

一是在掌握政权方面。共产党通过牺盟会大刀阔斧地裁撤旧县长。在短短的两三个月里，第六行政区所属各县的县长多数换成了共产党员。

二是在发展革命武装方面。除动员一大批农民和工人参加了八路军外，活动在临汾地区的决死二纵队很快就由 3 个团发展为 11 个团，2 万多人。这支部队在八路军的帮助下进行军政训练，显著提高了战斗力。此外，牺盟会还派人到临汾地区的各县组织了武装自卫队。这些自卫队后来组建为山西新军二一三旅。其中各级军政干部都是共产党员和进步分子，实际上它也成了一支中国共产党领导下的人民军队。

三是在发动和组织群众方面。共产党通过牺盟会派出大批干部到各县深入到广大群众中宣传抗日救国，领导群众实行减租减息、合理负担。在此基础上，成立了工人救国会、农民救国会、青年救国会、妇女救国会等各个抗日救国团体。号召和组织群众参军参战，发展生产，使临汾地区到处都呈现出一派抗日救国的战斗景象。

1938 年 2 月，日本侵略者纠集了三万兵力，一路由太原沿同蒲铁路南下，破韩信岭直指临汾；一路突破位于晋东南黎城县的东阳关后沿临（汾）屯（留）公路西进，指向临汾。

鉴于敌强我弱的形势，根据中共中央的指示，中共北方局决定，在临汾失守后要将八路军和决死队的主力转入同蒲铁路两侧，以广大农村为依托，创建敌后抗日根据地，与日本侵略者长期周旋。

1938 年的春节刚过，八路军朱总司令和左权参谋长率领八路军总部人员由洪洞出发，准备经过安泽向太行山区转移。2 月 23 日，当朱总司令、左权参谋长和总部人员到达安泽县古县镇的时候，突然与准备从东面进攻临汾的日军先头部队一〇八师团之一〇四旅团的 3000 多敌人相遇。

这时，朱总司令和左权参谋长身边只有两个警卫连。怎么办？因为敌我兵力强弱相差悬殊，朱总司令如果避而不战，可以免除危险；如果阻击敌人，就可以使临汾地区的军政机关、部队、居民和军需物资从容撤退和转移。权衡轻重之后，朱总司令和左权参谋长毅然决定以少数兵力进行骚扰和牵制，以迟滞日军的西进。

1938 年 2 月 24 日，朱德、左权亲自指挥警卫部队在安泽县人民武装自卫队的配合下，在古县镇附近的府城、三不管岭、草峪岭一带抗击敌人。

这次战斗从上午 8 时，一直打到天黑，枪声四起，硝烟弥漫。敌军东冲西撞，不能前进一步。第二天，除了朱总司令和左权参谋长的卫士和通讯员外，其余人员全部荷枪实弹投入了战斗。战事虽然十分紧急，但朱总司令和左权参谋长却沉着指挥，巧妙地运用少数兵力阻击强敌。后来日军派了十多架飞机，想一举炸平朱总司令所在的古县镇地区。可是，日军指挥机关在地图上错找了位置，把另一个在沁县以东叫作古县的地方炸成了一片火海，而朱总司令和左权参谋长率领的部队却在临汾附近的古县镇地区继续战斗。

这次战斗的第三天，朱总司令和左权参谋长指挥部队离开大路，继续从侧面骚扰敌人。这时，从后面上来了两个新兵连。他们没有武器，每人只有两颗手榴弹。朱总司令指挥这两个新兵连用手榴弹炸毁了日军的40多辆汽车，炸死炸伤敌人无数，用缴获来的武器武装了新兵连。因为估计此时临汾的撤退工作已经完毕，所以朱总司令和左权参谋长就带领这支部队撤出了战斗，继续向东挺进。

当这支部队到了安泽县良马村附近时，又和另一支日军的劲旅接上了火。这时，朱总司令和左权参谋长运用敌人难以捉摸的游击战术，虚虚实实地打了一整天。搞得敌人晕头转向，连吃苦头。当恼羞成怒的日本侵略军还在四处瞎撞，寻找八路军时，朱总司令和左权参谋长已经率领八路军总部机关安全地进入了太行山区，开始了创建晋东南抗日根据地的伟大斗争。

1938 年 2 月 28 日，临汾失守。这时，日本侵略军除以重兵沿同蒲铁路继续南下外，还以 5000 兵力向大宁西进，企图占领马斗关等黄河渡口，威胁陕甘宁边区。为了阻击西进的敌人，八路军一一五师以两个团的兵力于 3 月 17 日至 19 日在隰县午城镇附近抗击敌人，歼敌 1000 余人，击毁敌人的汽车 79 辆，缴获骡马 800 余头。这次午城战斗切断了蒲（县）大（宁）交通线，迫使大宁之敌东撤，粉碎了日军强占黄河渡口的企图。

此后，在整个抗日战争时期，日本侵略军虽然占领了临汾南北同蒲铁路沿线的大部分县城，但是在县城之外，同蒲铁路以东的大部分地区不久以后就成了太岳抗日根据地的巩固区和游击区。这些地区的人民群众广泛地开展游击战，经常配合八路军和决死队消灭敌人。

上党银号始末*

宋荐戈　卢海明　孔淑红

抗日战争全面爆发后，中共北方局、八路军一二九师、中共晋冀豫省委和决死一纵队、决死三纵队进驻晋东南地区。薄一波通过和阎锡山的特殊统战关系，担任了山西省第三行政区行政主任（后改称行政督察专员）。不久戎伍胜（戎子和）也被委任为第五行政区行政督察专员。这样山西省第三、五行政区所管辖的晋东南地区就开始成为独立的战略区。它虽然戴着阎锡山的帽子，但实际上是执行着共产党的政策和路线。因此，在 1938 年 4 月粉碎日本侵略军第一次九路围攻以后，晋东南实际上已经成了一块中国共产党领导下的抗日民主根据地。这个地区古称上党，它东倚太行山，西屏太岳山，沁河和漳河流经其间，是一块地肥人旺的小盆地。

为了坚持长期抗战，支持晋东南抗日民主根据地即上党地区各项建设事业的发展，保证军需民用，维持战时经济和统一金融管理，根据中共北方局和晋冀豫省委的提议，经过薄一波、戎伍胜和进驻当地的八路军一二九师研究，决定创办一个在共产党领导下的金融机构。这个金融机构定名为上党银号。

上党银号的筹备工作由三专署的秘书处和财粮科负责。最初为上党银号筹集的基金有 100 万元。其来源主要是阎锡山政府拨给决死队的军费和给三专署的财政拨款。此外，还有各县上缴的款项（法币、省钞）和士绅富商捐助的金银物品。这个银号是从 1938 年秋季开始筹办的。1939 年元

---

* 原载《山西地方志通讯》1982 年第 2 期。

旦在沁县郭村正式对外营业。

上党银号直隶于第三行政督察专员公署。由薄一波专员亲自兼任经理，侯振亚任副经理。王贺五、王干卿分别担任管理与副管理。下设会计股、发行股和总务股。总号有20余人，并在长治、辽县和沁县设立了分号，办理日常业务。

上党银号承办的业务有三项：

一是办理兑换。当时的晋东南存在着各色各种的杂币和伪钞。其中不仅有各种银行发行的钞票，而且数以千百计的杂货铺、当铺、饭馆等店铺出的期票也进入了流通领域。上党银号通过发行上党票在流通领域逐步清理了杂币，使币制得到统一，稳定了金融和物价。在兑换中，经过一定的审批手续，人们也可以用上党票无限制地兑换法币和省钞，以方便群众，活跃经济。

二是低息借贷。通过此项业务，扶植群众生产，促进各项建设事业的发展，帮助群众解决生活困难和对工人进行救济。上党银号借贷利息一般为月息六厘，期限为两个月，比社会上的借贷利息低了一倍还多。

三是抵制伪钞。上党银号通过报纸、会议、座谈等管道，反复向群众宣传抵制伪钞的重要性，广泛宣传辨认伪法币、伪省钞的方法，并由政府出面采取有效措施严禁伪钞在根据地内流通。这样就把伪钞逐步地排挤出流通领域，从而巩固了法币和省钞的地位。

上党银号在晋东南地区抗日民主政权的监督之下发行了300多万元的流通纸币，即上党票。这是抗战期间各抗日根据地最早发行的一种纸币。其面额最初有拾元、伍元（两种）、贰元、壹元、伍角、贰角伍分、贰角（两种）、壹角共八种票值和十种票面，后又增加了壹分、贰分、伍分三种辅币。它是由上党银号的印刷厂印制的。它和省钞的比值是一比一。

这种上党票最初是以国民党中央银行的法币、山西省钞以及金银物品做基金的。但是后来由于法币和省钞跌价，直接影响了上党票的稳定。于是，上党银号就采取自力更生的办法，设立了棉花、食盐等“实物库”，使上党票以实物为后盾。这样就在一定程度上限制了上党票的下跌。

上党票的发行打破了日本侵略者的经济封锁，使敌人不能再用伪钞通过正常的商业流通渠道从晋东南抗日根据地得到一斤米、一担菜。这是对日本侵略者“以战养战”企图的极大打击。同时，上党票的发行也保证了八路军、决死队和三、五行政区政府机关的后勤供给，支持了晋东南抗日根据地的经济发展。此后，它和其他根据地发行的抗日票也遏制了散在华北各地的600万法币不被敌人全部盗窃。从某种意义上讲，上党票的发行是保护了人民的劳动成果。

上党票的流通范围，最初是在第三行政区和第五行政区境内（即太行区和太岳区）。后来随着抗日民主政权威信的提高，上党票流入了敌占区。敌占区人民手里拿着上党票，不但表示了上党票币值的稳定，而且也意味着广大人民群众坚信抗日战争是一定会胜利的。

但是在日本侵略军打通白晋路和十二月事变以后，晋东南抗日根据地军民的斗争愈来愈艰苦。上党票的流通范围也愈来愈小。在同蒲铁路沿线地区，由于日军的多次破坏，上党票几乎无法使用；在第五行政区的大部分地区，由于十二月事变以后成了国民党军队的驻防区，所以上党票也被他们用武力禁止使用了。

特别是1940年日军在冬季“扫荡”中占领了沁县，抢走了上党银号储存的大量实物，加之1941年春天山西省钞垮台，更使上党银号的基金大部分损失了。这就使得上党票与法币、冀钞的比值失去了平衡，于是群众在日常交易中就将上党票乱打折扣。加之敌人的造谣破坏，已使上党票大幅度跌价。

为了稳定晋东南抗日根据地的金融，活跃经济，安定民生，晋冀豫区成立了冀南银行，发行冀钞作为流通货币。并决定用冀钞交田赋、交税、还贷款等办法，逐步将上党票七折收回。

1940年8月，冀南、太行、太岳联合行政办事处成立。接着，联合行政办事处发出了统一币制的紧急通知。决定全部收回上党票，以冀钞为本区本币。1941年3月，冀南银行太岳办事处成立。在一段时间内的工作中心就是稳定本区金融，统一币制，按七折收回上党票。

不久，冀南银行太岳办事处就将收回来的100多万元上党票分别在武乡和辽县当众烧毁。从此上党银号就完成了历史使命，宣布停业了。

关于町店战斗几个问题的考证*

卢剑锋

1938年7月，为支援国民党第十四集团军在侯马地区的作战，八路军总部令一一五师三四四旅旅长徐海东、政治委员黄克诚率部由长子地区进至阳城县町店附近，打击牵制侯马的日军。徐海东、黄克诚接到命令后，亲自指挥八路军第三四四旅六八七团、六八八团，在三八六旅七七二团和晋豫边游击支队的配合下，在阳城县町店地区伏击了日军一〇八师团工滕联队，毙伤敌1000余人，取得了继平型关大捷之后的又一次重大胜利。

此战成功地迟滞了日军增援晋南的作战计划，沉重打击了日本帝国主义的嚣张气焰。在振奋民族精神、提振战斗士气、巩固统一战线等方面产生了广泛的影响。町店战斗是八路军抗战史上一次成功的伏击战范例。

但是在许多文献记载中，关于町店战斗的一些细节说法不一。为了尽可能地还原那段历史，中共阳城县委组成町店战斗研究课题组，以严谨的工作态度，查阅了大量历史文献资料和当事人的口述资料，还远赴东北走访了曾参加过町店战斗的部队和健在的老同志。终于厘清了久争无果的以下几个问题。

一、町店战斗是偶发遭遇战还是有准备的伏击战?

经课题组查阅文献发现，只有个别资料没有提及这次战斗的起因，而绝大多数资料都证明这次战斗是由上级下达作战命令，三四四旅捕捉战

* 载于《阳城新闻》2018年7月25日第四版，后《党史山西》于2019年8月15日转发。

机而打的一次有准备的伏击战。如中共党史出版社 1999 年出版的《中共阳城历史纪事》记载:“八路军总部侦悉情况后，为配合友军在晋南作战，命令徐海东、黄克诚统一指挥……”。在 2013 年编著的《雄狮伟绩——一一五师师史》中载:“为配合国民党军队侯马战役行动，我六旅（即原三四四旅）于 6 月 30 日奉命由长治、长子经高平急行军 100 余公里。”时任三四四旅参谋长韩振纪在回忆文章中写道:“徐海东把电报递给政委黄克诚后俯视地图，黄克诚看完后又递给参谋长韩振纪，三人相继把目光投在桌面的地图上……。”

二、町店战斗的时间是 3—4 日还是 6—7 日?

关于町店战斗的作战时间，争议由来已久。一种观点认为是 1938 年 7 月 6 日至 7 日；另一种观点认为是 1938 年 7 月 3 日至 4 日。

持 6—7 日观点的有:《辞海》中记载:“1938 年 7 月 6 日 10 时，由晋城向侯马西进的日军……突然发起猛烈冲击。”《中国大百科全书》中记载“7 月 6 日，日军 50 余辆汽车载着步兵，另骑兵一部，由晋城西犯……”。《军事大辞典》中也记载是 7 月 6 日。个别老首长的回忆文章也写的是 7 月 6 日。

持 3—4 日观点的有:《雄狮伟绩——一一五师师史》中记载:“7 月 3 日，我各伏击部队先后进入指定地域隐蔽待敌。8 时许，几架敌机在芦苇河上空对下孔、八甲口等地反复轰炸扫射……12 时许，（三四四旅）旅指挥部发出攻击命令，各部队发起猛烈攻击。”中共阳城县委党史研究室编著的《中共阳城历史纪事》中记载:“7 月 3 日晨，敌机在町店一带盘旋侦察过后……，我指挥部迅速命令各部在芦苇河两侧高地预设阵地准备战斗。午时许，由于天气炎热，大部日军下河洗澡纳凉。指挥部即刻下达命令，顿时，芦苇河两岸枪声大作……，7 月 4 日凌晨，日军二十五师（旅）团后续部队数百余敌渡过沁河反朴过来……，11 时左右，八路军六八八团、晋豫边游击队在此（黄崖、八里湾附近）打响狙击战。”在 1990 年解放军出版社出版的《八路军第一二九战史——抗日战争大事记》中记载:“7 月

3日，第一一五师三四四旅主力及晋豫边游击支队在阳城町店附近设伏，毙伤敌第一〇八师团500余人，击毁汽车20余辆。”

我们在走访65586部队时，某旅政委焦阳一句话更是点醒了“梦中人”。他说：“个别首长回忆说，战斗时间6日是阴历的初六”。我们在场的人纷纷都拿出手机查日历，然后确认“1938年7月3日即阴历的六月初六”。在那个战火纷飞的岁月，确实很多人只记着阴历（农历），包括现在很多老年人的时间概念还是阴历。这个久久争论不休的话题就这样被焦政委破解了。故我们最终认为町店战斗的时间为1938年7月3—4日。

三、町店战斗中伏击日军是二十五师团还是一〇八师团？

一种记载讲町店战斗伏击的日军是二十五师团的一个机械化联队。如1989年出版的《太岳革命根据地纪事》、1999年出版的《中共阳城历史纪事》和抗战老兵陈志勇的回忆文章《趁日军下河洗澡》、唐天际的回忆文章《开辟晋豫边抗日根据地的武装斗争》等；另一种记载讲伏击的日军是一〇八师团的一个联队。如《军事大辞典》《中国大百科全书》《雄狮伟绩——一一五师师史》等。我们课题组经过走访当年的参战部队以及部分军史研究人员，并查阅大量史料后进行分析，认为町店战斗伏击的敌人应为一〇八师团二十五旅团。

四、町店战斗中敌我的伤亡人数是多少？

关于在町店战斗中敌我双方的伤亡人数，各种记载比较混乱。有说毙敌300余伤200余者，有说毙敌500余伤200余者，还有个别史料记载讲是毙敌290余人。我们经过对历史的考证，认为毙伤敌近千人的说法最为准确。

关于我方人员的伤亡情况，大多史料都没有记载。只有少部分史料作了记载。如《中共阳城历史纪事》中记载：“战斗中，八路军将士刘勇辉、丁西云、陈玉华等40多位勇士壮烈殉国，晋豫边游击队中队长王科和15名战士英勇牺牲。”《陆军第三十九集团军军史简明读本（试用）》中，对六八七团的伤亡作了如下记载:“六八七团一营营长牺牲,教导员负伤,一营、二营伤亡 50 余人。”我们在走访健在的老首长王扶之(时任六八七团测绘员,曾任山西省委书记、省军区司令员)时,他说:“我方伤亡也很大,有三四百人。”

就目前掌握的史料和了解的情况,我们仍无法准确判断敌我双方的伤亡人数。但有一个认知基本一致。那就是“町店战斗中俘敌 4 人,焚毁敌军汽车 20 余辆,缴获轻重机枪 38 挺,步枪 900 余支,掷弹筒 100 多具,炮 33 门,战马 130 余匹,还有一些其他物资。”同时,还有一个认知,就是町店战斗中日军伤亡远远超过我方,“是继平型关大捷后又一重大胜利”。

太岳抗日根据地的减租减息运动*

宋荐戈　卢海明

太岳抗日根据地位于山西中、南部和河南北部。当抗日战争结束时，其管辖范围北起平（遥）介（休），南达黄河，西迄同蒲路，东至白晋线，有人口300万，包括了岳北、岳南、中条的40个县份。

全民族抗日战争时期，虽然农民和地主的阶级矛盾仍然存在，但中日民族矛盾已经上升为主要矛盾。为了充分地调动广大农民群众的抗日积极性和团结地主阶级在内的社会各阶级一致抗日，太岳根据地和各抗日根据地一样，根据中共中央的减租减息政策，在农村开展了减租减息运动。其间曾经总结了丰富的经验，取得了很大的成绩。本文将对太岳抗日根据地的减租减息运动做一概述和初步的分析。

一、抗战初期太岳抗日根据地农村的经济关系

全民族抗日战争初期，太岳农村的大量耕地，为少数地主占有，封建的生产关系占据着支配地位。据沁源、沁县、安泽、岳阳、屯留5个县的统计：在1941年时，占农村总户数1.3%的地主就占有总耕地面积的16.3%[①]。在岳南区，当地的特点之一就是“穷人多，富人少”。例如，冀氏县的河阳村，抗战初期全村共457户，土地所有者仅有52户，其余都是佃户。在52户土地所有者中，有地主10户，富农9户，富裕中农2户，

* 原载《山西党史通讯》1984年第4期。

①《太岳区第一期建政工作总结》，山西档案馆存。

中农 20 户，贫农 11 户。其中地主占全村总户数的 2.04%，占有土地 1495 亩，而其他 42 户土地所有者仅占地 1221 亩[①]。再如，中条山区的平陆和垣曲等县，土地兼并集中的程度也很严重。

在太岳抗日根据地创建之前，地主大量地占有土地以后，就对农民进行十分苛重的地租剥削。当时，太岳地区的地租形式主要有定租、活租、伙租和“走马打租”4 种。

第一种：定租，也称死租。

它在太岳抗日根据地是一种主要的地租形式。其特点是出租人把土地租给佃户，土地的租期和租额是固定的，不管年景好坏，租额一律不能变动。定租的租额一般说来都比较重，甚至有高达 70% 以上者。如沁源某村一佃户租地八亩，实产九石六斗，竟交租七石四斗[②]。阳城、晋城一带的山地普遍是每亩地每年出租一斗至三斗；河滩地、平地、盆地则多至每亩出租三斗至五斗[③]。抗战以来，由于天灾和兵燹的影响，土地的实产量普遍下降，但是定租的租额却固定不变。这样佃户的负担就更为沉重了。

第二种：活租，也称“指地分粮”。

其特点是出租人把土地租给佃户，土地的租期和租额都不预先议定。每当收获季节，主佃双方总计收获的正产物（有时还包括副产物）按成分配。分配的比例有对半分、四六分、三七分、倒四六分、倒三七分和四五分（以九成计算，主四佃五）等多种。抗战以前，活租形式在太岳抗日根据地的地租形式中居于次要地位。抗战开始后，由于初期减租只减定租不减活租和在合理负担中不扣除雇工工资等原因，就促使地主把定租地和雇工经营的土地改为活租地。于是，活租形式在太岳抗日根据地迅速地发展起来。这从沁源县霍登等村活租形式逐年增长的情况表中可以看出来：

---

①《从冀氏河阳村选举中提出的几个问题》，见太岳行署编印《交流》第 3 期。

②《太岳区租佃关系的调整》，重庆《新华日报》1942 年 12 月 7 日。

③《晋豫区系统工作概况》，山西省档案馆存。

霍登等村活租形式逐年增长情况表[①]

村名＼户数＼年份	1937 年	1938 年	1939 年	1940 年	1941 年	1942 年
霍登	3	5	6	11	18	35
马西	12	12	13	13	41	82
桑凹	无	无	无	无	4	11
冯村	无	1	1	5	9	16

由于在活租形式下佃权不固定，土地的租佃关系经常变动，所以佃农不愿意在土地上多投工，结果会导致土壤日益贫瘠，产量降低。这种租佃形式是不利于生产发展的。

第三种：伙租，也称伴种租。

其特点是出租人供给佃户土地和农具、种子等生产资料的一部分甚至全部，主佃双方就土地的收获物依约按成分配。这种租佃形式比定租、活租要进步一些。它类似富农的剥削方式，但佃农的收入不如雇农那样固定，也不能像雇农那样被供给食宿。在当时的太岳抗日根据地，这种地租形式只占少数。如沁县某村有 66 家佃户，只有一家采用了伙租形式[②]。与伙租形式相近的还有一种“安庄租”。其特点是出租人除供给佃户土地和全部农具、种子等生产资料外，还借给口粮和窑房等。分配方式有采取定租形式的，也有采取活租形式的。

第四种：“走马打租”，这种租佃形式在安泽、冀氏、屯留、沁源等地广人稀的县份很普遍。

其特点是外籍占山占岭的大地主（多为平遥、介休人），把一座山、一条岭出租给“庄头佃户”（多为从河南、山东逃难而来的客籍民）。“庄

① 山西省史志研究院编:《太岳抗日根据地重要文献选编》，中央文献出版社 2006 年版，第 441 页。

②《太岳区租佃关系的的调整》，见重庆《新华日报》1942 年 12 月 7 日。

头佃户”承租以后，除自己开荒种地外，还把一部分山岭零星土地转租给新逃难来的客籍民（称为“拨地”）。当收获季节时，“走马打租”的地主或者他的管家就来向“庄头佃户”收取地租或者山钱。而“庄头佃户”同时也向其他零星租地的佃户为地主代收地租。据实地调查，抗战前在安泽县境内，这种“走马打租”的地主共有 207 户，每年榨取的地租多达 107910 石[①]。其剥削量是相当大的。

太岳农村佃户交纳地租以实物为主。在集镇附近和交通方便的村庄偶尔也有交纳货币的。同时，佃户除了交纳地租外，还经常承受地主的额外剥削，例如，捎种地、担水、砍柴、打杂、支差等。还有的地主用自定的“起租斗”（比市斗大五合至六升不等）收租。这就更加重了地主对佃农的剥削。

抗战初期，高利贷在太岳农村也十分盛行。高利贷者大都由地主兼任。如果说地主出租土地榨取地租其剥削对象还是局限于佃户，那么，地主放高利贷盘剥的对象就要涉及到所有缺钱少粮的农民了。甚至相当一部分中农也会因为借高利贷而倾家荡产，沦落为新的佃户。

高利贷的利息，月息三分是很普遍的。更有甚者，如阳城县典腰村张保本放债，一年的利息就要超过贷款数额的两倍[②]。高利贷者放钱放粮，一方面是为了攫取重利；另一方面也是掠夺农民土地的重要手段。晋城县天水岭 7 户地主在抗战前组织的封建剥削团体“同泰会”，专门经营放钱、放粮业务。春放秋收，利息平年一加三，荒年一加五，到期不能还账的农民就没收抵押的土地和房屋。他们硬是用这种办法使全村 80% 的农民变成了“同泰会”地主的佃户。

当时在沁县一带还有一种“贯利死契”的借贷形式。这是农民在急需用钱时将自己的土地出押借贷。利息很高，期限极短，归还本息的期限大都规定在青黄不接的时候。到期不还本息，押出的土地即为债权人所有。

---

① 参见《安泽县解放前的经济状况》，安泽县革命委员会 1977 年编印。

②《晋豫区系统工作概况》，山西省档案馆存。

其价值往往超过借贷数额的两倍以上[①]。这种剥削是极其野蛮和残酷的。

地主阶级在经济上的地位决定了他们在政治上掌握着统治权。抗战初期，太岳各县农村的基层政权几乎全部由地主阶级和他们的代理人掌握。他们凭借政治权力不仅保护着自己的经济利益，而且还贪污全村群众缴纳的钱粮和公共财物。这就更加重了地主阶级对全体农民的剥削和压迫。

地主阶级的剥削和压迫使广大农民群众饥寒交迫。岳南地区有些县的农户除少数家庭能够天天吃到小米饭外，多数农民是吃糠、吃野菜、吃桑椹。士敏县有一个闾，共有 32 家农户，粮食不够吃的就有 28 户[②]。晋城县西峪村农民抗战开始后因为负担过重，无法生活，“中农以下人家大半饿死逃亡。”[③]显然，如果不削弱农村中普遍存在着的封建剥削，如果不改变这种农民“爬着刀山过日子”的痛苦生活状况，就不能调动起农民群众的生产积极性和抗日积极性，就不能建设和巩固抗日根据地，坚持进行抗日战争。

二、减租减息运动在太岳抗日根据地的开展

太岳抗日根据地的减租减息运动是在共产党的领导下进行的。全民族抗战开始以后，太岳抗日根据地的共产党组织根据中共中央洛川会议的精神，开始宣传和贯彻减租减息政策。由于减租减息对于共产党来说是一个新的课题，因而在运动的发展过程中也走了一段弯路。总的来讲，太岳抗日根据地的减租减息运动大体上经历了三个阶段。

第一阶段，从 1938 年 5 月至 1942 年 2 月。这是宣传减租减息政策和初步开展减租减息运动的阶段。

1937 年冬，薄一波率领决死一总队（后扩充为决死一纵队）进抵以沁县、沁源、安泽为中心的太岳山北部地区，并就任山西省第三行政区行政主任（后改称行政督察专员）。山西省第三行政区名义上是受阎锡山的领

①《太岳区群众工作总结报告》，山西省档案馆存。

②《岳南区 1942 年半年总结报告》，山西省档案馆存。

③《太岳解放区几年来的发展概况》，山西省档案馆存。

导，但是实际上，共产党通过牺盟会和新组建的抗日县区政权，已经取得了对群众工作的领导权。1937 年 11 月，安子文受命来沁县建立中共太岳工委（对外称八路军联络处）。从此，以沁县、沁源、安泽为中心的岳北地区，就成了第三行政区和决死一纵队管辖的地区。这就是太岳抗日根据地的雏形。

开始时，第三行政区和牺盟会在共产党的领导下，把工作的重点放在抗战动员上，抽出大批干部组成民运工作队分赴各县下乡突击，开大会、作报告，动员地主豪绅“有钱出钱，有粮出粮”；动员广大农民群众“有人出人，有力出力”，组织群众拆城、破路、站岗放哨；组织各级牺盟会、农救会、工救会、青救会、妇救会、自卫队等群众团体，开办训练班、识字班、夜校。在这些工作中也做出了很大成绩，但是还没有把减租减息作为中心工作来抓。

在粉碎了日军对晋东南的“九路围攻”以后，1938 年 5 月，第三行政区根据实行减租减息、合理负担的法令，在各县进行了广泛深入的宣传。同时，安泽、沁源的一些村庄也开始试行“四一减租”、分半减息。但是由于缺乏经验，在减租减息时单纯地依靠行政命令，采取包办代替的办法。因此减租减息的政策未能全面切实地贯彻，明减暗不减的现象普遍存在①。

由于在十二月事变中有些反动地主向农民进行反攻倒算，就使许多干部和群众出于激愤产生了一种“左”的报复情绪。特别是在边沿区的一些县份里，基层干部和群众在反顽固分子、反敌工团、反精建会的口号下，对地主阶级实施无情打击，出现了乱打、乱罚、乱捕、乱杀的现象，致使地主士绅大批逃亡。有些中间分子也在动摇，农村抗日民族统一战线出现了破裂的危险。

为了纠正这种“左”的错误，太岳抗日根据地按照 1940 年 4 月中共北方局黎城会议的精神，加强了统一战线工作，强调了“争取中间力量”

---

①《太岳区群众工作总结报告》，山西省档案馆存。

的问题。这无疑是正确的。但是在执行过程中有些地区不是引导干部和群众自己教育自己，自觉地纠正“左”的错误，而是对于在运动中表现积极的干部群众采取“泼冷水”的办法，动不动就用“违反政策”“不执行保障人权法令”来训斥和处罚他们。在霍县，甚至把许多英勇抗日的好干部开除回家，有的还判了徒刑[①]。这样就使得有些地主分子又嚣张起来了。

现实的教训使人们认识到在根据地发动群众和依靠群众的重要性，认识到只有正确地执行减租减息政策，才能巩固根据地，团结各抗日阶级坚持抗战。因此，从 1941 年开始，太岳抗日根据地又重提实行减租减息，改善人民生活的问题。当时，有些村庄组织了农会，由农会出面执行减租减息的工作。例如，在沁源县阎寨村（当时中共太岳区党委驻在此村），在区党委宣传部部长顾大川的指导下成立了农会，由农会带领群众同旧村长进行了说理斗争。通过这样的斗争削弱了地主恶霸的威风，推动了减租减息运动的开展。1941 年 9 月，太岳行署成立后，按照晋冀鲁豫边区政府颁布的减租减息法令，在太岳区党委的统一领导下，由政府给予法律的保证，通过农会发动群众，就使减租减息运动又开展起来了。

第二阶段，1942 年 3 月至 1943 年底。这是普遍开展减租减息运动的阶段。

正当太岳抗日根据地为了克服严重困难初步开展减租减息运动的时候，中共太岳区党委在 1942 年 3 月接到了中共中央在同年 1 月发布的《关于抗日根据地土地政策的决定》。这个《决定》对于实行减租减息的方针政策作出了明确的规定。为了贯彻执行中央的《决定》，中共太岳区党委在安子文的主持下召开了扩大干部会议，部署开展减租减息的工作。会议指出，实行减租减息一定要在坚持统一战线的前提下，充分地发动群众。

这年秋天，刘少奇赴延安途中路经太岳区。他介绍了华中抗日根据地实行减租减息的经验，对发动群众开展减租减息斗争作了极为重要的指

① 见《霍县革命斗争史略》。

示，批评了太岳区过去对这一工作抓得不够紧，在发动群众方面有些缩手缩脚的缺点。中共太岳区党委认真研究了刘少奇同志的指示，并于同年12月召开了由薄一波主持的群众工作会议。这次会议交流了情况，总结了经验，统一了政策，批判了右倾错误，并且要求各级党委要把减租减息当作中心工作去抓。

1943年初，中共太岳区党委抽出了大批干部组成春耕检查团分赴各地，结合春耕生产，发动群众开展减租减息斗争。另外，还加强了农救会的工作，各县县委书记和区分委书记也都深入基点村，抓住典型示范，推动和指导减租减息工作的开展。这样就在太岳抗日根据地掀起了减租减息的高潮。1943年6月，中共太岳区党委又一次召开了群众工作会议。薄一波在会上作了《太岳区群众运动的新阶段和今后工作方向》的报告，及时地纠正了减租减息工作中出现的一些"左"的倾向，从而使减租减息运动在正确的轨道上又向前迈进了一步。

在开展减租减息运动的过程中，太岳抗日根据地的大部分农村是采取召开座谈会和说理斗争会的办法，按照法令规定来解决租息问题的。例如，绵上县马家峪的大地主庞延寿占有方圆几十里内的好几座山梁。开始时，他的佃户觉得要求减租是在办亏心事，所以谁也不愿意出头去和庞延寿算账说理。鉴于这种情况，由县农会主席赵龙领导的工作队从引导农民提高阶级觉悟入手，让大家先讨论和明确究竟是谁养活谁的问题，教育农民应该自己解放自己。经过几个月的思想发动，农民的思想觉悟提高了，于是就在村农救会的领导下，广大佃户和庞延寿进行了面对面的说理斗争，迫使庞延寿按照政策减了租息。马家峪减租减息斗争的胜利，对绵上县东山地区各村的震动很大，有力地推动了这个地区减租减息斗争的开展①。在安泽县马山沟，传达减租减息政策以后，村里的主佃双方经过座谈协商，共减租额77.625石。平遥县仁义村刘富堂霸占一户贫农的11亩土地长达6年之久，在说理斗争会上，议决让刘富堂退出土地并赔补6年的

① 赵龙同志谈话记录。

地租。散会后刘富堂却想赖账。于是农救会又召开说理斗争会，终于解决了这个问题[①]。

由于农民对地主有几千年的积怨，所以一经发动起来，斗争性就特别强烈，报复性也很厉害。这样在减租减息的过程中就会出现过火行为。有些地方在纠正农民过火行为时，又往往会发生偏袒地主的现象。为了纠正这两种错误倾向，更好地贯彻减租减息政策，中共太岳区党委在 1943 年 6 月召开群众工作会议的前夕，及时地提出了“斗，不要斗到团结破裂，不要斗到超过法令所允许的利益范围之外，不要采取法令所不允许的斗争手段。让步，也不要让到失掉阶级立场，模糊阶级意识的地步，不要让到使群众发动不起来，应得的利益得不到的地步”[②] 的策略原则，要求各级干部都要站在农民的立场上，领导农民正确地执行减租减息政策。对于农民在减租减息运动中的过火行为，应该用启发教育的办法循循善诱，教育农民懂得为了抗战的胜利，必须团结一切抗日力量的道理，帮助他们自觉地克服“左”倾情绪。例如，绵上县横榆村农民斗争地主梁福太时，群众要给他戴高帽子，算过头账。后来经过农救会干部对农民的说服教育，采用了说理斗争的办法。这样既达到了充分揭露梁福太的罪恶，打掉地主威风的目的，又没有对他进行人身侮辱。既合理地让梁福太退还了过去多收的租息，给予了经济上的打击，又保障了他的地权和财权。事后梁福太十分感动，他引着孙子给大家磕了头，表示“要是翻案就不算人了”。[③] 事实证明，只要引导得法，减租减息运动中的过火行为是可以纠正的。

鉴于群众力量的强大，在减租减息运动中有一部分地主分子的表现开明。他们按照政府法令，主动减了租息（通常是二五减租，分半减息，各地在处理具体问题时也有变通办法）。不过绝大部分农村是农救会领导农民向地主、高利贷者进行斗争后减了租息的。为了求得减租减息后“永无翻滚”，主佃双方（或借贷双方）在达成协议时要重新写约换约，以完成

①《平遥县农救会工作总结》，山西省档案馆存。

②《薄一波、聂真给顾大川的信》，山西省档案馆存。

③《太岳区党委发动群众减租减息的报告及今后的政策方法》，山西省档案馆存。

法律程序。当然，在减租减息运动中也有少数地主分子要进行破坏和抗拒。对于这些反动地主分子，各地都采取了针锋相对的打击措施，从而保证了减租减息运动的顺利开展。

第三阶段，从 1944 年春到 1945 年 8 月抗日战争胜利结束。这是查租减租并且把运动的重点逐步转移到新区的阶段。

1943 年 10 月，毛泽东为中共中央起草了《开展根据地减租、生产和拥政爱民运动的指示》，要求各地“检查减租政策的实行情况”[①]。限期完成减租。据此，太岳抗日根据地从 1944 年春天起，开始进行了减租查租工作。

通过 1942 年和 1943 年的减租减息运动，太岳抗日根据地的老区农村已经基本上解决了租息问题，因此在查租减租时就把工作的重点放在了发展生产方面。如阳城县殿腰村和士敏县回头村把农救会小组和生产互助组合为一体，使农救会工作的主要内容放在了抓生产上。同时，对于减租减息运动中的遗留问题，也要继续加以解决。这两个村的做法获得了很好的效果。有些地方还结合生产大办文化教育事业，移风易俗，开展卫生运动，从而促进了农民群众文化水平的提高和健康状况的改善。对于老区中少数减租减息不彻底的村庄，在“查减”时都派了工作组，深入到“点”上发动群众，按照政策实行减租减息。租息问题一解决，就立即把工作的中心转移到生产上。在老区，结合“查减”还对农民普遍地开展了一次关于社会发展史和党的方针政策的教育，使广大农民群众在提高阶级觉悟的基础上自觉地去巩固农村统一战线。

在占太岳抗日根据地人口总数的三分之二左右的新区，“查减”阶段的主要任务就是集中力量发动群众实行减租减息，甚至在春耕季节也不停止。新区的减租减息，一般都是从反对地主剥削和压迫农民的具体问题上着手进行的。如条西各县实行减租减息时，先派干部深入到群众基础最好，地主阶级的力量和影响相对薄弱的村庄。从发动群众成立清算委员

---

①《毛泽东选集》第三卷，人民出版社 1991 年版，第 910 页。

会，清算账目，进行反贪污、反恶霸的斗争入手。由此突破一点，获得成功后再推动全面，很快地就完成了减租减息任务[①]。在四专区的新区开始减租减息以后，不到两个月的时间就把50个基点村和许多非基点村的农民发动起来了。其中，28个村的农民通过反奸反霸斗争，得到不法地主退还的粮食1030.4石和一部分土地，也有不少开明士绅自动地按照政府的法令减了租息。这样，在四专区就由点到面地实行了减租减息[②]。

总之，当1945年8月日本无条件投降的时候，太岳抗日根据地的减租减息运动仍然如火如荼地发展着。据统计，截至1945年春，全区已有58%的行政村完成了减租减息的工作[③]。日本投降后，太岳抗日根据地和其他根据地一样，仍然在进行减租减息、反奸清算的斗争。只是斗争的锋芒已经指向了封建土地制度。当1946年中共中央发布“五四”指示以后，太岳根据地又开始进行土地改革，使土地革命的斗争进入了一个新的时期。

三、太岳抗日根据地实行减租减息的巨大成就

太岳抗日根据地通过开展减租减息运动，大大地削弱了封建势力，改善了农民的生活，调动了农民群众的生产积极性和抗日积极性，为坚持敌后抗战提供了重要保证。

第一，通过减租减息改善了农民的生活。

减租减息以前，占有大量土地的地主阶级对农民的剥削极为残酷。减租减息削弱了封建剥削，使农民的收入增加，生活逐渐富裕了。如安泽县在减租减息以后，1944年农民共买地1640余亩，买窑洞963孔，买房子689间，典地7620亩，典窑700孔。农民有了土地和房屋，生活就越过越好。这一年全县共有700多个贫苦农民结婚成家了[④]。阳城县岩山村的农民

①《太岳五分区扩大干部会议上的报告和总结》(油印本)，山西省档案馆存。

②《太岳四分区减租运动由基点村普及到全区》，《解放日报》1945年4月18日。

③《太岳区参政会上牛主任报告两年来政府工作》，《解放日报》1945年3月30日。

④《新华日报》(太岳版)1945年2月27日。

过去长年累月吃野菜，实行减租减息以后，人们不吃野菜了[①]。

第二，通过开展减租减息运动使农民的经济地位和政治地位显著上升。

以阳城县西山交村为例，减租减息以后，从雇农上升贫农者3户，从贫农上升中农者72户，从贫农上升富裕中农者2户。阳城县固隆村共有328户。减租减息前，富农33户，中农56户，贫农239户。减租减息以后，在1944年富农增为77户，中农增为101户，贫农下降为150户。

贫苦农民在经济地位上升的同时，政治地位也有了显著提高。在1943年，太岳抗日根据地按照“三三制”的原则，有80%的村庄进行了民主选举，改变了地主掌权的局面。例如，1943年浮山县河底村的选举结果见下表：[②]

阶级成分	地主	富农	中农	贫农	佃农
户数	27	47	96	93	120
人口	75	253	553	403	571
村政委员	无	1	2	1	2

从表中可以看出，贫农、佃农和中农在村政权中已经占了优势，地主已经无权了。这说明，只有通过减租减息，贫苦农民才能实现政治上的翻身。

第三，通过减租减息激发了广大农民群众的生产热情。

减租减息以后，农民群众改善了生活，提高了经济地位和政治地位，于是生产热情普遍高涨。仅在1944年，太岳全区就开荒246497亩，增产粮食25409石[③]。1944年与1943年比较，全区粮食总产量大约提高了9%。在减租减息以后，晋城县西峪村群众除搞农业生产外，还办起了2座煤

---

①《岩山村今昔》，《翻身》，太岳新华书店1946年版。

②《抗日战争中太岳区的对敌斗争和政权建设》，山西省档案馆存。

③《太岳区参政会上牛主任报告两年来政府工作》，《解放日报》1945年3月30日。

窑，3 座锅炉，69 个男人跑运输，妇女大部分纺棉花，每年全村的副业收入约 15000 元（冀钞）[①]。由于生产的发展，就为满足军需民用提供了保证，有力地支援了革命战争和根据地的建设。同时，广大农民群众还响应毛泽东主席“组织起来”的号召，开展了互助合作运动。据统计，1944 年太岳农村已有近万个互助组，组织起来的农村劳动力已达到全区农村劳动力总数的 50%—60%[②]。

第四，通过减租减息激发了广大农民群众的抗日积极性。

通过开展减租减息运动，广大农民群众改善了生活，提高了经济地位和政治地位，这使他们深深地感受到共产党是为人民谋利益的，只有在共产党的领导下，才能打败日本侵略者。为此，他们踊跃参军参战，有力地支持了民族解放战争。如在减租减息以后，青城县仅 1944 年一年，就有 680 名青年农民参军[③]。阳城县马寨村马孟英老大娘通过减租减息改善了生活，全家吃喝不愁，就一口气把自己的孙子、外孙和女婿共 7 人送去参军[④]。当日本投降以后，在大反攻的形势下，太岳区不到 20 天的时间就扩兵 1 万余人。

广大农民群众在踊跃参军的同时，还积极参加民兵组织。据统计，在 1944 年，全区民兵发展为 5 万人。到 1945 年底，太岳民兵已增加为 87824 人[⑤]。民兵们一手拿锄，一手拿枪，仅在 1943 年和 1944 年两年中，就作战 7860 次，平均每天作战 10 次以上。当时，太岳民兵开展了群众性的石雷战，进行了以爆炸为主的围困战，在抗日战争史上写下了光辉的篇章。

此外，广大农民群众在减租减息以后，积极地交公粮、做军鞋、织军布，为抗日战争的胜利做出了重大贡献。

---

①《太岳区参政会上牛主任报告两年来政府工作》，《解放日报》1945 年 3 月 30 日。

② 转引自昆明军区编:《太岳纵队及太岳军区抗日战争史》，第 86 页。

③《浮山、沁水抗战以来战斗材料的汇报》，临汾地区档案馆存。

④《参军参战总结及 1945 年中心工作》，山西省档案馆存。

⑤《1945 年的人民武装工作》，山西省档案馆存。

第五，通过开展减租减息运动发展和巩固了抗日民族统一战线。

地主阶级中的大多数，感到政府在减租减息过程中保障了他们的人权、地权和财权，在实行减租减息时又坚持了交租交息，因此他们也比较满意。他们表示愿意与广大人民群众站在一起共同抗日。甚至敌占区的一些地主还主动要求抗日政府派干部去帮助他们实行减租减息[①]。

太岳抗日根据地开展减租减息运动的实践，证明了共产党在抗日战争时期制定的减租减息政策是正确的、必要的。它虽然只是一项削弱封建剥削制度的改良措施，但在贯彻执行以后，既调动了广大农民群众参加抗日战争和参加生产的积极性，也争取了地主阶级中的大多数人站在抗日阵营。既有利于抗日根据地的建设，也有利于争取抗日战争的胜利。因此，在当时，减租减息运动的开展受到了广大人民群众的广泛支持和普遍欢迎。

---

①《太岳区阳南县检讨减租减息工作》,《解放日报》1945 年 4 月 4 日。

太岳抗日根据地的整风运动*

卢海明

全民族抗日战争时期进行的整风运动，在太岳抗日根据地是从1942年开始，1945年结束的。与延安进行的整风运动相比，由于太岳抗日根据地地处抗日前线，战斗比较频繁，所以持续的时间长了一些。整风的过程也比较曲折。现就我们征集到的资料，将太岳抗日根据地的整风运动作一个简略的叙述。

一

1942年2月，毛泽东在延安作了《整顿党的作风》和《反对党八股》的报告。在报告中提出了反对主观主义以整顿学风，反对宗派主义以整顿党风，反对党八股以整顿文风的任务。4月3日，中共中央宣传部发出《关于在延安讨论中央决定及毛泽东同志整顿三风报告的决定》。5月下旬，中共中央成立了以毛泽东为主任的中央总学习委员会，领导整风运动。6月8日，中共中央宣传部发出了《关于在全党进行整顿三风学习运动的指示》。从此，中国共产党在全党范围内开展了整风运动。整风运动的方针是惩前毖后，治病救人，既要弄清思想，又要团结同志。

就太岳抗日根据地而言，开展整风运动是紧跟着中共中央的步伐，行动还是早的。其发展的步骤，大体上可以分为三个阶段。

第一个阶段，是从1942年4月至1943年4月。这是初步学习文件和

* 原载《山西党史通讯》1989年第4期，收入本书时，根据党史研究的新成果作了订正。

思想发动的阶段。

在这个阶段，由于当时太岳抗日根据地正处于极端困难时期，特别是日军先是向岳北地区发动了春季“扫荡”，实行“捕捉奇袭”“分区抉剔”“辗转清剿”，接着又向岳南地区和岳北地区发动了夏季“扫荡”和冬季“扫荡”，加之国民党阎锡山的六十一军屡次向太岳区进犯，所以太岳抗日根据地军民不得不以极大的力量投入频繁的反“扫荡”作战和激烈的反顽斗争。因此这个时期太岳区的整风运动虽已开始，但只是处于一般的学习文件和思想发动的阶段。

根据现有的资料，可知就在毛泽东于1942年2月作了整风报告之后不久，中共太岳区军政党委员会的成员就通过传达认真学习了毛泽东的报告。1942年4月3日，中共中央宣传部作出“四三决定”。很快地，中共太岳区党委即于4月16日作出《关于深入研究中央决定及毛泽东同志整顿三风报告的决定》①。要求各机关、各部门的干部在3个月内要认真学习中共中央关于党性的决定和调查研究的决定及毛泽东关于整顿三风的报告，对照文件揭发和检查本单位、本部门存在的问题并予以随时纠正。各级共产党的组织要立即成立检查委员会或检查小组来领导这项工作。

1942年4月27日，中共太岳区党委书记安子文根据毛泽东报告的精神，结合太岳区在党的建设方面的具体情况和党内干部的实际状况，在《太岳日报》上发表了题为《改造我们的作风》的重要文章。安子文在文章中列举了太岳区“三风”不正的种种表现，分析了产生这些不正之风的根源，批评了一些干部对于整风运动的糊涂认识，要求广大党员干部对整风文件要“细嚼烂咽，化成血肉，并与检查自己的工作结成一气，也只有这样，我们才能真正掌握这个改进工作、改造自己的武器。然后才能突破现在这种迟滞不前的状态，打开新的局面”。②

① 山西省史志研究院编:《太岳抗日根据地重要文献选编》，中央文献出版社2006年版，第343—344页。

② 山西省史志研究院编:《太岳抗日根据地重要文献选编》，中央文献出版社2006年版，第348—349页。

为了搞好整风运动，中共太岳区党委于同年 4 月 30 日在《太岳日报》上发表了《为整顿三风征询各界意见启事》。《启事》号召全区各党各派及各界人士，本着进步团结之意，坚持抗战之志，对共产党存在的缺点毫无保留地加以指陈。共产党真心实意的热望在各界人士的帮助之下，使自己日臻健全，以利团结抗战。

在这期间，太岳区农工青妇文各救总会曾决定用一个月的时间检查“三风”问题，首先是要组织各救会的各级干部学习整风文件，然后分部门进行检查，最后进行联合检查。与此同时，太岳日报社和新华社太岳分社也开始了“三风”大检查。太岳行署不但决定各部门都要成立检查委员会，用 3 个月的时间学习文件、掌握政策、检查工作、改造政风，而且向所属各级政府发出了《关于整顿政风的指示》，要求各级政府由行政负责人亲自领导，成立检查委员会或检查小组，在学习文件的基础上，深入揭发政风不正的事实，作为检查工作的材料，通过整顿政风，达到改造思想，改进工作的目的。

1942 年 5 月 4 日，太岳各界 3000 多人在沁源县城举行盛大集会纪念“红五月”。在这次大会上，薄一波作为太岳区军政党委员会书记，联系太岳区的实际，作了如何整顿三风的报告。他在报告中号召全区党政军民立即掀起学习整风文件的热潮。这个报告对于太岳区整风运动的开展起了很大的推动作用。

当中共中央宣传部于 1942 年 6 月 8 日发出《关于在全党进行整顿三风学习运动的指示》后，中共太岳区党委于同年 7 月首次制定了《开展整风运动的计划》。《计划》要求各单位的整风运动应从 8 月开始进入精读文件阶段，要用 3 个月的时间完成精读文件的任务。在精读文件时务必要掌握文件的精神实质，反对走马观花。《计划》还要求各单位的干部精读文件时要根据职务和文化程度的不同编为高级组、中级组和初级组。高级组以自学为主；中级组以自学为主，辅导为辅；初级组以讲授为主，自学为辅，认真学习整风文件。为了配合整风学习，《太岳日报》还陆续发表了《整顿党的作风》《改造我们的学习》等整风文件。

根据这个开展整风运动的计划，太岳区成立了以太岳党政军委员会书记[①]薄一波为首的总学习委员会，负责领导全区的整风运动。此后，整风运动就在太岳区普遍地开展起来了。但是由于战事频繁，所以各级、各部门、各单位对整风文件的学习并不深入，是时断时续的。

第二个阶段，是从 1943 年 4 月至 1944 年 1 月。这是精读文件、联系实际进行“三风”检查的阶段。

1943 年 1 月 25 日至 2 月 20 日，新成立的中共太行分局在涉县（现属河北省）召开了高级干部会议（通称温村会议）。这次会议根据中共中央 1942 年的《九一决定》[②]和中共北方局于 1942 年 12 月 23 日下达的《关于华北敌后抗日根据地 1943 年工作方针的指示》，从总结抗日战争开始以来的工作入手，讨论了如何扭转当前困难局面的问题。薄一波、安子文和太岳区地委书记以上的干部参加了这次会议。在这次会议上，中共太行分局书记邓小平作了《五年来对敌斗争的概略总结与今后对敌斗争的方针》的重要报告，中共北方局代书记彭德怀和八路军野战政治部主任罗瑞卿也讲了话。负责具体工作的李大章同志和戎伍胜同志分别作了有关群众工作和财经建设问题的报告。会议经过充分讨论，提出了 1943 年的工作方针和为实现这一工作方针要执行的基本任务，决定在 1943 年一定要在对敌斗争中采取“敌进我进”的方针、加强党的一元化领导、深入进行整风运动作为重要的工作来抓。

正当太岳区各级党组织贯彻温村会议精神的时候，中共中央于 1943 年 4 月 3 日作出了《关于继续开展整风运动的决定》。《决定》规定：“整风的主要斗争目标，是纠正干部中的非无产阶级思想（封建阶级思想、资产阶级思想、小资产阶级思想）与肃清党内暗藏的反革命分子。”[③]也就是说，要结合整风进行审查干部的工作。据此，中共太岳区党委制定了 1943 年

---

① 此时太岳区军政党委员会已改称太岳区党政军委员会。

② 此即中共中央政治局于 1942 年 9 月 1 日通过的《关于统一抗日根据地党的领导机构及调整各组织间关系的决定》。

③ 中共中央党史研究室：《中国共产党大事记》，人民出版社 1989 年版，第 131 页。

的整风计划，在1943年6月召开的宣联会议上重新布置了整风工作。要求把整风学习和检查工作结合起来，把整风的重点放在领导机关和领导干部身上。

但是，由于此时日军对太岳区发动了“铁滚扫荡”，加之主观上存在的一些因素，所以全区的整风运动还没有很好地把学习文件和联系实际结合起来。1943年11月日军的“铁滚扫荡”结束以后，中共太岳区党委于1943年12月10日作出了《关于深入开展整风运动，完成整风任务的决定》[①]。这个《决定》指出了本年6月宣联会议以来整风工作中存在的问题和产生这些问题的原因，要求从1943年12月15日到次年3月底，地委、军分区以上各机关的干部，除战争外，放下一切工作，完成整风。各县级、各团级全部干部争取明年6月到8月底整风完毕。

根据这个《决定》，太岳区各地委、军分区级以上各机关干部一律参加整风。其中各系统的领导干部全部整风，实行“机关学校化”，凡参加整风的干部一律白天不办公，坚决保证每天最少8小时的整风时间。每天处理工作时间不得超过晚上的一小时。各地委、军分区的整风委员会要直接领导一个县团级的干部整风工作。全区的各级整风委员会为此次整风运动的领导机关。参加整风的干部要认真精读中央规定的22种整风文件，进一步提高思想认识，端正态度，深入进行三风检查。

同时，从1943年12月开始，中共太岳区党委党校在冀氏县小李村开办了第一期整风班，在各县的县委书记、组织部长、县长、公安局长、武委会主任等主要领导干部中抽出3人；在部队各团级单位4名主要领导干部中抽出3人，集中到区党委党校整风班中进行整风学习和三风检查。

在这个阶段的整风运动中，太岳区的共产党员和干部还根据中共中央的指示，结合学习中央规定的22种整风文件，通过整风班、学习会、讨论会以及农村中的冬学、夜校等形式，进行了时事学习。

---

① 山西省史志研究院编:《太岳抗日根据地重要文献选编》，中央文献出版社2006年版，第569—574页。

第三个阶段，是从 1944 年 1 月至 1945 年 5 月。这是深入学习文件，结合整风进行审干的阶段。

这个阶段是在普遍整风的基础上，为了做到整风、工作两不误，使整风运动收到更好的效果，一方面，于 1944 年 1 月在区党委党校开办了第二期整风班，抽调主要党员干部离开工作岗位，集中在中共太岳区党委党校进行整风和审干；另一方面，1944 年 5 月，开办了太岳区整风学校，除少数坚持工作的干部外，集中全区党政军民干部 800 多人深入进行整风学习，系统进行反省。同时，各地委、县委、各机关的整风学习仍然按照区党委制定的 1943 年整风学习计划进行。

为了加强对全区整风运动的领导，根据中共北方局的决定，1944 年 3 月成立了整风领导组。整风领导组由中共太岳区党委副书记、军区代政委王鹤峰任组长，太岳军区副司令员谢富治、军区政治部主任王新亭为成员。由这个整风领导组负责领导党校、整风学校和全区各部门、各机关的整风运动。

下边分别讲讲区党委党校和整风学校的整风和审干情况。

二

1943 年，通过实行减租减息、开展大生产运动、实行精兵简政、“三三制”等政策，以及粉碎日军的“铁滚扫荡”之后，太岳区已经开始扭转了困难局面，抗战形势也已经发生了根本变化，社会环境也相对稳定了。正是在这样的形势下，中共太岳区党委决定集中一批党员干部到设在冀氏县小李村的区党委党校参加整风运动。

1944 年 1 月，继上年底开办第一期整风班以后，又开办了有 141 名县团级干部参加的第二期整风班（第二期整风班开始驻在小李庄，后期迁驻士敏县东郎壁村）。第二期整风班是分三个阶段进行整风和审干的。其中，1 月至 3 月是整顿学风阶段；4 月至 5 月是整顿党风阶段；从 6 月 1 日直到 1945 年 5 月是结合整风进行审干的阶段。

在第一个阶段和第二个阶段，通过深入学习整风文件和系统地检查工作和思想，启发大家发言，认真地开展批评和自我批评，然后进行总结和提高认识，对参加整风的党员干部进行了马克思主义的教育。大家在思想上有了很多收获。

1944 年 6 月 1 日，王鹤峰同志在区党委党校作了题为《从最近学习情形谈起到今后怎样学习》[①] 的审干报告。他在报告中提出：今后要审查干部和整风学习并行，方针是治病救人，方式是党内斗争与自我批评。从这个报告以后，整风运动就进入了结合整风进行审干的阶段。其中，6 月份是进行审干的准备工作，7 月 7 日至 9 月 18 日为全面审干时期。

在审干问题上，本来毛泽东在 1943 年 11 月 5 日曾发出了《关于检查太行、太岳反特务斗争的指示》[②]。指示中说："在基本根据地内，你们必须认真研究与坚决执行中央（1943 年）8 月 15 日关于反特务斗争的指示（原名审查干部指示）密切地指导各级干部，实行首长负责、自己动手、领导者与广大群众相结合、一般号召与具体指导相结合、调查研究、分清是非轻重、争取失足者、培养干部、教育群众的正确路线，废止历史上传下来的多捉、多杀及逼供信的错误路线。"[③] 但是当时受延安和中共北方局党校搞"抢救失足者"的影响，在指导思想上存在着"特务如麻"的思想，所以中共太岳区党委党校在审干问题上也采取了"抢救失足者"的错误做法，在坦白运动中发生了对被审查的干部进行围攻、推打、轮战、指名逼供，一供即信，然后再逼，越逼越多，犯了逼供信的严重错误，伤害了许多好干部、好党员。

针对这种情况，中共中央于 1944 年 9 月 13 日及时致电王鹤峰，指出太岳区的反奸斗争有扩大化的毛病。为了慎重，以免弄错许多人起见，应立即停止坦白运动，应集中研究已坦白者的材料，对于弄错者迅速给予平

---

① 山西省史志研究院编:《太岳抗日根据地重要文献选编》，中央文献出版社 2006 年版，第 605—610 页。

② 山西省史志研究院编:《太岳抗日根据地重要文献选编》，中央文献出版社 2006 年版，第 553—554 页。

③ 山西省史志研究院编:《太岳抗日根据地重要文献选编》，中央文献出版社 2006 年版，第 553 页。

反，对于弄重者给予减轻，以便取得更多的经验后再去工作。[1] 接着，中共中央又提出甄别平反的具体政策。中共太岳区党委接到中央的上述指示后，立即予以贯彻，马上停止了坦白运动，开始纠正已经发生的错误。

为了进一步打通思想，纠正错误，党校整风班在1944年11月进行了一个多月的时事教育。接着，在12月进行了甄别平反工作，并在甄别平反的基础上召开了为期两个月的民主大会（包括小组会），让被整错的党员干部毫无保留地批评各级领导在“坦白运动”中的错误。主管此项工作的王鹤峰同志也在民主大会上做了深刻检查，并向被整错受了冤屈的干部赔情道歉，比较妥善地处理了审干工作中发生的严重错误。

1945年5月10日，中共太岳区党委代理书记聂真代表区党委领导班子在党校支部大会上检讨了审干工作中发生的偏差和扩大化的错误，作了审干工作的总结。聂真在总结报告中指出：审干中发生偏差的原因是：在思想上犯了主观主义与教条主义的错误；在政策上对中央提出的“九条方针”大半未能执行；在组织领导上集体领导很差，形成了个人领导；在工作中只接受审查者的一面汇报，不调查研究；有许多审查者缺乏锄奸经验和党派常识。同时，聂真还从总结经验教训出发，提出整风审干中应该解决的几个重要问题。即：（1）审干和整风应渗透进行，互相结合；（2）加强调查研究，把调查研究作为审干的基本一环；（3）强调自觉自愿地解决思想问题，强调党内正常的民主生活；（4）应当相信我们的干部，不应当无根据地怀疑干部；（5）在锄奸工作中特别要防止“左”的倾向发生；（6）对于党内有奸细，要提高警惕；（7）对党的工作应经常检查，克服各种不良倾向；（8）有些同志认为党对自己不了解，自己应该忠实积极地为党工作，让党了解自己。聂真同志在总结报告的最后强调：党内团结第一。大家要从团结的愿望出发，消除隔阂，正确处理党内矛盾，达到全党团结的目的。

① 参阅中共中央：《关于反奸斗争中防止扩大化的问题给王鹤峰同志的指示》（1944年9月13日）。

在聂真同志报告之后，虽然有些党员干部还有一些不同意见，但是为了团结，停止了争论。对于被整错的干部，平反后按原来的职务分配了工作。

1945 年 7 月 12 日，中共太岳区党委党校宣布大会结束。

三

中共太岳区党委党校在开办整风班之后，接着又于 1944 年 5 月 15 日在士敏县东郎壁村成立了太岳区党委整风学校，集中了 868 名党政军干部进行整风学习。其中，各分区调来 646 人，直属机关调来 222 人。

在整风学校中，领导整风学习是太岳区整风学习委员会分会。以王鹤峰同志为主任，主持区党委组织部工作的郭钦安同志为副主任，李哲人、刘忠、刘有光等为委员。分会下设校部（内设秘书科，科长郝一民；组教科，科长南静之、副科长阎定础；管理科，科长朱炳仁）和 9 个区会。其中，一区会主任史怀璧；二区会主任肖文玉；三区会主任刘有光；四区会主任胡荣贵；五区会主任张文峰；六区会主任刘忠；七区会主任时逸之；八区会主任朱佩瑄；九区会主任李哲人。

整风学校在开始时，领导上的指导思想是审干，准备通过时事学习后就转向“抢救运动”，解决“两条心”（即党内暗藏的反革命分子）和“半条心”（即党员干部中的非无产阶级思想）的问题。但是在进行时事学习时恰遇日军“扫荡”，于是整风学校转入了反“扫荡”斗争。之后，整风学校接受了延安“抢救运动”和区党委党校审干工作中发生偏差的教训，因此决定整风学校不再采取“抢救失足者”的办法，而是在时事教育告一段落后，转入学习中共中央规定的 22 个整风文件，重点是解决非无产阶级思想的问题。

整风学校的整风运动分为三个阶段：其中，第一个阶段是学习时事阶段；第二个阶段是党风学习阶段；第三个阶段是系统反省阶段。

（一）时事学习阶段

在这个阶段，主要是学习《中国革命和中国共产党》《国民党与共产党》《共产党与中华民族》《从“九一八”到“七七”》《评〈中国之命运〉》《抗战以来国民党投降妥协的一笔总账》《大后方生活真相》《蒋介石的自我批评》《反对法西斯》等文件和资料。在时事学习过程中，采取了先展开（即大胆怀疑，自由思想，提出问题），后收拢（即展开争论，用群众中的正确意见克服错误意见，最后求得大体一致的认识），再反省（即自觉自愿地反省自己过去的思想意识及实际行动）的办法，解决对大地主、大资产阶级代表蒋介石本质的认识问题，清算党内的投降主义思想。

在时事学习过程中，大家联系实际，敞开思想，大胆争论。在争论中明辨是非，提高认识，集中解决了三个重要问题：

其一，认清了国民党蒋介石是代表大地主、大资产阶级利益的。虽然国民党在民族危机严重时期有一定的抗日积极性，但其积极性是很有限的，他们反人民的本质是不会改变的。因此，对于国民党、蒋介石只能坚持又联合又斗争的原则，绝不能只讲联合，不讲斗争，绝不能抱不切实际的幻想。

其二，认识到蒋介石的三民主义和孙中山的三民主义、新三民主义和旧三民主义、三民主义和共产主义有原则上的区别。蒋介石的三民主义，实质上是封建买办的法西斯主义。孙中山的新三民主义是联俄、联共、扶助工农的革命的三民主义，它和共产党的最低纲领，即在民主革命阶段的政纲基本上相同。共产党员在现阶段要为其彻底实现而奋斗，在将来还要为实现共产主义而奋斗。因此，必须坚定对共产主义的信念，树立共产主义的人生观和世界观。

其三，认清了世界的前途和中国的前途都是属于人民大众的。中国共产党是中国革命的中流砥柱，只有共产党才能救中国。中国革命的前途只能是建立由中国共产党领导的各革命阶级联合专政的人民共和国，然后走向社会主义，绝不能建立国民党“一党专政”的法西斯独裁制度。

（二）党风学习阶段

在这个阶段，学员重点学习了毛泽东的《在延安文艺座谈会上的讲话》《学习与时局》和刘少奇的《论共产党员的修养》等整风文件。首先是精读文件，对照文件的精神和整风的要求，经过激烈的思想斗争后进行自我检查。这是每个人思想斗争最为激烈的阶段，也是整风的重点阶段。

为了确实达到改造思想、改进工作的目的，领导上反复进行思想动员，宣布对大家讲出的问题，无论是什么问题（现行反革命除外），都暂不做组织处理。进行的方法是启发自觉，开展认真地批评与自我批评，促使每个人都能积极开展思想斗争，以正确的思想克服错误的思想，以新思想克服旧思想。重点是检查自己入党以来人生观、世界观是怎样改造的？如何和非无产阶级思想特别是小资产阶级思想的侵蚀作斗争的？自己主要的缺点、错误是什么？这些错误缺点的社会根源和思想根源是什么？对党的事业有什么危害？如何纠正这些错误缺点？然后在思想提高较快、敢于承认和检查自己缺点和错误并且认识比较深刻的干部中选择好的典型，让其在大会或小会上发言，进行示范。启发、引导大家对照自己，进行深刻的检查。这期间，向学员进行了“惩前毖后，治病救人”方针的教育和“团结—批评—团结”方法的教育，批判了个人英雄主义、自由主义、平均主义、极端民主化、享乐主义、非组织意识及宗派主义、本位主义、山头主义等不良倾向，使学员受到了深刻的党性教育，树立了全心全意为人民服务的人生观，提高了思想政治觉悟和马克思主义理论水平，形成了群众自己教育自己的运动。这是一个思想斗争逐步深入的阶段，也是取得整风成果的关键阶段，花费的时间也是比较长的。

（三）系统反省总结阶段

在这个阶段，主要是在自我批评和互相批评的基础上，各人清算自己的思想和历史，写出历史自传和思想自传，在小组会上宣读，由小组成员进行讨论。在讨论中，大家开诚布公，踊跃发言，肯定正确的地方，批评错误的地方，对历史问题不清楚的，不追不逼，善意地提出疑问。对于不同的意见，报告区会处理。对于重大问题，则报告校部处理。经过系统的反省，发现学员中普遍存在的问题主要是人生观、世界观没有彻底解决，也有一些贪污、腐化、不满领导的问题，比较大的问题是政治上动摇、被捕变节、隐瞒历史、隐瞒成分等。对于这些问题，主要是开展与人为善、和风细雨的批评与自我批评，以提高认识。在此基础上，由小组通过个人的自传和鉴定，肯定优点，找出缺点，明确了每个人的努力方向。最后由各区会对每个学员作出思想鉴定。对于反省出来的政治的、原则性的问题，由小组、党支部、校分会按照党章规定和党的纪律，分情节的轻重和态度的好坏，有的免予处分，有的给予处分。少数人的问题一时弄不清楚，挂起来回到工作单位去解决。

在整风学校中，由于正确执行了中共中央关于整风运动的方针和政策，抓住了思想整顿这个重点，采取了正确的方法，所以使绝大多数人受到了入党以来第一次深刻的马克思主义世界观、人生观的教育。

1945 年 1 月以后，随着革命形势的迅猛发展，整风学校就陆续抽调部分学员分配了工作。1945 年 5 月 23 日，郭钦安副主任对整风学校的整风运动作了全面总结。整风学校遂告结束。

总的来看，太岳区历时 3 年多的整风运动收效是很显著的，成绩是很大的。整风运动使广大党员干部受到了一次深刻的马克思主义思想教育。通过整风，在一定程度上克服和纠正了党员干部中存在的非无产阶级思想，有力地促进了党员干部的世界观改造，加强了党的团结和统一，使实事求是的马克思主义思想路线深入人心。这实际上是一次加强党的建设和提高党的战斗力的伟大工程。通过整风运动，不仅使广大党员干部提高了革命自觉性，认识和改造了自己的思想，而且为正确使用干部和培养干部，为干部之间的团结奠定了基础。整风运动的胜利加强了太岳区党的建设，促进了全党在思想上、政治上、组织上的统一和团结。它对促进抗日根据地各项事业的发展，对夺取抗日战争和解放战争的最后胜利，在思想上和组织上作了重要的准备。

八路军抢运《赵城金藏》纪实*

李万里

《赵城金藏》现存4856卷，是目前所能见到的各版大藏经中年代较早的一部，为海内外孤本，具有无可比拟的价值。《赵城金藏》每一卷都属一级文物，是当之无愧的瑰宝。

《赵城金藏》之所以珍贵，还在于它有令人难以忘怀的历史，特别是抗战时期日军占领山西赵城后，八路军从重重包围中抢运保护这部经书的历史，颇具传奇色彩。

我的父亲史健是当年八路军抢运《赵城金藏》的指挥组织者，他当时担任太岳区第二地委书记兼军分区政委。笔者从父辈处多次聆听抢经经过，怀着义不容辞的责任感，采访了多位知情人，查阅了大量资料，将八路军当年抢运、保护《赵城金藏》的经过梳理介绍如下。

抢运前的准备工作

据时任太岳二地委秘书长曾远的回忆，那时二地委地处太岳区的前沿，敌工工作开展得好，工作能做到敌占区的县城里头。穆彬（原名马殿俊）是二地委敌工部部长，他受史健派遣，化名马廷杰，潜伏打入临汾日军六十九师团任情报班长。1942年2月中下旬，穆彬传递出了日本人要抢大藏经的情报，说日本人打算抢，但没找到大藏经的具体地方。太岳区第二地委书记兼军分区政委史健意识到这是一场保卫中华民族文化遗产的斗

* 原载《文史资料选辑》第172辑，中国文史出版社2019年版。

争，必须采取果断措施，先敌之手将大藏经抢运回来。他立即向太岳区党委书记安子文请示，经区党委上报延安。得到中央批准后，立即做了周密布置，将任务交给军分区政治部主任张天珩和赵城县委书记李溪林执行。

据张天珩回忆，初春的一天，地委书记兼军分区政委史健找他谈话，大意是：广胜寺的大藏经是很珍贵的文物，日本人企图抢夺走，上级要求我们抢在日本人前面迅速秘密妥善地抢运回来，并要求军分区基干营派部队参加。由于当时军分区司令员李明如不在驻地，张天珩马上把此任务传达给蔡发祥参谋长（1944 年 9 月牺牲于浮翼战役），由他具体布置执行。参加这次行动的有教导员刘一新（又名刘忠，原重庆国防工办副主任）、副营长罗志友、一连指导员王万荣、排长张义龙、张龙祥等。一行人在张天珩的带领下，从热留驻地急行军奔赴广胜寺。

广胜寺位于敌占区，但与八路军打过交道，双方有着良好的关系。双方第一次打交道的原委是，寺院里菩萨身上涂有一层金粉，阎锡山来了要刮，日军来了也要刮，唯独我们共产党八路军秋毫无犯，而且真心实意坚决抗日保家卫国，逐渐赢得了广胜寺僧人们的同情和支持。为防止日阎的掠夺，他们预先把金粉刮藏起来，并与八路军联系，希望能代为保管。经过李明如、史健等商议，决定由地委机关暂替僧人们保管。经过这件事，八路军与广胜寺建立了良好的关系，有时我们的侦察员就隐藏在广胜寺里。甚至日军企图袭击我驻石门峪的赵城县大队时，广胜寺还冒险派一个僧人向我们报信，充分说明了双方关系的融洽，这为寺方托付八路军抢运保护《赵城金藏》打下了良好的互信基础。

据直接参加抢运行动的李溪林回忆，1942 年春节（阳历 2 月 15 日）后，3 月前的一段时间，天气还很冷，人们都穿着棉衣。一天中午，李溪林在石门峪县大队部接到地委书记史健同志的电话，内容是："延安有电报来，批准我们抢运经书。赵城有一部经书很珍贵，是国宝，日军将在近日内去抢夺。你们务必做到：一、经书一定要拿到手；二、动作要迅速；三、要严格保密。"

接到地委书记指示后，李溪林首先想：赵城有两座寺，兴唐寺比广胜寺大，大藏经在兴唐寺的可能性比较大。考虑到徐生芳同志是本地人，曾在兴唐寺养过病，打游击有时就隐蔽在寺院里，与僧人们的关系较熟，李溪林立即让徐生芳同志赴兴唐寺调查。

石门峪距兴唐寺约有 20 里路，第二天午饭后徐生芳调查回来，说大藏经不在兴唐寺而在广胜寺。他还说，广胜寺的力空和尚是赵城人，当过阎锡山的县长，因不得意而出家，他掌管此经。李溪林马上和徐生芳及其警卫员三人奔赴广胜寺。广胜寺离县委驻地约 20 里，太阳快落山时，李溪林等一行到了广胜寺。

李溪林等人见到力空和尚。他态度冷淡，似有点看不起李溪林等人。寒暄后，力空和尚一听是赵城游击大队长徐生芳来访，马上站起身来，端出红枣上了茶，态度也热情多了。他敬佩地说："久仰大名，您是抗日英雄（徐生芳是赵城有名的抗日英雄，日军报复烧了他家房子后，他在致日军的公开信中讲，你烧得还不彻底，你烧得再干净些，我以后盖新房打地基时更方便。被《太岳日报》誉为'霍山脚下的英雄'。日伪闻风丧胆，伪军发毒誓时常说'出门撞见徐生芳'）。"徐生芳向力空和尚介绍了李溪林，说："这位是县委书记兼县游击大队政委李长兴同志（当时李溪林在苑川堡当教员做掩护，用名李长兴，后改名李溪林）。"当他们说明来意后，力空面露难色，说："太原失守前，一战区卫立煌部中央军的一个中将军长（笔者注：李默庵）亲自找我要经，我没给。太原沦陷后，二战区阎长官派个师长（笔者注：冯钦哉）来要经（笔者注：时间为 1938 年农历正月初八），我也没给……"

徐生芳插话道："我有可靠情报，日本人准备抢这部经。日本人离这里那么近，一旦被他们抢走，是中华民族的损失，也是佛教界的损失，那时候你怎么交代？"

力空和尚沉思片刻后说："要经可以，但只能亲手交给朱总司令。"七七事变后至 1938 年春，八路军总部与朱总司令曾在赵城县马牧村住过一段时间，因坚决抗日，朱总司令和八路军在当地影响很大。李溪林马上插话道："朱总司令现在太行山，离这里有上千里路。现在时间紧迫，不容迟缓。要不我们先把经运走，以后再让朱总司令的秘书给你补个借条。”经过一番说服工作，力空和尚勉强同意了，其实后来他也没有要八路军给他开借条。

与力空和尚谈妥后，归程路上李溪林便与徐生芳商量行动方案。当时敌情是：广胜寺西北 30 里的赵城县城驻日军一个中队，西北 15 里的明姜据点驻日军一个小队，西侧同蒲沿线有敌人多个碉堡和据点，西南 30 里洪洞县城驻日军一个大队，正南 15 里的苏堡镇驻日军一个小队，南面的日军已逼近广胜寺下的道觉村，道觉村离广胜寺 2 里路。除通往根据地的东北方向外，广胜寺三面都驻有敌人，形势危急。李溪林和徐生芳决定县大队主要分两路掩护，一路警戒广胜寺至明姜公路方向的日军，另一路警戒道觉村至洪洞公路方向的日军，其余进寺与民工配合运经，并决定第二天夜里行动。

因上级指示要严格保密，要迅速拿到手，李溪林没有通过开会的方式布置任务，也没跟其他领导及县政府讲，更没跟公安局讲，因为公安局几十号人还站岗放哨负责关押犯人。只是决定由徐生芳同志为现场行动的指挥，具体负责指挥这次行动。

就此，抢运《赵城金藏》的所有准备工作就绪。

组织抢运《赵城金藏》

从广胜寺回来，李溪林叫徐生芳亲自到县政府找那里的科长（笔者注：民政科长段和升）面谈，以紧急运公粮为名，每运一担奖粮一斗，动员一些可靠群众配合。

抢运《赵城金藏》的行动时间是 1942 年 2 月中下旬的某一天，是日军占领道觉村的前三天。据直接参加抢运的王万荣（时任基干营一连指导员）回忆：当时驻地距离广胜寺较远，而战士们的体质普遍很差，一天一夜急行军 150 里山路，疲惫劳累是可以想象的。如果队伍提前到天黑前出发，则很容易被山下的敌人发现，等到天黑再走吧，又担心敌人突然提前行动，抢在我们的前头。

正在着急时，王万荣突然发现一个名叫贺烈虎的老战士在一旁擦枪，他知道这个人是本地人，急忙走过去问：“从这里到广胜寺还有没有别的路？”贺烈虎想了想，爽快地回答：“打柴人走的路倒是有一条，不过很难走。”听了他的回答，副营长和王万荣商定了一个两全之策：由王万荣立刻带一个排从打柴人走的山路绕到广胜寺，其他两个排由副营长待天黑后顺大道直奔寺院，这样，即使其中一路和敌人遭遇，另一路也能赢得时间，突进寺院。

副营长带着一、三排，顺利通过了敌人的封锁线，在霍泉畔和王万荣带领的二排会合了，晚上9时到达广胜寺。副营长果断下令：“一排和县大队负责包围寺院，监视寺外三个据点的敌军！王指导员带二、三排到寺内取经。”

八路军到达广胜寺后，力空和尚打开了寺门。头道院中，是一座被一道高墙围住的十三层琉璃塔，叫飞虹塔。在地方干部的引导和协助下，王万荣拾级而上，到了塔的二层，一尊建在塔内的三米多高的铜铸坐佛陡现在他眼前。

坐佛是空心的，《赵城金藏》就藏在里面。这是个绝妙的藏经地点，如果力空和尚不说，就算是发动一个连队去寻找，不要说一个晚上，就是几天怕也难找到！坐佛背后紧贴塔身有一架简易木梯，王万荣和一名小胖战士抓着梯子缓缓下到底层，仔细观察青砖结构的坐佛台基，最后决定立即在台基上凿洞，这样既可保住铜像不受损失，又可很快取出经卷。由于塔身与坐佛台基只有一条狭窄的空间，最多只能容两个人在下面操作，那名小胖战士和贺烈虎奉命下去凿洞。一会儿工夫，台基被凿开一个缺口，《赵城金藏》一下滚出来几卷。

取经的同志采取接力的办法，一捆一捆地往下传送，早已在院中等候的部队和民兵骨干将经卷传到塔外，立刻装进荆篮，用绳子捆好，然后以班为单位立即撤离，到寺外指定地点集结待命。后来王万荣看到这样传速度太慢，时间长了，恐被敌人发现，便改留一班人从楼上将经书一捆一捆地往院内掷下，剩下的就叫战士们打开背包，解下绑腿，每人捆好二十来卷背走，捆好一个班，走一个班。

这样大约到夜里 12 时就将经书全部安全运出。部队在民工配合下经石门峪运上山，天明时下山，翻过大峪窑头送往安泽县亢驿的地委机关。

赵城游击大队在这次行动中主要担任警戒任务。他们当时在石门峪村驻防，当天下午突然紧急集合，大队长徐生芳进行紧急动员，他讲述了《赵城金藏》的来历、价值和日军准备掠走金藏的企图，接着传达了上级交代的任务，说：“上级指示今晚行动很重要，其重要意义你们以后就会知道。”并要求不惜一切代价阻击敌人，保证完成警戒抢运经卷的任务。

天黑以后，部队借着月色沿着山路向广胜寺行进，约行一个小时，到达广胜寺山下霍泉畔，排长薛国范根据地形周密地布置了各班布防位置、联络方法、注意事项，随即将部队带到霍山的半山腰，大队仅有的两挺机枪配备在封锁上山的必经之路上。他们在山坡上执行警戒阻击任务，从入夜到黎明，直到接到“撤走”的命令，才立即撤离广胜寺并很快追上了运经的部队，并主动分担了一部分经卷。

大藏经有 4000 多卷，全部人背马驮，安全运抵地委机关。史健同志打开经卷，经书都是一卷一卷的，每卷展开都有一两丈长，他边看边高兴地说：“这太珍贵了，一定要保护好。”他安排将部分经卷暂放在地委机关的北房（秘书长的屋）和西北房（宣传科的屋）里。

那时正是抗日战争最艰苦时期，物资相当匮乏，纸张就更为困难，有个别同志不懂得经卷的价值，将部分线装书翻过来，也有将手卷引首的空白处剪下钉成本子用。史健同志知道了，痛心地说：“无知！无知！太无知了！这纸相当于宋纸，都是宝物，很珍贵，可不许动，怎能这样对待？谁再损坏要受纪律处分！”经他的提醒方引起大家的重视。

辗转转移保护

据力空和尚回忆，八路军从敌人眼皮底下抢救了广胜寺大藏经，当时《新华日报》披露了这个消息，驻晋南日军司令大发雷霆，亲自带军队来广胜寺声色俱厉地责问，意在杀力空焚寺院以泄愤。但力空和尚已抱着为法忘躯的决心，不为他的威力所屈服，并得到一位陈姓的日军司令的侍从武官（临汾人）从中代为劝释（笔者注：有可能是我潜伏临汾的伪大汉义军司令陈焕章），始悻悻而去。山西伪省长苏象乾，也曾为此事亲到赵城调查过。

《赵城金藏》保存在地委机关屋里达两个多月。据曾远回忆：原计划马上将经卷转送到沁源县太岳区党委驻地，还没来得及运，日军“五月大扫荡”（即“第二期驻晋日军总进攻”计划）就开始了。人们往往关注抢经当晚传奇，却忽视“扫荡”中的风险，而“扫荡”时期恰是提心吊胆最艰难困苦危急的时刻。

因没抢到经卷而恼羞成怒的日军，“扫荡”目标直指亢驿的《赵城金藏》。过去是暗中角力，被八路军抢得先机，现在则是明火执仗，经卷危在旦夕。史健果断决定带经转移，决不给敌以可乘之机，这是个艰巨任务，实施之难超乎预想。

反“扫荡”开始前，史健对大家讲：“保护好经卷是一件大事，每个人都要背几卷经。”还宣布了纪律：“人在经卷在，要与经卷共存亡，人在而经卷不在者，回来要受党纪处分。”

曾远具体分配背经，每个同志少的背十几卷，多的背二三十卷。曾远仗着自己身高力大背了几十卷。史健的马也驮了一些，他的警卫员王洪德背的也不少，机关所有人员都背上了经。

每个人背负 20 余卷经有 40 来斤重。十分沉重，行动不便，机动灵活性降低，增大了转移风险。生死辗转中风餐露宿，涉水过河，下雨还要防止淋湿，艰难困苦中的狼狈可想而知。八路军就这样带着经卷在亢驿周围的山区马岭、泽泉一带与日军周旋，随时都有生命危险。剩余实在带不走的《赵城金藏》，则坚壁清野起来，当然没有藏在亢驿村（笔者注：经 2017 年 7 月重走赵城金藏路考察，确认藏匿于亢驿村西小马岭娘娘庙三孔石窑内，详见拙作《重走抢救〈赵城金藏〉路寻根小结》）。

日军很狡猾，“扫荡”犹如过筛子般地细，每座山每条沟地搜，“梳篦式”反复梳了多遍。“夜行晓袭、辗转抉剔、铁壁合围”的铁磙扫荡，连当地人未走过的路他们都走了。敌前进 40 里后还倒退 10 里留下伏兵，让误以为鬼子走了的回村者遭受了很大损失。铺天盖地到处都是日军，机关转移中曾有三天三夜没进过一粒米，十分艰苦。反“扫荡”没有烟抽，把树叶搓一下，再从棉絮上抽出一绺棉花裹起来就抽，锅碗都被日军砸了，大家只好拿南瓜壳当碗用。

在反“扫荡”中，二地委保管经卷长达 4 个月，经历了充满风险的危急时刻。经卷运抵沁源移交太岳行署时，接管的人员是刘季荪（时任太岳行署秘书处主任）。当时太岳行署南边不远有煤矿，太岳行署主任牛佩琮与刘季荪安排将经卷藏在绵上县（从沁源县析出的一个县）山区一个废弃煤窑里，派专人看管达 4 年之久。抗日战争胜利后，晋冀鲁豫边区政府决定，将存放在绵上县煤窑里的经卷交北方大学保存。太岳区移交经卷时，北方大学图书馆尹达馆长有病，程德清是副馆长，具体负责此事。后因北方大学西迁，经卷又运到太行山区涉县温村，就地存放在该村的天主教堂内。

1949 年 1 月，北平和平解放，华北局书记薄一波电令将《赵城金藏》运至北平，交北平图书馆收藏。张文教奉命护送，4 月初返长乐村，把 42 箱经卷用毛驴驮至涉县，经小火车运邯郸，再经汽车运抵北平，交由当时的北平图书馆保管。至此，《赵城金藏》终于结束了命运多舛、颠沛流离的日子。

现在，广胜寺大藏经作为国家一级文物，珍藏于北京国家图书馆。每当回忆这件事，人们都深切怀念为保卫广胜寺大藏经做出贡献的安子文、史健两位老领导，正是他们及时向上级报告并组织部队从日军的虎口中抢回这部稀世珍宝，立下了大功。

2014 年 2 月亢驿村支书黄才恒带笔者探访亢驿村西小马岭“二区区公所”窑洞，洞口现已塌陷。扫荡归来时《赵城金藏》曾存放于此一夜，经卷未回地委机关，表明坚壁清野的经卷也隐藏于附近。据黄才恒的父亲黄居斌（当时任区机要交通）生前回忆，曾从和川地下交通站受领一封加急鸡毛信，领导嘱托此信非常重要，比性命还珍贵，绝对不能有闪失，要求躲过日本兵搜查后交到马岭区公所。信中要求民兵连夜向区公所转移经卷，并组织 30 多位民兵在麻家山黑虎庙接应扫荡归来的经卷。待存放于区公所的经卷与娘娘庙的经卷会合后，沿神伏岭、管道沟、中峪店一并运往沁源。黄居斌还负责到神伏岭联系沁源的接应人马。他们在送经途中不敢走大路，也不敢白天走，小心紧张而又神秘，前面部队开道，骡马挑担居中，民兵殿后护卫。羊倌郭秀林也听过黄居斌生前的讲述。

2017 年 7 月 16 日酷暑，在黄才恒和老羊倌郭秀林带路下，笔者随国家图书馆《重走赵城金藏路》寻根小组爬上小马岭娘娘庙，终于目睹三孔石窑的风采，反“扫荡”中实在带不走的经卷就隐藏于此。这里山势险峻陡峭，布满荆棘无路可循，若不是羊倌镰刀开路披荆斩棘，皆不能通行。窑口隐蔽于山窝深窪密丛中，非向导指引绝对不可能找到。遥想战争年代深夜转移藏经之难，深深体验到护经之艰辛。我们在赴娘娘庙途中，向导指着右侧沟壑说，这是日军当年屠杀老百姓的万人坑，心情顿时沉重起来。武力征服与文化侵略是日本亡我中华所惯用的两手。

我愿引用北京大学向达教授《记赵城藏的归来》文中的一句话作为结束语:“看看展览的古代经卷，似乎每一卷上都染有人民战士的血花，才渐渐明白文物的保存不是容易的事，而人民所创造出来的东西，也只有靠人民的力量才能保存，才能光大。时间的考验，英雄帝王，像电光石火，终不免黄土一抔，人民却永垂不朽，人民所创造的也永垂不朽。”

纪念“沁源围困战”

李万里

前　言

1944年1月17日，延安《解放日报》发表了题为《向沁源军民致敬》的社论。社论称赞“模范的沁源，坚强不屈的沁源，是太岳抗日民主根据地的一面旗帜，是敌后抗战中的模范典型之一”，“全沁源八万人，没有一个当汉奸的，没有一个村组织起‘维持会’来”，“在对敌斗争中，沁源取得了模范县的光荣称号”，“写出了可歌可泣的英勇史诗”，“成了敌寇坚甲利兵所攻不下的堡垒，成了太岳的金城汤池”，“无敌不摧”，“放出万丈光芒的异彩”。

1945年4月23日，《解放日报》转载太岳《新华日报》社论，指出“沁源不是靠飞机大炮打下来的”，“是被八万余军民汇成的巨流赶走的，它比一般县城的光复有更其重大的意义”，“完成了这个历史的奇迹”。

《解放日报》先后接续发表36篇关于沁源抗战的报道，介绍敌后沁源用长期围困战胜强敌的经验。对于这一军事史上的奇迹，党中央给予了高度评价。毛主席也褒奖沁源是“英雄的人民，英雄的城”。于是，“抗日模范县”的“沁源围困”闻名全国。

值此《解放日报》社论发表75周年之际，我对父母亲生前殊死战斗过的沁源，怀有一份特殊的情感与敬意。回顾历史，浮想联翩，特抒感悟如下：

沁源县城沦陷是军事上敌强我弱的体现，但是仅停留在军事上总结是不全面的。沁源对敌斗争其实是党一元化领导下的全民抗战。严格地讲，“围困斗争”比“围困战”的提法更确切。

这场“围困斗争”进行的关键是在党的领导下各级党组织发挥了核心堡垒的领导作用。当时，日本侵略者实行的烧光、杀光、抢光的“三光”政策激起各界民众不共戴天的民族仇恨。于是，县城和二沁大道两旁村庄的广大群众响应党的号召，克服种种困难，在天寒地冻时节自愿抛家舍业进行大转移。他们宁肯冻死、饿死在山沟野外，也绝不回家“维持”敌人。他们同仇敌忾不受诱惑，自觉响应“村村不维持，人人反维持”的号召，致使敌人始终建立不起“维持会”，使沁源县城成为一座孤立的空城，与二沁大道沿线一起，成为一个没有人民的世界。

沁源人民在两年半的“围困”时间里承受了八成以上村庄被日军烧光，三成以上人口（28000 余人）被日军虐杀的暴行。但他们仍不屈服。这期间，在沁源的八路军、游击队和民兵作战 2800 余次，歼灭日伪军 4200 余人，生俘特务 245 名，爆破 589 次，解救被捕群众 1745 人，夺回牲口 2000 余头。创造了树树哨、地雷战、麻雀战、冷枪战、破袭战、轮战队等游击战术，陷敌于人民战争的汪洋大海之中。沁源的抗日群众与敌人比顽强、比韧劲，长期坚持围困斗争，才终于取得了最后胜利。

在抗日敌后战场上，各县都有地雷战、麻雀战，各种游击方式乃至军事上的局部胜利各县也有，但都成不了“沁源围困”那样的局面。当时敌人在许多占领地区建立了“维持会”，但是为什么在沁源敌人始终建不成“维持会”？沁源为什么无人当汉奸？仅从军事角度上来看这个问题是无法解释的，忽视历史渊源则更不会得其要领。

沁源围困的基石

沁源围困两年半，最后敌人被迫灰溜溜地夺路逃跑，使围困战取得了最后胜利。我认为这是与此前该县的共产党组织在上级党委的领导下，通过艰苦工作奠定的六大基石有很大关系的。这六大基石是：

第一个基石，沁源 1926 年就有了党的活动，抗战前已有县委。1939

年春天，沁源组建了党的中心县委（辖沁源、平遥、介休、灵石、霍县），由史健担任中心县委书记。在中心县委的领导下，沁源各项工作突飞猛进地大发展，为后来进行的“沁源围困”打下了很好的群众基础。

据沁源二区书记王献英说：“史健于1939年来到沁源后，沁源的各项工作开始迈开了大步。以前步子小，像小脚女人。”据四区书记梁建功说：“1939年沁源的局面才有了大改观大发展，掀起了大高潮，也最红火。”县公安局长郭树森说：“史健大刀阔斧，非常有魄力，否则打不开沁源的局面，沁源工作出色与史健是分不开的。他是了不起的干部，所以才敢用了不起的人，他起用了穆彬、刘开基等，重视培养本地的工农干部。当时，沁源中心县委还很重视培训干部的工作。如根据中心县委的指示，县妇委开办了‘才子坪妇女训练班’，培育出了每村的妇救会秘书，使各村的妇救会全部建立起来了。还有县青委在东阳城办的‘青年训练班’，培训了80多个青运干部。暑期‘小学教师训练班’培训了一大批小学教员。以这些培训出来的骨干为核心，像滚雪球似的，把广大群众都发动起来和组织起来了。”

在中心县委领导下，沁源所辖由3个区扩张至5个区，后来又增加为8个区。县委原有组织部和宣传部，中心县委成立后增设了青年和妇女两个工作委员会，这就有力地推动了各项工作的开展。中心县委为了发动群众，在1939年接二连三的召开动员大会。农、工、青、妇各救会的团体运动如火如荼，既轰轰烈烈又扎扎实实，各项抗战动员工作都是阔步迈上了新台阶，广大群众的抗日热情空前高涨。其中，在中心县委驻地东阳城村召开的民运干部大会有200多人参加，开了一周的会。这既是一次训练干部的会，也是一次布置工作任务的会，这是一次沁源县召开的最大规模的会。这次大会在发动群众和组织群众方面是起了很大作用的。此外，在1939年初，沁源县青救会张贴了反对蒋介石国民党“一个主义、一个政党、一个领袖”的传单。同年5月1日，沁源中心县委在东阳城召开了“讨汪锄奸”宣誓大会，6月7日，又在郭道举行了“讨汪锄奸”大会，枪决了汉奸，震慑了敌人。这些活动都起了闭塞敌人耳目和教育群众的作用。

据县委秘书李纯说：当时中心县委既前门打虎，又后门拒狼。1939 年秋天及时地搞垮了阎锡山派来的精建会、敌工团（罗家湾、垣上）、三青团（王壁村、中峪、柏木、郭道、韩洪等）、突击队等反动组织，又将那些反动余孽全部驱逐出境，从而在“十二月事变”前清除了反动障碍，保证了社会的稳定和人民内部的团结。还有当时实行的减租减息政策极大调动了群众积极性，民众得到实惠，都坚决地拥护党，听党的话跟党走。

对于沁源中心县委这个时期的工作，中心县委副书记焦善民后来指出:“沁源的建党、减租减息，发动群众，扩大地方武装等各项工作十分突出，成为太岳区的中心，打下了良好的群众基础。‘围困沁源’之根本是良好的群众基础，谁赢得了群众就赢得了胜利，中心县委赢得了群众。”

中共太岳地委书记安子文来沁源检查工作和听取汇报以后，对沁源中心县委的工作是非常满意的。他也认为沁源在这个时期的工作做得很好。

第二个基石，是沁源党的建设工作很扎实，这就奠定了“沁源围困”的组织基础。

首先从中心县委机关内部来讲，据李纯说:“史健重视县委机关的工作作风和制度建设，在他的具体指导下，中心县委建立了学习制度、请示报告制度和请假制度等三项制度。他发现有人未经请假私自去郭道镇后立即指示，要加强管理，开展批评，不能放任自流。”

史健尤其是对基层党支部的建设抓得很紧。为此，中共沁源中心县委在阳城村连续举办了多期党的培训班，所有党员都经过了轮训，这就极大地提升了党员的素质和党支部的战斗力。

当时，中心县委优先从煤窑工人和农民中发展党员，每发展一批新党员就办一次学习班。由戴彦具体负责党员培训工作，史健、韩柏（焦善民）都亲自为学习班的党员讲过党课。仅 1939 年 7 月中旬第一期为期 20 天的学习班就培训了 100 多人。这些经过培训的党员骨干加强了党对沁源各项工作的领导，在对敌斗争中也发挥了很重要的领导作用。

除了培训党员骨干外，中心县委还把培训工作落实到农村的每个支部，每个党员，提出“党员培训要下到村”“下到支部”，经常派县委干部到村里培训党员，“加强农村党组织的整顿”，使党支部短小精悍且坚强有力。据中心县委的组织干事刘迪说：“她曾下到离敌人王和据点很近的神灵村去搞党员培训。有一次她被敌人发现，堵在了屋里，是在村里的群众和党员的掩护下她才脱险。这也说明农村党支部的凝聚力是相当强的。通过培训以后，沁源的各级党组织，尤其是党的基层组织，经历了腥风血雨的锤炼，成长为坚强的战斗堡垒，建成一支强有力的干部队伍和各级（尤其区、镇、村级）领导班子，从而夯实‘沁源围困’的组织基础。”

李纯说：“1939 年入冬召开的党的积极分子代表大会很及时，提高警惕统一了认识，对‘事变’做了思想组织上的准备，是应对‘十二月事变’临阵前的一次总动员。”

第三个基石，是沁源的扩军工作做得好。既有正规部队，也有游击队和民兵。这就为在围困沁源中做到“全民皆兵”，奠定了打游击战的军事基础。

沁源组建了半武装的青年抗日先锋队，输送了一批批青年加入八路军。1939 年春天，沁源又以八路军基干队的名义在东阳城村举办了有 80 余人参加的青训班。这个训练班结束后，大部分参加训练的青年都报名参了军。在郭道镇纪念七七事变的群众大会上，史健作了激情的演讲后，当即就有 120 多名青年报名参军。以这些参军青年为基础，沁源组建了八路军基干连。1939 年 8 月日军六路合击“扫荡”沁源时，史健、韩柏和地委组织部长付贯一、雷绍典等随同县委机关一起转移，基干连担任了武装掩护任务。在十分危急的情况下，基干连英勇作战，掩护县委机关冲出敌人的合击圈，抵大林区后北沟一带。这个经过浴血考验的基干连，后来编入了刘丰、王海廷领导的“八路军太岳游击大队”。

据任荣廷、李纯两位同志讲：“沁源扩大地方武装，游击队、自卫队等组织工作突出，民兵武装在历次反“扫荡”中磨砺壮大。当日军占领沁源王和镇后，县委把围困王和镇敌人的任务交给了五区区委。区委动员全区民众积极配合主力部队开展对敌斗争。有一次夜袭王和镇的敌人，击毙日军大队长一名。有一次贾郭村的农民不畏日军的森严戒备，在决死队的配合下，巧妙地夜袭王和据点，夺回了大量物资。这个对于王和镇围困成功的实战经验，其实是进行“沁源围困”前的实战演练。”

第四个基石，是中心县委根据上级指示，在“十二月事变”中坚决粉碎反动分子的夺权阴谋，夯实了“沁源围困”的政权基础。

据一区书记马宗璘、二区区长陈桂荣、三区区长孙彪、李纯等回忆：阎锡山的亲信新一旅旅长崔道修策划的决死一纵队白团长反水阴谋破产后，就指使其党羽崔秀山等人妄图夺取我区县政权。他们煽动300余名不明真相的群众上街后，经过陈桂荣的劝解，多数人走了，但仍剩下80余人继续闹事。这些人绑架了一区的韩殿元区长游街，高喊“打倒一区区长夺回区政权”的口号，还要“公安局长穆彬下台”。他们甚至拟定了接管抗日政权的人员名单，想搞垮我城关编村政权。就在反动分子污蔑韩区长贪污，绑架韩区长游街示威的关键时刻，沁源中心县委书记史健听了陈桂荣和马宗璘的紧急汇报后，连夜召开县委会议。大家经过对事实的深入了解，都认为这不是孤立事件，这是一幕企图夺取政权的反动闹剧，必须果断应对，坚决反击。于是，史健临阵换将，指派穆彬当县长，由穆彬和地委公安处负责人雷绍典出面，第二天清晨抓捕了闹事头目。下午召开万人大会，经过公审将闹事头目斩首示众，从而震慑住了蠢蠢欲动者，保卫住了抗日政权。

据刘迪说：“史健在错综复杂的尖锐的反夺权斗争中表现坚决果断，事变前在组织上、思想上充分地做好了公开斗争与秘密斗争两手准备，形成了前、后方的两套班子。例如，安排我、黎锡福夫人毛真、穆彬夫人小宋、生疥疮的陈桂荣准备转入地下，进入后方班子隐蔽。当时同志们中间传的暗语是‘天要下雨准备好雨伞’，机关人员和干部都做好了准备，以防突然发生事变，由于这次反夺权斗争的胜利，所以第二手没有用上。”

据《王献英回忆录》说：史健指出“也要准备形势变坏，转入地下工作，决定凡以公开身份出现的同志（指以八路军工作团名义出现的），要调到接敌区隐蔽下来工作”。我被调至安泽县工作，脱下八路军装，隐蔽在安泽党员家中，以老乡相称。中心县委的反夺权斗争，粉碎了敌人的政变阴谋。“但也有些地、县对阎匪的反动阴谋，缺乏警惕，思想准备不足，没有采取相应的措施，该撤退的没有及时撤退，该隐蔽的没有隐蔽下去，使不少党、政干部和部分新军，在敌人的进攻面前，受到损失，丢掉地盘。”

在“十二月事变”后，日军乘根据地困难之机，加紧对太岳区边沿区进行“扫荡”和“蚕食”，使沁源周边的许多个县丢失了政权和地盘，这些县政机关与人员都挤住在沁源。还有六专署及晋西南工委机关的部分干部、山西新军的二一二旅、二一三旅等多支部队都来到沁源。于是，沁源成为太岳周边积蓄抗日力量的落脚点、休养生息的根据地，使沁源成了太岳的“小延安”。这是与“十二月事变”中沁源粉碎了反动分子的夺权阴谋，建立了牢固的政权基础分不开的。

第五个基石，是沁源模范县的工作基础，太岳领导机关移驻沁源，加强了对沁源的直接领导。

1939 年夏，太岳地委在沁源韩洪沟召开各县县委书记联席会议，现场学习和推广沁源的经验。各项工作突出的沁源，成为太岳区的模范县和核心腹地。此后，中共太岳地委等太岳领导机构由沁县移驻沁源。这当然是加强了党对沁源工作的领导力量。

事实上，沁源围困战是沁源历史发展之必然，诞生于此而非它，绝非偶然。针对沁源优势，既有雄厚群众基础，又有有利地形，敌军深入，补给线长，兵力分散。用断其路，绝其粮，实行“长期围困，战胜敌人”的办法来进行对敌斗争是完全可行的。事实上，“沁源围困”是基于模范县的优秀工作基础上，也是得益于天时地利，更是人和。

第六个基石，是八路军与人民群众有着相互依存的鱼水关系。

兵民是胜利之本。如《新华日报》（太岳版）发表的社论《沁源人民的胜利》中所指出的：沁源围困“不仅创造了党与群众血肉相依的模范典型，而且创造了军政民团结，正规军、游击队、民兵、自卫队配合的丰富经验”。

在围困沁源期间，八路军的主力部队、地方游击队和民兵、自卫队密切结合，在各阶层群众的广泛的和坚决的支持下，不分昼夜地袭击敌人，打击敌人，从而构成了人民战争的天罗地网。这是“沁源围困”取得胜利之根本保障。

因此，当八路军参谋长叶剑英在延安听完沁源县委书记刘开基关于围困沁源的汇报后就正确指出：“沁源的斗争很有意义，对人民战争抱有怀疑态度的同志，应该从这里面得到启发，受到教育。”沁源围困战说明：战争伟力之最深厚的根源在于民众。因为兵民是胜利之本啊。

以上是围困沁源成功的六大基石。这六大基石乃是进行沁源围困战的基本前提。这些基石只有在根据地的核心腹地才能具备，在敌占区只能被敌围困，游击区里也只临时游击不可能长期。在敌占区与游击区是搞不了围困战的，所以“十二月政变”反夺权胜利，是“沁源围困”的必要条件。

太岳二地委在围困沁源过程中所起的领导作用

1942 年 9 月 1 日，中共中央政治局通过了《关于统一抗日根据地党的领导及调整各组织间关系的决定》。这个《决定》强调了党的领导一元化，指出党的各级委员会为各地区的最高领导机关。此时，沁源县委属太岳二地委领导。直到 1943 年春太岳区与晋豫区合并前，“沁源围困”的布局指挥都是根据太岳区党委、太岳军区的具体部署，在中共太岳二地委和第二军分区的领导下进行的。关于这一点，《第二野战军战史》中就清楚地指出：1942 年以中共沁源县委为核心，与决一旅之三十八团共同组成的沁源围困指挥部是“在地委和军分区的直接领导下，统一组织力量，展开对敌斗争”的。可见，二地委在围困斗争中是起着领导作用的。

史健是二地委的老书记。据高扬文等 5 人于 1986 年 2 月 16 日在《人民日报》上发表的《追怀史健同志》一文中所讲：“史健对沁源的斗争十分关注，多次和沁源县委书记刘开基一起布置沁源的斗争，参与了沁源围困战前期的决策和组织领导工作。他帮助沁源将城关 12000 余人全部撤离县城，疏散到山区。在县城周围，在‘二沁大道’两旁形成了一个长约百里，横宽数十里，面积约千余平方里的困敌区，我军民对县城敌人断其路，绝其粮，开展游击战，长期围困，逼迫敌军逃走。”

当时，上万人的大转移是有许多困难的。史健和二地委的同志在解决这个困难问题的过程中做了大量工作。据《刘开基纪念文集续》一书所说：“1942 年，沁源围困战最艰苦的时期，他（史健）任二地委书记，对所属沁源县的围困日寇的斗争中发挥了重要领导作用。”这一点是不应忘记的。

沁源围困战虽然发生在沁源，但它是在太岳区党委和太岳二地委的统一领导下，在周边各县的参与下，共同协力完成这一壮举的。就说解决移民安置的问题吧，二地委所属各县掀起了“节约一把米”支援沁源的运动，“宁喝两顿菜汤，也要把小米捐助沁源难民”。经过统筹安排，仅安泽就拨出 600 石粮食来支援沁源移民。义亭、罗云等村庄还打窑洞安置难民 2000 余人。当时，“政府拨给土地耕种”与“动员群众给安置在当地的沁源难民让地”并举，实行生产自救，长期坚持。可见围困沁源不独属于沁源，它是属于二地委所辖各县，属于整个太岳区人民的。

1943 年春，太岳区和晋豫区合并以后，原二地委撤销，并入岳北地委（大一地委），沁源归属岳北地委领导。这以后“沁源围困战”承上启下，在度过开局安置最大难关基础上，实行正规军、地方部队、民兵相结合。开展夜袭城关，到城里抢粮，劫敌资财，不仅把被敌人抢去的东西夺回来，而且抢到了敌人的资财、武器、弹药等军用品。为了加强对沁源城关和少数敌人据点的围困，沁源建立了 12 个民兵轮战队，轮换交替，劳武结合。在敌占点线周围广泛开展地雷爆炸运动，昼夜袭击，使被围困的敌人四面楚歌，胆战心惊。在正规军、游击队和民兵的武装掩护下，广大群众抢耕抢种。因陋就简地办了“山沟小学”“山头集市”“简易诊所”，使斗争与生产、生活三不误。长期坚持围困敌人，最后逼走敌人，在中国抗战史上写下了浓墨重彩的一笔。这不是偶然的。

史健与沁源

先父史健（原名李维略）自1939年5月到1943年春，先为沁源中心县委书记，1939年11月被选为中共太岳地委委员，1940年1月就任太岳二地委书记。在八年全民族抗战中，他主持和领导沁源的工作是有功劳的。为此我采访过焦善民、王新三、王锐、史怀壁、宋洁涵、毕占云夫妇、张汉丞、李明如、张天珩、郭钦安、祁果、徐子寅、李淑文、曾远、郝可铭、张学纯、梁建功、刘迪、周力、韩鸿宾、胡尚礼、刘舒侠、葛莱、董谦、董峰、雷绍典、陈星、任明道、王炯、任荣廷、李纯、罗铭、刘昂、郭树森、马宗璘、陈桂荣、王献英、孙彪、关子平、崔焯、郭真、王廷栋、白涛、孙联、武瑛、刘建蜀、姚聿楷、赵鹏、李仙、李治时、郭刚、伍锐、李惠春等长辈。他们都说史健在沁源的工作是倾注了心力的。

例如，孙彪（沁源三区区长）、郭树森（县公安局局长）、梁建功（四区书记）、刘昂等同志就对我说："他们赞许人民日报《追怀史健同志》一文。但美中不足的是，文中对沁源中心县委所做开拓性工作，果断粉碎'十二月政变'及'沁源围困'艰难开局，突出强调得还不够。他们皆认为史健最大的建树就在沁源。沁源没有1939年大发展建立的群众基础与反夺权胜利这两个前提，哪里会有后来的围困战？"

其实，史称"沁源围困"，虽冠"沁源"名，但参加围困的实乃超出一县。它应属沁源、绵上两县。它属于二地委（前期），属于岳北地委（中后期），属于整个太岳区。开拓时期史健在沁源工作中所起的关键作用，历史不该忘记。

韩略村歼灭日军观战团*

宋荐戈

抗日战争经过1941年和1942年这两年的艰苦阶段，到1943年的形势开始好转。这期间，临汾地区同蒲铁路以东各县已经成了太岳区的一部分。这里的人民紧紧地依靠着共产党的领导，实行民主改革和减租减息，组织抗日武装，广泛深入地开展了抗日斗争。洪赵支队和侯马游击队、洪洞游击队、襄汾游击队、冀氏游击队、浮山“民大”四支队都十分活跃。特别是共产党员景仙洲领导的“景支队”，在临汾城东四处活动，计取小贾，夜袭柴村，伏击官雀，解放大阳，打了许多漂亮仗，把日本侵略军闹得胆战心惊。同时，各乡各村都建立了武委会和民兵、自卫队。他们站岗放哨、除奸防特、带路送信、封锁消息，配合八路军狠狠地打击敌人。

当时，太岳区八路军的主力部队三八六旅是一支由陈赓将军指挥的老红军部队。这支部队身经百战，战斗力很强。它在人民群众的支持下，常常出其不意地把敌人打得措手不及。因此，日本侵略军一听“老六旅”就谈虎色变、胆战心惊。

为了消灭“老六旅”等太岳区的主力部队，彻底摧垮太岳区，日军华北方面军司令官冈村宁次在1943年10月纠集了两万多兵力，对太岳区实行所谓“铁滚扫荡”，企图通过这次“扫荡”把太岳区全部摧毁。

所谓“铁滚扫荡”，就是在太岳区的东西两侧，即在白晋线东侧和同蒲铁路西侧，建立两道封锁阻击线，目的是防止太岳区的主力部队向外线

---

* 本文收入李孟春等著:《平阳史话》，山西人民出版社1987年版。

转移。这中间以日军主力 9 个大队在大量伪军的配合下分三线配置兵力：第一线兵力以日军为主，其任务是分路合击，以梳篦队形从岳北向岳南再向中条滚进，然后再从南向北滚回来，寻找八路军主力决战。这谓之“大滚”。第二线兵力由日军和伪军混合编组，杂以裹胁的大量民夫进行“抉剔扫荡”，其任务是摧毁根据地的村庄，抢掠根据地的物资，捕捉根据地的地方党政干部。这谓之“中滚”。第三线兵力以日军为主，其任务是通过分区“清剿”消灭八路军的零散人员及小股部队。担任“抉剔扫荡”和“清剿”的部队每天前进 20 公里，再后退 5 公里杀回马枪，这谓之“小滚”。冈村宁次把这种战法称为“铁滚式三层阵地新战法”。他向东京参谋本部夸口说:“这次扫荡要迫使共军在黄河岸边背水作战，不降则亡。”要将整个太岳区变成他的“剿共实验区”。

这次“铁滚扫荡”由冈村宁次亲自指挥，企图一举成功。他还想用这次实战中的经验来指导其他地区的“扫荡”，因此特地把正在北平“支那派遣军步兵学校”里受训的 180 多名学员和教官调到临汾。这些人原来都是华北各地日本军队里中队长以上的军官，把他们组成了一个“观战团”，由服布直臣少将率领，去“铁滚扫荡”的现场“观战”。

恰在这时，国民党蒋介石调集四五十万军队包围了陕甘宁边区，准备兵分九路“闪击延安”，发动第三次反共高潮。面对这种形势，太岳军区陈赓司令员奉命在全面部署太岳区反“扫荡”斗争的同时，抽调三八六旅十六团，由王近山旅长（他兼任太岳二分区司令员）和陈金钰团长率领，准备西渡黄河，去支援陕甘宁边区军民反击国民党第三次反共高潮的斗争。

1943 年 10 月中旬，跳出日军合击圈的三八六旅十六团从长子县横水地区出发西进，经过连续行军作战，进至洪洞县韩略村附近的南北卦村宿营。

韩略村位于临汾和洪洞县城的中间，离临汾城只有 20 多里。临汾城里驻扎着日军精锐六十九师团的师团部，在韩略村东端还有一个岗楼，驻有日伪军 40 多人，而且附近地区敌伪据点密布，临（汾）屯（留）公路就从韩略村中通过。不过，尽管这里是日军防守力量很强的敌占区，但其周围包括南北卦村在内却是抗日游击区，村里的群众心向共产党，村政权是由抗日干部掌握着的“两面政权”，群众基础是很好的。

此次，当十六团进了南北卦村后，当地民兵就主动协助部队站岗放哨，封锁消息。村里的老百姓也忙着腾房子，帮助部队烧火做饭，把最好的东西送给部队吃。区村干部则向王近山、陈金钰等部队首长介绍说：在经过韩略村的那条公路上，每天过往车辆频繁，上午总有几辆敌人的载货汽车由少数武装人员押送物资东去，下午再载着从根据地抢劫的东西返回。天天如此，少有例外。县武委会干部孙明烈、孙宗武等人还通知部队，在 10 月 24 日早晨，将有日军的汽车队经过韩略村，希望十六团采取行动。

王近山旅长和十六团团长陈金钰、政委常祥考等首长闻讯，果断地决定抓住战机，采取伏击的办法把日军的汽车队消灭在韩略村附近的临屯公路上。这样就能把敌人的一部分兵力吸引过来，可以减轻太岳腹地参与反“扫荡”斗争部队的压力。

为此，王近山和陈金钰等带着营连干部和侦察员化妆成老百姓，几次去现场选择伏击地点，熟悉地形地物。他们经过周密的侦察，发现韩略村的西南有一条两里多长的山沟，山沟里一段公路的两侧是高达三四米、易下不易上的陡壁，附近有土包和废窑洞。这是临屯公路的必经之地。这里便于潜伏隐蔽，也利于出击歼敌。如果我军埋伏在公路两侧，就像个大口袋专等敌人钻进来，实在是一个伏击敌人的好地方。而韩略村岗楼里的敌人，以为韩略离临汾很近，与西边的曲亭据点，东边的古县据点，北边的苏堡据点都相距不远，可以相互支持，因此平时十分麻痹。他们做梦也想不到八路军的主力会来到这里。

根据这样的情况，王近山旅长说：“虽然十六团的主要任务是赶赴陕甘宁边区去执行反击国民党第三次反共高潮的任务，但眼下的战机不可错失。此次正好出敌不意，把拳头狠狠地打在敌人的鼻梁上。”于是他决定：“打一个胜战，以此来答谢哺育我们部队的太岳根据地人民，这也可以给党中央和毛主席献份厚礼。”

当地的群众和民兵听说部队要打日本侵略军，都积极行动起来。给部队蒸馒头，准备担架，纷纷要求参战。村武委会主任还带着十六团的侦察员到韩略村敌人岗楼附近去进行侦察。大家都想着把敌人引进伏击圈，多消灭一些敌人。

这时，王近山旅长下达了作战命令：由他和陈金钰团长指挥这场战斗。具体部署是：陈金钰团长带领从九连抽出的一个排，在民兵的配合下监视韩略村东端岗楼里的日伪军，其余两个排拦敌之头；由袁学凯副团长带领六连截敌之尾，并阻击可能由临汾方面来的援军；由他本人和团参谋长林克夫指挥四、五两个连分别配置在公路两侧的陡壁处，任务是当敌人进入这个袋形阵地的伏击圈后，突然从两侧出击，迅速歼灭敌人。除这4个作战连队外，十六团的其他部队和非战斗人员（包括王近山的妻子等人）由团政委常祥考和团政治部主任高号平率领，提前西进，以吸引敌人的注意力。

10月24日凌晨3点，作战部队分头进入阵地。他们利用田间堆积的高粱秆、玉米秆进行伪装，满怀信心地严阵以待。

东方发白了，太阳出来了。当王近山旅长的手表指向8点时，13辆满载日军的汽车（内有3辆小汽车）进入了伏击圈。汽车上的敌人毫无察觉。他们摇摇晃晃，有说有笑地交谈着，没有出现任何异常现象。当敌人的13辆汽车都进了伏击圈后，王近山旅长立即发出攻击的信号。

说时迟，那时快，负责截尾任务的六连首先开火。用掷弹筒打中了敌人的第12辆汽车，堵住了敌人的退路。见到这种情景，最后一辆汽车上跳下20多个日本军官，叽里呱啦地向六连阵地冲来，但很快就被六连健儿用手榴弹全部歼灭。这时，六连某班班长赵振玉带领全班迅速登上敌人的最后一辆汽车，消灭了躲藏在车里的敌人，并用车上的重机枪顺着公路向前面汽车里的敌人猛烈扫射。前面汽车里的敌人被打得晕头转向，赶忙加快车速，企图冲出包围圈。但是负责拦头任务的九连却像一道铁门，顶住敌人死死不放。这时候，四连和五连的指战员同时从两侧陡坡上飞步插上公路，把 100 多名敌人切割成好几段，展开了白刃战。

战斗在激烈进行。有个衣着特殊的日本大官为了夺路逃回临汾，挥舞着战刀指挥几十个小军官向六连猛扑过来。见此情景，八班班长王荣发立刻举枪瞄准，打死了这个指挥官，并且夺过他的战刀，接连砍死了 3 个敌人，缴获了 3 支步枪。有个叫杨二和的战士端着机枪扫射，一梭子弹打死了 7 个敌人。被围的日军眼见临汾回不去，就又有 30 多个敌人顺着公路向拦住去路的九连进攻，想杀出一条逃命的血路。此时九连健儿奋起迎战，经过反复冲杀，全部歼灭了这股敌人。

这时，在四、五两个连鏖战拼杀的地方，部分残敌保护着几名高级军官，用机枪封锁了十六团健儿冲击的道路，形势万分紧急。为了排除障碍，五连指导员郑光南勇敢地抱起集束手榴弹纵身扑向敌群，炸毁了机枪，用自己的生命为十六团开辟了一条通向胜利的道路。

这时，当地民兵也拥上来参加战斗。当地群众则拿着菜刀、木棍、锹镐站在四周高处呐喊助威，还为部队送水送饭，救护伤员，做出了有力的支持。

经过一个多小时激战，三八六旅十六团终于干脆痛快地歼灭了由 180 多名日本军官组成的“观战团”（只有 3 名钻进窑洞的敌人漏网）。被击毙的日军军官中包括旅团长服部直臣少将和 6 个大佐联队长，战斗中击毁敌人的汽车 13 辆，缴获机枪 3 挺，掷弹筒 3 个，步枪、手枪 100 多支。

战斗一结束，王近山旅长和陈金钰团长遵照出发前陈赓旅长关于“途中遇敌，力求速战、速决、速离”的指示，率领十六团健儿立即转移，经安泽、沁源、平遥，越过同蒲铁路，开赴陕甘宁边区，参加制止国民党反共摩擦的战斗去了。

韩略村歼灭日军“观战团”这一仗沉重地打击了日本侵略军的嚣张气焰，有力地配合了太岳区的反“扫荡”斗争。

当时，冈村宁次被迫从“清剿”安泽、浮山、沁水、沁源、翼城等地的日军中抽出近 3000 名官兵，在 6 架飞机的配合下，赶到临汾地区寻找十六团决战。这样一来，敌人“扫荡”太岳根据地的兵力被分散了，敌人的作战部署被打乱了。那些调来企图合击十六团的日军在韩略村附近搜索了几天，结果是一无所获。

此时，冈村宁次本人也气急败坏地从指挥日军“铁滚扫荡”的前线分身出来，亲自坐镇临汾。他认为此次“观战团”被歼是因为内部出了奸细，所以对敌伪人员进行了大“甄别”，闹得敌人营垒中人人自危。他枪毙了据守韩略据点的日军小队长，还把驻守临汾的六十九师团的师团长清水中将和伪翼宁道（临汾）道尹撤了职。

就在三八六旅十六团歼灭日军“观战团”的前后，太岳区的其他部队和民兵按照“敌进我进”的战略战术抓住战机在内线外线作战数百次，攻克敌方据点14处，毙伤日伪军3500多人。到1943年11月中旬，参加“铁滚扫荡”的日伪军被迫退出了太岳根据地。

日本侵略者的这次“铁滚扫荡”被太岳军民彻底粉碎了。而且此次大“扫荡”之后，日本侵略军就再也没有能力对太岳区发动大规模的“扫荡”了。

在中国抗日战争的历史上，韩略村伏击日军“观战团”是轰动一时的辉煌胜利。当陈赓司令员知道十六团歼灭的是日军“观战团”的消息时，高兴的说:“这比在战场上打死五万日本兵的意义还大”。毛主席有一次在延安要遇见王近山时，紧紧地握住他的手，夸奖他勇敢果断，在韩略村抓住战机，打了一个漂亮战。

这个胜利是在临汾地区人民群众的支援下取得的。它将永载临汾地区人民革命斗争的光荣史册。

蒋介石“天下第一旅”的覆灭*

宋荐戈

全民族的抗日战争胜利后，临汾地区的人民和全国人民一样，热切地盼望着国内和平、民主、统一的实现。中国共产党为了实现人民的愿望，于1945年8月28日派毛泽东、周恩来等赴重庆与国民党蒋介石进行谈判，并于1945年10月10日签署了《政府与中共代表会谈纪要》，即“双十协定”。但是蒋介石只是在《双十协定》中口头上承认了和平建国的方针。实际上，他是妄图下山摘桃子，从抗日军民手中夺走用鲜血换来的胜利果实。

也就是在国共两党签署《双十协定》的前后，国民党就派重兵入侵上党地区，并沿同蒲、平汉、津浦诸线北上入侵解放区。结果，晋冀鲁豫解放军在上党战役中歼灭了阎锡山部队的35000人（相当于阎锡山总兵力的1/3），连他的十九军军长史泽波也被太岳部队活捉了。与此同时，蒋介石派出进犯其他解放区的部队也都败下阵来。于是，国民党蒋介石只好再次坐下来和共产党谈判，并于1946年1月10日由国共双方签订了《停战协定》。此后，阎锡山也派他的第十三集团军总司令王靖国和太岳纵队司令员陈赓将军举行“临汾会议”，在1946年2月13日签订了《临汾停战会议临时协议》。后来又经过协商签订了《东沁协议》，规定双方军队停止冲突，各守原防。

其实，国民党蒋介石和阎锡山并没有半点遵守《协定》和《协议》

* 本文收入李孟春等著：《平阳史话》，山西人民出版社1987年版。

的诚意。他们只是想利用这段时间来调兵遣将，准备和部署更大规模的内战。

在山西，因为共产党领导的人民武装力量已经比较强大，阎锡山单单依靠自己的力量是对付不了的，所以阎锡山和蒋介石商量后决定将阎军撤退到韩信岭以北地区，专门“进剿”晋中和晋北的抗日军民，并随时准备南下策应；而晋南防务则交给蒋介石的嫡系胡宗南负责。

1946 年 7 月初，胡宗南派整编第一军（原三十八集团军）军长董钊率领六个旅（原为师建制）进入山西。沿着同蒲铁路边打边走了两个多月后才到达临汾。9 月 14 日，胡宗南的部队正式接管了晋南防务。此时，董钊住在临汾城内，企图在已经北撤平遥、介休一带的阎锡山军队的积极配合下，以十万之众的兵力从南北两面夹击和消灭太岳区的主力部队，在两个星期内打通同蒲铁路。

太岳区的主力部队这时候有太岳纵队的十旅、十一旅、十三旅和太岳军区直属的二十四旅（独立旅），兵力总数不到 3 万人。和敌军相比，太岳部队的数量是少的，装备是差的，困难是多的。但是，太岳部队有根据地作为依托，有地方武装、民兵和人民群众的配合和支持，有连战皆捷，在闻夏战役和同蒲中段战役中获得胜利的经验。因此太岳部队的全体指战员信心百倍，都在摩拳擦掌，等待着新的战斗考验。

在这种形势下，太岳纵队司令员陈赓将军和太岳军区司令员王新亭将军等部队首长按照中共中央和毛泽东主席关于“对北犯胡军，应集中主力给予坚决打击，以歼灭一个旅为目标；对平（遥）、介（休）之阎军应以地方部队牵制之”的指示，决定在临汾、浮山之间摆开战场，发起临浮战役，揪住蒋介石、胡宗南的王牌“天下第一旅”（即整编第一师第一旅），痛痛快快地打一个歼灭战。

这“天下第一旅”是蒋介石的“御林军”。部队里老兵多，战斗经验丰富，又都是美械装备，火力配置很强。这个旅的旅长黄正诚挂着中将军衔，下属的两个团，一团团长刘玉树，二团团长王亚武也都是少将，很能打仗。可见，这“天下第一旅”真是一块不容易啃动的硬骨头。

为了啃下这块硬骨头，太岳部队在陈赓将军和王新亭将军的指挥下，除以太岳军区二十四旅驻守灵石，在地方武装和民兵的配合下，利用有利地形阻击可能由平、介南援的阎军外，太岳纵队的 3 个旅都集中隐蔽在洪洞东南地区待机出动，就地歼敌。

当太岳区的参战部队到达集中地点后，立即组织团以上干部学习毛主席关于“集中优势兵力，各个歼灭敌人”的指示，并在全军上下进行了深入的政治动员。与此同时，还组织各级指战员对预定作战地区的地形地物进行了侦察，制订了作战计划，并进行了夜间村落战斗的演习，补充了弹药。地方政府也组织了几千人的支前队伍，担负前运后送的任务。

1946 年 9 月 22 日，太岳纵队按照预定计划经过一番抗击之后，给胡宗南部队让出了一座空空的浮山县城。胡宗南的二十七旅和一六七旅刚刚进城，陈赓将军就派陈康旅长率领十三旅在地方武装的协助下，对浮山县城实行虚张声势的佯攻。驻在临汾的董钊军长闻讯，立即派“天下第一旅”第二团赶来策应浮山守军。岂知，这第二团却在行进途中被李成芳旅长指挥的太岳纵队第十一旅紧紧地包围住了。

太岳纵队第十一旅本来是想在上阳村包围歼灭这“天下第一旅”第二团的。为此，十一旅已经对上阳村进行了周密的侦察，选择好了攻击地点。可是狡猾的敌人竟然不上钩，在 9 月 22 日晚上全部驻进了官雀村。根据变化了的情况，十一旅旅长李成芳立即命令部队疾进官雀。在派出侦察员对官雀的地形地物和敌情进行侦察的同时，着手准备战斗。

9 月 22 日深夜 11 点时，十一旅采取偷袭的办法突然向驻在官雀村的“天下第一旅”第二团发起了进攻，其中一个排巧妙地插入官雀村内，占据了一座房院。这个排以房屋为依托，打退了敌人的多次反扑。它像一把钢刀插入了敌人的心脏。接着，官雀村外的十一旅健儿在占领制高点后，就组织火力实施强攻，消灭了敌人的防炮连和沿村的地堡群，攻进村内。他们又占据了几处房院，对敌人实行了分割包围。

这时候，董钊接到官雀敌军的求援电报，他一面命令正在浮山守城的二十七旅和一六七旅立即驰援困在官雀的“天下第一旅”第二团；一面命令“天下第一旅”旅长黄正诚亲自率领“天下第一旅”的第一团从临汾县城出发援救第二团。

陈赓将军早已料到董钊会让占领浮山的两个旅赶来援救“天下第一旅”第二团，因此他命令太岳纵队第十三旅旅长陈康率部在西佐岭一线布防，迅速构筑工事，进行阻击，把浮山之敌挡住。陈康遵命照办，他十分肯定地说:“阻击这点儿敌人没问题，请首长放心。”

其实，让陈康的一个旅阻击胡宗南装备精良的两个旅，担子是很重的。为了确实把这两个旅挡在西佐岭，陈康的十三旅在西佐岭除用火力杀伤敌人外，还组织小分队四面出击，以打乱敌人的部署，打击敌人的士气。这期间，十三旅第三十九团有两个营伤亡过半。有个班长打光自己的子弹后跳出战壕，夺过敌人的美造武器继续战斗，直到最后一息。二营营长何光全在机枪手牺牲后，跳过去抓住机枪向敌人猛烈射击，最后壮烈牺牲……十三旅就是付出了如此惨重的代价，始终未让浮山来的援敌越过雷池一步。

陈赓在向十三旅下达阻击命令的同时，还命令十旅旅长周希汉在官雀以西的陈村、王村一线构筑工事，阻击从临汾出来的“天下第一旅”旅部和第一团。以保证官雀战斗西边的安全，并且创造条件，争取给临汾出来的敌人以歼灭性的打击。

周希汉接到命令后，就让三十团首先投入战斗。三十团和“天下第一旅”第一团接上火后，从 9 月 23 日清晨一直打到黄昏。敌人连续冲锋 10 多次，都被打退。傍晚时，“天下第一旅”旅部和第一团乘天气昏暗的机会向着陈堰村收缩，企图转入此村固守防御。正当此时，作为预备队的十旅第二十九团政委吴效闵意外地发现了这股敌人已进入陈堰村准备宿营。此时吴效闵顾不得请示报告，立即指挥部队插进陈堰村里，把正在埋锅做饭的“天下第一旅”旅部和第一团打了个晕头转向。

正当第十旅二十九团和敌军厮杀之时，太岳纵队十旅第二十八团和三十团健儿在周希汉旅长的指挥下及时赶到，也投入到激烈的巷战。他们使用打通墙壁、穿插分割的办法，在 9 月 24 日拂晓前歼灭了大部分敌人。

只有黄正诚旅部所在的一个建构坚固的大院还未攻下。

怎么办？周希汉旅长调来配属旅部的山炮，对准黄正诚所在的“天下第一旅”旅部的大院子抵近射击。“轰隆”一炮就把这个大院子的北房炸塌。此时，战士们趁势利用残垣攀上屋顶，朝着各个房间进行射击和投掷手榴弹。很快地，躲在屋里的100多个敌人举出了白旗，宣布投降了。

攻打这个旅部所在院落的二十九团政委吴效闵把投降了的俘虏都集合在院子里后，一个一个地清查俘虏的身份，他查出俘虏中有一个穿着士兵上衣，下身穿着呢子马裤的大个子神色很不自然。他自称是营部司书，再一深究，查出他就是“天下第一旅”的中将旅长黄正诚。这样，9月24日清晨6时战斗结束，周希汉指挥的太岳纵队第十旅在陈堰村把“天下第一旅”的旅部和第一团歼灭了，把旅长黄正诚也活捉了。

此时，困守官雀的“天下第一旅”第二团还认为东西两边的援兵就要到来，于是他们就在飞机的配合下组织突围。但是因为东西两面的援军都遭到阻击，第二团左冲右撞也不能突围。在9月23日的整个白天，太岳纵队的十一旅在李成芳旅长的指挥下，依靠在官雀村周围的既得阵地，狠狠地打击和杀伤敌人，天下第一旅第二团只好在官雀村里龟缩固守。这天黄昏时，十一旅健儿向官雀守敌发起了总攻。其间，三十一团的3个营向敌人的纵深猛插猛攻，其中两个营经过激战分别突入了敌人防守的院落，与敌逐屋激烈争夺。另一个营攻进了“天下第一旅”第二团的团部。经过白刃格斗，使敌尸横飞，团长王亚武也一命呜呼。其余活着的敌人都一个接一个地从屋子里爬出来缴械投降。

“天下第一旅”第二团的团部既失，群龙无首，更加混乱。经过一番厮杀，在9月24日凌晨3点顺利地结束了战斗，把这个“天下第一旅”的第二团全部歼灭了。

这时，陈赓通知正在阻击浮山援敌的十三旅旅长陈康：“你们已经完成了阻击任务，把大路让开，放那两个旅的敌人过去吧。”

当胡宗南的二十七旅和一六七旅进入官雀村看到战后的凌乱景象时，都大惊失色。他们不敢停留，急忙向临汾方向逃去。而陈康指挥下的十三旅一直尾追逃敌到县底村，消灭 1000 多个敌人。

这次歼灭“天下第一旅”的官雀战斗和陈堰战斗统称临（汾）浮（山）战役。这次战役歼灭了胡宗南的“天下第一旅”，生俘中将旅长黄正诚及以下官兵 4500 多人。它粉碎了国民党军队要打通同蒲铁路，夹击太岳部队的企图，提高了太岳军民的胜利信心，改善了太岳部队的装备，为继续大量歼灭敌人创造了有利条件。延安《解放日报》为此发表了《向太岳纵队致敬》的社论，表彰太岳健儿在临浮战役中建树的功勋。

解放临汾的攻坚战*

宋荐戈　卢海明

临汾是帝尧古都。初称平阳，隋开皇三年（583 年）改称临汾县。此后临汾县名历代不改，沿袭至今。它东有太岳山，西有吕梁山，汾河南北流经其间，是兵家必争之晋南重镇。

1945 年日本无条件投降后，阎锡山六十一军军长梁培璜率部进驻临汾。到 1947 年底，梁培璜已升任阎锡山第六集团军副总司令兼晋南地方武装总指挥，手下的兵力除六十一军的一个师和蒋介石嫡系胡宗南部的一个旅外，还有 4 个保安团和 2 个补训团，再加上兵败后逃到临汾的阎系的 4 个专员公署和 14 个县政府所属的地方顽杂武装，共计 25000 多人。

梁培璜指挥的临汾守军不仅有正规部队和地方武装，而且城防工事坚固复杂。具体来讲，其防御体系分主城和东关两个部分。主城四周的城墙内高外低，墙体用砖石砌成，里面装填泥土，高达 14 余米，厚达 20 余米，可以并行两辆大卡车。远远望去，这城宛如一头黄牛，故有“卧牛城”之称，其城墙外有 10 多米宽的外壕用来护城。临汾的东关从城东门直达火车站。它作为主城的屏障，也有城墙和外壕。东关的外壕外是一片开阔地。而城西有汾河围护，城北是与城墙同高的兴隆殿，城南 5 里外的尧庙附近有一处飞机场，是守军取得外援的主要途径。凭靠这样的地形和工事，临汾确实成了一个“硬核桃”，是易守难攻的。

但是英勇的太岳部队和太行、吕梁的部队在徐向前将军的统一指挥下

---

* 原载《党史文汇》2019 年第 9 期。

协同作战，并有随军参战的 30 多万太岳、太行的民工和民兵与临汾附近各县农民的有力支援，经过 72 天的苦战，还是在 1948 年 5 月 17 日顺利地解放了这座城市。

当时解放战争的形势是：从全国来讲，人民解放军已经转入了全国规模的战略进攻。刘邓、陈谢、陈栗三路大军已将战争引向国民党区域，正逐鹿中原，在外线大量歼敌。1947 年 10 月 10 日，中国人民解放军总部提出“打倒蒋介石，解放全中国”① 的口号后，在东北战场上，人民解放军很快地将国民党军队压迫在长春、沈阳、锦州 3 个互不相连，面积仅占东北总面积不到 3% 的狭小地区；在陕北战场上，由彭德怀指挥的西北野战军很快转入内线反攻；在山东战场上，攻克“鲁中堡垒”潍县后区域内各解放区连成了一片。从华北来讲，晋察冀野战军于 1947 年 11 月 12 日攻克了华北军事重镇石家庄，将晋察冀和晋冀鲁豫两个解放区连成了一片。从山西来讲，由王新亭指挥的晋冀鲁豫野战军八纵队和王震指挥的西北野战军二纵队于 1947 年 12 月 28 日攻克运城后，临汾就成了国民党阎锡山在晋南困守的一座孤城。

为了解放临汾，晋冀鲁豫军区于 1948 年 2 月 3 日成立了以徐向前为司令员的前方指挥所（简称“前指”），作为解放临汾战役的指挥机关。

1948 年 2 月上旬，徐向前率“前指”人员到达太岳区领导机关所在地山西阳城，召开了由太岳区党政军负责人参加的联席会议，部署临汾战役的后勤事宜。这次会议决定成立以太岳行署副主任裴丽生为司令员的后勤司令部，负责攻城部队的粮秣供应和组织担架队、运输队以及组织民兵支前连队随军行动，并动员临汾附近各县群众就近支前等事宜。②

2 月 20 日，徐向前率“前指”人员到达翼城和正在此地进行军事、政治整训的八纵队会合。与此同时，太岳军区部队、太行部队和吕梁部队也来到翼城附近的指定地点。参加此次解放临汾战役的部队有：八纵

---

① 中共中央党史研究室编:《中国共产党历史大事记》，人民出版社 1989 年版，第 162 页。

② 中共山西省委党史研究室编:《太岳革命根据地纪事》，山西人民出版社 1989 年版，第 862 页。

队之二十二旅、二十三旅、二十四旅；十三纵队之三十七旅、三十八旅、三十九旅；吕梁军区之独立三旅、独立七旅和太岳军区的8个独立团，共有5万多人。[①]

1948年2月21日至23日，“前指”召开参战部队营以上干部大会。八纵队司令员兼政委王新亭在会上作了《运城战役的总结报告》。他在报告中介绍了运城战役中采用坑道爆破的经验，指出在攻坚作战中“坑道爆破是最好的攻击手段”。徐向前在会上号召全体干部学习运城攻坚经验，在临汾战役中创造更多的新经验，使部队锻炼成为新的攻坚集团。徐向前还说：“解放临汾的战役意义非常重大。此次战役不仅影响本区，还将有力地配合西北和黄河以南的野战军作战，并且打下临汾后，可为下一步北上晋中，解放太原，全歼阎锡山、胡宗南的部队，解放全华北扫清道路。”

解放临汾战役经过了扫清外围、夺取东关、攻城歼敌3个阶段。[②]

本来，解放临汾战役是决定在3月10日发起的。但由于发现困守临汾的胡宗南部三十旅准备空运西安，于是“前指”命令八纵队、十三纵队和太岳军区部队急行军抵达临汾近郊，提前于3月7日凌晨发起了解放临汾战役。

在解放临汾战役的第一阶段，各部队按照“前指”的部署开始扫清外围。其时雨雪交加，但各攻城部队依然奋勇前进，连续作战。其间，首先由八纵队第二十四旅迅速接近城南飞机场，以迫击炮轰击飞机场里面的飞机，粉碎了敌空运三十旅去西安的计划（只运走4个连），接着各作战部队也冒着倾盆大雨分头攻取城南、城北和城东的敌人外围据点。

3月10日，徐向前接受了王新亭的建议[③]，把八纵队主力由城南移驻城北，以城北和城东为主攻点，城南仍留下八纵队二十二旅担任助攻任务。吕梁部队仍在汾河以西地区担负阻击敌人的任务。

此时，十三纵队继续攻击临汾东关遇阻。到3月16日，十三纵队虽

① 李孟存、张之中等著：《平阳史话》，山西人民出版社1987年版，第93页。

② 山西省地方志办公室编：《太岳革命根据地史》，山西人民出版社2015年版，第284页。

③《王新亭回忆录》，解放军出版社2008年版，第278页。

占领了城东关外壕外沿的主要阵地，并经过 3 次攻击与反攻击，于 3 月 23 日拿下了城东关的制高点黄土包，并摧毁了敌人的暗道。但此后两次进攻东关都因炮兵火力较弱受挫。

而转战城北的八纵队二十四旅，在准备攻击城北兴隆殿阵地的前夕，旅长王墉冒着敌人的火力封锁亲自上制高点观察兴隆殿的地形和敌情时，不幸头部中了敌人的冷枪，光荣牺牲。

王墉是河北省乐亭县人，北京的大学生，参加过一二九运动。在八年抗战中，他一直在太岳区战斗。他作战英勇，很有头脑，带兵严格，爱护下级，在部队中威信很高，牺牲时才 33 岁。他的牺牲更激发了作战部队对敌人的无比仇恨。

此后一段时间，临汾攻城部队暂停作战行动，各部队分连、分排进行了攻坚技术训练和采用军事民主的办法开诸葛亮会，总结作战的经验和教训，并进行思想政治动员，准备发起新的进攻。

3 月 31 日，“前指”召开团以上干部会议。徐向前司令员在会上要求各作战部队的指战员英勇杀敌，并且发出了各旅要争当“临汾旅”的号召。这次会议还决定调整作战部署，决定以坑道爆破为主要手段，从东北和东南两面，再次攻打临汾东关。于是，解放临汾战役的第二阶段开始了。

在解放临汾战役的第二阶段中，八纵队二十四旅和太岳军区一部分部队仍由城北攻城；太岳军区部队的主力和太岳八纵队二十二旅由太岳军区司令员刘忠指挥，负责肃清东关城墙北段和外壕北段的敌人；八纵队二十三旅和十三纵队则负责肃清东关城墙南段和外壕南段的敌人。

八纵队二十三旅是在 4 月 4 日到达城东电灯公司阵地的。这个二十三旅在几个月前攻打曲沃和运城的战斗中就有用坑道爆破城墙的经验。此次来到攻打临汾东关的前线，就由旅长黄定基和政委肖新春在前沿直接指挥争夺东关城墙南段和外壕南段的战斗，同时，在外壕外面开阔地上利用已有的、能掩盖的、犹如蛛网的交通壕，进行挖掘坑道的作业。

4 月 5 日夜里，八纵队二十三旅的指战员已把坑道挖进东关城墙的外壕内，并在外壕里修筑了多个碉堡。守城之敌见此状况，就从城墙上往外壕里扔手雷，但我们的战士凭着机智和勇敢，躲过了手雷，保住了修好的碉堡，继续进行通向东关城墙的坑道作业。敌人又用水管往外壕里灌水，企图淹没我军在外壕里筑起的碉堡，但外壕原来是条护城河，因此灌下来的水就顺着河沟成了一条潺潺的小溪给流走了。我军修的碉堡成了“近水楼台”，坑道作业仍在继续。敌人又派来飞机轰炸助阵，但这也阻挡不住攻城部队进攻的势头。

4 月 9 日拂晓，八纵队二十三旅和其他攻城部队完全控制了突击地段的外壕，并挖好了通向东关城墙的 4 条坑道和在城墙下面存放炸药的药室。

4 月 10 日，黄定基旅长组织了 120 多名勇敢机智的指战员，将 16200 多斤炸药运送进东关城墙下面的药室里。

与此同时，二十三旅副旅长邓仕俊组织全旅的轻重机关枪和八二迫击炮以上的火炮，成立了火力队，以重枪重炮支援步兵冲击。

4 月 10 日晚 6 时，临汾前线的攻城部队实行炮火、爆破、突击三结合，通过坑道运进东关城墙下面药室里的炸药同时爆破，东关的城墙被炸开了很大的缺口。攻城部队从缺口处冲进东关，与敌激战。

4 月 11 日凌晨，守敌阎锡山六十六师大部分被歼，临汾东关获得解放。①

临汾前线作战部队通过扫清外围和攻克东关的战斗深深认识到：解放临汾是要打攻坚战。过去我军打运动战和游击战时，要求部队抓好射击、投弹、刺杀三大技术就可以了；而此次打攻坚战，除了要求指战员掌握上述三大技术外，还必须熟练地掌握土工作业和坑道爆破两大技术。为此，作战部队常常是一边打仗，一边训练，一边总结经验，并将新的经验付诸实践，从而使部队越战越强，越战越勇，成了一支钢铁之旅。

就是这支钢铁之旅，于 4 月 15 日发起了解放临汾的总攻战斗，这是

① 《王新亭回忆录》，解放军出版社 2008 年版，第 278 页。

解放临汾战役的第三阶段。

根据“前指”的部署，在解放临汾战役的第三阶段中是要从城东攻城。当时的情况是：东关的房屋已大部分被炸塌，这就给部队的运动和补给造成了很大困难。面对这种情况，“前指”要求攻城部队的前沿阵地要推进到外壕前面，然后进行坑道作业，和敌人展开地下坑道作战，而后登城歼敌。

坑道作业十分艰苦，但是无一人喊苦叫累，大家一直是顽强地坚持着，一直在和敌人的反坑道部队斗智斗勇，进行着针锋相对的斗争。

当时，临汾守敌组织了反坑道部队，他们把听音缸竖在地下，监听我坑道作业挖土的声音，还从城内往外挖“丫”字形和“丁”字形坑道来寻找我军挖开的坑道等等办法，破坏我攻城部队的坑道作业。

为了防止敌人的破坏，我军挖坑道的战士用两股勾、三股钗代替铁锹和洋镐铲土，用前胸或脊背小心翼翼地接土，赤脚爬行，用弹药箱把土运出坑道，把坑道作业时的响声减少到最低限度，以此防止了敌人的窃听和破坏。

为了解决坑道里恶浊的潮气把挖坑道的战士熏晕的这个问题，我军发动群众献策献计，想出了用风车向坑道鼓风，挖坑道的战士勤换班到外面休息的办法解决了坑道内空气不足的问题。

为了解决挖的坑道能准确、安全地通过外壕而不被敌人发现，战斗英雄李来龙克服了种种困难，用绳子量出了外壕的深宽，解决了坑道通过外壕时拐弯的尺寸问题。①

为了迷惑敌人的反坑道部队，我军用支坑道掩护主坑道作业，经地面、地下的立体行动，使“土行孙”战法得以施展。

就是这样，到5月16日临汾前线攻城部队已挖了破城和夺取敌护城阵地的坑道共12条。其中，八纵队二十三旅在城东北方向挖的两条各长110多米的坑道已挖到临汾城墙下面，并挖成了两个大大的存放炸药的

① 李孟存、张之中等著:《平阳史话》，山西人民出版社1987年版，第94页。

药室。

为了保证爆破成功，黄定基旅长和肖新春政委分赴两条坑道检查了工程质量和药室的容量。

此后，由黄定基旅长带头，300 多名指战员排成队伍，冒雨往药室里传送炸药。为使炸药不被雨打湿，大家把上衣脱下来盖在炸药箱上，迅速完成了炸药的传递和装填（一条坑道装黑色炸药 6200 公斤，另一条坑道装黄色炸药 3000 公斤）。与此同时，八纵队二十三旅和二十四旅的突击部队随即进入阵地，做好了攻击临汾城的一切准备。

5 月 17 日下午 3 点，十三纵队用山炮、野炮向大东门地区进行猛烈轰击，临汾城内已乱作一团。晚 7 点，攻城部队发出总攻击的信号弹骤然升空。只听两声巨响震得大地抖动，浓烟冲天。这时城墙上出现了两个各宽 30 米的大缺口。二十三旅和二十四旅的突击部队趁烟雾弥漫、石块乱飞之时，不到一分钟就冲进城墙缺口登上城垣，后续部队紧随其后，迅速向城墙两侧和纵深发展。临汾县城宣告解放。

此刻，在前沿指挥战斗的八纵队王新亭司令员高兴地在电话中向“前指”司令员徐向前报告了这个喜讯。徐向前将军要求攻城部队再接再厉，捉拿梁培璜，夺取最后胜利。很快地，城西担任防堵任务的部队就在一块麦地里把临汾守敌的总指挥梁培璜活捉了。

5 月 18 日，担任城防警备任务的临汾攻城部队在军号队的引导下举行了入城式。接着，临汾人民政府的工作人员进城维持秩序，临汾市民兴高采烈地夹道欢迎人民的军队。此后，临汾的工人复工，商店开业，学生复课。这座千年古城顿时洒满了阳光。

临汾解放后，中央军委根据徐向前将军的提议，授予八纵队二十三旅为“临汾旅”的光荣称号。6 月 4 日，在八纵队的庆功大会上，徐向前将军把一面绣着“光荣的临汾旅”的锦旗，授给了二十三旅。

接着，这支解放临汾的劲旅继续北上，解放了晋中，解放了太原，并且挥师向祖国的西北进军，又会战大西南，参加了解放全中国的战斗。

八纵队在曹村地区歼灭阎锡山亲训师和亲训炮兵团*

宋荐戈　段滋明

解放临汾的战役结束以后，华北军区根据中共中央军委的命令，于1948年6月2日，决定组织晋中战役。由华北军区副司令员兼华北野战军第一兵团司令员兼政委徐向前和华北野战军第一兵团副司令员兼副政委周士第统一指挥第一兵团八纵队、十三纵队、太岳军区部队（后组建为十五纵队）及吕梁军区部队、北岳军区部队各一部共6万余人参加这次战役。

在战前，徐向前派周士第去中央军委、华北局、华北军区汇报请示组织晋中战役中的问题，毛泽东主席接见了周士第，并对晋中战役作了重要指示："消灭敌人的有生力量，就是最有效的保卫麦收。"根据毛主席的指示，我军提出：组织晋中战役就是为了保卫晋中麦收，抢救晋中人民，消灭敌人有生力量，创造解放太原的有利条件，便于最后推翻阎锡山的统治。

一

当徐向前和周士第接受指挥晋中战役的任务后，就采用"形南实北"的方法，立即派出一支地方部队伪装成临汾战役中的主力开赴风陵渡，公开征集粮草船只，摆出准备横渡黄河要去支援西北我军作战的姿态，又释

* 原载《平遥古城》2019年6月26日。在此文撰写过程中，吸纳了八路军太岳分会研究室主任、原八纵队政治部主任桂绍彬之子桂林瑞同志的许多建议。谨致谢忱。

放了一批俘虏，让他们去散布我军真的是要西进陕北的讯息，以此造成使阎锡山认为我军不会立即北上晋中的错觉。

就在阎锡山还摸不清我解放临汾主力部队动向的时候，6 月 9 日，徐向前司令员签发了晋中战役基本作战命令。其要点是：第一，由吕梁部队切断太原至汾阳的交通线，拔除该地区外围之据点；第二，由太岳军区部队沿同蒲铁路由南向北正面推进，逼近灵石、介休，相机夺取灵石，并切断平遥至灵石的铁路；第三，由肖文玖指挥太行二分区部队和北岳二分区部队组成一个集团，逼近榆次至太原、榆次至太谷间的交通线，破坏铁路、公路及桥梁；第四，由十三纵队拔除祁县子洪口地区的敌据点，然后攻击和歼灭祁县东观之敌，切断祁县至太谷间的铁路；第五，由八纵队的 3 个旅从东侧在太岳老区境内的山区隐蔽北进，直插晋中的腹地平遥、介休一带，拔除平遥以东、以南外围之据点，主力集中于平遥以东地区，机动待命，准备出其不易地去歼灭敌人。同时，在第一兵团主力北上期间，各军区部队和地方武装应按预定作战计划积极开展军事行动。

此时，阎锡山聚集在晋中地区的军队有 13 万人。其中，一部分兵力是分散据守各个县城和重要乡镇据点；另一部分兵力是组建了以赵承绶为总司令，以留用日本战犯、原日军独立第十四旅团长原泉福为高参的“野战军”（内有日军投降军人组成的“第十总队”），还组建了以三十四军军长高倬之为司令的“闪击兵团”。在“闪击兵团”内，有一支部队叫“亲训师”。

很显然，从整体的兵力数量上讲，在晋中战役中我军与阎锡山军队数量之比是 6 万对 13 万，是敌强我弱的。但是我军在解放临汾后士气高涨，而且是处于战略进攻的态势，在政治上是压倒敌人的。加之徐向前指挥得法，部署正确，使阎锡山的机动主力一会儿向西，一会儿向南，一会儿又要回撤，就在这样往返运动之中，他的野战部队在一个多月里就被消灭得干干净净。因此，中共中央在给晋中战役“前指”的电报中说：“如此辉煌战绩，对于整个战局帮助极大”。晋中战役是打得很漂亮的。

由华北野战军第一兵团第八纵队在平遥县曹村歼灭阎锡山的“亲训

师”和亲训炮兵团，是晋中战役中我军取得的首战胜利。这个不期而遇的遭遇战极大地鼓舞了我军杀敌取胜的信心和勇气，打击了敌人的嚣张气焰，对于整个晋中战役的顺利发展创造了良好条件。因此，徐向前司令员对参加此次作战的部队作了高度的评价和鼓励。他还在《晋中决战》一文中指出：“‘亲训师’和亲训炮兵团，乃阎敌苦心经营起来的‘铁军’和‘精神支柱’，由日本军官担任顾问、教官，全新装备，相当反动，突然被我全歼，阎锡山痛心程度可想而知。”

（二）

正如徐向前司令员所说，“亲训师”（即七十二师）和亲训炮兵团是由阎锡山亲自组建的一支“铁军”。其组成人员都是经过阎锡山精心挑选出来，并由日本军官担任顾问、教官，进行了武士道训练，加之武器装备精良，是很有战斗力的。

晋中战役开始后的情况是：为了调动敌人，掩护我主力部队北进。首先由吕梁部队于6月11日突然出现在汾阳、孝义之间的高阳镇，威逼汾阳、孝义两县城。由太岳军区部队于6月13日攻占灵石县城，意在引诱阎锡山的主力西进来援，使其脱离晋中腹心地区。果然，阎锡山以为这些攻击部队就是我军的主力，于是在6月13日和14日急派高倬之率“闪击兵团”中的三十四军等部队以所谓“藏伏优势”和“三只老虎爪子”的战术，由汾阳、孝义、平遥、介休等地出动，分进向心合击高阳镇。但吕梁部队在高阳镇坚守阵地牵制住了敌人。于是，阎锡山又派“亲训师”和亲训炮兵团前去增援。这样，阎锡山在晋中腹地就出现了兵力空虚和分散的状况。

6月18日晚，晋中前线主力部队以突然动作，侧击介休、平遥、祁县东南山口敌据点。6月19日，八纵队拔除了平遥东南之原家庄、庙圪塔、多岭等据点。太岳军区部队控制了介休至张兰以东地区，夺取了沿山据点。十三纵队夺取了祁县东南之山口多处据点。肖文玖部也在忻县附近活动。至此，晋中的大门被打开。6月20日，阎锡山“闪击兵团”的三十四军和“亲训师”、亲训炮兵团等部队闻讯急忙分路回援。

本来，王新亭率领的八纵队按照原定计划是要伏击可能沿同蒲铁路向北行动的三十四军。但因高倬之率领的三十四军突然改变行军方向，从汾阳渡过汾河，从西面向北走了。于是在21日拂晓前，王新亭命令所部撤离原来的伏击地点。由他亲率二十二旅向前靠近“前指”和十三纵队，以便随时接受徐向前司令员的命令。由八纵队政治部主任桂绍彬率二十三旅去抢占平遥南北三狼的汾河渡口，截击改道的三十四军。由八纵队参谋长张祖谅率二十四旅紧跟二十三旅前进。刚从伏击地点撤出的二十四旅七十一团是这支行进部队的后卫。而二十四旅副旅长常仲连则率七十二团留在介休县大浦地区监视张兰方向的敌人。

6月20日晚，蒙蒙小雨变得风大雨急。次日清晨虽然风雨暂停，但大雾迷漫，走路时连对面的人也看不清。21日上午9时许，大雾逐渐散去。此时，担任行进部队后卫侧翼警戒的七十一团一营战士正一个紧跟一个地沿着乡村小路行进。他们快走到平遥曹村地界时忽然发现旁边铁路上好像有部队在行动，还听到有人声嘈杂、骡马嘶叫和车轮滚动的声音，再仔细一看，只见铁路路基上有一支队伍正和我军同向并行，这支队伍的行军态势与我军不同，肯定是敌人。怎么办?

一营营长李元见此情况，立即派人向团首长报告，并以全营的机枪火炮先敌猛烈开火，掩护一连和二连向正在铁路路基上行军的敌人冲去。在铁路路基上行军的敌人冷不防地看见我军战士冲上路基和猛烈的炮火，来不及还手已乱作一团，接着一营指战员全数投入战斗，与敌人开展了英勇的拼杀。

就在一营占领铁路路基高地和敌人拼杀的时候，走在前面的七十一团团长北沙听到了后边的枪炮声并接到一营长的报告，知道有了敌情。于是，命令该团的二营、三营指战员立即原地放下背包，回过头跑步投入战斗，抢占制高点。二营六连发现有一股敌人正在前边行走，立即兵分两路迂回追赶，把敌人逼到了壕沟里，打了个包围战，俘虏了一大批敌人，还缴获了很多骡马车辆等战利品。

这时，一营一连突然发现在铁路西侧的公路上有许多门黄色帆布遮盖的山炮因前进受阻横七竖八地摆放在公路上和麦田里。指导员韩文高和连长胡希圣立即率领全连集中力量消灭这支炮兵。只见一班长抓到一门山炮，就连人带炮和马一起拉过铁路交到团指挥所。十二班班长发现敌人正将另一门山炮放列开来准备发射。他立马带领全班战士拼死冲到山炮跟前与敌拼杀，阻止了敌人的发射。但是在激烈的搏斗和反复的争夺中，全班12名壮士在山炮前全部牺牲了。就在这紧急关头，二营营长胡大鹏带领五连战士及时赶到，控制了山炮阵地，消灭了附近的敌人。

这时，二十四旅旅长邓仕俊接到敌情报告后向随同作战的纵队参谋长张祖谅说："这是遭遇战，谁先展开，谁就占主动。不管眼前是什么敌人，先下手为强，要打他一个措手不及！"张祖谅也铿铿有力地表示："你讲得很对，就这么打，狭路相逢勇者胜，不要留预备队，不要怕伤亡，把3个团全部压上去，动作要快、要猛，要一下子把敌人打垮。"并且他派人火速向王新亭司令员报告，同时与二十二旅、二十三旅取得联系，要求他们配合二十四旅的作战行动，围歼敌人。

这时，二十四旅副旅长常仲连正带领着七十二团监视张兰方面的敌人。他知道敌情后也让通信员跑步下达命令：七十二团要集中火力占领穆家堡和朱家堡，阻止敌人退回村里固守待援，并以其余兵力奋力攻击敌人。作为旅预备队的七十团，也要从七十二团的左翼插上，采取迂回包围战术，在敌人屁股后面狠狠捅上一刀。

这时，二十四旅各团已将数千敌人赶下铁路路基高地。敌人在曹村南面的一块麦地里挤作一团。这块麦地东边的铁路路基已被我军占领，敌人虽反复争夺也攻夺不下来，西面是汾河，很难涉渡。

但敌人是非常顽固的，他们稍稍稳定下来之后，就倚仗人多、武器好，又开始组织疯狂的反扑。前面的敌人被打倒了，后面的敌人又继续往前冲。我军虽打退了敌人的多次反扑，但伤亡也是很大的。

这时，八纵队司令员王新亭已得知二十四旅与敌进行战斗的情况，他立即命令二十三旅从西面迂回包围敌人，二十二旅向南堵击该敌逃窜。这样，二十二旅、二十三旅和二十四旅就把敌人团团包围在一大片麦地里，分割成几大块。敌军中人挤人，人挨人。我军的机枪、步枪、手榴弹、迫击炮一齐向敌军群里射击，炮火在敌人群里开花，成堆成堆的敌人被打死了。

其间，二十三旅在桂绍彬主任和黄定基旅长的率领下投入战斗后，刚从南北三狼渡口跑步过来的六十八团的两个营依托曹村东侧，由北向桥头西南出击；另一个营由曹村西北侧，向曹家堡方向出击，以控制汾河渡口，从而切断了敌人向河西逃跑的退路，并让六十七团从曹村南侧正面推进。这两个团都隐藏在麦田、水渠、棱坎等有利的地形里，伺机杀伤敌人。

那时候，在我军的包围圈里，各突击部队英勇作战。原野上一片枪炮声、喊杀声。战士们是哪里有枪声就奔向哪里投入战斗；哪里有敌人就冲到哪里捉俘虏、杀敌人。而逃跑的敌人东跑西窜，进行着垂死挣扎。有一群敌人跑到汾河边顾不得河水深浅就往里跳。二十三旅集中了20多挺轻重机枪，子弹像刮风一样扫向河心，打死、打伤的敌兵顺河水往下漂，真是壮观极了。

激战中，一股约有二三百人的敌军钻空子流窜到曹村后面的一条水沟附近，企图夺路逃回平遥县城。这股敌人在逃跑中正向着我二十三旅设置的临时指挥所撞来。眼疾手快的六十七团副政委郭铁赶紧抓过一支三八式枪，带领团部机关的干部和后勤救护人员赶到旅部，和副旅长吴仕宏一起指挥在场的所有人员和近旁迫击炮连的同志沉着应战，终于歼灭了这股敌人。

就这样，在6月21日，从上午九十点钟开战，激战3个多小时，连上战后打扫战场，到下午四五点钟才结束了这场歼灭阎锡山“亲训师”和亲训炮兵团的战斗。在打扫战场的时候，战士们押着成批的俘虏，背着成捆的枪支，牵着一匹匹驮着山炮的高头大马，去寻找自已的部队。当时是：我军各部队的人员都是你的连里有我连的干部战士，我的团里有别团别旅的班排连队，整个编制序列都乱了套，是靠吹各自的集合号，才把各部队的指战员们按编制序列重新整合起来的。

在此次歼灭阎锡山“亲训师”和亲训炮兵团战斗中。除亲训师师长陈震东在负伤后领着小股敌人冒死突围，逃进平遥县城；另一股敌人窜入介休张兰等村庄外，仅八纵队就毙敌三千，俘敌两千，缴获山炮 20 门和大量的武器弹药与其他物资。此为晋中战役首战告捷。

（三）

八纵队在平遥曹村歼灭阎锡山“亲训师”和亲训炮兵团的时候，其实高倬之率领的三十四军就在离曹村只有十多里外的地方行动。但高倬之听到远处的炮火声后，不是出手救援，而是赶紧逃命。当我八纵队打完了“亲训师”和亲训炮兵团，就奉徐向前司令员之命，在吕梁部队的协同下，紧追并准备在平遥洪善地区聚歼阎锡山的三十四军。可是，由于八纵队指战员在战地似火的烈日下连续行军作战，体力消耗过大和过度疲劳，行动稍稍迟缓，使阎锡山野战军司令赵承绶派来接应的部队在平遥洪善地区和三十四军靠拢到了一起，加之，由日本投降军组成的第十总队已由太谷开抵祁县东观。赵承绶亲自率领的“野战军”其余部队也到了太谷、祁县。这样，敌人的兵力众多而且集中，不易切割歼灭，所以我军想在洪善地区聚歼敌三十四军的计划未能实现。

此战虽然未成，但敌已为我军调动。为了围歼敌人，徐向前司令员决定另寻战场，把阎锡山在晋中的主力消灭掉。

7 月 7 日，第八纵队奉命发起对祁县县城的进攻。守城敌人以为八纵队还是要采用在运城战役和临汾战役中挖地道在城墙下埋炸药爆破的办法来解决战斗，岂知此时八纵队已在平遥曹村歼灭亲训炮兵团时缴获了众多山炮，加上原有的火炮，就用这些猛器一齐轰击祁县县城的东城墙，用 50 分钟就摧毁一处城墙，炸开了 10 多公尺长的缺口。于是我二十三旅从缺口冲进去和搭梯子登上城墙的二十四旅在城内会师，共同杀敌，经过几个小时激战，次日拂晓时全歼了阎锡山的一个师，解放了祁县县城。

7 月 10 日，在徐向前司令员的亲自指挥下，八纵队和兄弟部队一起，向聚集在太谷县大小常村地区的赵承绶“野战军”发起总攻。首先歼灭了从平遥就开始交手的三十四军（军长高倬之负伤后化妆逃走）和重创了由日本投降军组建的十总队。接着，晋中前线部队经过激战，于7月16日活捉了阎锡山“野战军”司令赵承绶以下将官14人，击毙了日军侵华战犯、“野战军”高参原泉福和师长以上军官7人，全部歼灭了阎锡山的这支“野战军”。其后，7月18日，肖文玖部解放榆次县城。7月21日，晋绥部队解放了忻县县城。历时一个月的晋中战役至此结束。

在晋中战役中，我军以6万之众，歼灭阎锡山正规军7万人，非正规军3万人，达到了消灭敌人有生力量的目的。同时，解放了灵石、平遥、介休、祁县、太谷、榆次、汾阳、孝义、文水、交城、清源、晋源、徐沟及忻县等14座县城，把阎锡山的残部包围在太原孤城之内了。

忆薄一波同志对太岳区历史编写工作的亲切指导*

卢海明

在薄一波同志诞辰100周年之际，回想当年在薄一波同志指导下编写《太岳革命根据地史》的情景，历历在目。现在把这段往事如实地写出来，以表达我对薄一波同志的深切怀念之情。

太岳革命根据地是晋冀鲁豫边区的一部分。它以这块根据地发轫于山西的太岳山脉而得名。在创建初期，太岳区位于太岳山北部，其后向南发展，管辖范围包括了山西中南部的同蒲铁路以东，白（圭）晋（城）公路以西，曲（沃）高（平）公路以北的三角地带。此时，在曲高公路以南晋豫两省的交界处的中条山、王屋山地区，建立有晋豫抗日根据地。1943年春，晋豫区和太岳区合并，仍称太岳区。于是太岳区的管辖范围再向南发展，延伸到黄河北岸。1947年，太岳区又发展到豫西洛宁以北地区，管辖县（市）共有47个，拥有人口420多万，面积18万平方里。其后，随着解放战争的胜利发展，为了支持人民解放军在中原和西北以及山西境内的作战，太岳区在1948年先后将30个县（市）分别划归豫西解放区、晋绥解放区和晋中解放区。1949年8月，太岳区奉命撤销，所属各县分别划入山西省所属各专区和新成立的平原省。

在抗日战争时期，太岳革命根据地是联络延安和各抗日根据地的交通

* 原载《学术论坛》2008年第2期。

要道；在解放战争时期，它是联结华北与西北的纽带，又是人民解放军挺进豫陕鄂，逐鹿中原与解放山西全境的重要战略支点和出发点之一。

太岳革命根据地与其他革命根据地比较，面积虽小，但它为坚持华北抗战，夺取新民主主义革命的最后胜利是做出了很大贡献。因此，编写一部太岳革命根据地史是十分必要的。

山西省从事太岳革命根据地史料征集工作和史的编研工作是从中共十一届三中全会以后开始的。1981 年 6 月 10 日，山西省成立了省委党史资料征集委员会。同年 9 月 29 日，又成立了省委党史研究领导组，下设山西省委党史研究室。1982 年 7 月，中共中央党史资料征集委员会在太原召开了华北五省市党史资料征集工作会议。薄一波、程子华等 22 位老同志参加了这次会议。按照这次会议的规划和部署，由山西省担负牵头征集和研究晋冀鲁豫革命根据地历史的任务，由薄一波担任晋冀鲁豫革命根据地斗争史编写组组长。1983 年 8 月 1 日，中共山西省委同意组成由郭钦安负责的太岳革命根据地史编写班子，指导太岳革命根据地史的编研工作。

由于我和宋荐戈同志此前在山西师范学院（现称山西师范大学）已经开始从事太岳革命根据地历史的征编工作，因此，在 1983 年 9 月 26 日我俩被借调到中共山西省委党史研究室参加工作（次年我正式调入）。我们借调来时，把在山西师范学院征集的资料和编写的初稿也都带来了。正是在这个基础上，我们继续充实、订正和加工。在阎文彬同志的参与下，于 1984 年 6 月撰写了《太岳革命根据地大事记》和《太岳革命根据地领导机构和行政区划的沿革》这两份材料的初稿。

1984 年 8 月 3 日至 9 日，经中共山西省委批准，山西省委党史资料征集委员会在太原晋祠宾馆召开了太岳革命根据地史座谈会。会议的内容是讨论和征集太岳革命根据地史料和编写太岳革命根据地史的问题。参加这次会议的有：原太岳区党委书记聂真、王鹤峰，太岳行署副主任裴丽生和当时的地委、专署以及军队与群众团体的负责同志，共计 57 人。中共山西省委书记李立功，副书记李修仁、王克文和省委党史资料征集委员会主任罗贵波同志都到会讲话。在这次会议上，参会同志对我和宋荐戈同志撰写的《太岳革命根据地大事记》和《太岳革命根据地领导机构和行政区划的沿革》的初稿进行了审阅、核实和补充，并给予肯定性的评价。聂真、王鹤峰、裴丽生、高扬文、焦善民等同志在会上发言，安庆洙同志作了《山西新军参加开创晋东南和太岳抗日根据地情况》的书面发言，其他同志也都在小组会上充分地发表了意见。这次会议开得严肃认真、生动活泼，从而为下一步编写太岳革命根据地发展史奠定了良好的基础。

会议第二天，即8月3日，高扬文[①]同志宣读了薄一波同志于7月31日写给座谈会的一封信。信中说：

> 太岳党史座谈会各位同志：
>
> 高扬文同志电话说，你们8月上旬在并开会，要我参加。我确有此愿望，但我正在大连养病，不能出席，是一件憾事！太岳根据地虽小，但在抗日战争中起的作用并不小。无论在多次反“扫荡”中，在“反顽”、建立民主政权方面、在统一战线工作方面、在发动群众和建党方面，特别是在人口不过百万的地区，出了那么多兵，组成几个纵队，南下或北上等等，都做出了优异的成绩。这是太岳人民立下的大功，是太岳人民的光荣。要好好写出一本太岳革命根据地发展史来。祝大家健康！工作顺利！

与此同时，参加会议的原太岳区老同志对编写《大事记》和写发展史也提出了许多很好的、很重要的意见。

大家的意见主要是：写大事记、征集史料、写发展史，都要以毛泽东在《〈共产党人〉发刊词》中提出的党的建设、武装斗争、统一战线三大法宝为指导思想。在《大事记》（初稿）中，党的建设反映的比较少，如党的组织是怎样建立和发展的？搜集的资料比较少。与阎锡山建立的统一

① 高扬文，抗日战争时期曾任中共沁县县委书记、中共太岳一地委书记。1945年在延安参加了中国共产党第七次代表大会。新中国成立后曾任冶金工业部副部长、煤炭工业部部长。

战线，在全国是一个特殊的典型。“七大”时曾肯定在山西与阎锡山的统一战线是成功的，经验是好的。可是在《大事记》（初稿）中这个特点不太明显。与国民党杂牌军，如刘戡部队和武士敏部队的统一战线，以及“十二月事变”以后统一战线的情况也没有记下来。另外，对当时敌、我、友各方面的情况反映也不多。关于武装斗争，特别是群众性的武装斗争，对日军“扫荡”的残酷与反“扫荡”斗争的胜利情况及次数，当时有许多小的游击队，到处打击敌人，袭扰敌人；解放战争时期，群众参军参战，支援前线，一参军就是几万人，一支前就是一两年，这些材料收集的很少。

在学习和宣读薄一波的信以后，与会同志一致指出：要写好一部党史、根据地发展史，征集资料是当前和今后一两年内的重要任务。而系统地翻阅报纸、档案，向有关同志访问，把保存在个人手中的资料都收集起来，尤其是抢救“活资料”更为迫切。大家认为，只有做好这几件事，才能把太岳根据地史“立准、立好”。这是个基础工作，绝不能忽视，务必抓紧进行。

与会同志还认为：在资料征集较完备时，首先把《大事记》（初稿）修改好，力争为本区有关的大事和要事提供准确的时间、地点、负责人和主要情节。在编写根据地发展史时，关于抗战时期可以分为“十二月事变”之前、“十二月事变”到 1942 年、1943 年到 1945 年日本投降三个阶段。解放战争可分为前一年和后三年两个阶段。在内容上以每个阶段的大事为主，既要作历史的叙述，又应该上升到理论的高度，总结出基本的经验教训。在编写体例和方法上，大家也提出了不少好的意见。有的同志建议：我们既要写一本包括各个专题在内的根据地发展史，还应该写一本简明扼要的太岳区党史。

为了完成编写《太岳革命根据地发展史》的任务，首先就要继续搞资料征集工作和编撰根据地的《大事记》。因而在这次会议之后，我和刘文沛同志整理了聂真、王鹤峰、裴丽生、高扬文等同志在座谈会上的讲话，并将其发表在《山西党史通讯》1984 年第 7 期上。

1984 年 10 月至 12 月，郭钦安同志又组织刘舒侠、韩洪宾、赵力之、岳维藩、谷震、高首先、柳增发、阎文彬、王顺义、师文华、卢海明、杨玉堂、李丁等共 17 人，分两路到郑州、洛阳、三门峡、上海、厦门、福州、成都、重庆、昆明、武汉等 10 个城市调查访问。其间，召开老干部座谈会 33 次，有 290 多名老干部提供了资料，并对《大事记》（初稿）提出了重要的补充修改意见。

1985 年 5 月至 6 月，经薄一波同志批示同意，我又与王俊山、段建军、赵恩寿、师文华等同志到北京中央档案馆查阅了大量档案资料，仅复印、抄录有关晋冀鲁豫边区和太岳区的历史资料就有 500 多万字。

在此基础上，从 1985 年 8 月至 12 月，我与宋荐戈同志又将《太岳革命根据地大事记》（初稿）拓展成有 27 万字的《太岳革命根据地记述》（打印稿）。其中，抗日战争时期由宋荐戈执笔，解放战争时期由我执笔。阎文彬和师文华同志进行了修改。

1986 年 1 月 9 日，山西省委批准将原太岳革命根据地史编写班子改称太岳革命根据地史料征编指导组。组长郭钦安，副组长刘舒侠、韩洪宾，指导组成员有赵力之、张天乙、卫逢祺、阎定础、阎家德、窦凯、阎文彬。

经指导组成员和省委党史研究室的领导同志的酝酿和研究，决定采用编年纪事与纪事本末体相结合的体例，再编写一本资料长篇的太岳革命根据地发展纪事，并由我与师文华同志着手试写了 1937 年至 1939 年的稿子。经指导组郭钦安、刘舒侠等同志和省委党史研究室副主任成占一同志审阅部分试写稿后，于同年 4 月决定编写两本书。一本是简单的、五六万字的《太岳革命根据地大事年表》；另外，以历史档案为主，吸收《新华日报》（华北版）、《太岳日报》等报刊资料和回忆资料后，重写一本《太岳区纪事》。1986 年 12 月，铅印出版了《太岳区纪事》（送审本），共 37 万字。经指导组全体成员多次认真讨论、核实资料、补充内容后，报送薄一波同志及原太岳区、晋豫区主要领导人聂真、王鹤峰、牛佩琮、裴丽生、刘忠等同志进行了审阅。

1987 年 5 月 10 日至 21 日，由郭钦安同志主持，在北京三晋宾馆召开了由原太岳区 64 位老同志参加的《太岳区纪事》（送审本）审稿会。中共山西省委书记李立功同志参加了会议，并讲话。

会议召开的第一天上午，正好是一个星期天，薄一波同志匆匆赶到山西驻京办事处，接见了与会同志，并就编写《太岳区纪事》的指导思想、太岳根据地的特点及经验教训等问题作了重要讲话。他在讲话中反复阐明写史必须坚持实事求是的原则，对《太岳区纪事》要严格审查。所谓“严格”，就是不能搞夸张，有什么就写什么，要把该写的东西写进去，不该写的东西就不要写进去。如有争论的问题，也可以争论一下，但一定要实事求是，不要回避。要经过讨论，分清是非，统一认识，还要根据实际情况阐述太岳革命根据地的基本特征。这就是它在开创时期充分运用了党的抗日民族统一战线政策，成功地创造了山西统一战线的特殊形式，即戴着山西的帽子，运用牺盟会与三、五专区和决死一、三纵队的合法地位，按照我们党的要求，把原则性和灵活性巧妙地结合起来，开创抗日根据地，这是与其他抗日根据地不完全相同的地方。他说，写根据地史要写出自己的特点。太岳革命根据地开始时情况很复杂，国民党中央军很多，八路军还没有开过来。它是在中共北方局的直接领导下，由山西省第三行政区和决死一纵队开辟出来的。1939 年 7 月 3 日至 8 月 20 日，粉碎日军“一号作战”后，邯（郸）长（治）大道和白晋路被日军占领。为了统一领导白晋路西的三、五专区和决死一、三纵队，北方局决定成立由我化名郑重任书记的晋东南军政委员会，以便加强党对晋东南新军和三、五专区的领导。薄一波特别指出：“地方工作也应好好写一写，我们在最严重的困难时期，都是靠地方和人民群众的支持才坚持下来的。”沁源围困战在全国是一个创造，应该大书特书一笔。他还指出了太岳区在战争年代的贡献，出了那么多兵，太岳区的人口并不多，但出的兵不少。晋冀鲁豫四纵队南下后，还有八纵队，后来又搞了一个十五纵队。“从晋豫区合并以后，地方大了一点，但能够出这么几个纵队，很不容易。”最后，薄一波深情地回忆：在总的方面，朱老总、彭老总、左权同志、杨尚昆同志、八路军总部和北方局，对我们是十分关心的。“十二月事变”后，一二九师按照战略计划派来陈赓同志，把我们的部队一整顿，太岳军区就比较强起来了。

“陈赓同志在作战方面功劳很大，搞了几个大的战役，特别是下了中条山以后，又打了几个漂亮战。”“陈赓同志的作战功绩要讲讲。”

薄一波同志的讲话，使我们具体负责编写太岳根据地史的同志在当时真有“会当凌绝顶，一览众山小”的豁然开朗的感觉。

薄一波同志讲话结束后，郭钦安同志让我站在薄一波同志的旁边，请《党史文汇》编辑部的史扬同志为我拍摄了几张与薄一波同志的留影。这是我平生第一次见到薄一波同志。

这次会议以后，我与师文华同志按照薄一波同志的指示和与会老同志的意见，又带着《太岳区纪事》（送审本）多次到山西的长治、晋城、临汾、运城和沁源、洪洞、平陆、夏县、闻喜、河津以及河南省的郑州、洛阳、济源、沁阳等地（市）县作了进一步实地考察和查阅了有关档案资料，对《太岳区纪事》作了多次认真地修改。

此次修改最主要的是采取了编年纪事与纪事本末相结合的体例。对所记载的史实，既按时间顺序编年记述，又对重大事件铺叙来龙去脉，使其首尾相接。因而每条记事，内容都比较集中，具有一定的完整性，而且在每条记事之前冠以醒目的标题，点明主要内容。此外，《太岳区纪事》还做了以下修改：

第一，在《纪事》前边由阎文彬同志写了一个前言。主要内容是：（一）太岳区开创前的政治形势。包括红军东征、绥远抗战的影响，山西统一战线的形成，牺盟会和决死队的建立及其活动，八路军开赴山西，中共北方局、山西省工委及抗战前各县共产党组织的基本状况等。（二）太岳区和晋豫区的创建、发展、合并、扩大的历史发展过程及其特点。（三）本书编辑的过程。

第二，理顺头绪。太岳区和晋豫区在创建时期由于形势不断变化，辖区不断更动，领导关系比较复杂，头绪比较乱，由于我们对这一复杂的情况吃得不透，因而写得有点乱。修改后的《纪事》尽可能把头绪理顺了，在表达上，尽量层次分明，详略适当，基本上做到了眉目清楚。

第三，增补了许多具体内容。本书对于重要会议精神的贯彻，重要决议的执行，对共产党组织的工作，如共产党组织的发展和组织的建设，对群众运动，如减租减息、反奸清算、土地改革，特别是贯彻刘少奇 1942 年 10 月路经太岳区时关于发动群众的指示，对民工参战支前工作，对情报工作和地下交通线的工作等作了补充，充分反映了共产党领导下太岳区开展群众运动和进行人民战争的情况。

第四，在修改后的《纪事》中，既充分反映了广大群众的历史活动，也反映了中共中央、中共北方局、中共晋冀鲁豫中央局和八路军总部以及一二九师领导同志在本区的许多活动。此外，其他人物一般随大事要事写，以事联人。地方干部，1940 年前一般写到县一级主干，1940 年后一般写到地专一级主干。部队干部，1945 年 8 月以前一般写到团一级主干，1945 年 8 月以后一般写到旅一级主干。战争中牺牲的烈士，一般写到县团一级主干。

第五，适当加重了对重点县的大事要事记述。如沁县、沁源、安泽、沁水（士敏）、阳城、济源、夏县、洪洞、赵城等县的大事都给予了充分反映。

第六，进一步进行了技术加工。一方面对人名、地名、时间、部队番号等，进行了反复核实和订正；另一方面，对文字和语言作了进一步的加工和提炼。

可以讲，我们在 3 年中九易其稿，方成于斯。1989 年 1 月，由我和师文华担纲主笔的《太岳区纪事》更名为《太岳革命根据地纪事》。全书共 55.5 万字。同年 9 月，由山西人民出版社出版了。薄一波同志亲自为该书题写了书名。

1990 年 2 月 25 日上午，薄一波、聂真、王鹤峰、李聚奎、戎子和、裴丽生等 128 位在北京的原太岳区工作和战斗过的老同志，聚集在人民大会堂云南厅，参加了由中共山西省委党史资料征集研究委员会举行的《太岳革命根据地纪事》首发式，追思太岳革命根据地军民前赴后继、浴血奋战的光辉历程。

中共中央党史研究室副主任郑惠、山西省新闻出版局副局长梁肇堂、中共山西省委党史研究室副主任成占一等同志出席了首发式。山西省政府特邀顾问、中共山西党史征委委员郭钦安同志主持了首发式。中顾委副主任、中央党史领导小组副组长、晋冀鲁豫根据地斗争史编写领导小组组长薄一波在首发式大会上作了重要讲话。

薄一波在讲话中开门见山地指出："今天是《太岳革命根据地纪事》的首发式。这本书我没有来得及细看，翻了翻题目，感到编撰的同志，特别是郭钦安同志做了很大的努力，有很大的功绩。这部书实事求是，如实地记载了党领导下的太岳革命根据地发展的历史过程，有什么记载什么，不夸大成绩，也不回避某些失误。这样做很好。假使说把华北各个根据地以至最后遍及到全国的这些根据地的史书都写出来，对我们党史的编撰工作会有很大的意义。"他强调指出：通过《太岳革命根据地纪事》这部书，可以使广大干部和群众，特别是青年一代了解中国革命之所以有今天，是无数革命先烈流血牺牲换来的，一定要加倍珍惜它，爱护它。要发扬艰苦奋斗、自力更生的精神，真正地把我们的国家建设好。

在首发式大会上，原太岳区党政军主要领导人聂真、王鹤峰、裴丽生、戎子和、桂绍彬等同志先后讲话，祝贺《太岳革命根据地纪事》公开出版发行。他们认为：《太岳革命根据地纪事》内容丰富、史料翔实、记述具体、语言朴实，编得很好。他们一致向中共山西省委和参加编撰的同志表示感谢。

1990 年 2 月 26 日，《山西日报》第一版以《〈太岳革命根据地纪事〉首发式在京举行》为题，报道了这次会议的盛况。同时，中央电视台晚间新闻节目也对此次盛会作了报道。

《太岳革命根据地纪事》一书于 1990 年 9 月荣获北方 15 省、市、自治区"哲学社会科学优秀图书奖"。其实，这部书一出版就受到了社会各界和广大读者的好评。尤其是曾任中征委副主任的全国著名党史专家马齐彬教授和中共中央党校黄少群教授在《博览群书》1990 年第 8 期和《中共党史研究》1990 年第 6 期上发表的署名文章《浴血奋战的历史篇章，同仇敌忾的壮丽画卷——读〈太岳革命根据地纪事〉》，更是高度赞誉了这部书。称该书全面、系统地记述了晋冀鲁豫根据地重要战略单位之一——太岳区 12 年（1937 年 7 月至 1949 年 8 月）的战斗历程及其为中国革命所做出的重大贡献。内容涉及政治、军事、经济、文化等各个方面，并附有四幅彩色形势图。它“是一部用编年体方式来写革命根据地历史的长篇著作”“涵容广阔，证据充分，前呼后应，叙事翔实，重现了从抗日战争时期到解放战争时期太岳区军民与敌人浴血奋战的一幅幅同仇敌忾、气吞山河的壮丽画卷。”

马齐彬教授和黄少群教授在文章中指出：概括起来讲，《太岳革命根据地纪事》有以下四个方面的特点：

第一，紧扣民主革命的普遍规律，突出本区的主要特点。在整个民主革命时期，党制定了正确的政治路线，创造了武装斗争、统一战线、党的建设等方面的基本经验，反映了民主革命的普遍规律。《纪事》紧紧扣住这些普遍规律，客观地记述了太岳区建设、发展的整个过程，突出了本身的主要特点。

第二，本着求实存真的原则，正面地、详尽地叙述了太岳区丰富的成功经验。对历史上的某些失误，既不回避掩饰，也不采取揭露性的记述方法，而是从吸取教训出发，客观地、如实地给予记述。

第三，以全国基本形势统率太岳区的大事、要事。太岳革命根据地的革命斗争是全国革命斗争的一部分，与整个革命形势是分不开的。《纪事》为了把本区的大事、要事放在全国的大形势之中，点明本区大事、要事的背景，故在每年的大事、要事之前，冠以国内基本形势概述，作为本区纪事之纲，求得以纲带目，纲目结合。这样既避免了脱离全国大局单纯记述本区大事、要事，形成孤立的现象，又避免了全国大事、要事和本区大事、要事互相夹杂、混淆不清，理不出头绪的现象。从而使之浑然一体，眉目清楚。

第四，编年纪事与纪事本末两种体例有机结合。从全书来看，严守编年纪事的体例，按年、月、日的顺序记述本区的大事、要事，但对某些时间跨度较大的重要历史事件，又采取了纪事本末的体例，或分段记述，或一气呵成，讲清来龙去脉，使所记事件首尾衔接，给读者一个完整的概念。

在进行《太岳革命根据地纪事》编写工作的后期时，从 1988 年开始，我与师文华同志便着手进行《太岳革命根据地简史》的编写工作。我们 1988 年 10 月拟定了《编写方案》，其中包括了写作该书的指导思想和编写原则。1989 年 3 月又拟定了《编写提纲》，提出了各章的写作重点和主要内容，并开始进行《简史》的起草工作。

我们最初是起草了《简史》的第一章和第二章的初稿。经太岳革命根据地史料征编指导组对编写提纲和《简史》第一章和第二章初稿进行讨论后，指导组要求我们按照《编写提纲》写出全部初稿。我们经过一年多的工作，于 1990 年 6 月写出了全书的初稿。

《太岳革命根据地简史》的初稿共分 9 章，约 25 万字。打印后分送给在太原的原太岳区的部分同志审阅。

从 1990 年 7 月开始，指导组全体成员对初稿进行了讨论。大家普遍的意见是：感到层次太多，分析综合不够，需要做比较大的修改加工。于是，我们重新拟定了《编写大纲》，根据新的《编写大纲》，我们在晋祠宾馆二号楼进行了第二稿的撰写工作。

正当我们撰写第二稿的时候，山西新军史料征集指导组第三次扩大会议于 1990 年 10 月 29 日在北京人民大会堂举行。这次会议主要是审定《山西新军历史综述》。会议邀请郭钦安同志参加。郭因有事，故指定我作为他的代表参加了这次会议。

在这次会议上，国家主席、中央军委第一副主席、中央党史领导小组组长杨尚昆同志讲了话。

杨尚昆同志在抗日战争时期曾任中共北方局书记，曾亲自领导了山西新军的组建工作。他在这次会议上的讲话中，深刻地阐述了牺盟会、山西新军的性质、历史地位和作用，对牺盟会、山西新军的历史功绩给予高度评价。

杨尚昆同志在讲话中说：“统一战线是我们党的三大法宝之一。统一战线有各种形式。薄一波等同志去山西，从群众团体牺盟会做起，由牺盟总会发展到山西全省各县的牺盟会。 在七七事变、日本进攻山西、阎锡山的地方政府人员逃跑的时候，成批的牺盟特派员成了抗日县长，牺盟会就掌握了政权。1937 年 8 月开始建立山西新军，这个军队原来是以阎锡山的名义搞的，不是八路军，叫决死队，是在统一战线的形式下，由中国共产党建立和领导的军队。这样一个统一战线是赤手空拳去做群众工作，慢慢再掌握政权，又有了武装。这样一个统一战线形式的军队，第一次国共合作时期想搞，想自己搞队伍，搞了一个叶挺独立团，以后就没搞成；这样一个统一战线，在党的历史上开辟了新的局面。这个统一战线的历史经验，我觉得非常丰富，值得好好总结。这个统一战线从开始到结果，恐怕在中国共产党的历史上是独一无二的。”

杨尚昆又说：“抗战前后，整个山西党的基础并不强，以后发展各县的党组织，是牺盟会的特派员去做的。他们名义上是牺盟会特派员，实际上是共产党的特派员。如果当时山西没有这么一个牺盟会，八路军开进山西要遇到许多困难，因为阎锡山是限制八路军发展的。牺盟会的这个功劳是很大的。”

杨尚昆最后说：“你们要出一些书，我是完全赞成的。这是我们党、我们军队很好的教材。这是中国共产党的一个很成功的经验。”

这是我平生唯一一次见到杨尚昆同志。我认为，杨尚昆同志的讲话是符合历史实际的，是符合马克思主义的。

在这次会议上，薄一波回顾了在党中央的领导下，正确贯彻执行党的路线和策略，与阎锡山建立特殊形式的统一战线，接办牺盟会，组建和发展新军的过程。他再次指出：“写党的历史要两点论。”

会后，我与杨玉堂同志根据录音对杨尚昆同志的讲话进行了整理，经杨尚昆同志审阅后，以《山西的统一战线经验值得总结》为题，发表在《山西党史通讯》1991 年第 1 期上（后又发表在《党史文献》上）。薄一波同志的讲话也发表在《山西党史通讯》1991 年第 1 期上。

参加这一次会议，对于进一步修改第二稿中对涉及到把握牺盟会和山西新军在创建、巩固和发展太岳抗日根据地直至在抗战胜利过程中所处的地位、作用及其做出的巨大贡献有了更深刻的了解和认识，它极大地推动了《太岳革命根据地史》第二稿的写作。其后又经过半年的努力，于1990年12月写出了第二稿。此稿打印后分送北京和太原的部分同志审阅。

在撰写第二稿的过程中，高扬文同志专程到太原，用10天的时间与郭钦安、师文华、卢海明研究了各章的写作要点、主要内容和写作方法。具体指导了我们对第二稿的撰写工作。

在《太岳革命根据地简史》第一稿和第二稿的撰写过程中，我们采取了分期划块，横排竖写的写作体例。我们把太岳革命根据地12年的历史分为两个时期。每个时期分为若干章，每章为一个小阶段，围绕一个中心内容，从各方面按时间顺序进行记述。从结构上讲，由第一稿的章、节、目三级标题改为第二稿的章、节两级标题。

《太岳革命根据地简史》第二稿分为10章。其中，第一章为抗日战争的准备时期与根据地史的史前时期。第二章至第六章为抗日战争时期。第七章至第九章为解放战争时期。第十章为整个太岳革命根据地历史的总结。具体来讲：

第一章：从1935年华北事变、中共中央发表“八一宣言”和召开瓦窑堡会议起，到八路军开进山西，太原失守止。这是太岳革命根据地准备创建的时期。其中，还叙述了太岳革命根据地创建的背景。

第二章：从1937年11月决死一纵队开进沁县，薄一波就任第三行政区政治主任（后改称行政督察专员）及安子文到达沁县后不久任冀豫晋省委委员兼冀豫晋省委驻沁县办事处主任起，到1938年4月粉碎日军对晋东南的“九路围攻”止。为太岳根据地的开辟、创建阶段。

第三章：从1938年5月到1940年12月粉碎日军对太岳区第一次毁灭性的报复“扫荡”止。为太岳根据地逐步形成独立的战略区和大发展阶段。

第四章：从1941年1月中共太岳区党委建立起，到1942年12月止。为太岳根据地军民在严重困难条件下坚持岳北和向岳南、中条发展阶段。

第五章：从 1943 年 1 月至 2 月温村会议起，到 1944 年 3 月止。为太岳根据地巩固、积蓄力量准备反攻阶段。

第六章：从 1944 年 4 月太岳区开始局部反攻起，到 1945 年 8 月日本投降止。为太岳军民夺取抗日战争最后胜利阶段。

第七章：从 1945 年 8 月国民党军队抢占上党地区起，到 1946 年 6 月内战全面爆发前止。为太岳根据地军民保卫抗战胜利果实，争取和平反对内战阶段。

第八章：从 1946 年 6 月起，到 1947 年 7 月止。为太岳根据地军民粉碎国民党军队全面进攻、重点进攻，夺取本区自卫战争胜利阶段。

第九章：从 1947 年 8 月陈谢集团挺进豫西起，到 1949 年 8 月止。为太岳根据地军民内外配合作战，支援全国解放战争，解放山西全境，完成历史使命阶段。

第十章：是对太岳根据地 12 年历史的全面总结，包括历史贡献和主要经验。

在写作《太岳革命根据地简史》的过程中，对一些重点章节，如整风审干、减租减息、土地改革、结合土改进行整党、基本历史经验等，在太原多次召开指导组和有关人员参加的座谈会征求意见。整风审干讨论了两次，修改了两次；历史经验（第十章）讨论了三次，修改了三次。《简史》第二稿分章陆续送出后，在太原召集原太岳区部分同志座谈了三次。太原的徐一贯同志逐字逐句提出了修改意见，北京的聂真、戎子和、史怀璧、贺崇升、杨立圻、安庆洙等同志写出了书面意见，王毅之、蒋毅等同志到太原当面提出了意见。

综合各方面的意见，肯定了《简史》第二稿的体例、结构和内容，同时也提出了一些重要的修改意见。这些意见主要是：

第一，叙述山西统一战线要全面。

第二，晋豫地区在两区合并前，与太岳区是兄弟区域。他们的斗争历史应单独写。

第三，要进一步进行概括和综合分析，要避免重复，力戒史料堆积，语言要更加精炼。

原计划在北京座谈会以后再做修改，但由于座谈会直到 1991 年 5 月才召开，因此，我们在 1991 年春节后即开始到忻县奇村省人事干部疗养院进行修改工作。此次修改本着概括、综合、精炼、提高的原则，修改出了第一章和第二章。修改中比较大的变化是：

第一，把原《简史》第二稿第一章《抗日战争爆发前，山西特殊统一战线的形成》改为《抗日战争爆发前后，抗日民族统一战线在山西的形成和对抗日救亡运动的推动》。文中除叙述了特殊形式的统一战线外，增加了中共中央、八路军驻晋办事处、周恩来等领导同志与阎锡山的统一战线工作以及续范亭为主任的战动总会的内容，把特殊形式的统一战线作为整个山西抗日民族统一战线的一部分来写。

第二，对有关战役、战斗部分进行了一些压缩和综合，把群众参战、支前写进了战役、战斗中，力图体现人民战争的思想。

鉴于晋豫区在未与太岳区合并前与太岳区是平行的兄弟区域，曾有一段光辉的战斗历程。在《太岳革命根据地纪事》和《太岳革命根据地简史》（初稿）中，我们是将两区的历史加在一起来写的，但这样做既使太岳区的历史眉目不清，又使晋豫区的历史不能够充分反映。为了更好地反映晋豫区的历史，由我执笔专门写了《抗日战争时期晋豫边区五年斗争史略》，于 1991 年 3 月在奇村完成初稿，另外排出，以反映晋豫边区人民革命斗争的全过程。

1991 年 5 月 6 日至 20 日，在北京三晋宾馆召开了《太岳革命根据地简史》座谈会，征求大家对《太岳革命根据地简史》和《抗日战争时期晋豫边区五年斗争史略》（初稿）的意见。

薄一波同志出席了这次座谈会，并于 5 月 17 日发表了重要讲话。

薄一波同志在讲话中再次语重心长地反复强调要实事求是。他说："我主张立志把太岳区的历史写好。首先，要把应该叙述的历史的方方面面写好。这是一个基本要求。其次，要把事实核对准确，要实事求是，是就是是，失误就是失误，错误就是错误，把它都写在里头，不要忌讳。当然对已经过世的同志已经是盖棺定论的人，如果他没有什么大的了不起的错误，就不要吹毛求疵地再去翻腾。再次，要写成一本好书，首先事实要验证，不能像过去有些写书的人一样写出来书，一晃而过，写出来一下子就完了。最后，既然是实事求是，就要写得一碗水端平，不能有这一方面，那一方面的偏颇。比如，区党委的班子，不管是军队的还是地方的，也不管是外来干部还是本地干部，也不管是第一届、第二届、第三届，都要一样看待。要照顾山头，消灭山头，搞五湖四海。太岳、晋豫两个地区要联系起来讲，不要分彼此，不要分这一方面，那一方面，不然就很容易发生问题。”

薄一波同志这次讲得实事求是，比以前讲得更具体了，更细致了，更便于我们操作了。可见，薄一波同志对太岳革命根据地历史应如何写，是经过认真思考、反复研究的，是对我们的具体指导。薄一波同志讲话后，还和参加会议的 26 位老同志照了相。

这次座谈会以后，我们根据薄一波同志讲话的精神和参会同志提出的意见，又一次到山西省档案馆查阅了大批档案资料，于同年 9 月写出了第三稿。

为了使我修改好《抗日战争时期晋豫边区五年斗争史略》（初稿），在《简史》第二稿北京座谈会之后，郭钦安同志专门邀请了柴泽民、王毅之、陆达同志对《史略》的初稿进行了逐字逐句的修改。同时吸取了席松涛等同志的意见，对《史略》的初稿又进行了反复修改。

《抗日战争时期晋豫边区五年斗争史略》共分四章：

第一章：从 1937 年 9 月朱瑞到达豫北起，到中共晋豫边特委建立之前止。这是分片开辟打开豫北和晋（城）沁（水）阳（城）地区抗日斗争局面的阶段。

第二章：从 1938 年 3 月之后中共晋豫边特委、唐天际支队建立起，到 1939 年 1 月止。这是晋豫边抗日根据地统一与各项工作全面开展的阶段。

第三章：从 1939 年 1 月到 1940 年 4 月，这是晋豫边抗日根据地军民反摩擦、反“扫荡”，粉碎晋沁阳事变，退出晋豫边抗日根据地的阶段。

第四章：从 1940 年 4 月晋豫边区党委与太南区党委合并起，到 1943 年 4 月与太岳区合并为止。这是为坚持晋豫边秘密工作与重新开辟、发展中条抗日根据地的阶段。

在此之后，我们又邀请高扬文、安庆洙、陆达、蒋毅等同志到太原，对稿子提出修改意见。1992 年 3 月，我们铅印了 500 本《太岳革命根据地简史》（送审本），分送至在北京、云南、福建、河南、上海、新疆、辽宁和山西等地的原太岳区、晋豫区的部分同志审阅。

在《太岳革命根据地简史》（送审本）中，我们继续采取分期划块，横排竖写的编写体例。将太岳区 12 年的历史分为两个时期。每个时期又分为若干章，每章是一个小阶段，围绕一个中心内容从各个方面按时间顺序记述。从结构上看，大部分为章、节两级标题，少部分为章、节、目三级标题。

《太岳革命根据地简史》（送审本）由以前的 10 章改为 11 章。其中，第一章为抗日战争的准备时期与抗日根据地的史前时期；第二章至第七章为抗日战争时期；第八章至第十章为解放战争时期；第十一章为太岳革命根据地历史经验的总结。具体来讲：

第一章：从 1936 年 10 月薄一波同志主持牺盟会工作，建立特殊形式的统一战线起，到八路军开进山西，太原失陷前止。这是太岳革命根据地准备创建时期。重点叙述了创建根据地的政治背景。

第二章：从 1937 年 10 月底决死一纵队开进沁县，到太原失陷后薄一波就任山西省第三行政区政治主任（后改称行政督察专员）及随后安子文到达沁县起，到 1938 年 4 月晋东南军民粉碎日军的“九路围攻”止。这是太岳革命根据地的开辟、创建阶段。

第三章：从 1938 年 5 月中共太岳特委开始筹建起，到 1939 年 12 月粉碎阎锡山发动的“十二月事变”止。这是太岳革命根据地大发展的阶段。

第四章：从 1940 年 1 月中共太岳区党委建立起，到 1940 年 12 月粉碎日军对太岳区毁灭性的、报复性的“扫荡”止。这是太岳革命根据地战略区的形成与各项建设事业日趋发展的阶段。

第五章：从1941年1月起，到1942年12月止。这是太岳革命根据地军民在严重困难的条件下，坚持岳北和向岳南、中条发展的阶段。

第六章：从1943年1月温村会议起，到1944年3月止。这是太岳革命根据地为巩固、恢复太岳革命根据地，积蓄力量，准备反攻的阶段。

第七章：从1944年4月太岳区开始局部反攻起，到1945年8月日本宣布无条件投降止。这是太岳革命根据地军民夺取抗日战争最后胜利的阶段。

第八章：从1945年8月阎锡山军队企图抢占上党地区起，到1946年6月内战全面爆发止。这是太岳革命根据地军民保卫抗战胜利果实，争取和平，反对内战的阶段。

第九章：从1946年6月起，到1947年7月止。这是太岳革命根据地军民粉碎国民党军队进攻，夺取本区自卫战争胜利的阶段。

第十章：从1947年8月陈、谢集团强渡黄河，挺进豫西起，到1949年8月太岳区撤销止。这是太岳革命根据地军民在我军战略进攻、战略决战时内外线配合作战，支援全国解放战争，完成其历史使命的阶段。

第十一章：这是对太岳革命根据地12年历史的全面总结，包括太岳革命根据地的历史贡献和主要经验。

其中，第一章、第八章至第十章由卢海明执笔撰写，第二章至第七章和第十一章由师文华执笔撰写。

为了缅怀在太岳区献出自己宝贵生命的嘉康杰、张凤阁、苏精诚、张刚、郝茂德、魏奉璋、刘子超、楚大明、彭之久、王墉和武士敏等烈士，由杨经平同志执笔编写了《太岳区（包括晋豫区）县团以上干部烈士英名录》，作为《太岳革命根据地简史》的附录（二）发表。

1992年5月22日至29日，由郭钦安主持，在北京三晋宾馆召开了《太岳革命根据地简史》（送审本）审稿会。本来，我们曾请薄一波同志为《简史》写一个序言。但薄一波同志回答说：以他的名义写序言不合适。

自己领导的根据地自己写序言不好。他建议把序言改成前言，由我们自己写。

在审稿会前，薄一波于5月18日在中南海接见了郭钦安、韩鸿宾、王绣锦和北京的董峰等老同志。郭钦安等同志向薄一波汇报了《太岳革命根据地简史》（送审本）的编写情况和这次审稿会的流程，并汇报了对几个历史问题的处理意见。薄一波表示基本同意。

在《太岳革命根据地简史》（送审本）审稿会期间，原太岳区主要领导人聂真、王鹤峰及参加审稿会的30多位老同志纷纷发表意见。他们在肯定送审本的同时，又提出了一些建议。5月24日下午，薄一波同志在中南海中央顾问委员会会议室接见了参加这次会议的32位老同志，再次回顾了太岳革命根据地的战斗历程，并一起照了相。

这次审稿会后，在郭钦安、王绣锦等同志的指导下，我们又在晋祠宾馆二号楼对《简史》一章一章地进行了认真修改，并由我执笔增写了《简史》的前言。师文华同志撰写了《简史》的后记。同时，为了使读者了解太岳区行政区划的频繁变动情况，由我执笔撰写了《太岳革命根据地行政区划梗概》作为《简史》的附录（一）。全书共37万字。《太岳革命根据地简史》最后定稿时，又添加了太岳革命根据地历史照片55幅和太岳革命根据地彩色区划图、形势图、战役示意图共11幅。定稿后，薄一波还亲笔为《太岳革命根据地简史》题写了书名。

同时，薄一波把送给他的定稿中有关他的章节逐字逐句地进行了修改，甚至还将印错的标点符号也做了改正。真是一丝不苟，至今想起来还令人难以忘怀。

1993年2月，《太岳革命根据地简史》由人民出版社出版。全国新华书店发行。这是中共山西省委党史研究室第一部由人民出版社出版的著作，也是截至目前唯一一部由人民出版社出版的著作。

1993年5月13日，中共山西省委在太原举行了“《太岳革命根据地简史》出版发行座谈会”。省委副书记梁国英和省委常委、宣传部部长崔光祖出席了座谈会并揭幕。

省委副书记梁国英同志在代表省委所作的讲话中高度评价了这本书。他说：“今天，省委委托郭钦安同志把大家请来，举行《太岳革命根据地简史》出版发行座谈会。这是一件很有意义的事情，值得庆贺。10年来，在中央党史领导小组副组长、晋冀鲁豫史编审领导组组长薄一波的亲切关怀下，在省委太岳革命根据地史征编指导组郭钦安等同志的具体指导下，在原太岳区党政军主要领导人聂真、王鹤峰、戎子和、裴丽生、李聚奎、刘忠、桂绍彬等以及原太岳区众多老同志的支持下，省委党史研究室和有关单位密切合作，先后编撰、出版了《围困沁源》《太岳革命根据地纪事》《太岳革命根据地财经史料选编》《太岳新闻事业史略》《今天来之不易》等5部史料专著。今天，又由人民出版社出版了一部学术价值较高，全面地、深刻地反映太岳革命根据地发展全貌的《太岳革命根据地简史》，圆满地完成了薄一波提出的要写一本太岳革命根据地发展史的任务。在《太岳革命根据地简史》的编写过程中，薄一波同志曾经两次接见了参加座谈会、审稿会的同志，对编写《太岳革命根据地简史》的指导思想、编写原则及太岳革命根据地的特点等问题作了一系列重要指示和讲话，并为《太岳革命根据地发展简史》题写了书名。薄一波同志这种对历史负责、对后人负责的革命精神，值得我们学习。借此机会，再次对薄一波同志及太岳区的老同志表示深切的谢意。最近，薄一波同志在全国党史工作部门负责人会议上的讲话中指出：“一部好的作品，胜过一百部、一千部粗制滥造的东西。工业产品要讲究质量，精神产品更要精益求精，质量第一。党史著作影响大，要求高，更要强调科学性和严肃性。《太岳革命根据地简史》不但记述了太岳革命根据地从1937年10月到1949年8月的历史发展过程，而且讴歌了毛泽东、刘少奇、周恩来、朱德、彭德怀、刘伯承、邓小平、徐向前、薄一波、陈赓、安子文等老一辈无产阶级革命家和无数先烈的丰功伟绩。这部史书为我们提供了资政育人，进行革命传统教育的好教材。太岳革命根据地的历史经验十分丰富。它在政治、军事、经济、文化、教育等方面都有许多成功的创造。太岳革命根据地和各个革命根据地为完成新民主主义革命的任务和向社会主义过渡做出了重大贡献。革命根据地成功的经验和长期形成的优良传统和作风，为我们留下了极为宝贵的精神财富。大力宣传党的历史，这是我们各级党组织的一项义不容辞的职责。邓小平同志曾经指出：‘搞社会主义现代化建设，必须是改革开放加现代科学技术，再加上我们的政治优势。’彭真同志也讲过：‘讲革命历史不能不讲山西，山西有经济优势，同时革命传统是山西最大的优势。’江泽民同志指出：‘我们要认真总结党的历史经验，旗帜鲜明地、理直气壮地宣传党的光荣历史，宣传我们党为民族、为人民所建立的丰功伟绩。’我们一定要认真学习、研究、宣传我们党的光荣历史，进一步加强思想政治工作，使广大群众，特别是青少年了解我们党的历史，了解山西党的历史，发扬革命传统，反对拜金主义、利己主义、享乐主义等腐朽思想，为加强社会主义文明建设做出新的贡献。”

这次会议是由郭钦安同志主持的。郭钦安在介绍《太岳革命根据地简史》编写情况时指出：“《太岳革命根据地简史》的主要内容是记述了太岳地区各级党组织如何在极其困难的条件下和残酷的战争环境中紧紧依靠和团结广大人民群众，把马克思列宁主义、毛泽东思想的普遍真理与本地的实际结合起来，创造性地执行了党中央的路线、方针和政策，不但创建了根据地，而且使它不断巩固、发展、壮大，最后取得了抗日战争和解放战争的胜利，完成了新民主主义革命的任务，并且为向社会主义过渡创造了条件。在太岳革命根据地的历史中，我们积累了丰富的经验，形成了优良的传统和作风，这些都是极为宝贵的精神财富，是我们今天建设中国特色社会主义的精神力量，应该使它发扬光大。”

郭钦安同志还指出：“这本《太岳革命根据地简史》是从 1989 年 3 月开始编写的，经过 3 次大的改动和多次小的修改，于去年 10 月定稿。在编写《太岳革命根据地简史》期间，中共山西省委党史研究室的同志，特别是具体参加编写工作的师文华、卢海明等同志是十分努力的。他们克服了各种困难，用了 3 年多的时间，终于完成了编写任务。”

《太岳革命根据地简史》的出版发行产生了很好的社会效果。薄一波同志逐字逐句地看了这本书，可以说这本书自始至终是在薄一波等同志的指导下写成的，它从头到尾都凝结着薄一波以及原太岳区其他老同志的心血。它的完成，首先应该归功于薄一波、郭钦安、王绣绵及太岳区一大批老同志的指导、支持和帮助，没有他们是绝对不可能写成这样一部深受读者及社会各界欢迎和高度评价的精品之作。

《太岳革命根据地简史》出版之后，中共中央党史研究室资深研究员王朝美在《中共党史研究》上发表了题为《人民战争的壮丽图景——读〈太岳革命根据地简史〉》的书评，赞誉《太岳革命根据地简史》是一部有一定学术价值和史料价值的著作。他指出："综观全书，鲜明地贯穿着一个主旨，即论述把马克思列宁主义、毛泽东思想和中共中央的路线、方针、政策与太岳区的革命斗争实践相结合的历程和经验。该书通过太岳革命根据地的斗争经历及一系列独创的或有地方特色的史实，证明了党的新民主主义革命总路线和领导抗日战争、解放战争的一整套路线、政策、战略、策略的正确性，描绘了中国共产党领导革命根据地军民开展大规模人民战争的生动画卷，反映了中华民族英勇抗战、争取解放的爱国主义思想和革命精神。"

王鹤峰同志在太岳革命根据地史座谈会上的讲话*

卢海明　刘文沛　整理

我因为生病来晚了。前几天的会议没有参加，紧赶慢赶只赶上个尾巴。这也好，总算看到了很多老同志。这是多么难得的机会呀。听说这个太岳革命根据地史座谈会①开得很好。很遗憾，没有听到大家的发言，对我来讲是个损失，失去了一个很好的学习机会。

太岳区在山西的几块根据地里，在晋冀鲁豫边区的几个地区里，是比较小的一个地区。但它的建立、巩固和发展，也是在党中央和毛主席的正确领导下，八路军、决死队和广大群众流血牺牲英勇奋斗的结果。太岳区地区虽小，但无论是在军事上，还是在政治上，都居于相当重要的地位。

在晋西事变前，薄一波同志领导的山西第三行政区和决死一纵队，名义上是阎锡山的，但实际上是我们党领导的。它是山西牺盟会、新军——决死队等进步势力的中心。这里共产党的力量比较强，部队比较巩固。这对同阎锡山的斗争和太岳革命根据地的建立与发展毫无疑问是个有利条件。同时，这也是为什么晋西事变后晋西南几部分新军，如二一二旅、二一三旅五十九团，以及当地很多牺盟会和党政地方干部陆续转移到太岳

* 原载《山西党史通讯》1984年第7期。王鹤峰时任中共太岳区党委书记。新中国成立后曾任中共中央监察委员会驻东北局监察组组长，中纪委常委。

① 太岳革命根据地史座谈会是在中共山西省委党史资料征集研究委员会主持下，于1984年8月在太原召开的。

区的原因。当然，这也产生了我们同阎锡山、国民党斗争的一些复杂性。

当时，国民党和阎锡山曾经阴谋用软硬两手来搞垮我们。他们的各种阴谋都被我们粉碎了。晋西事变中，决死一纵队除个别头头（旧军官）逃跑或礼送出境外，部队没有受到任何损失，反动军官没有带走什么东西。

不可否认，当时的斗争很尖锐，形势很紧张。当时，国民党的中央军九十三军、二十七军和阎锡山的旧军都耀武扬威，蠢蠢欲动，准备进攻我们。他们对太岳区的威胁很大。在这种情况下，八路军三八六旅进驻太岳区，这对稳定当时太岳区的局面，加强同国民党、阎锡山的斗争起了很大作用。

当时，太岳区的决死队和其他新军都是新部队，战斗力较差，单靠他们在军事上难以压倒敌人。如晋西事变中九十三军就曾经侵入我临屯公路以北。经过我们的严重斗争和谈判，才把他们逼退回去。其后阎锡山的部队还曾经侵入我们的安泽地区，遭到了我们歼灭性的打击。这说明八路军总部派三八六旅进驻太岳区的决策是非常正确的。陈康同志当时是三八六旅七七二团的团长，他们到太岳区大大增强了我们的信心，为太岳区立了大功。

对于这次会议，我因病毫无准备。会议文件还没来得及看，提不出什么意见。

在创建和巩固太岳革命根据地的艰苦斗争中，广大军民做了很大的牺牲。许多先烈在斗争中献出了生命。如部队干部王墉、楚大明、凌则之、彭之久等等。为太岳区的建立、巩固和发展做出了贡献的许多同志，如陈赓、安子文、毕占云、顾大川、李哲人、薛迅、卫恒、裴孟飞、程谷梁、侯振亚、周义中、王竟成、刘裕民同志等，现在也已经先后逝世。我向他们表示衷心的悼念。

在抗日战争中，太岳区有些群众斗争是很出色的。如围困沁源，1944年延安《解放日报》曾专门发表过题为《向沁源军民致敬》的社论，号召全国军民向沁源学习。1943年高扬文等同志到延安时，我听了他们介绍沁源群众对敌斗争的情况，很感动。

在解放战争中，太岳区人民也做出了巨大的贡献。光野战军就先后组织了 3 个纵队，约 6 万多人。陈谢兵团过黄河时包括太岳区的部队、地方干部和民工约有三四万人。此外，还组织了八纵队和十五纵队。当时，太岳区老区人口只有 100 多万人，按人口数量说，出兵的比例是很大的。这是太岳区人民对解放战争的一个很大的贡献。

我对太岳区没有什么贡献。除我去延安前，在决死队工作的那一段外，1944 年春天我从延安回到太岳区，直到 1948 年秋天离开，4 年多中（包括日本投降后在四纵队工作的几个月），经历了抗日战争和解放战争两个阶段。

在日本投降前，1944 年到 1945 年我做的最大一件错事，就是在审干中伤害了一批县团级以上的负责干部。当时太岳区整风领导小组有谢富治、王新亭和我 3 个人，我是组长。这是北方局定的。因此，审干中发生的错误，我负主要责任。我错误地搬用了延安"抢救运动"中康生的那一套，我现在想来还很痛心。在这里我向那次受害的同志赔礼道歉。太岳区审查干部中虽然犯有严重的"左"的错误，但和"文化大革命"根本不同。"文化大革命"中林彪、"四人帮"完全是存心陷害好人。我们当时还是想把事情搞好的。我和那次受审查的同志没有任何个人恩怨。

在解放战争中，我们当时的任务第一是打仗，地方工作的中心是搞土改。1946 年我接手聂真同志的工作。1946 年 6 月，晋冀鲁豫中央局召开高干会，传达和贯彻中央关于土改的指示，即"五四指示"。这次会议主题是讨论土改问题，会后是布置打仗。可是一开完会，我就病倒了。直到 1947 年陈谢兵团南下，我整整病了一年。这一段正是土改高潮，我没有参加上。我只是参加了一些土改补课和整党工作。1947 年冬，晋冀鲁豫中央局召开的冶陶会议我参加了。这次会议是贯彻中央平山土地会议的精神，有"左"的倾向。我贯彻了这次会议中"左"的东西，又伤害了一些同志。在这里我也向他们赔礼道歉。

太岳区在抗日战争最艰苦的1942年前后那一段，我去延安参加“七大”。后来“七大”延期，我留在延安参加整风。我衷心希望同志们对我提出批评，个别谈谈或者写个意见交给我都可以。我信口开河地说了一阵，请同志们批评。

裴丽生同志在太岳革命根据地史座谈会上的讲话*

卢海明　刘文沛　整理

这几天看了太岳根据地史编写组所写的《大事记》（初稿），我感到同志们是下了功夫的。你们把过去的许多事情都整理出来了，不仅帮助我们回忆，也使我们系统地了解了很多事情。这就为编写《太岳革命根据地史》打下了一个良好的基础。我向从事这一工作的同志们表示感谢。现在，我讲三个问题：

一

太岳区地处晋冀鲁豫边区西部，战略地位十分重要，也可以说是太行根据地的屏障。这里是日军和阎锡山的必争之地，因此斗争既复杂又残酷。

日本侵略者屠戮中国人民的种种罪行，比如“三光政策”、蚕食手段、“铁滚篦梳战术”等的实施，都给全太岳区的人民造成了巨大灾难。1938年春天的“九路围攻”是日军运用兵力最多、进犯时间较早的一次“围攻”。1942年，日军占领沁源县城，是一次企图在我们根据地的中心地区插入一柄尖刀的失败尝试。

---

* 原载《山西党史通讯》1984年第7期。裴丽生时任太岳行署副主任。新中国成立后曾任山西省省长、中国科学院副院长。

国民党蒋介石和阎锡山的军队，对我们这块地区也是虎视眈眈，不断地搞摩擦、搞破坏，特别是阎锡山发动的十二月政变，蒋介石和阎锡山的军队配合日军占领了岳南、中条地区。到 1941 年中条山战役后，国民党 20 万大军被日本侵略军打垮。我们向日军发动进攻，重新开辟了岳南区和中条地区。

日本投降后，阎锡山妄想在晋东南地区安上一个大钉子。结果在刘邓的指挥下，在上党战役中我们把阎锡山的 11 个师全部消灭了。这就彻底粉碎了阎锡山的阴谋，有力地支援了毛主席在重庆的谈判。在解放战争中，蒋介石和阎锡山的军队在同蒲线上和我军进行了激烈的争夺战，太岳部队和其他根据地的兄弟部队都打得很好。继运城解放之后，在徐向前同志的指挥下，又从南向北，经过临汾、晋中、太原几个战役，到 1949 年 4 月 24 日山西全境获得了解放（大同除外）。

二

太岳革命根据地是在北方局和集总的领导下，以薄一波同志为首，首先进入太岳区的。一波同志 1936 年应阎锡山的邀请，以秘密共产党员的身份到达太原之后，整顿了牺盟会，使牺盟会完全置于共产党的领导之下。他开办了各种训练班，团结了广大革命青年，使牺盟会成为共产党领导下的革命组织，又根据北方局的指示，经阎锡山同意组建了决死队和其他番号的新军部队。

七七事变后不久，一波同志领导的决死队就进入了五台山区，准备与日本侵略军作战。后又遵照朱老总的指示，征得阎锡山同意后到晋东南开辟根据地。一波同志到了沁县后，同安子文领导的太岳工委（特委、地委、区党委）一块发动群众，搞减租减息，建立地方武装，改造旧政权，壮大决死队，支持八路军，建立工、农、青、妇各个群众组织，巩固和扩大了抗日民族统一战线。

1939 年 12 月，一波同志又在沁源召开了晋东南牺盟代表大会，部署了与阎锡山斗争的战略和策略。他在山西利用合法形式与阎锡山进行了出色的斗争，受到了党中央的赞许和表扬。

十二月事变后，我党著名将领陈赓同志率领三八六旅进入太岳区。三八六旅是开创、巩固和扩大太岳区的坚强柱石。六专署河东办事处的干部、部队和晋西南二一二旅、二一三旅这三支党领导下的部队也先后转移到太岳区。军队和干部都会合在太岳区，这在根据地建设史上也具有意义。在太岳革命根据地建立、发展的历史中，薄一波同志、陈赓同志、安子文同志，八路军、各种番号的新军、党政干部和太岳区的人民都是有贡献的。希望你们写史时要如实反映出来。

三

1938 年 4 月，也就是临汾失守一个多月以后，由于日军打通了同蒲路，占了很多县城，我们为了适应抗日战争的需要，六专署在其所属各县的汾河之东成立了河东办事处。办事处包括了临汾、洪洞、赵城、霍县、灵石汾河以东地区。我任汾东办事处主任。介休县当时党的归属问题尚不明确，也统一在河东办事处领导之下。河东办事处的辖区，西边是汾河，东边是霍山，完全是个游击区。我们的驻地石门峪距赵城据点的敌人也只有 30 里。日本侵略军、阎锡山顽固军都夹击奔袭我们。但是我们有政权，有县自卫队，又有短小精悍的游击队不断地袭击敌人，把敌人弄得疲于奔命。

这里应该提到的就是景支队。景仙洲同志是个老革命。十二月事变前，他率领游击队完全按照游击战争的战略战术，经常攻击敌人的碉堡，偷袭敌人。在汾东地区和其他各县的游击队的共同战斗中立下了功劳。十二月事变后，这支部队编入了八路军的序列，仍然活动在洪（洞）赵（城）地区的同蒲铁路沿线。后来景仙洲同志做了太岳二分区的副司令员。我补充的这个情形供你们写史时参考。

总之，我的意见也是先把史料收集完整，将历史情况搞清楚。然后分几个阶段，再写出若干专题。最后写出个简史和一部详细的历史。简史可以像联共（布）党史那样，简明扼要，既有历史叙述，又有理论概括。我希望山西省委再在人力、财力上给予支持。

今天，我们在座的同志以及没有参加这个会的同志都有补充材料的责任。只有经过我们共同的努力，才能像一波同志来信所希望的那样，写出一部好的太岳区的发展史。

董谦同志对编写太岳区史的建议*

卢海明　整理

我这次应钦安同志的要求，同太岳区的老领导、老战友座谈太岳区的问题。我是太岳区的人，很关心太岳区的历史怎样写。近两三年，我接触了太岳区史的编写情况。最初，就是山西师范学院的同志写的太岳区大事记，还有区划沿革。我花了一两个月的时间修改了大事记。从前年开始接受了一波同志让我编写山西新军图册的任务，准备出版。我的《沁源围困战》①是在1979年出版的。其他我也搞了一些。其中主要是太岳区的农业合作化运动。最近我写了一篇《毛泽东互助合作思想及其实践活动》的文章。这个是通过典型调查对互助合作运动作的一个总结。去年（1983年）9月，我到烟台地区调查了三个公社两个大队的责任制，这是毛泽东互助合作思想的新发展。

我年近七十，想把过去知道的东西留下来。新闻工作和文艺工作还没有写。子文同志临终时我去看他。那时，《沁源围困战》一书已经出版了。他已经看过。他遗憾地说："江横啊，沁源围困战，没有一部电影。有什么《地道战》呀，《铁道游击队》呀，《地雷战》呀，这些都有电影了。沁源围困战在世界军事史上是奇迹，可是没有拍电影。"我说："进北京后我想搞没有搞成。1972年想搞，当时昆明部队也派人来了。我同开基、鲁彦给他们弄了一个提纲，写了一个历史背景，他们不要。我把它放到《沁源围

* 原载《山西党史通讯》1984年第7期。董谦又名江横，时任太岳日报社副社长。新中国成立后曾任中国革命历史博物馆副馆长。

① 董谦著：《没有人民的世界——围困沁源通讯》，人民出版社1979年12月版。

困战》这本书里，作为沁源围困战的总结。他们当时受样板戏的影响，搞什么三突出嘛，不要我们写的。”

对于《太岳革命根据地大事记》和《太岳区机构沿革》这两份材料，我初步看了一下，有一些想法。下面就谈谈我的想法：

第一，关于写太岳区史略和专题的问题。

我觉得首先要搞清史略与专题的关系。史略最好是用编年体来写，并且要在搞清专题的基础上来写。这样才能把历史写好。因此，在步骤上，应先抓专题，把专题写好，然后在专题的基础上写史略，这样才能做到史料准确、事实精确、观点鲜明。由此才能拿出一本站得住脚的史书。

我们都知道，中国民主革命胜利的三大法宝是武装斗争、统一战线、党的建设。因此，我们的专题应该写太岳区如何运用三大法宝，有什么创造性的经验。

其一是关于武装斗争。

根据地史首先要写武装斗争。因为，根据地的开辟、建设、巩固和扩大要经过武装斗争。武装斗争不仅有正规军，有游击队，而且还有民兵。民兵的建设都可以放在这个专题里。要把部队的来龙去脉搞清楚。比如，开始有哪些正规军，后来又扩大了哪些。哪些部队调走了，哪些部队又调来了。其中要分时期。武装斗争要抓大事件，特别是沁源围困战，这是太岳区的，也是全国性的一件大事。别的地方没有，还没有哪个地区有哪座县城没有组织维持会的。晋西北演的那个戏，山城围困，他们把沁源搬过去了。但这个围困是小范围的围困，只是一个村子或者一个镇子，并没有全县规模的这样的大围困。历史上明末清初的扬州屠城，围困了多少时间，那又是一种形式。沁源围困战在世界上也是罕见的。苏联反法西斯战争中也没有出现过。像浮翼战役等都是一些有名的战役，都应该放在这个专题里。

其二是关于党的建设。

随着武装斗争的开展，共产党就发动群众，组织群众，以至建立共产党的组织，发展共产党的组织，包括基层一直到太岳区党委的领导机构。

太岳区原来是共产党的太岳工委，后来是太岳特委、太岳地委，最后才是太岳区党委。要把它的来龙去脉搞清楚。再比如，县委开始并不叫县委，而是叫八路军工作团。要把这个特点写清楚。党的建设里还有什么大的问题呢？那就是整风。一直到 1948 年还有整党整风。

其三是关于政权建设。

枪杆子里面出政权。经过武装斗争建立政权。政权如何建设？怎么由基层到上层，怎么由小到大，“三三制”政权是什么性质？还有民选村长等。政权还涉及到管辖范围、设置的机构以及机构的变化，地区的划分等等。好多事情都不容易弄清楚。

其四是关于统战工作。

需要补充这个专题。太岳区的复杂性，是一个很大的特点。特别是在创建初期，太岳区有友党、友军和地方民主人士的统战工作。武士敏、刘戡、四十二师的柳子俊，当时都在沁源、安泽这一带。他们中有进步的，有顽固的。但是开始时，我们和他们还是讲团结的，对他们作了争取工作。

我们对武士敏做了很多争取工作。他在国民党的将领里，是少有的。我曾访问过武士敏的部队，用半个多月的时间，对他有报道。武士敏很进步。在苏联和左权是同学，大概在大革命时期还是个共产党员，回国以后就脱党了。他的部队是十七路军冯钦哉的一个师，一六九师的师长。1940 年后成为九十八军军长。我到武士敏那里时，他有两个师，一个是四十二师，一个是一六九师。我是新华日报记者，奉八路军总部命令去的。访问后我写了一篇题为《向一六九师全体将士致敬》的通讯。子洪口战斗，这个人顶了一下。这个人是不错的。

对友党友军的工作很多。比如对阎锡山，我们也立足于争取他，同他搞好统战工作。后来，他要破坏统一战线，责任不在我们。这些历史都要写。

再者是我们对地方民主人士做了大量的工作。我们的基本方针是对的。当然，1948 年土改时将有些开明士绅斗争了，这么做是错误的。沁源没有维持敌人，我们做了开明士绅的工作。他们也跟我们跑到了山沟里。日军想抓一些士绅做招牌，但士绅们都跑了，不给它干。太岳区的统战工作不仅受到重视，而且做出了成效。

除以上专题外，还应该有经济建设、减租减息、大生产运动、土地改革、文化教育、新闻出版以及太岳区的党政军领导机构及行政区划的沿革。最后是敌情，还有阎锡山部队的驻扎情况也要有个专题。

其五是敌人方面要有一个专题。不把敌人的情况搞清楚，就说不清太岳区的艰苦斗争。究竟敌人占领了哪些城镇？这些城镇里有多少人？在太岳区周围究竟有多少个敌人的据点？日军、伪军、维持会的情况如何？要搞清敌人"扫荡"多少次，兵力有多少，敌人的暴行，敌人对人民生命财产的破坏，敌人制造的惨案等等。没有这些材料，就不能深刻地说明问题。

关于阎锡山，应搞清楚他的军政意图（各个时期，各件事项，有关太岳区的），以历史文献为依据，对他们每个部队的驻扎情况要搞清楚。十二月事变前后的不同情况，浮山就是拉来拉去。中共中央曾同阎锡山谈判，划分防区。还有和武士敏的关系。武士敏从岳北到岳南，有个桑曲划界，在太岳区以沁河为界。中条山战役后，武士敏的部队遭到敌人歼灭，武士敏也牺牲了。类似这些事情都要搞清楚。还有阎锡山部队、国民党部队的驻扎变化情况。什么时候在沁源，什么时候在中条山，什么时候退到黄河以南。友军怎样变成了顽固军，顽固军如何向我们进攻，进攻时有多少部队，多少人，进展到什么地方，制造些什么破坏，也要搞清楚。此外，还要搞清楚当时蒋介石、阎锡山对他们的下属有过什么指示。只有掌握了第一手材料，才能把史书写得准确。

第二，谈一下编写史略的问题。

其一是史略要采用编年体来写。要在写好专题的基础上写史略。对于史略，我觉得要按编年体写，并且要分阶段。每个阶段都要包括这十几个专题的材料。就是把专题的材料分散在每个阶段里。每个阶段党政军民的材料以至文化教育、统战工作、经济建设究竟怎么样？都要清清楚楚地写出来。

其二是要突出典型的、重大的事件，要突出太岳区的特点。

其三是要注意在贯彻中央的各项方针政策时存在什么问题。贯彻得好，好在哪里？还有什么缺点。我考虑到有几个难点：比如整风审干，有没有受“左”的影响？有没有问题？土地改革是明显的受了“左”倾路线的影响。将来出版时如何处理，有些有待于再研究。我的意见是在编写时，要本着实事求是的精神，客观地反映历史事实。贫雇路线是郑海[①]从晋西北取的经，在晋西北是康生提出来的。像这些来龙去脉都要写清楚。对于是“左”还是“右”的问题，都不要追究个人责任。郑海是6月份回来的，7月初到汉上。杀人是在8、9、10月份。冶陶会议期间还在杀。另外，对于和平土改应如何看待？这在当时是受了批评的。现在又该怎么评价？我们写历史，不仅是要如实地记录下来，而且要有正确的观点。这才有价值，有意义。

其四是写史略文字要简练、明白、生动，不要干巴巴。逻辑上按编年体写，第一个阶段的事，要与第二个阶段的事连接上。这才能体现其内在联系。

第三，编写太岳区史略与专题应采取的措施。

在编写史略和专题的任务确定以后，要有相应的措施。我的意见是实行责任制。我们的责任制是“两层编写，统一审定”。写专题的和写史略的应分两个步骤来写。要把过去从事这方面工作的同志组织起来，实行专题承包。比如政权建设，天乙[②]同志就可以组织些人实行承包。至于审定，是领导班子的任务。

---

① 郑海，时任中共闻喜县委书记。

② 指张天乙，抗日战争和解放战争时期一直在太岳区做政权工作，曾任太岳专署民政科长、太岳行署民政处长、建设处长、阳城县县长、长治专署专员。新中国成立后曾任山西省副省长。

附录一：

毛泽东同志在蔡家崖*

宋荐戈　卢海明

毛泽东同志生前曾经两次来到山西：一次是在抗日战争前夕，他于1936年春天率领红军东渡黄河，在吕梁、晋南和晋中地区辗转战斗了三个多月。所到之处唤醒了民众，推动了革命斗争形势的发展。再一次是在全国解放前夕，他于1948年3月赴河北省平山县西柏坡时途经晋绥解放区，在兴县蔡家崖度过了11个战斗的日日夜夜。

毛泽东同志在蔡家崖对晋绥解放区的土改和整党工作进行了深入细致的调查研究。他从总结经验入手，做了《在晋绥干部会议上的讲话》和《对晋绥日报编辑人员的谈话》两篇重要报告。进一步全面地阐明了党在新民主主义革命时期的总路线和总政策，以及党在土改工作中的总路线和总政策。

为了密切联系实际，全面地、准确地、完整地学习与掌握毛泽东思想，我们曾到蔡家崖，用了一个多月的时间进行座谈访问、调查研究和查阅资料。从毛泽东同志的革命实践活动中，我们受到了深刻的教育，得到了巨大的鼓舞。

一

蔡家崖位于山西兴县城西，离城15里，是蔚汾河畔一个依山傍水的

* 原载《山西师院学报》1979年第3期。

小村庄。1939 年“晋西事变”以后，贺龙同志率领的八路军一二〇师经过激烈的战斗，把阎锡山的部队全部赶出了晋西北地区。从此，蔡家崖就成了晋绥军区司令部的所在地。

为了打败日本侵略者和国民党反动派，遵照毛泽东同志的教导，贺龙同志在指挥千军万马开展对敌斗争的同时，还大搞生产建设。在蔡家崖，贺龙亲自带领干部战士和当地群众一起开荒种地，打井修堤，还把村南面一处寸草不生的烂碱滩改造成为绿树成荫的“柳湾”。在村里也盖起了许多新房和新窑，使蔡家崖面貌巨变。特别是通过减租减息和土地改革，实行了耕者有其田，消灭了封建剥削制度，这就大大地解放了生产力，提高了人民群众的革命积极性。在战争年代里，蔡家崖全村有 30 多名青年参加了人民军队，留在村里的男女老少也踊跃支前。有的当民兵配合正规军外出扰乱敌人的据点；有的抬担架、运公粮、做军鞋、站岗查路条，为革命做出了应有的贡献。

蔡家崖人民从切身体会中，认识到毛泽东同志是革命的舵手，人民的救星。他们更直接地从贺龙等同志的身上感受到毛泽东思想光辉带来的温暖。贺龙同志常常说:“我们的毛大帅是最有本领的人。”因此多少年来，蔡家崖人民就盼望着有那么一天，能够亲眼见见毛泽东同志。

这一天终于盼来了。当 1948 年大地回春的时候，毛泽东同志率领在陕北转战的中共中央机关，于 3 月 25 日来到了蔡家崖。

当时，共产党领导的人民军队已经在全国范围内对国民党军队发起了规模空前的攻势作战。在东北战场和华北战场上频传捷报，在南线作战的刘邓大军、陈粟大军和陈谢集团也获得了辉煌战果。解放区日益巩固和扩大，许多解放区已经连成一片。在陕北战场上，从 1947 年 3 月我军主动撤出延安后，彭德怀同志率领西北野战军两万健儿，采用“蘑菇”战术，牵着 20 多万国民党军队的鼻子兜圈子，使他们到处挨打。到 1948 年 2 月宜川战役时，已经消灭国民党军队精锐 10 多万人。与此同时，西北我军已发展、壮大到 7 万多人，而且经过新式整军运动极大地提高了部队的战斗力。至此，我军在陕北战场上已经爬过了山坳，由劣势变为优势。国民党军队在陕北的败局已定。

在这个历史转折的关头，撤出延安后一直在陕北转战的毛泽东和中共中央机关，遂决定东渡黄河，到华北去指挥全国的大反攻。

为了迎接毛泽东和中共中央机关渡河，贺龙指示地方上的有关部门挑选了 60 多名最好的水手，并把军区后勤部炸弹厂新造的两艘大木船调到了临县高家塔渡口，和地方上准备的船只集中在一起，随时待命。

3 月 23 日正午，毛泽东率领中共中央机关从陕北吴堡县川口村东渡黄河。那天，天气晴朗，万里无云。毛泽东穿一身半旧的灰布棉军装，头戴棉军帽，围一条白羊毛围巾，和周恩来、任弼时等同志一起，健步登上那艘被船工们精心布置过的新大木船。当他们在船上坐稳后，高家塔水手工会主任高树桐等 12 名水手掌舵开船。这时，毛泽东转战陕北乘坐的白马突然离船跃入水中游回西岸。仿佛在表示，他的主人是怀恋陕北的。

当木船击水中流的时候，毛泽东慢慢地站了起来，他眼观河面，环视群山，和站在旁边的周恩来同志兴致勃勃地谈论着将来要如何治理黄河，造福人民的事情。船在高家塔渡口靠岸后，他走下船来询问了当地人民的生活情况，并指示一位当地的负责同志批给船工们 360 斤粮票，补贴他们的口粮。

这天，毛泽东和中共中央机关的同志就在高家塔附近的塞则山村住了一夜，次日乘马溯湫水河而上，到达临县双塔村中共中央后委机关的驻地。后委机关的负责人叶剑英把自己住的窑洞腾出来，请毛泽东休息。第二天，即 3 月 25 日，毛泽东和周恩来、任弼时等同志改乘吉普车，从双塔出发，当天下午 1 点左右就到了蔡家崖。

二

毛泽东同志到达蔡家崖后，根据贺龙同志的指示，晋绥军区把所住的“花园院”全部腾出来，请毛泽东同志和中共中央机关的同志住宿和办公。

“花园院”原是晋绥解放区著名的开明士绅牛友兰的后院。抗日战争开始后，牛友兰腾出了他的这个院子，于是此处就成了晋绥军区机关的驻地。

这个花园院分里外两层，里院正面有六孔窑洞。毛泽东同志住在贺龙同志让出来的从东数的第四孔窑洞里。窑洞内的布置陈设简朴舒适。在窑洞的后部放着一张双人硬板床，床上铺一块灰色军毛毯，还放着里外白色的布被褥和装着荞麦皮的白色枕头。在窑洞前部靠近窗户处放着一张长方桌，桌上有一个旧式的泥金花纹茶壶，还有毛笔、墨盒、铅笔等办公用品和各种书籍。桌边是两张旧式太师椅，地上还有一个旧式布躺椅和两个晋绥军区干部自制的沙发。窑洞正中挂着马恩列斯的木刻肖像。和这孔窑洞相连的第五孔窑洞是毛泽东同志的会客室，也是他和周恩来、任弼时等中央首长聚会和吃饭的地方。除这两孔窑洞外，周恩来同志住东起第三孔窑洞，任弼时同志住东起第二孔窑洞，陆定一和胡乔木同志住东起第一孔窑洞。紧接着窑洞的西边，是可容100多人开会的军区礼堂。这是贺龙同志带领晋绥军区机关干部战士节衣缩食，用节约的生活费购买砖石木料，不用政府一分钱，不用群众一个工，自己动手修建的。在西边还有一排平房，住着中央的其他首长和警卫人员。其中一间稍大一点的房子用作警卫员值班室。

毛泽东同志到达蔡家崖的当天晚上，不顾旅途疲劳，听取了贺龙同志和中共晋绥分局书记李井泉同志关于晋绥解放区土改和整党工作的详细汇报。晋绥解放区的土改和整党工作，在中共中央正确路线的指引下取得了很大成绩。用晋绥人民自己的话来讲，就是通过土改和整党，“从此以后，再也不敢封建了，再也不敢厉害了，再也不敢贪污了。”这样就大大地巩固了解放区，有力地支持了人民解放战争。

但是，在晋绥的土改和整党工作中也出现了一系列“左”的倾向。这主要表现在：第一，许多地方把相当一部分中农甚至贫农错误地划进了地主富农的圈子里，因而扩大了打击面。例如蔡家崖行政村共有居民552户（缺岔儿上自然村），用“查三代”、论穿戴、看表现的办法，错划了50多户地主、富农，把300多口人划进了敌人的阵营。第二，对于地主、富农不给任何出路。用挖地财、清浮财、“扫地出门”等办法，把他们逼上绝境。实际上是采取了肉体消灭的办法。第三，把工商业者当作“化形地主”来进行斗争。城镇里的商店、工厂大部分都被查封、没收了。没有查封没收的，也用税收政策进行打击。严重地挫伤了工商业者的积极性。第四，存在着乱打乱杀的现象，不必要地处死了一些地主、富农分子。特别严重的是，有些坏人乘机跳出来“搬石头”，斗干部，“由他们罪恶地杀死了若干劳动人民”。当时，中共晋绥分局在对待群众要求的问题上，笼统地提出了“群众要怎样办就怎样办”的口号。在由陈伯达为晋绥分局写的一篇社论中鼓吹自发的群众运动，致使许多地方在运动中踢开了党支部和区村干部，助长了尾巴主义。

很显然，以上种种“左”的错误倾向，不但挫伤了广大干部和群众的革命积极性，而且也妨碍了土改和整党工作的健康开展，给革命事业造成了极大的损失。

1948 年 1 月以后，中共晋绥分局根据中共中央十二月会议的精神，陆续发出了各项纠正“左”倾偏向的指示。也就是在这个时候，毛泽东同志来到了蔡家崖。

毛泽东同志为了全面的了解晋绥解放区的工作，除了听取中共晋绥分局领导同志的汇报外，还亲自在会客室召开了五次座谈会，向区县干部、土改工作团干部和贫农团代表详细地调查当地农村的状况。他口问手写，和到会同志开展同志式的讨论，详细地了解当地地主、富农占农村人口的比例和他们占有土地的情况，了解土改工作团是怎样发动群众的，群众是怎样斗地主的，贫雇农分得了多少土地，农民的生产积极性如何。共产党员的状况和党政机关的工作作风怎样，土改和整党工作是怎样贯彻执行党的路线和政策的，有哪些成绩，存在什么问题，对于“左”倾偏向是怎样纠正的，等等。

毛泽东同志非常重视召开座谈会。有一次，参加座谈会的人到齐了，突然来了一架敌机在上空盘旋。同志们劝毛泽东进防空洞，但他从容镇定，泰然自若，坚持着开座谈会。有几次座谈会一直从下午开到深夜。通过这些座谈会，毛泽东同志对晋绥解放区的历史和现状有了深刻的了解。

在蔡家崖，毛泽东同志接触了一批又一批的晋绥干部和群众。他总是谆谆告诫大家：要记住党的总路线和总政策，要记住团结 90% 以上的干部和群众。对于党的总路线和总政策，要早上想一想，中午想一想，晚上想一想，一日三思，不要犯错误。要做一个自觉的、完全清醒的革命者。他还以黄河上掌船的老艄公为例，意味深长地对一些干部说："黄河上的老艄公，不管风吹浪打，眼睛总是朝着前方，双手总是牢牢地掌着舵。"这就是说，在革命运动中掌握党的总路线和总政策是十分重要的。

毛泽东同志在蔡家崖，还用三个晚上的时间去北坡（离蔡家崖二里许）观看战斗剧社、七月剧社和大众剧社的演出。头一天晚上，出于安全方面的考虑，多加了几道岗哨。毛泽东同志知道后，立即指示有关负责同志说：不要用岗哨割断我们同群众的联系，要请附近村里的群众都来看戏。这以后，方圆十多里的群众和机关干部，都和毛泽东同志一起看了戏。那演戏的戏台是一块两米多高的土坡，台前是一个方形平地，能坐 1000 多人。晚上戏台上点上汽灯，照得通亮通亮。当时和毛泽东、周恩来等中央首长在一起看戏的干部群众都很激动。直到几十年后，当地人说起这件事还是觉得十分温馨。

在平时，毛泽东同志抓紧每分每秒的时间紧张地工作，很少休息。他有时找晋绥的同志谈话，有时伏案读书、批阅文件和撰写雄文。白天工作的时间久了，就站起来伸伸两臂，活动活动四肢，或者到户外散散步，晒晒太阳。吃饭的时候，警卫员端上饭菜来，催过好几次，他才停下工作出来用饭。晚上夜深人静、万籁俱寂时，毛泽东同志仍然在灯光下聚精会神地工作，常常彻夜不眠。他为了操劳国家大事，就是这样一点一滴地奉献着自己的心血。

三

4 月 1 日，是蔡家崖人民永远难忘的一天。这天下午，在"花园院"军区司令部的礼堂里召开了晋绥干部会议。参加会议的有各个地委的书记和边区党政军各部、处的领导同志，共一百七八十人。在这个会议上，毛泽东同志作了长达 3 个小时的重要讲话。

会议开始后，毛泽东同志在热烈的掌声中登上讲台。这时，会场内外挤得水泄不通。许多人坐着自带的小板凳，把笔记本放在大腿上，专心地记录着毛泽东同志讲的每一句话。毛泽东用他那博大深邃的思想、透彻精辟的分析和通俗生动的语言，吸引了全体听众。他在讲话中首先总结了晋绥解放区土改和整党工作的经验教训，肯定了成绩，分析了取得成绩的原因，提出了今后的任务。他明确指出："按照实际情况决定工作方针，这是一切共产党员必须牢牢记住的最基本的工作方法。"他提出：今后共产党组织的重要任务之一，是"恢复和发展生产"。希望各级干部"好好地领导这些生产事业，否则就不能算作一个好的马克思主义者"。接着，毛泽东同志讲了全国的形势，着重强调了党的总路线和总政策，阐述了总路线和总政策与各项具体工作的路线、政策的关系。并且谆谆告诫大家，在夺取全国胜利的形势下，"全党同志必须紧紧地掌握党的总路线"。否则，土改和整党工作就不能健康地发展，支援解放战争的工作也将受到影响。

毛泽东同志在晋绥干部会议上的讲话，犹如光芒四射的灯塔，照亮了中国革命的进程。晋绥干部听了他的讲话之后，从边区到地县，都进行了热烈的学习和讨论。他们按照讲话的精神，认真地改进工作，推动着革命形势胜利地向前发展。

为了使新闻工作更好地宣传党的路线、方针、政策，4 月 2 日上午 10 时，毛泽东同志在警卫员值班室接见了《晋绥日报》的 20 多个编辑人员。在接见中，毛泽东逐个审视了大家提出的六个问题。当他谈到错订成分的问题时，关切地问："1933 年《怎样分析农村阶级》的小册子是否发得晚了？"有的同志回答："如果早点发，可能会好点。"这时，毛泽东同志离开坐着的布躺椅，神采奕奕地站起来，把两手伸向前方，微微向上举起，眼睛环视着大家，语重心长地说："我们的政策，不光要使领导者知道，干部知道，还要使广大的群众知道。有关政策的问题，一般地都应该在党的报纸上或者刊物上进行宣传。"他在房子里踱了几步，停了停，又笑着问大家："你们看过《三打祝家庄》这个戏吧？头两次都打败了，后来研究了失败原因，大家心一齐，采用里应外合的办法，结果第三仗就打胜了。"用这个古典小说中的实例，毛泽东同志形象地说明了"群众心齐了，一切事情就好办了"这个深刻的真理。过了一会儿，毛泽东又说，"马克思列宁主义的基本原则，就是要使群众认识自己的利益，并且团结起来，为自己的利益而奋斗。"最后，他强调指出："我们必须坚持真理，而真理必须旗帜鲜明。""我们党所办的报纸，我们党所进行的一切宣传工作，都应该是生动的，鲜明的，尖锐的，毫不吞吞吐吐。"这次谈话持续了两个多钟头。时间已经过了12点。当工作人员几次进来催他吃饭时，毛泽东同志才以"用钝刀子割肉，是半天也割不出血来的"这个比喻，结束了这次具有历史意义的谈话。

接着，毛泽东在周恩来、任弼时和贺龙等同志的陪同下，邀请《晋绥日报》的编辑人员共进午餐。这时大家才知道，毛泽东同志为了准备和编辑人员的谈话，还没有顾上吃早饭呢。

和《晋绥日报》编辑人员谈话以后，毛泽东同志又把党在民主革命时期的总路线和总政策以及在土改工作中的总路线和总政策为《晋绥日报》亲笔题词："无产阶级领导的，人民大众的，反对帝国主义、封建主义、官僚资本主义的革命"。"依靠贫农，团结中农，有步骤地、有分别地消灭封建剥削制度，发展农业生产。"

《晋绥日报》于1948年5月1日和5日第一版刊登了毛泽东写的这两条题词，为全党的工作指出了明确的方向。

1948年4月4日，毛泽东和周恩来、任弼时等同志离开蔡家崖。途经岢岚、繁峙、五寨、神池、宁武、代县，翻越五台山，进入河北省境内。在城南庄小住几天后，于5月26日到达晋察冀边区的平山县西柏坡村，同刘少奇、朱德等同志领导的中央工作委员会胜利会合。这预示着"打倒蒋介石，解放全中国"的最后时刻已经到来，光辉灿烂的新中国要在世界的东方冉冉地升起来了。

现在，当我们幸福地回顾毛泽东同志在蔡家崖的日子，心中油然激起对他的崇高敬仰和无比热爱的感情。毛泽东在历史的转折时刻，及时地拨正了革命的航船，指出了胜利的方向。毛泽东思想的伟大旗帜，将永远照耀着我们前进的道路，鼓舞着我们在实现四化的新长征中乘风破浪，夺取更大的胜利。

我在榆次县开展牺盟会工作的前前后后*

阎定础　口述　宋荐戈　整理

我是1926年6月参加中国共产党的。1936年党组织决定让我到牺盟会工作。经与薄一波同志认识后，他对我说："先学习一段为好。主要是学习统一战线政策和熟悉山西的情况，以便能适应新的形势和环境，今后能很好地工作。"于是，我在山西军政训练班学习了一段时间后，就被分配到榆次县担任牺盟特派员。此后，我在党的抗日民族统一战线思想和方针的指导下，走出了地下党的狭小圈子，开始在榆次县牺盟会工作了。现在把这段史实写出来，供大家了解当时的情况。

一、我初到榆次县做的一些工作

1937年6月，我被派到榆次县担任牺盟会特派员。到职后，人地都很生疏，在北关找旅馆住下后，就到县政府拜访马藩庶县长。接着我花了几天的时间，走访了县里的各机关、团体、学校和地方上的绅商头面人物。向他们宣传抗日救亡、团结抗日的主张，恳请各方帮助，进行统战工作。不久，在县城北大街15号院门上挂了一块牺盟会榆次分会的牌子，但院里并无牺盟会的工作人员。后来我住进城内寇家巷景德堂院里，就把牺盟分会的牌子也挂到了这里。这期间，我就四处了解当地各方面的情况。

我了解到，榆次是山西晋中的一个大县。这里交通便利，市场繁荣，商业发达，素称富庶之区。当地人民积习相传，崇尚商业，一般人都以出

* 原载《牺盟会·决死队研究》2010年第2期。

门经商为最理想的出路。但自九一八事变以来，由于日本对华经济侵略日益加剧，加之在阎锡山统治下苛捐重税和晋钞贬值，使榆次的商业经济面临崩溃的危险。商号倒闭逐年有所增加。商业从业人员接连失业，造成了极不安定的局面。

我还了解到，榆次的文化教育不算很发达。全县没有中学，只有一所私立职业中等学校（叫魏榆职业中学），这所学校是由本县留省同乡会及在县的绅商发起成立的。它实系中等商科性质，显然是为培养新的商业人才而设的。此外，在县城内有县立高级小学、女子两级小学和私立职中附属两级小学及县立模范初级小学、东街初级小学各一所。另在全县各区的区公所所在地，有县立高级小学共 4 所。其余各村就只有初级小学校了。

在榆次县的知识青年中，有些在外地参加了革命的。如赵品三（振鑫）、赵石宾（荣国）、高春生（子华）、刘耀夫、阎连寅、张景荣等。他们对激发本县知识界的爱国情绪，传播革命思想都起过一定的作用。在本县的知识界中，有些品学兼优的教师。如职业中学的史克让（子谦）、范新三、郑文甫，模范小学的教师郑允文，第一高小的刘新哉等人，都是为人正派，富有民族意识和爱国热情的青年。他们对抗日救亡运动也当然不落人后，但他们对阎锡山所办的事，一概持怀疑态度。这样，我初到榆次时，他们把我看作是阎锡山派来的人，表面应酬，冷眼旁观，保持着相当的距离。

在知识分子中，最初只有范维屏（现名范效先，新中国成立后曾任黑龙江水利电力学院党委书记）比较积极。他原是北平弘达中学的学生，当时正在家居。他建议我在当地的五月庙会期间以牺盟会的名义出个墙报，连同牺盟总会出版的牺牲救国报和各种抗日宣传品都张贴出来。他觉得这样就可以在社会上引起轰动，把大家抗日救亡的爱国热情激发出来。我觉得他的建议很好，就这么做了。可是事实上，虽然当时赶庙会的人群摩肩接踵，熙来攘去，但大多数人都不识字，所以站下来看墙报的人并不多。

在这种情况下，我应该如何着手，从何处着手开展工作呢？

我最先是到县城附近的窑上、范家堡、郭家堡等村进行调查访问。村公所认为我是省里派来的“委员”，受到相当的尊重和接待。我让他们把去冬牺盟会成立时参加牺盟会的会员名册拿来看看，只见村公所造的牺盟会员名册中，每户都是把年纪大的老人填上充数，很少有年轻人的名字。这似乎使人莫明其妙，但我仔细推想，其原因可能有两种：其一，牺盟会员的名册都是按户口簿填造的，所以写的都是户主的名字。其二，这大概是因为群众怕牺牲救国，抽丁抓兵，所以不敢写年轻人名字的缘故吧。既然如此，我就无须追问和深究了。

后来我到了晋华纱厂，了解到这个厂有3000多工人。在第一次国内革命战争期间，这个厂的工人曾在共产党的领导下，举行过轰轰烈烈的罢工斗争，是有革命传统的。于是我就决定把晋华纱厂作为榆次工作的重点。

为了在晋华纱厂打开工作局面，我经常到工人的住处访问，和工人交朋友，同时向他们宣传日本侵略者已经开始向中国进攻，中华民族已经到了生死存亡的紧急关头。只有团结起来进行抗战，才可以救国救民。

在开始的时候，工人们对我表示冷淡。特别是他们对于我的宣传还心存许多疑问。如有的人说：“抗战是国家大事，工人无权无力，顶个啥事？”有的人说：“当官的、带兵的不去抗日，咱工人赤手空拳，怎么去抗？”还有的人说：“牺盟会是阎锡山办的，谁晓得它是干什么的？”不过通过一段时间的接触和交谈，许多工人逐步懂得了要进行抗战就必须发动广大群众，组织各阶层人民，团结一切抗日的力量，建立广泛的抗日民族统一战线，实现人民和政府一致的全面抗战。

与此同时，他们还知道了牺盟会虽然戴着阎锡山的帽子，但与共产党的关系是很密切的。牺盟会的工作就是要动员和组织大家积极行动起来参加抗日救亡运动，与敌人进行坚决的斗争。

当工人们的觉悟提高以后，就有不少人要求参加牺盟会了。其中如织布厂的郑鹤麟（新中国成立后曾任解放军某基地司令员）、杜学文（作战牺牲），保全部的宋连枝（新中国成立后曾任天津市园林管理局副局长），细纱车间的张效良（新中国成立后曾任中央人民公安学院副院长）、王继禄（解放太原时任副团长，牺牲）、王汉林（十二月事变时任高平县公安局局长，遇难）、田玉林（新中国成立后曾在长江航运局任处长）等都是晋华纱厂牺盟会最初的骨干。以后就采取“滚雪球”的办法，通过这些骨干在工人中的串联活动来发展牺盟会员。现在知道的有刘桐山、李质彬、郝文在、姜明生、贺东源、王富贵、董锦文、韩喜芬、孙基、白喜银、郝志道、康二货等四五十人。他们为以后在晋华厂开展工作奠定了基础。

二、在晋华纱厂建立牺盟分会

七七卢沟桥事变爆发后，鉴于时局发展的急剧变化，要求我不能再采用手工业式的方法小手小脚地去工作，而是必须尽快地在晋华纱厂内造成大规模公开活动的声势。为此，我和牺盟会的骨干们分析了当时晋华纱厂的情况。大家认为由于厂里已经有一部分工人参加了牺盟会的组织和工作，加上当前抗日的紧急形势，是完全可以冲破厂方的障碍来开展工作的。当然如果可以说服厂方也支持牺盟会的工作，取得他们的合作与配合，就可以减少阻力，把工作做得更快更好。

正是因为这样，我就去找管理晋华纱厂的总工程师黄季冕，开门见山地向他说：“现在日本要灭亡全中国。在这样严重的形势下，厂方应该让全厂职工都动员起来参加抗战救国，才是正当的途径。”他沉思了一下说：“这事要和董事会商量一下。我是管生产的，无权过问政治。”我说：“天下兴亡，匹夫有责。这就是说抗日救亡人人有责。黄总工程师怎么能说对抗日工作无权过问呢？”黄季冕软软地说：“对于抗日救亡的事我并非不赞成。只是我管生产忙得很，实在顾不过来管这些政治方面的事。”我见黄的态度有了转机，就赶紧说：“我也知道您是个忙人。说实话，我也顾不过来专管晋华纱厂的事。现在厂里已经有几十个工人参加了牺盟会，只请您指定个职员，负责把厂里牺盟会的事管起来。”黄季冕听了立即表示：“既如此说，就很好办了。我们厂里的人事科长姚常机在山西做事多年，我看让他办牺盟会的事，是很合适的。”我很同意地回答说：“这好极了，有了姚科长，以后有事我们便可直接联系，不必再麻烦黄总工程师了。”

此后，我介绍姚常机加入了牺盟会，并请他担任了榆次县牺盟会的委员，具体负责晋华纱厂内牺盟会的工作。他的任务是在工厂内发展牺盟会员，进行抗日宣传。在这以后的一段时间里，仍让郑鹤麟、宋连枝、张效良等牺盟会的骨干在工人中活动，物色和发展牺盟会员，但找好对象不直接介绍他们入会，而是让他们到人事科找姚科长介绍填表，办理入会手续。姚常机每周来县牺盟会汇报工作时，就带来一叠一叠的会员入会登记表，都是发展的新会员。他再带走牺盟会的报刊和宣传材料回厂张贴，完成交给他的任务。这样做，牺盟会就可以在晋华纱厂公开合法地扩大影响和声势。这样既有利于发展和壮大牺盟会的力量，也巩固了抗日民族统一战线。而厂方则认为，牺盟会的组织和工作都在他们的掌控之中，是可以完全放心的。就这样，晋华纱厂牺盟会的工作有了很大的发展，牺盟会员很快就发展到三四百人。

为了加强牺盟会在工人中的领导，根据上级指示，在晋华纱厂建立了牺盟分会。郑鹤麟、宋连枝、张效良、王汉林、王继禄、杜学文等都被选为晋华纱厂牺盟分会的委员。

在晋华纱厂牺盟分会的领导下，厂里的抗日宣传工作搞得轰轰烈烈、扎扎实实。特别是在响应牺盟总会号召，为了支持前方作战部队，发动“一大枚”（一大枚铜元）捐献签名运动的时候。晋华纱厂在厂内外、宿舍、街道、车间都设立了捐献签名站，向群众宣传前方将士英勇抗战。只要捐献一大枚铜元，多造一颗子弹，就可以多打死一个敌人。号召大家踊跃签名捐献。许多牺盟会员尤其是骨干分子，拿着柳条筐、签名册，到处奔走呼号，有的把嗓子都喊哑了。经过这个运动，增强了厂内的抗日气氛，扩大了牺盟会的影响，要求参加牺盟会的人更多了。1937 年 7 月底 8 月初，牺盟总会派赵道五（即于林）也来榆次担任牺盟会特派员。还派牺盟总会的常委张玉麟和杨蕴玉（新中国成立后曾任教育部副部长）来榆次指导工作。这样，牺盟会在榆次的领导力量增强了。于是我们大家同心协力，把牺盟会在榆次的工作特别是晋华纱厂的工作更加有声有色地开展起来了。不久，一些晋华纱厂牺盟分会的骨干参加了共产党。最先是郑鹤麟由范维屏介绍入党，建立了党的支部，由范维屏担任党支部书记，这样工作开展起来就更加顺当了。

三、晋华纱厂成立了工人武装自卫队

1937 年 9 月下旬，日本侵略军的铁蹄已踏入晋北各地，向太原、榆次逼近。在这样的形势下，牺盟总会提出了“普遍武装民众，由民众担负起保卫家乡、保卫山西”的任务。并指示各地的牺盟会工作人员，要抓紧时机，组织人民武装自卫队。在接近敌人的地区要立即将自卫队改编为游击队，配合正规部队与敌人开展游击战争。这实际上就是中共北方局对牺盟会工作的指示。根据这个指示的精神，我和赵道武通过晋华纱厂的牺盟分会积极动员工人参加自卫队，进行武装抗日斗争。很快地，晋华纱厂的自卫队队员发展到了 300 多人。我到太原向中共山西省委书记张友清汇报了这个情况。他听了很高兴，立即派老红军周桂生随我来榆次，充当晋华纱厂工人自卫队的军事教官，对工人自卫队队员进行军事训练。牺盟总会还给晋华纱厂工人武装自卫队发了 200 多支枪和 5000 发子弹。

不久，八路军一二九师民运部副部长赖际发带着一个连（教导五连）来榆次建立了交通站和办事处，负责联系榆次、平定、太谷组织游击队的工作。经过研究，决定晋华纱厂的工人武装自卫队应与赖际发带来的教五连共同行动。

到了这年的 10 月，由于敌机经常袭扰，晋华纱厂白天已不能正常上工。通过工人和厂方的交涉，改为夜间上工。白天就由工人武装自卫队组织一部分队员成立了纠察队，负责维持厂内的秩序。另外大部分队员则集中起来进行军事训练和政治训练。通过这样的训练，提高了队员们的思想政治觉悟，也使他们掌握了一些军事常识和军事技术，为参加抗日游击战争作好了准备。

四、武装起来，上东山打游击

随着山西的形势一天紧似一天，1937 年 10 月 28 日，我和赵道五、杨蕴玉、范维屏、周桂生、郑鹤麟及赖际发等七人在范维屏家中召开了党员会议。经过大家研究，决定让晋华纱厂的工人武装自卫队与赖际发带领的教五连一起行动，都上东山打游击。另外还要抓紧组织农民自卫队，尽量多带一些人到东山开展群众工作，在东山地区建立抗日根据地。

1937 年 10 月 30 日晚上，晋华纱厂工人武装自卫队由张玉麟带领，从公安局仓库里取出牺盟总会发给的枪支子弹，和赖际发率领的教五连一起上了东山。范维屏领着一批地方人员也和部队一起上东山去了。第二天，我也带着一些人上了东山。我们在榆次东山发动群众和组织群众，建立了抗日民主政府。于是，这块抗日根据地就成了太行抗日根据地的一部分。

这时，日军已经逼近寿阳，榆次城内已乱作一团。当此之际，经过我和赖际发、张玉麟共同研究决定，由晋华纱厂工人武装自卫队组织人力，两次进城抢运晋华纱厂仓库里的面粉、棉布、棉花、毛毯等物资。此后，晋华纱厂的工人武装自卫队编入秦赖游击司令部下辖的二支队。由周桂生任支队长，我任政治委员。当日军进占榆次后，这支部队已发展到四五百人。1938 年初，我调任中共榆次县委书记。而二支队也编为八路军一二九师秦赖支队第二营，由周桂生任营长。我们还从这个营抽调出一部分骨干，组成了榆次县游击大队。这支队伍后来也成了共产党领导下的人民军队的一个组成部分。

刘亚雄同志在山西*

宋荐戈

刘亚雄，1902 年出生于山西兴县。她毕业于国立北京女子师范大学，1926 年参加中国共产党，曾任中共河北（顺直）省委秘书长。在抗日战争前夕，她根据中共北方局的决定，于 1936 年返回山西从事革命工作。这期间，她参加了牺盟会和决死队的创建工作，并在晋东南抗日根据地担任了领导工作。其后，她因被选为出席中国共产党第七次代表大会的代表，于 1942 年离开晋东南奔赴延安。

抗日战争爆发前后，刘亚雄在山西工作了 7 个年头，这七年正是山西掀起抗日救亡热潮和共产党、八路军在山西创建敌后抗日根据地的重要时期。这期间，刘亚雄用她的行动谱写了令人难忘的一章。

一

那是在 1936 年 10 月，中共北方局组成以薄一波为书记的中共山西省公开工作委员会。刘亚雄作为公开工作委员会的成员，也回到太原工作。

当时，正值抗日战争的前夕，中国共产党为了挽救中华民族的危亡，制定了实行抗日民族统一战线的政治路线，提出要团结一切可以团结的力量共同抗日。也就是在这个时候，山西的统治者阎锡山为了保住自己的地盘和权益，表示愿意与共产党合作抗日。

* 节选自《刘亚雄：著名的女社会活动家》。本文收入《师范群英光耀中华》第三卷，陕西人民出版社 1992 年版。

在这样的形势下，薄一波、安子文和刘亚雄等人回到山西后立即接管了成立不久的“山西牺牲救国同盟会”。不久，刘亚雄又加入了阎锡山的核心组织“自强救国同志会”，担任了妇女救国委员会的委员。

此后，刘亚雄就利用公开合法的身份从事抗日救国活动。其中，她做的一件重要事情是：当1936年冬傅作义的部队在绥东抗战中奋勇作战，获得百灵庙大捷时，刘亚雄根据统战工作的需要，积极筹备，并以阎锡山母亲的名义召开了“山西各界妇女为抗日将士募捐大会”。在这次大会上，刘亚雄代表阎老夫人发表讲话，她在讲话中深入浅出地分析了当时的抗战形势和绥东抗战的意义，指出，支援抗战是每个中国人的神圣职责。许多参加大会的妇女，听了她那种坦诚率直的讲话明白了许多抗战的道理，产生了一股从未有过的抗战激情。几天以后，刘亚雄又作为女界代表参加了山西各界人士代表团，去绥远前线慰问抗日官兵。通过这次实地考察，刘亚雄对于中国军队和群众的抗日热情有了更深切的感受。

1937年2月，刘亚雄受薄一波的委托，担任了山西军政训练班第十一连的政治指导员。这个连也称“女兵连”，全连有190多名的女兵，她们来自全国16个省市，其中不少人是从北平、天津、上海等地来的女知识青年。

为了把这些女知识青年训练成坚强的革命战士，刘亚雄运用各种方法对女兵们进行思想政治工作。

她首先是把一批由共产党组织选派进来的女共产党员和进步青年安排到各排各班担任政治工作员，要求这些做政治工作的同志不仅要通过上政治课和开政治时事讨论会对女兵们进行思想政治教育，而且要时时处处关心女兵，对女兵们进行针对性的革命教育。她不止一次地对政治工作员讲:“这批女兵，应当看作是共产党的宝贵财富，我们必须保证在政治上不出废品。”

刘亚雄不但自己给女兵讲政治课，还有计划地邀请薄一波、杨献珍、周仲英、韩钧等共产党的干部，给学员讲解共产党的抗日民族统一战线政策和中国革命史、社会发展史、妇女解放史以及马克思主义的基本观点。

当周恩来、彭德怀、徐向前等共产党和八路军的领导同志来到太原后，每逢牺盟会邀请这些领导同志作重要报告时，刘亚雄都要亲自带领全连女兵前去听讲。听讲之后，就由政治工作员带领女兵分班分组讨论，让大家通过讨论和争论统一认识，从而使女兵们加深了对共产党方针政策的理解，增强了思想修养，认清了国内外的形势。

与此同时，刘亚雄还组织女兵们在课余时间阅读进步书报，排练宣传抗日救国的文艺节目。每逢节假日就全连出动，到工厂、农村和太原街头进行抗日宣传。这既是在做抗日救国的工作，也是让女兵们进行自我教育。

此外，刘亚雄和政治工作员们经常深入到操场、宿舍、饭堂，和女兵们促膝谈心，问寒问暖。针对女兵们的活思想进行个别教育。

通过这些过细的思想政治工作，使女兵们在很短的时间里提高了思想政治觉悟，成了真正的革命者。

刘亚雄对女兵们的军事训练也抓得很紧，要求也相当严格。她用政治工作来保证军训工作的顺利开展。要求女兵们每天早晨 6 点钟就要起床，起床时要迅速着装，接着就出操、洗漱、整队进食，一刻钟内进餐完毕。早饭后休息片刻，就全体集合进行变换队列的训练和跑步、卧倒的动作操练。接着是进行野外阵地战的训练和学习使用步枪、机枪、手榴弹的方法，使大家初步地掌握了杀敌的本领。

女兵连的战士们通过几个月的训练和学习，开阔了眼界，提高了觉悟，学到了本领。她们懂得了许多中国革命的基本问题，知道了什么是共产党，什么是马克思主义。她们走上革命的战斗岗位后，绝大多数人参加了中国共产党，都为中国人民的解放事业和祖国的繁荣昌盛做出了贡献。

二

抗日战争爆发后，中共中央发表抗日通电，号召全国各党各派各阶层团结起来，抵抗日本侵略者的新进攻。不久共产党和国民党实行第二次合作。长征到达陕北的中国工农红军改编为国民革命军第八路军，他们东渡黄河，开进了山西抗日前线。

这时，国民党在山西的统治者阎锡山迫于形势和民众的压力，同意了薄一波关于建立山西新军的提议。于是，在太原首先组建了“山西青年抗敌决死队”，由薄一波任政委。刘亚雄也随军行动，在总队政治部做思想政治工作。

当这支山西新军队伍进军途中，在盂县待命时，刘亚雄按照总队的指示，在当地牺盟会干部的全力协助下，到农村向群众宣传抗日救国的道理，激发群众的抗日热情，动员他们参军参战。很快地，刘亚雄就在盂县组织起了一支有几十个热血青年参加的抗日游击队。她把这支游击队带到沁县，在沁县以北的王可村地区开展农村工作，建立了农村政权。同时，把附近村庄的农民都组织起来，建立了自卫队、妇救会、抗日儿童团等各种组织。儿童团站岗放哨，盘查行人。自卫队捉拿汉奸特务，防止敌特破坏。游击队在这里训练部队，进行各种抗日宣传活动，使这里出现了一个轰轰烈烈的抗日局面，出现了妻送夫、父送子，参加抗日武装的大好形势。抗日游击队的人数迅速地增加到 100 多人。1937 年 12 月，经上级批准，刘亚雄领导的这支游击队被正式命名为山西青年抗敌游击第一区队，以余百川（余凯）为区队长，刘亚雄为政治指导员。这是山西新军中最早组建起来的一支游击队。

1938 年春，山西青年抗敌游击第一区队开赴同蒲铁路沿线的平遥、祁县、太谷一带活动。由于这时阎锡山委派的平遥县县长已经弃职逃跑，刘亚雄就及时地派出区队政治工作员梁济民出任平遥县长，并在东泉镇建立了共产党领导下的平遥县抗日县政府。

有了抗日政权的有力支持，游击一区队就在平遥城外的广大地区进行抗日斗争，他们寻机袭击小股敌人，他们割电线、挖地沟、翻铁轨、破坏日军的铁路运输，并在铁路沿线埋地雷、设埋伏、打击企图进犯抗日根据地的敌人，取得了很多战绩。为保卫太岳抗日根据地的北大门做出了重要贡献。

这时，刘亚雄除了指挥部队开展军事行动之外，还常常深入到群众中，倾听群众的呼声，帮助群众解决困难。当地群众都知道游击队里有一位女指导员，她受到了当地群众的爱戴和拥护。

此时，游击一区队已经发展到四五百人。所以根据上级决定，将游击第一区队扩编为决死一纵队第一游击大队。由八路军总部派来的老红军杨世兴同志担任大队长，余百川担任副大队长，刘亚雄担任游击大队的政治教导员。

1938 年 5 月，第一游击大队奉命调回沁县进行整训。在整训过程中，刘亚雄和战士同吃一锅饭，一同跑、跳、滚、爬，操练军事技术。她常常教育干部战士:“只有平时在操场上多流汗，在战场上才能少流血。”由于她能以身作则，所以这次训练极大地提高了整个部队的战斗力。在训练过程中，刘亚雄还亲自给干部战士讲课，对干部战士进行爱国主义教育，利用各种形式揭露日本帝国主义的侵华罪行。她要求大家“向八路军老大哥学习”，不怕苦，不怕死，努力提高思想政治觉悟和掌握军事知识与军事技术，把游击队建设成一支具有坚强战斗力的人民军队。她还要求大家一定要遵守革命纪律，尊重地方抗日政府，爱护人民群众的利益。

当时，沁县、屯留一带有个外号“后山大王”的土匪头子把持着一股武装。这股反动武装投靠日本鬼子，甘当汉奸，祸害群众，群众恨之入骨，必欲除之而后快。当地政府依靠群众摸清了这股土匪的活动规律后，刘亚雄、杨世兴就领着第一游击大队在八路军总部首长的统一指挥下，和八路军特务团、决死一总队一起发动夜袭，干脆利落地全歼了这股土匪武装，活捉了“后山大王”。这就有力地震慑了汉奸特务卖国投敌的反动气焰，为巩固抗日根据地扫除了一个很大的障碍。

1938 年 8 月，以第一游击大队为主力，组建了决死一纵队游击一团。以刘亚雄为团党总支副书记兼组织委员（党总支书记由团政治主任阎定础兼任），并担任一营教导员。当时，游击一团的共产党组织是直接归决死一纵队政委薄一波领导的，所以共产党的组织活动在这个团从未间断。尤其是刘亚雄所在的第一营，对共产党员的教育抓得很紧，因此第一营中的共产党员都是生机勃勃，政治自觉性很高。他们无论是在训练中，还是在战斗中，都起到了核心作用和骨干作用。

1939 年 1 月，游击一团奉命移驻安泽县和川一带，以安泽、洪洞、赵城为活动范围。他们在这里发动群众、组织群众，依靠群众开展游击战争。

当敌人在赵城县南官庄修建了据点，四处猖狂活动的时候，刘亚雄和一营营长杨世兴亲自侦察，详细了解了敌人的工事和部署情况。经过明确的分工和严密的组织，以及及时的战前动员，指战员的斗志十分旺盛。在当地共产党地下组织的密切配合下，1 月 20 日深夜仅用 20 分钟就干脆利落地全歼了日军的一个加强小队，击毙小队长以下 40 余人，缴获了这个小队的全部武器装备和各种军用物资。这个打歼灭战的模范战例鼓舞了军心民心，受到了上级领导机关的表扬。

紧接着，刘亚雄所在的游击一团又在赵城县耿壁村包围了一股日军。经过激烈的战斗，毙敌 60 余名，缴获大炮一门，机枪两挺，步枪数十支。打了一个振奋人心的大胜仗。游击一团为此举行了庆功大会，薄一波在庆功大会上亲自嘉奖了作战部队。

这说明：经过两年多的实际锤炼，刘亚雄已经成了一位具有优秀政治素质的部队指挥员，也成了一位能文善武的优秀的女领导干部。

三

1939 年 3 月，晋东南妇女抗日救国总会在沁县成立。刘亚雄当选为妇女救国总会的主席。从此以后，刘亚雄为了发动整个晋东南地区的妇女投入抗日斗争，要求各级妇救会的干部都要打起背包到农村去，接近群众，深入群众，和群众住在一起、吃在一起、干在一起，和群众打成一片。切实地把妇女工作开展起来。

抗战初期的晋东南地区，由于山地连绵，交通不便，农村是十分闭塞的。尤其是生活在社会底层的妇女，更是大门不出，二门不迈，整天闷在家里做饭洗衣哄娃娃。不但对国家大事不闻不问，而且还信神信鬼搞些迷信活动。

针对这种状况，刘亚雄把晋东南妇救总会的多数干部都分配到各县去充实县妇救会的工作。让各县的妇救会都要首先办妇女工作实验村，以点带面地开展工作。开办实验村以后，首先是进家入户，和妇女拉家常，交朋友，给她们讲抗日救国的道理，讲科学卫生知识和封建迷信的危害。接着就在村里开办妇女扫盲识字班，动员从前很少走出大门的妇女识字学文化，启发妇女的政治觉悟。一旦时机成熟，就组织村妇救会，把妇女组织起来参加各种抗日活动。

妇女有了组织，有了文化和觉悟，就会成为一支重要的抗日力量。她们拥军支前，站岗放哨，纺纱织布，参加生产，把沉静的山区农村闹得热气腾腾。同时，妇救会还帮助妇女解决家庭纠纷。使婆婆不再虐待儿媳，丈夫也不再打骂妻子了。妇女在家里有了地位，在社会上有了说话和办事的权利，向男女平等的方向前进了一大步。她们做军服军鞋支援前线，还动员丈夫参加八路军、游击队，成了一支强大的、重要的抗战力量。

当时，刘亚雄不是坐在办公室里领导晋东南妇救总会的工作，而是经常带领巡视团风尘仆仆地到各县检查工作。她到各县后就要进实验村了解情况，总结经验，推广典型，使实验村越办越好，面上的妇女工作也普遍地开展起来了。刘亚雄还号召妇女要积极参加生产劳动，要组织生产互助组，要每人养一只鸡，三人养一头猪。这些朴实、具体、有力的号召件件都深入人心，获得了巨大的成绩。

1939 年 7 月，日军对晋东南发起“一号作战”的“扫荡”。日军在这次扫荡中向当时晋东南的政治中心沁县步步逼近。当此之际，晋东南妇救总会根据上级指示，决定和晋东南各群众团体以及牺盟会上党中心区的干部一起，从沁县突围转移到位于太行山里的八路军一二九师师部所在的辽县。在转移前夕，刘亚雄对大家说：“这次转移行军要日夜兼程赶时间，要跋山涉水，希望大家不要掉队，不要紧张害怕，要克服困难，要互相帮助照顾，发生了紧急情况要听从指挥。”

当这支 100 多人的干部队伍出发以后，就天天餐风宿露地紧急赶路。有一天，她们走到沁县境内一个只有几户人家的小山村。房小人多，又适逢下雨，大家衣服尽湿，也只能就地休息。次晨又急行军走了 90 多华里。又有一天，她们在黎明时到了一个离敌人据点很近的叫老虎岭的村庄隐蔽下来。这时刘亚雄虽然患了虐疾，身体忽冷忽热，高烧不退，但她仍然抓紧时间与其他负责干部一起检查和安排大家的食宿问题，还和当地村干部研究如何突破敌人封锁线的行军路线，并且布置民兵用袭击敌人仓库的办法来牵制敌人。

这天深夜 10 点多钟，刘亚雄带领着这支部队出发准备过封锁线了。此时雨声沙沙，夜幕浓黑，伸手不见五指，为了防止有人失散，每个人的手臂上都绑了一条白毛巾作为标志。就这样，队伍行军在羊肠小道上，黄泥土路，泥泞不堪。要想过封锁线，就先要过一条河。大家正要过河，突然敌人打开了探照灯，照得遍地通亮，已走进河里的同志只能一声不响地蹲在齐胸深的水中，其他同志也都就地隐蔽，一动不动。直到敌人的探照灯熄灭了，大家才迅速地沿着田间小路横穿白晋公路。大家安全通过了白晋公路这条封锁线后，便都爬坡上山。但坡陡路窄，一步一滑。如果有同志一不小心滑进沟里，就由两个身强力壮的同志跳下沟底将她扶上来继续赶路。

经过半个多月的急行军，刘亚雄终于带领着这支由群众团体干部组成的队伍进了太行山，到了山西辽县（现称左权县）的一个小村庄。在这里生活稍微安定了一些，于是刘亚雄就又组织妇救总会的同志把妇女工作开展起来了。

四

1940 年 4 月，刘亚雄被任命为太行区三专署专员，负责领导榆社、武乡、襄垣、黎城、辽县（左权）等县的工作。当时，抗日根据地正处在极端困难时期。由于日军实行“三光”政策和自然灾害的影响，在太行三专署的管辖区内物资匮乏，粮食奇缺。面对这种情况，如何保证军需民用，保证部队的衣食供应，是一个迫切需要解决的大问题。

如何解决这个问题呢？刘亚雄在下乡调查时发现，有些区村干部在征收公粮和公款时不论贫富，不顾群众的实际承受能力，按户摊派的做法不但影响了贫苦群众的生活，而且造成了一些群众对政府的不满。针对这种情况，刘亚雄首先是禁止政府向群众乱摊派，以此保护群众的利益。与此同时，她要求各级政府的干部一是要采取各种形式向群众反复宣传抗日救国的道理，启发群众的爱国觉悟，号召群众为坚持抗战做出贡献；二是要坚决执行中共中央制定的减租减息、合理负担的政策，减轻贫苦群众的租息负担；三是在农村推广先进的种田方法，发动群众兴修水利，发展农业生产，增加粮食产量。这样就很好地保证了政府征粮征款任务的完成。同时，刘亚雄还和有关单位制定了相应的措施，在根据地内开展了商业贸易活动，使各地互通有无，用物资流通的办法来调剂各种物资的余缺，使食油、纸张、布料等基本生活用品基本上满足了军需民用，从而提高和改善了军队、干部、群众的生活。这样不仅提高了根据地广大群众的生产积极性，还让他们对政府也更加拥护了。

刘亚雄担任专员以后对发展文化教育工作也很重视。在她的推动和支持下，太行中学办起来了，三专署所属各县都办起了高小，许多村庄创办了小学，农村办起了冬学、成人夜校和扫盲识字班，为广大群众摆脱愚昧迷信，提高抗日觉悟奠定了必要的文化基础。

与此同时，刘亚雄还发动群众订立“家庭公约”，建设和睦家庭，使广大农村出现了积极生产、团结抗战、不给敌人办事的爱国新风尚。

特别需要指出的是，刘亚雄对除奸防特工作也抓得很紧。她按照上级党委的指示，运用政权的力量组织干部群众对汉奸、特务开展了强大的政治攻势。通过惩治罪大恶极的首恶分子和宽大处理胁从分子，给汉奸特务指出了应该走的道路。她还要求各地县区村的政权机关要配合地方武装部门，在各地农村设立岗哨盘查行人，严防汉奸特务进入根据地进行捣乱破坏活动。在敌人进行“扫荡”时，她要求各地一是要实行“坚壁清野”，以减少政府和群众的财产损失。二是要发动民兵埋地雷，把进入根据地“扫荡”的敌人炸个血肉横飞，这地雷在反“扫荡”斗争中发挥了很大作用。

刘亚雄在太行三专署担任专员将近两年。其间她经常深入农村和乡镇，工作虽然很艰苦，但却很有成效。许多当地的群众十分感慨地说："共产党、八路军真了不起，培养出了刘专员这样的好妇女、好干部。有了刘专员这样让人佩服的好干部领导咱们打日本，发展生产，我们干起活来什么困难都不怕。"

1942 年，刘亚雄被选为出席中国共产党第七次代表大会的代表。当她离职奔赴革命圣地延安的时候，驻地干部、群众召开了欢送大会，还聚集在村口夹道欢送。

抗日战争胜利后，刘亚雄到东北参加解放战争。新中国成立后，她在东北担任中共长春市委书记。毛泽东曾表扬她是"我们的一位好书记"。后来她调任中央劳动部和交通部的领导工作，尽心尽力地为我国的社会主义建设事业辛勤工作。她不愧是山西人民的好女儿，不愧是曾经在太岳区和太行区工作过的好干部。

桂绍彬将军传略

桂林瑞

桂绍彬，1915 年 12 月出生于安徽省六安县魏家冲村的一个农民家庭，少年时曾念过私塾，好学上进，积极向往革命，勇于追求真理，参加过秘密农民协会和开仓分粮斗争，1931 年冬参加少年先锋队，并任村苏维埃秘书。1932 年 4 月加入共产主义青年团，同年 5 月参加中国工农红军。1934 年 2 月转为中国共产党党员。

土地革命战争时期，桂绍彬历任红军独立十五团二营营部书记，红二十五军第七十三师二一八团二营营部书记，红三十一军第九十一师二七一团政治处秘书长、师政治部秘书长，参加了长征，并两过雪山、三过草地，参加了河口、子武镇、空山坝、柳林等多次战役战斗。

抗日战争时期，桂绍彬历任八路军第一二九师三八六旅七七一团司令部政治指导员，七七二团政治处宣教股副股长、股长，三八六旅政治部宣教科副科长、组织科副科长、科长，太岳军区政治部组织部长，期间曾作为优秀干部被选送到北方局党校学习半年，参加了神头、响堂铺、广阳、晋家山等战斗，因作战英勇顽强，工作成绩突出，被评为模范干部。1943 年 10 月入中央党校一部学习。1945 年 4 月作为正式代表出席中国共产党第七次全国代表大会。

解放战争时期，历任太岳军区政治部主任，晋冀鲁豫野战军第八纵队政治部主任，1949 年任第十八兵团六十军副政治委员兼政治部主任，参加了沁县老莺山、垣曲、运城、临汾、南村、晋中、太原、扶眉、秦岭等战役和大小战斗。

新中国成立后，桂绍彬于1950年4月任川西军区副政委，是成都市第一届各界人民代表会议主席团成员之一；1950年9月任海军航空学校首任政治委员，1954年5月任中南军区海军第二副政治委员兼政治部主任、南海舰队副政治委员兼政治部主任，1956年3月至1956年6月在中国人民解放军政治学院轮训班专修辩证唯物主义与历史唯物主义。1962年6月任南海舰队第二政治委员，1968年送海军第二期“站队”学习班，之后被派到海军航空兵部主持工作一年多，接着担任七机部第三研究院军管会主任。1970年12月任海军第三研究院政治委员，1979年被任命为国家海洋局政委（下命令未到职）。1983年8月至1985年7月任海军顾问（大军区副职），1987年3月离职休养。1955年9月被授予少将军衔。荣获二级八一勋章，二级独立自由勋章，一级解放勋章。1988年荣获一级红星功勋荣誉章。

桂绍彬于2014年11月14日7时08分因病医治无效在北京海军总医院逝世，享年99岁。

抗日根据地的军政委员会是个什么机构?

卢海明

抗日战争时期，许多根据地在初创的时候曾成立过军政委员会。其中，如1939年7月成立的太北军政委员会（邓小平任书记），1939年8月成立的太南军政委员会（黄克诚任书记），1940年1月成立的晋西北军政委员会（贺龙任书记）和由薄一波（郑重）任书记的太岳军政委员会以及1941年成立的由邓小平任书记的太行军政委员会。1941年2月，中共中央颁布了经中央书记处批准的《军政委员会条例》的命令，决定将军队与地方党政合组的军政委员会，一律改名为军政党委员会，1941年下半年后又改称为党政军委员会。

这些抗日根据地设立的军政委员会（包括军政党委员会和党政军委员会）是个什么机构?对于这个问题，1942年3月邓小平在太岳区军政党委员会会议的发言中曾指出:“军政党委员会是党的机关。是党的领导机关之一，但不是工作机关。它所决议的工作应该交给各工作系统去具体执行。它不是简单的配合机关，而是结合党政军民四位一体保证任务完成的机关。因此，它主要是讨论与决定政策、法令、上级党的指示与本区的大政方针、总的工作方向以及一切重大问题。同时应定期检查它所决定的问题是否已付诸实行及实行的程度如何。它讨论与决定的问题应该具体，但不必干预各工作系统的日常工作，也不必牵涉到过分琐碎的问题。各工作系统对军政党委员会的决定认为在执行过程中有部分变动之必要时，应通知军政党委员会。如果问题重大，则应重新讨论。如问题不关重要，则不必每事都非要重新讨论不可。”[1] 由此可见，军政委员会（含军政党委员会、党政军委员会）是抗日根据地党的领导机构之一，并非什么“特殊组织”。

当然，有时候军政委员会也可以是一个统一战线的组织。如 1938 年初，陈再道率领八路军东进纵队到冀南后，与冀南的杂色武装赵云端的“河北民军二路军”及段海洲的“青年抗日义勇团”三方在南宫成立的以陈再道为主任的军政委员会就属于此类。这个在冀南成立的军政委员会，加强了我党我军在冀南各类武装中的领导作用，使我党我军在政治上更处于主动地位，对于进一步稳定冀南的局势，打开整个冀南的局面是起了积极作用的。

军政委员会后来为什么取消了？《党史文汇》1988 年第 5 期上登载的一篇文章中说到晋西北军政委员会 1942 年 8 月被取消的原因是“由于军政委员会之下没有办事机构，对重大事项作出决定之后，缺乏监督和检查，不可避免地出现了各自为政、互不协调的现象，更不利于加强党组织的一元化领导”。我认为，这篇文章所讲晋西北军政委员会被取消的原因是不够准确的，也是不够严谨的。

关于军政委员会被取消的原因，在中共中央政治局于 1942 年 9 月 1 日通过的《关于统一抗日根据地党的领导及调整各组织间关系的决定》（即“九一决定”）中讲得很清楚。这个《决定》说：“抗战以来，各抗日根据地党的领导，一般是统一的，党政军民（民众团体）各组织间的关系，基本上是团结的，因而支持了几年来艰苦斗争的局面，配合了全国的抗战。然而由于主观主义、宗派主义的遗毒，由于对某些政治观点与组织关系还缺乏明确的了解与恰当的解决，党政军民关系中（实际上是党政军民系统中党员干部的关系），在某些地区还存在着一些不协调的现象。例如：统一精神不足，步伐不齐，各自为政，军队尊重地方党、地方政府的精神不够，党政不分，政权中党员干部对于党的领导闹独立性，党员包办民众

① 邓小平：《对太岳区工作的几点意见》，《太岳抗日根据地重要文献选编》，中央文献出版社 2006 年版，第 341 页。

团体、本位主义、门户之见等。这些不协调的现象，妨害抗日根据地的坚持与建设，妨害我党进一步布尔什维克化。抗日根据地的建设与民主制度的实行，要求每个根据地的领导一元化。加以日寇扫荡的残酷，封锁线与据点的增强，上下级联系的困难，抗战的地方性和游击性的增大，要求各系统上下级隶属关系更加灵活，每一地区（军区、分区）活动的独立性，以及活动各方面的领导统一性更加扩大与增强，要求各地区的各种组织，更加密切配合，不给敌人以任何可利用的空隙。”[①] 可见，取消军政委员会是为了加强党的团结，统一党的领导，正确贯彻党的方针政策。并不是因为军政委员会下边没有办事机构，缺乏监督和检查才取消了军政委员会。

在取消军政委员会之后，抗日根据地的党的领导由什么机构来担任呢？这在“九一决定”中说得很清楚。这就是要以党中央的代表机关（中央局、分局）和党的各级委员会（区党委、地委）作为各地区的最高领导机关。由党的各级委员会统一领导各地区的党政军民的各部门的工作，协同各方面的工作。如 1942 年 9 月 1 日，中共中央决定成立中共北方局太行分局，领导晋冀豫（太行）、太岳、冀南、晋豫四个区党委的工作。太行分局成立后，原太行军政党委员会就取消了。太岳军政委员会取消后，太岳区的各项工作和各方面的工作，就由太岳和晋豫两区合并后新的中共太岳区党委来领导了。

① 解放军政治学院党史教研室编:《中共党史参考资料》第九册，第 134 页。

附录二：

研究太岳革命根据地史的部分参考书目

董谦:《没有人民的世界》，人民出版社 1979 年版。

王怀中等:《上党史话》，山西人民出版社 1981 年版。

山西省政协文史资料研究委员会:《阎锡山统治山西史实》，山西人民出版社 1981 年版。

日本防卫厅战史室编，天津市政协编译组译:《华北治安战》，天津人民出版社 1982 年版。

王生甫:《抗日战争中的牺盟会》，山西省文史研究馆 1984 年内部印刷。

宋荐戈、卢海明:《太岳革命根据地大事记》(初稿)中共山西省委党史资料征集研究委员会 1984 年内部印刷。

李达:《抗日战争中的八路军一二九师》，人民出版社 1985 年版。

陈野苹、韩劲草主编:《安子文传略》，山西人民出版社 1985 年版。

晋中地委党史资料征集委员会编:《抗战风云》，1985 年编印。

山西省委党史资料征研委员会等:《山西牺牲救国同盟会历史资料选编》，1986 年内部印刷。

冯毅主编:《太岳革命根据地教育文献选编》，山西省教育志编审委员会 1986 年内部印刷。

临汾教育史志编辑室:《临汾地区老解放区教育资料选编》，临汾教育史志编辑室 1986 年内部印刷。

本书编写组:《太岳革命根据地教育大事记述》(初稿),山西教育志编委会 1987 年内部印刷。

马合坤:《山西青年抗敌决死第一纵队抗日战争史》,党史办公室 1986 年内部印刷。

军事科学院:《中国人民解放军战史》,军事科学出版社 1987 年版。

李孟存等:《平阳史话》,山西人民出版社 1987 年版。

王生甫、任惠媛:《牺盟会史》,山西人民出版社 1987 年版。

王少浩主编:《太岳革命根据地金融资料选编》(初稿),人民银行山西分行 1987 年内部印刷。

编写组:《太岳革命根据地商业合作资料选编》,1987 年内部印刷。

本书编写组:《太岳革命根据地粮食史》,山西省粮食局政研室 1987 年内部印刷。

徐向前:《历史的回顾》,解放军出版社 1987 年版。

胥佩兰、郑鹏飞:《陈赓将军传》,解放军出版社 1988 年版。

中共山西省委党史研究室:《围困沁源》,山西人民出版社 1988 年版。

中共山西省委党史研究室:《太岳革命根据地纪事》,山西人民出版社 1989 年版。

徐冲:《丹心映山河——刘亚雄传记》,吉林人民出版社 1989 年版。

刘忠:《从闽西到京西》,厦门大学出版社 1989 年版。

薄一波等:《太岳革命根据地青年运动回忆——今天来之不易》,新华出版社 1990 年版。

薄一波:《论牺盟会和决死队》,中央党校出版社 1990 年版。

本书编写组:《中国人民解放军第二野战军战史》,解放军出版社 1990 年版。

本书编写组:《徐向前传》,当代中国出版社 1991 年版。

中共山西省委党史研究室:《太岳革命根据地财经史料选编》,山西人民出版社 1991 年版。

山西省农科院:《太岳革命根据地农业史料选编》,山西科学技术出版社 1991 年版。

张天乙主编:《太岳革命根据地财经史料选编》,山西经济出版社 1991 年版。

山西日报新闻研究所:《太岳新闻事业史略》,书海出版社 1991 年版。

刘怀仁主编:《晋中史话》,山西教育出版社 1991 年版。

《八路军一二九师战史》,解放军出版社 1991 年版。

《薄一波文选(1937—1992)》,人民出版社 1992 年版。

张国祥:《山西抗日战争史》,山西人民出版社 1992 年版。

本书编写组:《刘伯承传》,当代中国出版社 1992 年版。

《卫恒同志纪念文集》,山西人民出版社 1992 年版。

山西新军历史资料编审委员会编:《山西新军决死第一纵队》,中共党史出版社 1993 年版。

山西新军历史资料编审委员会编:《山西新军二一二旅》,中共党史出版社 1993 年版。

山西新军历史资料编审委员会编:《山西新军二一三旅》,中共党史出版社 1993 年版。

中共山西省委党史研究室:《太岳革命根据地简史》,人民出版社 1993 年版。

中共山西省委党史研究室:《太岳革命根据地党的建设》,山西人民出版社 1994 年版。

曾凡华:《牺盟,牺盟》,解放军文艺出版社 1995 年版。

齐武:《晋冀鲁豫边区史》,当代中国出版社 1995 年版。

山西新军历史资料编审委员会编:《山西新军决死第三纵队》,中共党史出版社 1995 年版。

本书编辑组:《郭钦安纪念文集》,山西人民出版社 1995 年版。

薄一波:《七十年奋斗与思考(战争岁月)》,中共党史出版社 1996 年版。

阳城县政协文史资料研究委员会:《太岳师范》,1996 年内部印刷。

本书编委会:《不落的将星——怀念张祖谅中将》,国防大学出版社 1996 年版。

山西省史志研究院主编:《刘开基纪念文集》, 山西古籍出版社1996年版。

谌虹颖:《一代将星王近山》, 解放军文艺出版社1997年版。

本书编撰委员会:《长江支队回忆录》, 编撰委员会1997年版。

樊子琚:《孙定国传》, 中国文联出版社1998年版。

刘有光等主编:《周希汉纪念文集》, 解放军出版社2000年版。

李田定主编:《太岳革命根据地教育简史》, 山西经济出版社2002年版。

山西省史志研究院编:《太岳革命根据地人民武装斗争史料选编》, 山西人民出版社2003年版。

杨建中:《阎锡山与山西抗战》, 当代中国出版社2003年版。

太岳中学校史编委会:《晋冀鲁豫边区太岳中学校史》, 山西人民出版社2004年版。

师文华:《解放战争与山西》, 中央文献出版社2004年版。

樊吉厚、李茂盛等:《华北抗日战争史》, 山西人民出版社2005年版。

本社编:《山西抗日战争图文史》, 山西人民出版社2005年版。

《华北抗战史纲》, 山西人民出版社2005年版。

韦晓咏、罗元生:《百战将星周希汉》, 解放军文艺出版社2005年版。

王生甫:《山西新军史》, 山西人民出版社2005年版。

内部稿:《第十八兵团史料》, 国防大学出版社2005年版。

中共中央文献研究室:《薄一波》画册, 中央文献出版社2005年版。

赵力之:《赵力之自述》, 中共党史出版社2005年版。

滕文生、田聪明主编:《薄一波》, 中央文献出版社2005年版。

山西省史志研究院:《太岳抗日根据地重要文献选编》, 中央文献出版社2006年版。

山西省史志研究院:《赵树理传》, 当代中国出版社2006年版。

张成仁:《太岳区领导机构在沁源》, 方志出版社2006年版。

山西新军历史资料编审委员会编:《山西新军概况》, 中共党史出版社2007年版。

韩静萍:《蔡爱卿将军传》,华夏出版社2007年版。

《薄一波论山西新军》,中共党史出版社2008年版。

薄著编写组:《薄一波论新军》,中共党史出版社2008年版。

《王新亭回忆录》,解放军出版社2008年版。

师文华:《牺盟会决死队论稿》,山西人民出版社2009年版。

中共阳城县委党史研究室:《太岳革命根据地历史画册》,2009年内部印刷。

刘晋英主编:《公仆刘开基》,中国文献出版社2011年版。

本书编写组:《陈赓传》,当代中国出版社2013年版。

李懋之:《一生的回忆》,哈尔滨工程大学出版社2013年版。

王振华:《阎锡山传》,中国文史出版社2013年版。

编审委员会:《历史的回音——一八〇师实战录》,现代出版社2015年版。

山西省地方志办公室:《太岳革命根据地史》,山西人民出版社2015年版。

尹家民:《传奇大将陈赓》,当代中国出版社2015年版。

陈万卿、董广华编:《抗日民族英雄董天知》,海燕出版社2015年版。

本书编写组:《刘伯承传》,当代中国出版社2015年版。

本书编写组:《徐向前传》,当代中国出版社2015年版。

军科院编写组:《山西新军史》,军事科学出版社2016年版。

刘晋英主编:《刘开基纪念文集(续)》,三晋出版社2017年版。

李国庆:《沁县抗战口述史》,中共党史出版社2017年版。

万晓明主编:《山西国民师范革命活动史》,太原杏花岭文体广电新闻出版局2018年版。

《山西党史通讯》,1982年创刊,1990年终刊,共出版57期。

《山西革命英烈》,1986年创刊,1988年终刊,共出版12期。

《牺盟会·决死队研究》,2008年创刊。

后　记

20 世纪 80 年代初，我在山西师范学院（后改称山西师范大学）政史系担任中共党史教师。当时，学校号召和鼓励教师在课余时间进行科研工作。我因为从小就在太岳区学习和生活，对太岳区怀有深厚的感情，所以就将编研太岳革命根据地史作为自己的科研方向。

可是，当时我对太岳区的历史情况，除了有一些儿时的感性回忆以外，手上没有任何材料。山西师院党委组织部的周敦义同志（他原来也是中共党史教师）将他过去手抄的《一二九师大事记》送给我，我阅后才对太岳区的情况有了一个概括的了解。

1980 年暑假前，我向自己正在教课的政史十班学习委员常金仓同学提出，请他组织七八位同学，利用暑假时间和我一起去山西省档案馆抄写一些有关太岳区的历史档案。就这样，我和这几位同学住在太原师专的教室里，以课桌为床，用着太原师专招待所免费提供的被褥。每天除了吃三顿饭，就是泡在省档案馆手抄资料，一干就是半个多月，抄回有关太岳区政治、军事、经济、文化教育方面的资料 100 多万字。这 100 多万字的资料，为我编研太岳区史创造了基本条件。可惜这些同学的名字，我现在竟然都记不得了，很有些对不住他们。就是常金仓这位抄写档案资料的组织者，我写这篇后记时才从网上查到，他从山西师大毕业后留校任教，后来成了吉林大学的历史学博士，并先后在山西师大、陕西师大、辽宁师大担任教授、博士生导师，成为著名的历史学家。可是在2011年他就英年早逝了。知道这个情况后，我的心里不禁涌现出一阵悲凉，也更心有不安。

在这以后，我和李莲英、卢海明、逯国英等同志就着手进行太岳革命根据地史的编研工作。李莲英较早调到北京工作后，就不再过问此事；逯国英也因家庭拖累，参与工作不多；而卢海明同志当时是单身，和我是邻居，彼此也投缘，所以无论是外出征集资料，还是在校整理资料或者撰写文稿，以我和卢海明合作的时间最多。

当年，我和卢海明同志曾一起去山西日报社资料室逐日查阅了太岳区出版的报纸；到山西省军区档案室、山西省图书馆、陕西省档案馆、河南省档案馆抄写了几十万字的文字资料；在山西、北京、河南、陕西等地访问了当年太岳区党政军各方面的领导同志40多人。与此同时，我和李茂盛、赵晶在为《中共党史人物传》撰写《安子文》书稿的过程中也征集到一些太岳区的资料。经过这些努力，当时我们手里的访谈录音资料和文字资料总计已有三四百万字了。

在这个基础上，我们从1981年起就着手撰写《太岳区大事记》《太岳革命根据地发展简史》和《太岳区领导机构和行政区划的沿革》等文稿。其间，沁源、安泽、长治、新乡等地的党史编研人员以及武乡八路军总部纪念馆的同志都和我们建立了联系，经常交流情况。尤其是中国革命博物馆副馆长董谦同志（原太岳日报社副社长）和山西省文史馆的王生甫、霍成勋、董双印等同志以及山西省图书馆的刘伟毅同志对于我们的编研工作不仅提供资料，而且多方指导。还有山西师院政史十九班的许多同学，在课余时间毫无报酬地为我们誊抄资料和文稿，而山西师院科研处则全额报销了我们的各种出差开支和资料印刷费用。正是因为有了众多同志的帮助、鼓励和支持，我们才能在太岳区史的编研工作方面取得较多的成绩。在这里，我怀着感恩的心情，十分感谢所有帮助过我们的同志。特别是感谢我们曾经工作过的山西师范大学对我和海明等同志从事太岳革命根据地研究的鼓励和支持。

1982 年 7 月，我与卢海明同志参加了在太原举行的北方各省市地方志工作会议。会议确定由山西师院（不久改称山西师范大学）负责太岳革命根据地史的编研工作。此后，我们继续核正补充《太岳区大事记》和《太岳区领导机构沿革及行政区划沿革》，在《山西师大学报》上发表了《太岳革命根据地发展简史》（连载），在中共新乡地委党史资料征集编纂办公室主办的《地方党史编纂动态》第 10 期上发表了《太岳解放区大事记》（征求意见稿），还进行了一些其他方面的有关太岳区史的编研工作，发表了多篇有关太岳区史的文稿，从而为太岳革命根据史的编研工作奠定了最初的基础。

1983 年 8 月，中共山西省委同意组成由郭钦安（原山西省副省长，中共太岳区党委组织部部长）负责的“太岳革命根据地史编写班子”。不久就由中共山西省委党史研究室派阎文彬同志到山西师院把我和卢海明借调过去。我们带着已经征集到的全部资料，在已有基础上继续进行太岳区史的编研工作。在阎文彬同志的参与下，通过补充和核实，将《太岳革命根据地大事记》（初稿）和《太岳革命根据地领导机构和行政区划的沿革》（初稿）这两份文稿由中共山西省委党史资料征集研究委员会铅印为征求意见稿，通过召开多次座谈会和大量的个别访谈，广泛征求意见。

1984 年 7 月我调到北京工作以后，卢海明正式调入中共山西省委党史研究室，由他和阎文彬、师文华等同志一起编写太岳革命根据地的大事记和太岳区史。其间我也回去参加了一段太岳区大事记的编写和增补工作。

时间过得真快，转眼间 30 多年过去了。现在，为了庆祝中国共产党的百年华诞，我和卢海明同志又把过去撰写的旧稿拿出来作了较大的补充与订正，使它以新的面貌呈现在读者面前。

这里需要说明的是：在这本书中有些看法与后来由中共山西省委党史研究室主持撰写的太岳区史不尽一致。在本书收入的太岳区大事年表和太岳革命根据地发展简史中，对一些事情的述说和有关领导同志的访谈资料也有不一致处。对于这些问题，我们采用了“并存”的办法，没有轻易地把两者统一起来。我们认为，这些不一致的地方还是等以后有了确实的佐证再来统一修正比较妥帖。

还有，经过作者本人的同意，本书收入了中共北京市委党史研究室研究员赵晋同志、山西师范大学原法政学院党委书记郭学旺教授、中共阳城县委党史研究室主任卢剑锋同志和原太岳区重要领导干部史健同志之子李万里、桂绍彬将军之子桂林瑞同志的文章，还收录了太岳区重要领导干部高扬文、焦善民等同志所写的文稿。谨致谢忱！

本书编纂完成后，我请中国文史出版社第一编辑室王文运主任给予审读，并希望这部书稿在该社出版。选题通过后，王文运和赵姣娇同志担任了本书的责编，他们对工作一贯认真负责，精益求精，我十分钦佩。其间，出版社请第十一届全国政协委员，原中共中央党史研究室室务委员、秘书长黄小同研究员审阅了书稿，给予肯定的评价，并建议可以《太岳革命根据地研究》作为书名。付梓之际，谨向为本书编审出版付出辛苦的黄小同委员和编辑同志表示特别的感谢！

本书出版过程中，还得到了八路军研究会太岳分会、三晋文化研究会太岳根据地文化研究中心的郑重推荐和热情支持，在此一并表示衷心的感谢！

宋荐戈

2020 年 10 月于北京龙潭湖畔